國語國文學叢書 017

家禮諺解

JN445008

학자원

국어국문학총서 17

家禮諺解 (全)

2017년 7월 25일 초판 1쇄 발행

저 자 : 신 식
펴낸이 : 김병환
펴낸곳 : 학자원
주 소 : 134-814 서울시 강동구 천호대로 1121
전 화 : 02) 6403-1000
팩 스 : 02) 6338-1001
E-mail : hakjaone@daum.net
등 록 : 2011년 3월 24일 제324-2011-14호

HAKJAONE Publishing Co.
1121 Cheonho-Daero Kangdong-Gu Seoul

ISBN : 979-11-87806-40-0 93380

값 80,000원

家禮諺解 解題

洪允杓

家禮諺解는 朱子가 家庭에서 日用하는 禮節을 모아 엮어서 만든 「家禮」를 申湜(一五五一~一六二三)이 諺解한 책으로 一六三二年(仁祖 一〇年)에 一〇卷 四冊의 本版本으로 原城에서 開刊되었다。이와 같은 사실은 家禮諺解 凡例 뒤에 보이는 「崇禎壬申原城開刊」이란 刊記와、申湜의 아들 申得淵의 跋文에 보이는 「家禮諺解乃先君晩年所撰也…」와 「崇禎紀元之五年歲在壬申季夏下澣…」에서 알 수 있다。

「家禮」는 과거 우리 先祖들이 이를 통하여 모든 禮式을 解釋하였으며 이의 규정을 가장 충실히 실행해 왔던、禮式의 法典과도 같은 책이었다。그래서 이 「家禮」에 대해서는 「家禮」란 책 이외에도 「家禮考証」(曹好益 著)、「家禮附贅」(安玑 著)、「家禮大全書」(金德龍 著)、「家禮源流」(俞棨 著)、「家禮增解」(李宜朝 著)、「家禮集考」(金鍾厚 著)、「家禮輯覽」(金長生 著)、「家禮類編」、「家禮要抄」、「家禮儀節」、「家禮輯解及圖式」(辛夢參 著)、「家禮抄略」、「家禮便考」、「家禮或問」(鄭述 著)、「家禮彙通」(鄭煒 著)「家禮便覽」등의 많은 책이 刊行 또는 著述되었던 것이다。따라서 家禮를 널리 알리기 위하여 諺解가 이루어진 것은 너무나도 당연한 것이었다。

이 家禮諺解는 서울大 奎章閣(零本 一冊)、서울大 가람文庫(一〇卷 四冊)、慶北大圖書館(零本 四冊)、普成高 零本 二冊)、延世大圖書館(一〇卷 四冊)、高麗大圖書館(一〇卷 四冊)등에 所藏되어 있는 것으로 알려져 있으나 解題著가 본 것은 서울大 奎章閣本과 가람文庫本이므로 解題는 이를 中心으로 한다。

서울大 奎章閣本의 零本 一冊과 가람文庫의 一〇卷 四冊은 同一한 木版本이다。단지 奎章閣本이 初刷本이고 가람文庫本이 後刷本일 뿐이다。가람文庫本은 책의 크기가 세로 32·4㎝、가로 21·6㎝다(奎章閣本은 세로 33·7㎝、가로 21·6㎝)。四周雙邊에 半郭의 크기가 세로 23·2㎝、가로 16·6㎝고、有界 一〇行 二三字다。版心은 上下花紋魚尾、魚尾 사이에 版心書名인 「家禮諺解卷之一…」과 張次가 있다。그리고 年號、先儒、歷代人物、書籍篇名、物名 및 注語中 특별히 해석할 필요가 있는 것은 欄上에 諺解하여 說明하여 놓았다。

奎章閣本은 아마도 十卷 五冊으로 分冊되어 있었던 듯하다。(小倉進平의 「朝鮮語學史」에 八卷으로 그리고 「朝鮮 圖書解題」에 五卷 五冊으로 되어 있는데 이것은 잘못이다) 家禮諺解凡例 家禮圖諺解 家禮序諺解와 家禮諺解卷之一만이 一冊의 零本으로 남아 있기 때문이다。이에 比해 가람文庫本은 零本의 奎章閣本에 家禮諺解卷之二가 합쳐져 一冊으로 되어 있고 卷三·四·五가 또 一冊으로、卷六·七·八이 一冊으로、그리고 卷九·一〇이 一冊으로 되어 一〇卷 四冊으로 分冊되어 있다。

여기에 影印되는 家禮諺解는 家禮諺解凡例、家禮圖諺解、家禮序諺解 그리고 家禮諺解卷之一은 奎章閣本을、나머지는 가람文庫本을 底本으로 한 것이다。

家禮諺解의 內容은 六個의 條目으로 되어 있는 家禮諺解凡例(1장)、家廟之圖등의 그림과 圖式 三四개가 있는 家禮圖諺解(22장)、家禮序諺解와 卷之一의 通禮(46장)、卷之二의 通禮(30장)、卷之三의 冠禮(20장)、卷之四의 昏禮(27장)

卷之五(36장) 卷之六(36장) 卷之七(35장) 卷之八(23장) 卷之九(46장)의 喪禮、卷之十의 祭禮와 申得淵의 跋文(50장)으로 되어 있다.

諺解者 申湜(一五五一~一六二三)은 號는 用拙齋·臨谷으로 申叔舟의 五代孫이다. 大谷 成運과 退溪 李滉에게 사사한 후 一五七六年에 급제하였다. 그후 大司憲을 역임하고 知事까지 되었다. 학식이 높고 특히 禮樂에 밝아 孝로써 旌閭까지 받았다. 疑禮攷証이란 著書가 있다.

家禮諺解에 보이는 表記法上의 특징을 간략히 살펴 보면 다음과 같다.

(1) ㅿ、ㆁ은 전연 나타나지 않는다.

(2) 語頭子音群은 ㅅ系列과 ㅂ系列이 보인다. 특히 ㅵ의 출현이 특징이다.

ㅺ…ᄭᅢ여(圖11a)、ᄭᅮᆯ로믄(圖5b)

ㅼ…ᄯᅩ(圖4b)、ᄯᅩᆯ(圖16b)

ㅽ…ᄲᅳ리고(一33b)、ᄲᅮᆫ뢰(圖10a)

ㅾ…ᄶᅩᆨ의미온(圖5a)

ㅲ…ᄢᅡ온(圖5a)ᄢᅵ워ᄆᆞ민(一46b)

ㅵ…ᄣᅢ(圖17a)ᄠᅳᆯ워(圖17b)

ㅳ…ᄡᅡᆯ(圖7b)ᄡᅡ고(圖8a)

ㅴ…ᄣᅳᄂᆞᆫ(一26b)

(3) 各自並書에 ㅆ과 ㅃ이 보인다.

ㅃ리라(圖17b)쓰라(圖17b)

(4) 「ㆍ」의 變化가 보인다. 즉「ᄉᆞ매」(袖)가 「소매」로도 보이고 「사ᄅᆞᆷ」이 「사름」으로도 보인다.

ᄉᆞ매(一45a)~소매(一43b)

사ᄅᆞᆷ(一12b)~사름(一23b)

(5) 語幹末音 ㅅ과 ㄷ은 ㅅ으로 統一되는 경향이 있다. 그러나 混乱되어 表記된다.

밋디 몯ᄒᆞᆫ 배(一5b)

ᄠᅥᆺᄠᅥᆺᄒᆞᆫ(一7a) 닷더(一7a)

(6) 主格語尾 「가」는 나타나지 않는다.

(7) 處格語尾는 「애、에」보다 「의」가 훨씬 우세하게 나타난다.

(8) 다음과 같은 混記가 보인다.

압뒤(圖2b)~앏뒤(圖2b)

ᄯᅡ히(一10a)~ᄯᅡᆼ회(一28b)

이 家禮諺解는 17世紀國語研究에 重要한 자료를 제공하여 주며、특히 家族名稱 등에 대한 당시의 語彙資料를 많이 반영하고 있어서 語彙研究에도 중요한 자료가 될 것이다.

家禮諺解

元

家禮諺解

凡例

一 大字正文則書於極行而並配諺字釋解則圈而書之

一 小字註則低行書之而只用諺釋以省繁文

一 年號先儒氏歷代人物書籍篇名物名及註語之必待別釋處則標題於紙頭

一 若要字字入釋則不成說話辭旨反晦故但取語意之通暢

一 文字語則亦多直以文字書之

一 告辭祝文書式則幷只配諺字而不加釋解

崇禎壬申
原城開刊

家禮圖諺解

家가禮녜圖도諺언解히

家가廟묘之지圖도

祠사堂당之지圖도

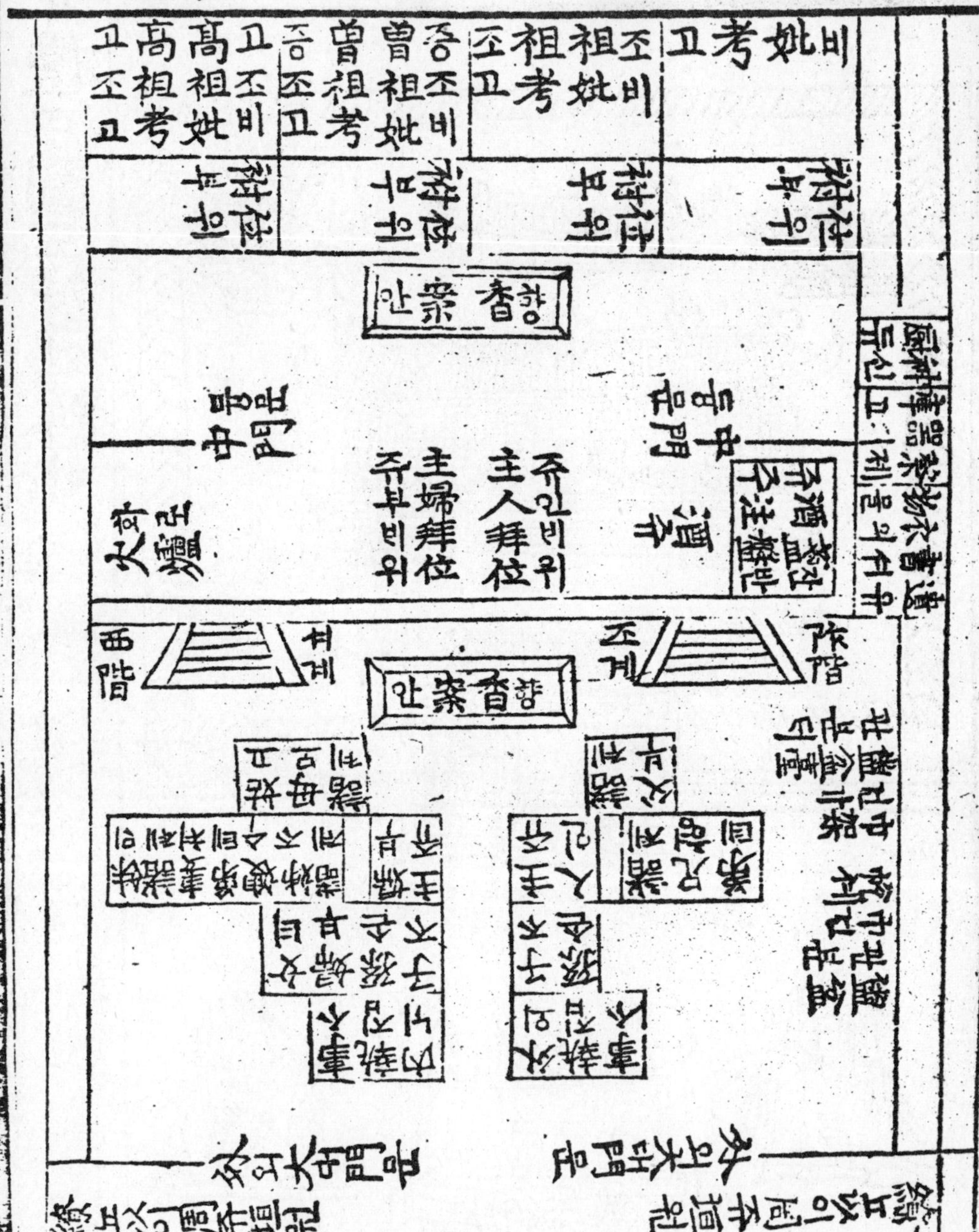

1b

深심衣의前전圖도

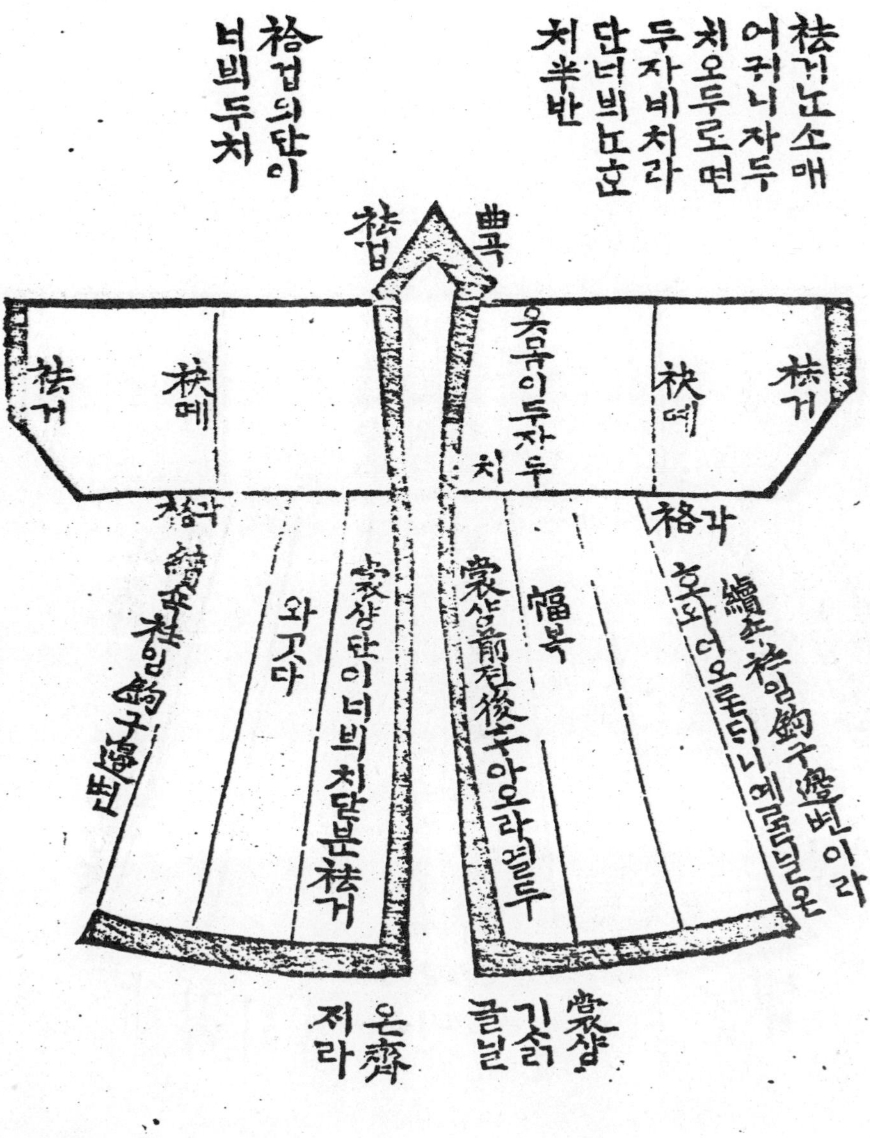
袪거는소매
어귀니자두
치오두로면
두자비치라
단너븨도호
치半반
袷겁의단이
너븨두치
袷겁
曲곡
袪거
袂몌
옷몸이두자두
치
袂몌
袪거
袼각
袼각
續속衽임鉤구邊변
와고다
裳상단이너븨
치닷분袪거
裳상前전後후아오라열두
幅복
續속衽임鉤구邊변이라
호와더오로디니예론닌온
裳상
기슭
굴날
齊재
온
저라

深심衣의 後후圖도

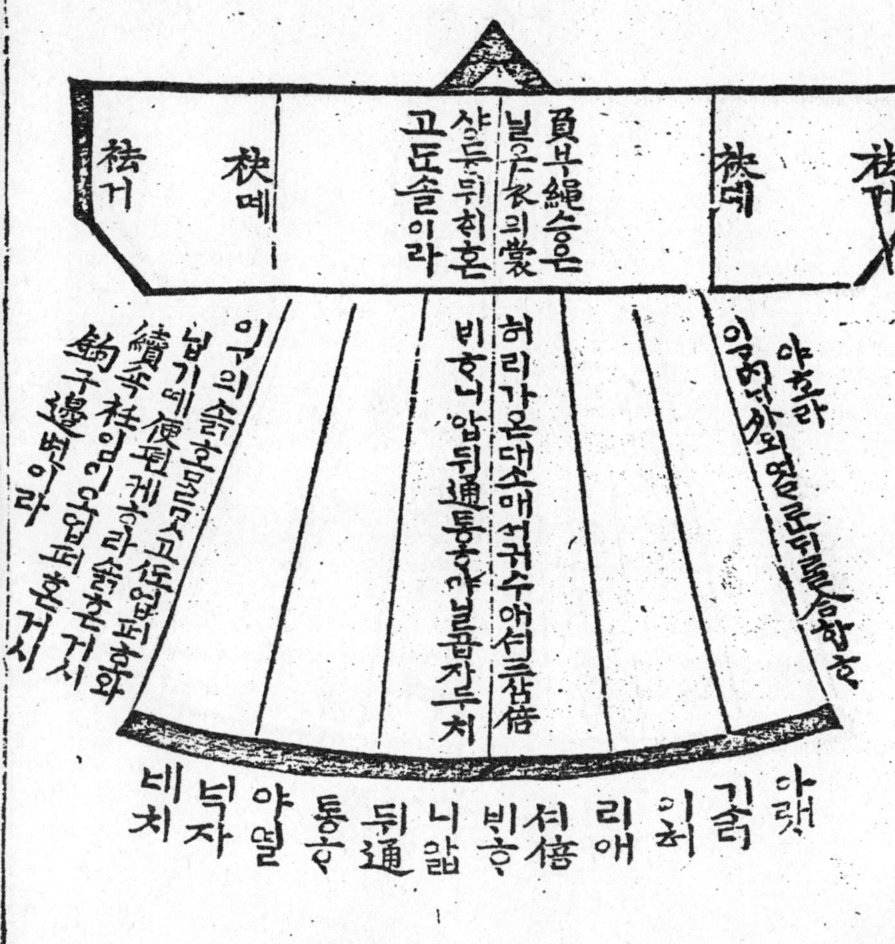

負부繩승은
닐온 衣의裳
샹등뒤희혼
고도솔이라
袪거
袂몌
袂몌
袪거
허리가온대소매어귀수애셔三삼倍
비호니압뒤通통호야열두치
이의솔홈을모고도엽피호와
납기예便편케호라솜혼거시
續속衽임이오엽피혼거시
鉤구邊변이라
야호라
아랫기슭이허리애셔倍빈호니압뒤通통호야열넉자네치

2b

深심衣의前전兩량襟금相상掩엄圖도

심의니브면앏두셥히서르ᄀᆞ리혼도

裁저衣의前전法법 裁저衣의後후法법

正전身신二이尺척二이寸촌中중에깃돌닉를기릐四ᄉ寸촌만엇게ᄒ여야거의裳상을두라셔ᄅ接졉ᄒ되平평正졍ᄒ야니브매便편ᄒ리라

四ᄉ寸촌

正졍身신二이尺척二이寸촌中듕에젼부縕ᄉ흔되를기릐호치를엇게ᄒ야裳상을두라셔ᄅ接졉ᄒ면니불제허리예므襞흔적이平평正졍ᄒ리라

一일寸촌

曲裾ᄆᄂ제 曲裾지制 曲裾혼제
곡거ᄅ制 곡거은제 곡거制

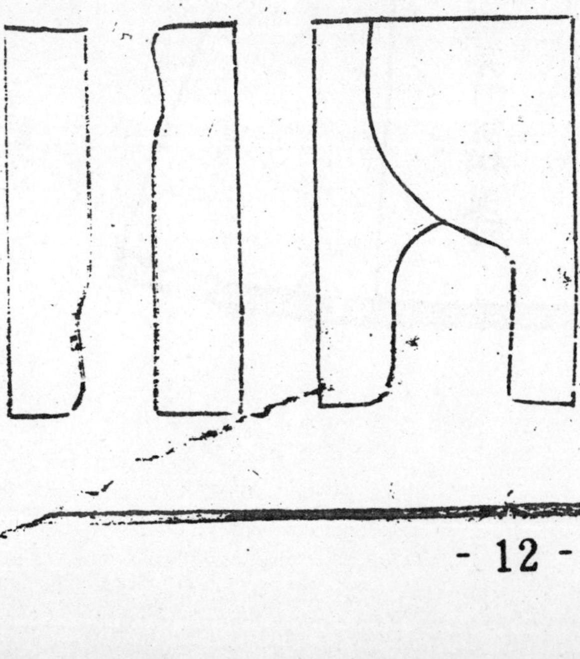

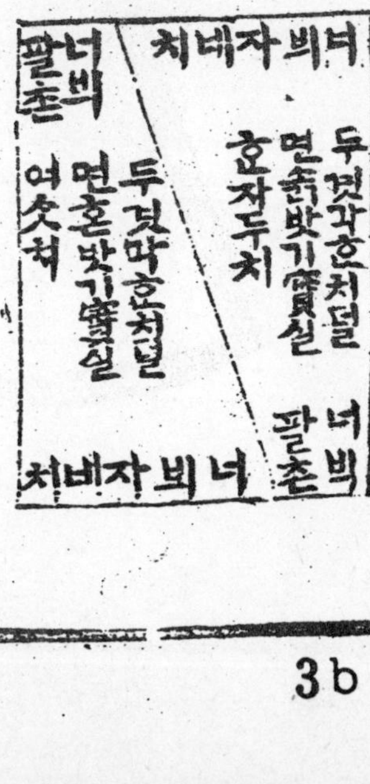

深심衣의緇치冠관幅복巾건圖도

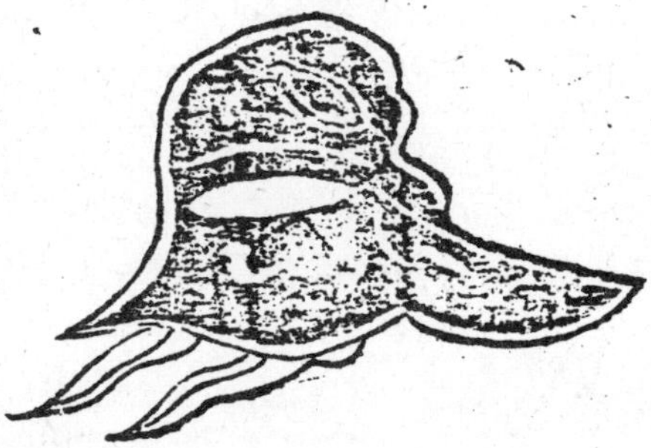

見현下하本본章장註주○王왕普보制제度도애닐오ᄃᆡ緇치布포冠관을爲오紗사의漆칠ᄒᆞ여솜배밍그로미죠희의더욱구셜만ᄀᆞᆺ디몯ᄒᆞ니라

見현下하本본章장註주

深심衣의大대帶ᄃᆡ圖도

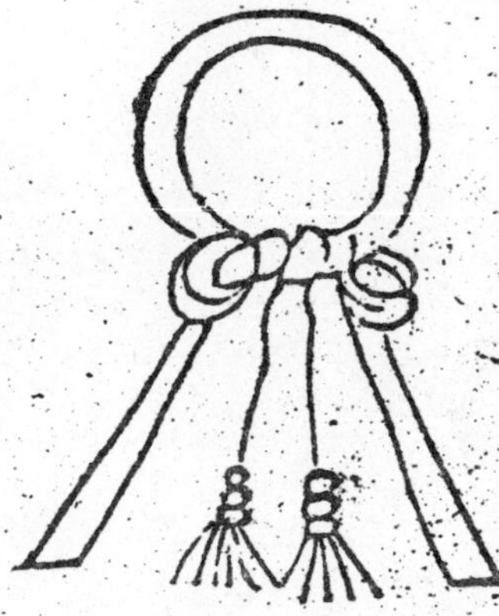

玉옥藻조애닐오ᄃᆡ天텬子ᄌᆞ는素소帶ᄃᆡ예朱쥬裏리ᄒᆞ고終죵辟벽ᄒᆞ며諸졔侯후ᄂᆞᆫ素소帶ᄃᆡ예終죵辟벽ᄒᆞ며大태夫우ᄂᆞᆫ素소帶ᄃᆡ예垂슈ᄅᆞᆯ辟벽ᄒᆞ라호註주애닐오ᄃᆡ大태夫우ᄂᆞᆫ그紐뉴와밋그ᄐᆞᆯ辟벽ᄒᆞ고士ᄉᆞᄂᆞᆫ곳만辟벽ᄒᆞᆯ두룸이라○按안호니終종은充츙이오辟벽은단이라充츙辟벽은닐온다단두름이라紐뉴ᄂᆞᆫ두귀라天텬子不ᄂᆞᆫ素소로ᄢᅦ帶ᄃᆡᄅᆞᆯᄒᆞ고朱쥬로ᄢᅦ안ᄒᆞᆯᄒᆞ며허리뒤호로조차紳신애니ᄅᆞ히다단두로고諸제侯후ᄂᆞᆫ또그리호ᄃᆡ다만안ᄒᆞᆯ朱쥬로말라大

深심衣의黑흑屨구圖도

태夫우ᄂᆞᆫ그두귀와및絇신에단
ᄒᆞ고허리뒤ᄒᆞᆫ단을말라士ᄉᆞᄂᆞᆫ
오직그絇신에만단ᄒᆞ고허리와
및두귀예ᄂᆞᆫ다단을말라

深심衣의에白ᄇᆡᆨ屨구ᄅᆞᆯᄡᅳ니형
狀상이이제屨니ᄁᆞᄐᆞ니絇구ㅣ
며繶억이며純쥰이며綦긔네가
지ᄅᆞᆯ緇츼로배ᄒᆞ라絇구ᄂᆞᆫ날온
신부리예條툐ㅇ로구피거나或
흑깁으로ᄒᆞ고ᄒᆞᆫ링근거시오繶억
은신혼ᄯᅩᆷ의베온실이오純쥰은
신도라두론거시오綦긔ᄂᆞᆫ베신
뮈ᄂᆞᆫ배라或혹거믄신의ᄒᆡᆫ純쥰
을ᄡᅳ니禮례ᄯᅩ맛당허그러니라

東동序셔애 잠만 北북다히 돗글 셜로믄 이 冠관義의예 닐온바 阼조계
애 冠관ᄒ다 호미라 작산 北북호믄 主쥬人인의 位위 쳐 東동序셔 그뎌
이시니 主쥬人인을 辟피호미니라

行힝 冠관

將장冠관者자

雙상紒계 四ᄉ䙝계 衫삼 勒륵帛ᄇᆡᆨ 采최履극

在재房방中듕 南남向향

房방

冠관者자ㅣ 방의 가 深심衣의 닙고 두번재 세번재 쟉 삼 닙고 공복나 브라 벼슬업ᄉ니 난삼을 쓰라

贊찬者자 [illegible]

主쥬人인 [illegible]

賓빈 [illegible]

冠관者쟈ㅣ 방의 나 남면

冠관者쟈 贊찬者자 [illegible]

賓빈 [illegible]

阼조階계

降강

贊찬者자 盥관 [illegible]

主쥬人인 [illegible]

堂당當당 作작室실

賈가시의 명은逵규

禮녜 圖도

室실

記긔애닐오듸適뎍子조를阼조계애冠관호믄배代듸롤나타내니라庶셔子ᄂᆞᆫ阼조애아니코방밧긔冠관ᄒᆞ야南남面면호믄代듸아닌연괴라記긔애닐오듸客직位위애醮쵸호믄成셩人인애嘉가호미라ᄒᆞ니이適뎍子ᄌᆞ롤客긱位위예ᄒᆞ야尊존호미라이ᄂᆞᆫ成셩人ᄒᆞ되尊존티아닌故고로冠관ᄒᆞ고돌因인ᄒᆞ야드듸여醮쵸ᄒᆞᄂᆞ니라

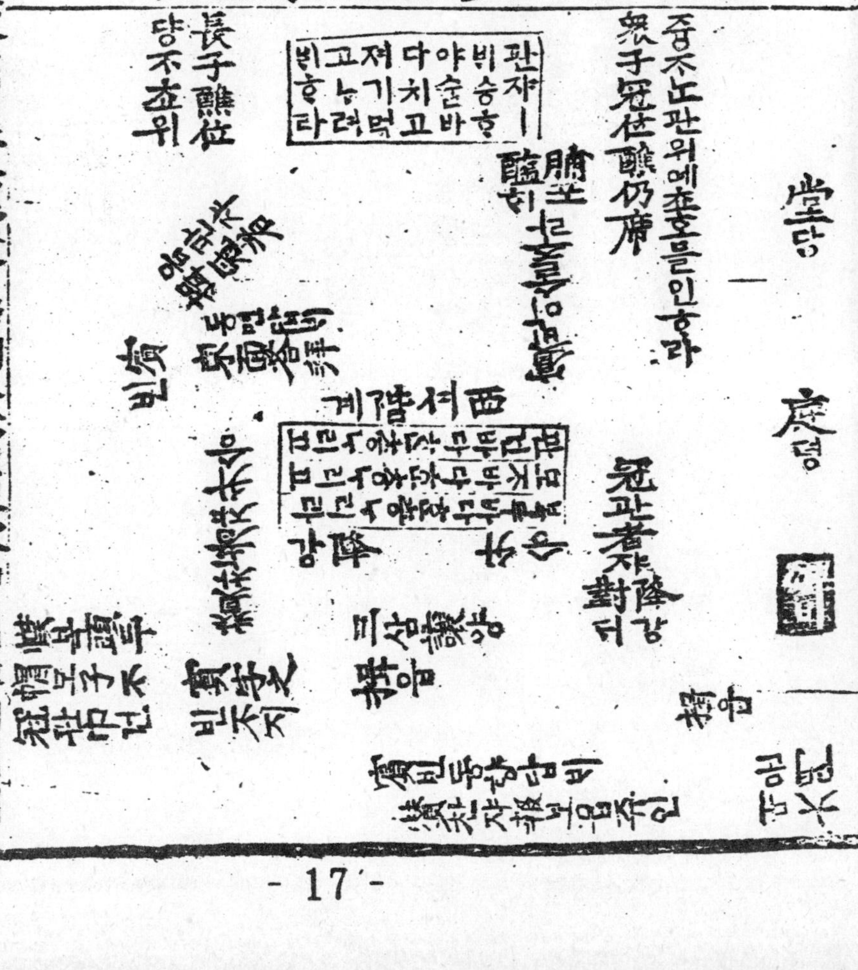

堂당개잠한西셔다히돗글깔로본堂당西셔ᄂᆞᆫ賓빈客긱의位위치니이冠관義의애닐온바客긱位위예醮쵸ᄒᆞ다호미라賈가시주애닐오듸반ᄃᆞ시西셔로客긱位위홈은ᄯᅩ道도ㅣ有우ᄒᆞ믈尊존ᄒᆞᄂᆞᆫ견故고ㅣ라

次衣袗 식 純순의 갑옷 袡염은단 婦모 유 도곳투니 宵쇼衣의 독작綃초 衣의

昏혼禮녜親친迎영之지圖도

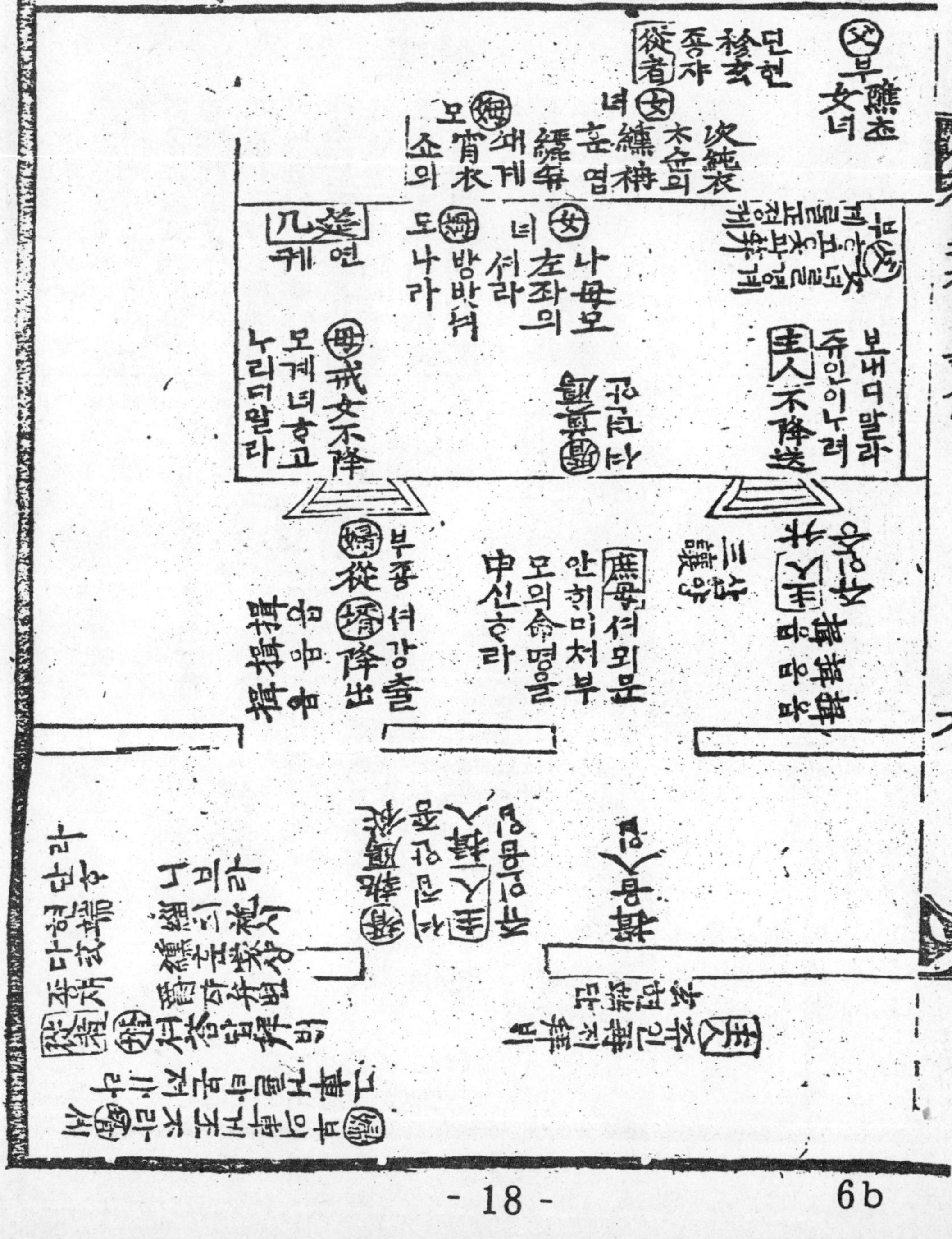

衿금鞶반篋협笥ᄉᆞ褘휘椸이圖도

衿금鞶반

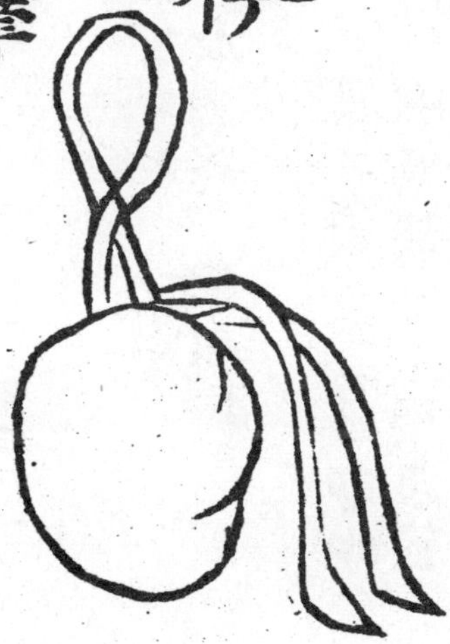

篋협

笥ᄉᆞ

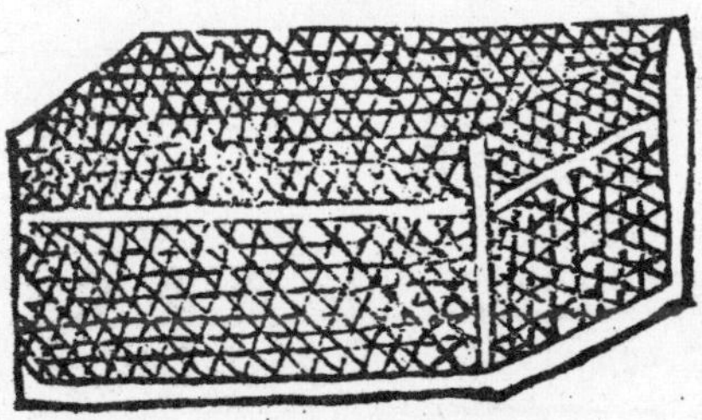

椸이

褘휘

襲습含함哭곡位위之지圖도

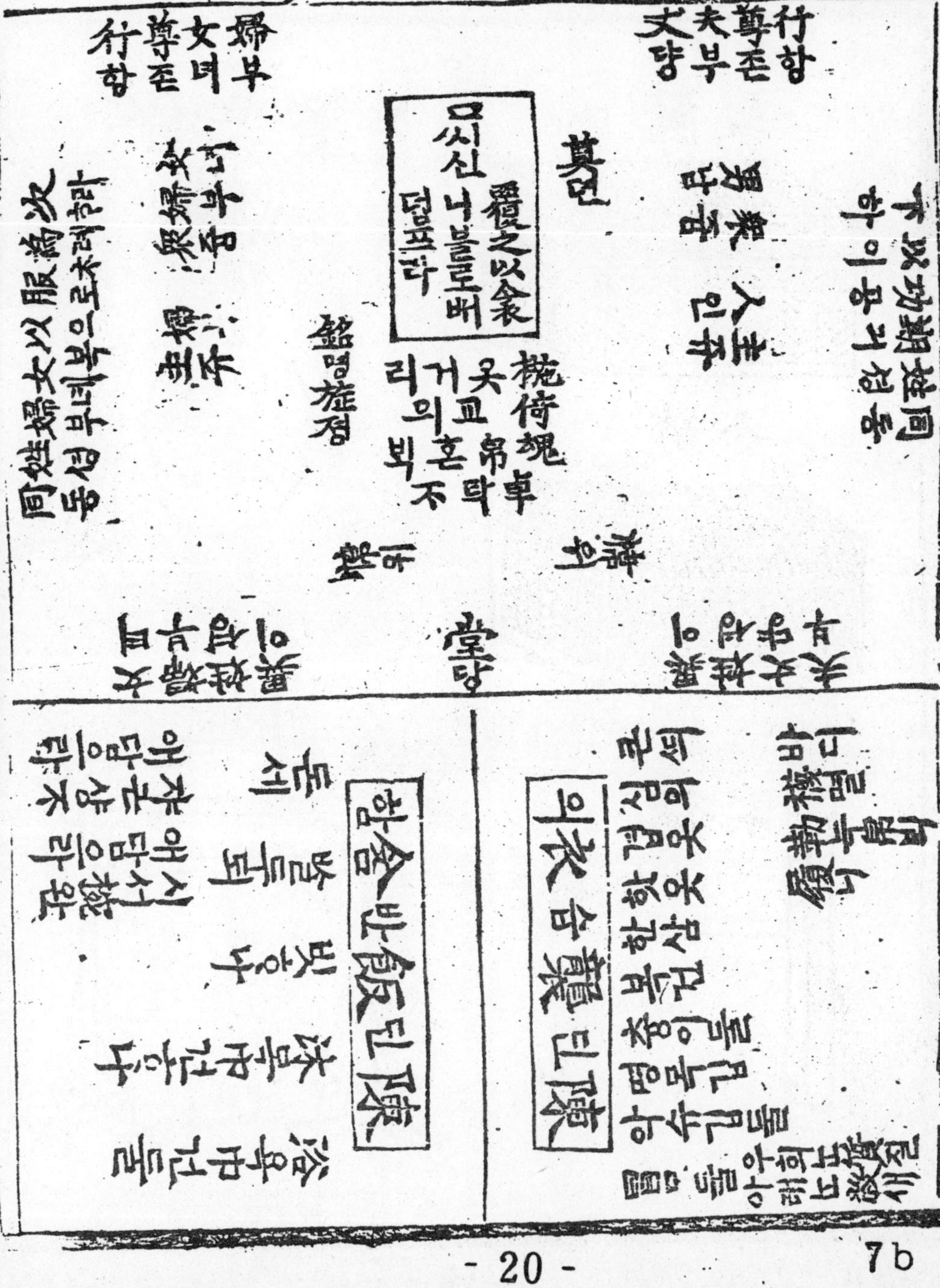

小쇼斂념圖도

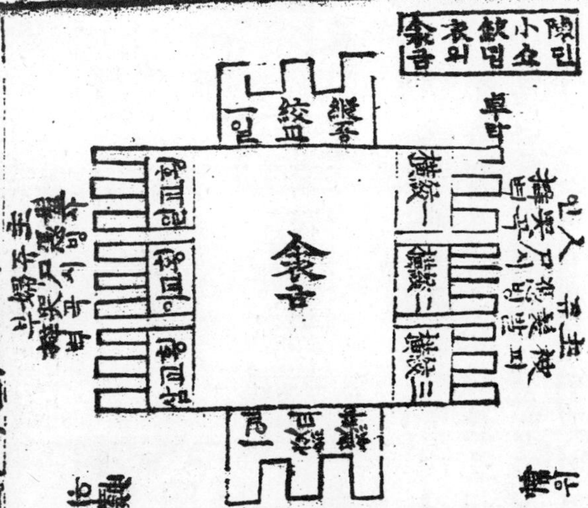

卓탁 新신拭시巾건 櫛즐篦뎌盆분 帨세巾건 盥관盆분 帨세巾건 盥관盆분臺디 奠뎐饌찬 盞잔注주 卓탁

小쇼斂념홀제몬져絞교포끼르나세홀尸시牀상애펴고버거絞교포길로호나홀그우희펴고버거니블을絞교포우희펴고버거小쇼斂념홀오술니블우희펴後후의尸시신을그우희옴기고겹가힌오술펴셔베그머리예베오교두그룰무라뻐두엇게뵈보텹호고또오술무라두다리예뻐오고나믄옷亽로뻐尸시신을더퍼외오녀며고니블로뻐빠교別별로또니블로뻐덥뻐쟝찻大대斂념호고굴기몬뉘그린後후에더픈니블을앗고絞교포롤미되몬져기뤼롤미고後후의미루니론미라

大대斂념圖도

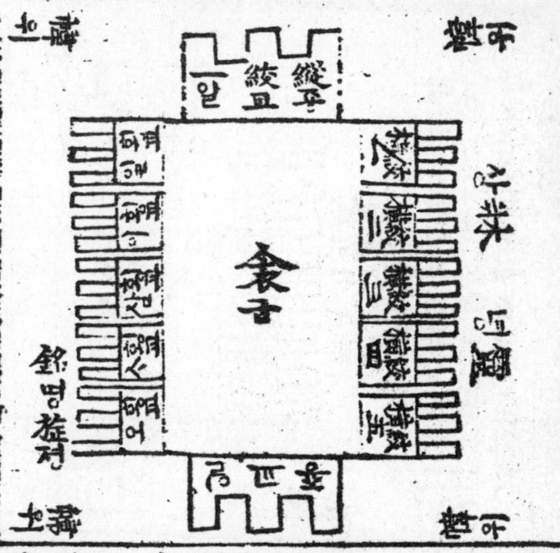

大대斂념홀제몬져絞교포끄루니다ᄉ솔棺관中듕애펴고버거絞교포길로가리를그우희펴고버거나불소옴안누니를그우휘펴되各각각그끄굴네녁밧긔드리호고그린後후의尸시신을그가온대옴기고또그뷘더ᄅ혜아려오솔ᄆ라녜귀히여금充츙實실케ᄒ고니불로배몬져바ᄅ덥고버거더리를덥고버거左좌ᄅ덥고버거右우ᄅ덥고絞교포지기ᄅ몬져기리를미고버거끄루니ᄅ미라

陳딘大대斂념衣의 손쉬교틀소입니쌌 옷샹엽브운옹누라

喪상 服복

상복 압뷰 로뒤 뎝은 圖도

辟벽 領녕 네치 를ᄆᆞ ᄅᆞᄂᆞᆫ 圖도

辟벽 領녕
깃홀뒤네 치만ᄂᆞ리 화방졍히 네치ᄅᆞᆯ올 라드리라

ᄯᅩ로뵈 기리일 척뉵촌 너븨팔 촌을빼 활듕올 마가깃 ᄆᆡᆼ그ᄂᆞᆫ 圖도

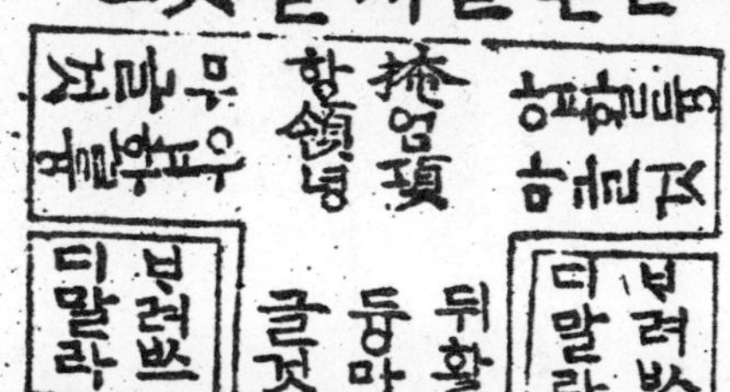

벽녕 네치 롤뒤 뎝어 좌우 適뎍 글밍 그ᄂᆞᆫ 圖도

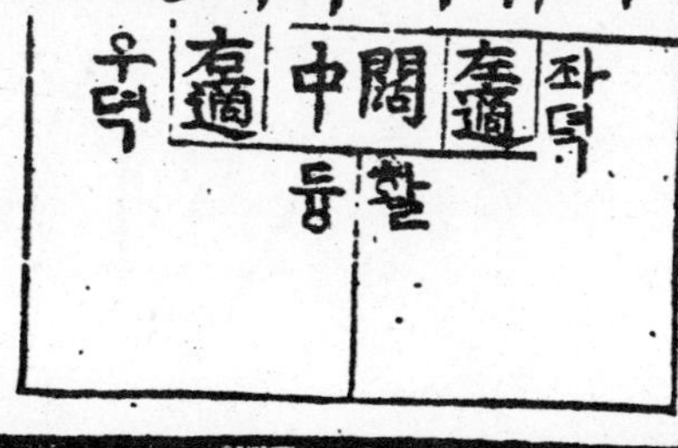

衽임을 ᄆᆞ르ᄂᆞᆫ 圖도

두衽임 이서ᄅᆞ 포가한 圖도

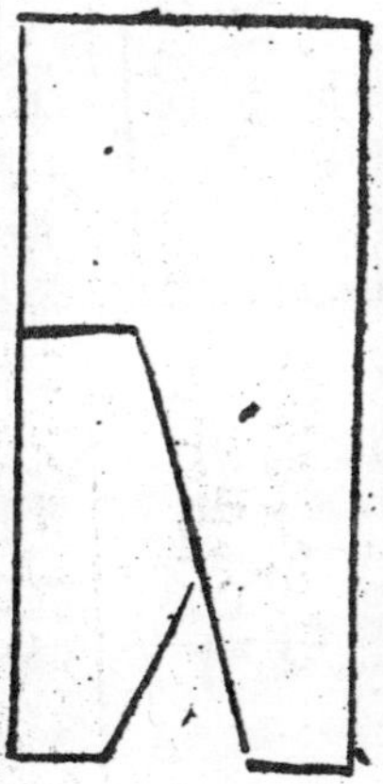

치마제도

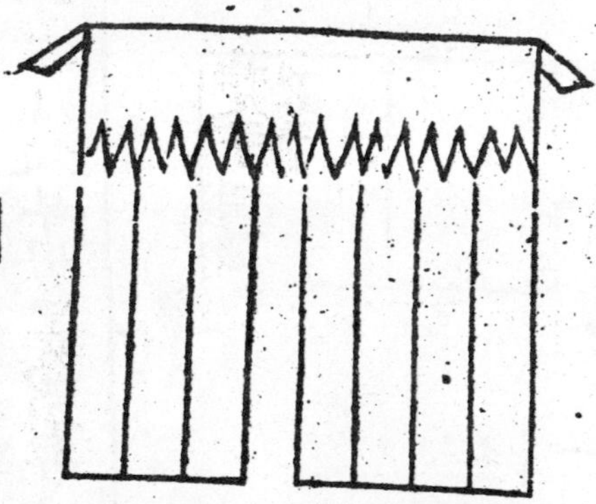

圖도式식

압衰최와뒤負부版판과左좌右우適뎍은오직子ᄌᆞㅣ父부母모爲위ᄒᆞ야쓰고그나

오시깃도압圖도

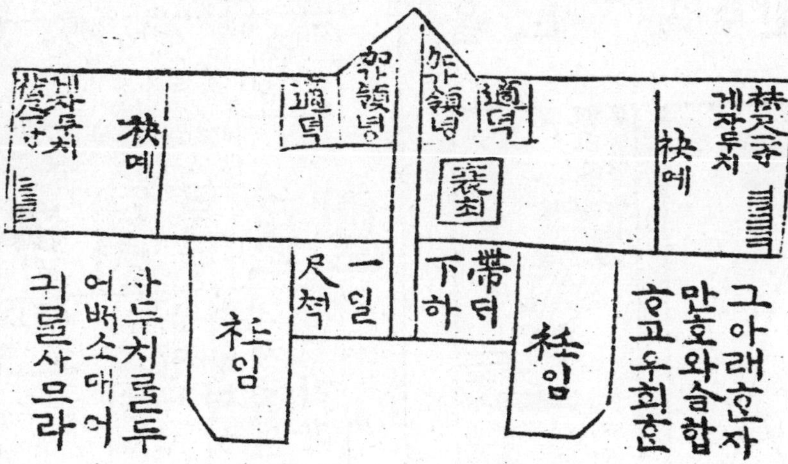

오시깃도뒷圖도

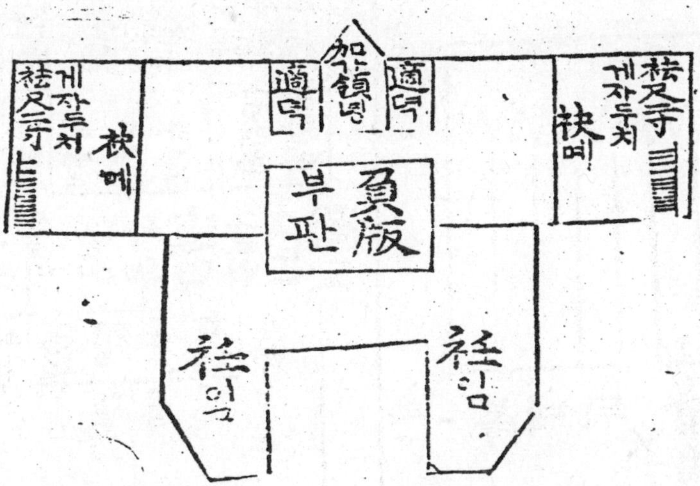

믄쓰디아니ᄒᆞᄂᆞ者쟈ㅣ闕궐ᄒᆞᄆᆞᆯᄆᆞᄅᆞ디말고맛당히常샹녜구式식ᄀᆞᄐᆡᄒᆞ라

冠관 絰딜 絞교

斬衰冠 참최관

大功冠 대공관 다 지최와 ᄀᆞᆺ다

小功冠 소공관 세주름이 외오 향ᄒᆞ고 여노 지최 ᄀᆞᆺ다

緦麻冠 싀마관 생뵈 긴 주름은 쇼공과 ᄀᆞᆺ고 여노 지최 ᄀᆞᆺ다

斬衰首絰 참최슈딜

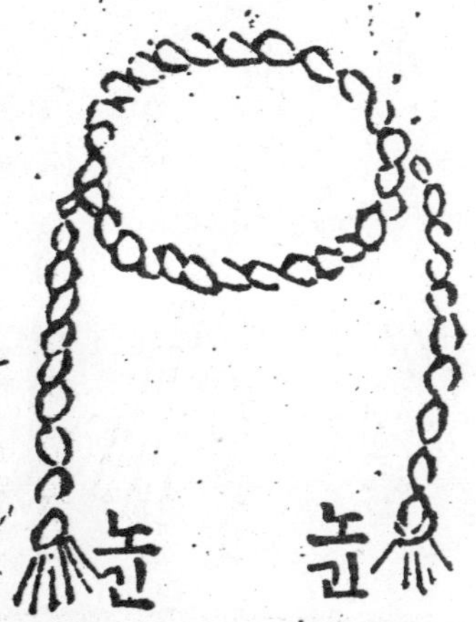

齊衰冠 지최관

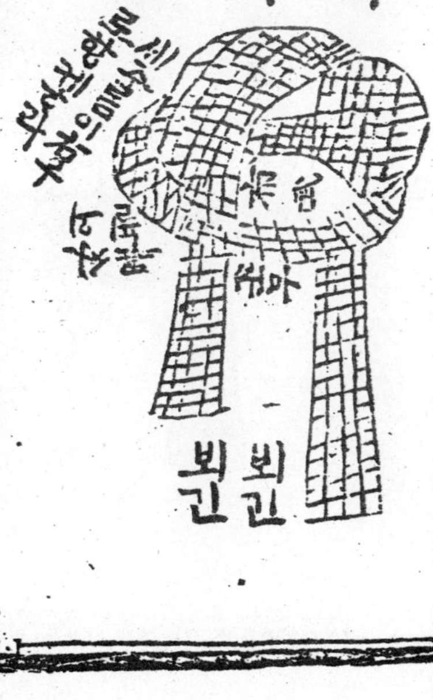

齊衰首絰 지최슈딜

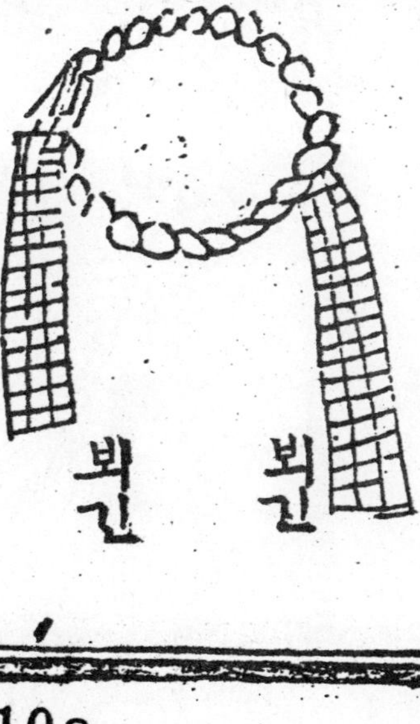

帶ᄃᆡ 圖도 式식

腰요 經딜 散산 垂슈

그서르 빈뒤 두겨틔 各각 ᄀᆞ고 노흘드라이게ᄒᆞ라

斬참衰최로 大대功공애 니르히 처엄의 다 ᄒᆞ
ᄅᆞ 드리웟다가 成셩服복에 니르러 이에 쵸라

斬참 衰최 絞교 帶ᄃᆡ

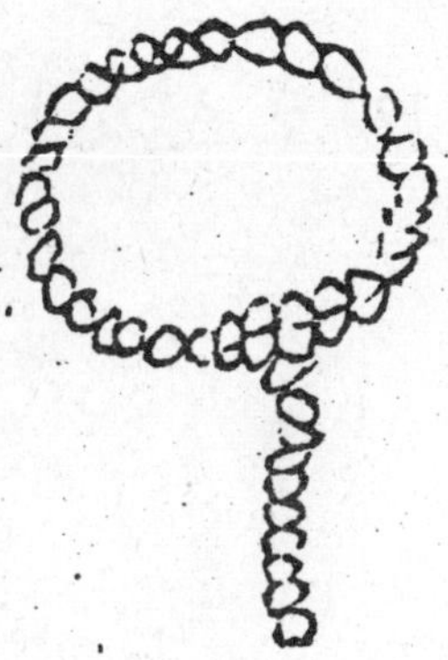

斬참衰최ᄂᆞᆫ 삼으로 ᄡᆞ라

腰요 經딜 結결 本본

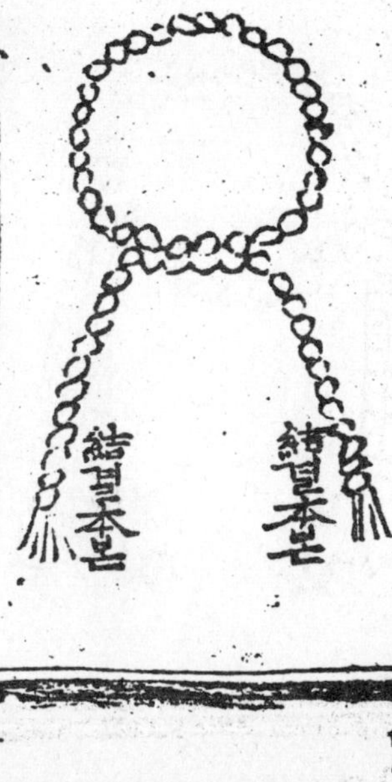

小쇼功공以이下하ᄂᆞᆫ 미ᄃᆞᆯ
미자ᄒᆞ며 드리ᄒᆞ디 말라

齊ᄌᆡ 衰최 絞교 帶ᄃᆡ

齊ᄌᆡ衰최以이下하ᄂᆞᆫ 뵈로 ᄡᆞ라

士ᄉᆞ喪상禮례주애골오ᄃᆡ麻마ㅣ首슈애이시며腰요애잇
ᄂᆞ니ᄅᆞᆯ다끈온經딜이니ᄂᆞᆫ화닐ᄋᆞ면머리예끈온經딜이오
허리예끈온帶ᄃᆡ라○經딜과帶ᄃᆡ의制졔도ᄅᆞᆯ뭇ᄌᆞ온대朱
쥬先션生ᄉᆡᆼ이ᄀᆞᆯᄋᆞ샤ᄃᆡ首슈經딜은크기ᄒᆞᆫ搤외이니오직
이엄지ᄭᅡ락이들재ᄭᅡ락으로더브러ᄒᆞᆫ에움이오腰요經딜
은져기작고絞교帶ᄃᆡᄂᆞᆫ또腰요經딜에셔작그니라腰요經
딜은大대帶ᄃᆡᄅᆞᆯ象샹ᄒᆞ니두머리길게아래로드리ᄒᆞ고絞
교帶ᄃᆡᄂᆞᆫ革혁帶ᄃᆡᄅᆞᆯ象샹ᄒᆞ니ᄒᆞᆫ머리예고ᄅᆞᆯ두어ᄒᆞᆫ머리
로ᄢᅦ가온대ᄢᅦ여미라○朱쥬先션生ᄉᆡᆼ이ᄀᆞᆯᄋᆞ샤ᄃᆡ首슈經
딜이右우편의밋둥이우희인ᄂᆞᆫ者쟈ᄂᆞᆫ齊ᄌᆡ衰최ㅅ經딜의
制졔도ㅣ니삼밋동으로ᄡᅥ머리ᄅᆞᆯᄒᆞᆫ편의다혀니마앏프로
조차왼녁귀로둘러머리뒤ᄒᆞ로向향ᄒᆞ야믄득ᄒᆞᆫ편삼밋
동에나아가서ᄅᆞ다혀삼긋ᄐᆞ로ᄡᅥ삼밋동아래들게ᄒᆞ고삼
밋동으란삼긋우희더펴잇게ᄒᆞ라긴ᄒᆞᆯ두모ᄡᅥ그冠관밧ᄭᅥ
ᄡᅳᄂᆞᆫ디라모로미긴ᄒᆞᆯ두라야뵈야ᄒᆞ로벗듯디아니ᄒᆞ리라

斬참衰최杖당屨구圖도

苴저杖당

菅관屨구

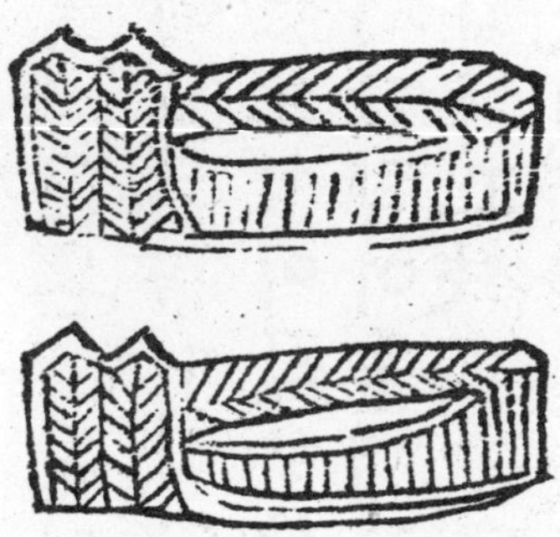

齊지衰최杖당屨구圖도

削삭杖당

疏소屨구

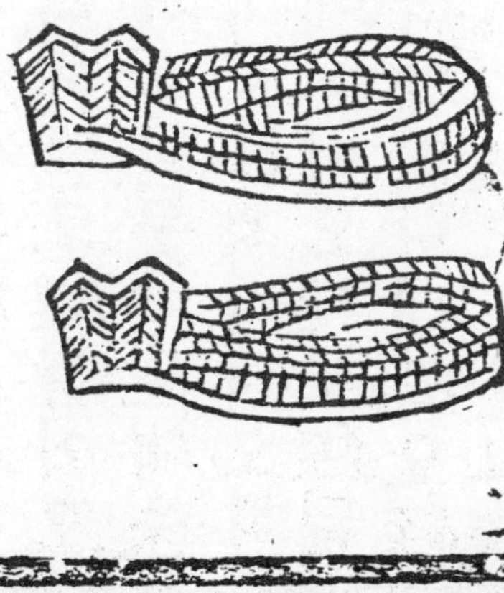

苞포 箾쇼 圖도

苞포

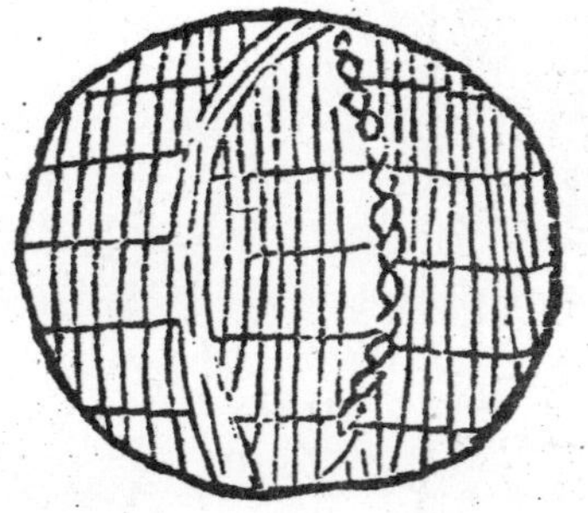

箾쇼

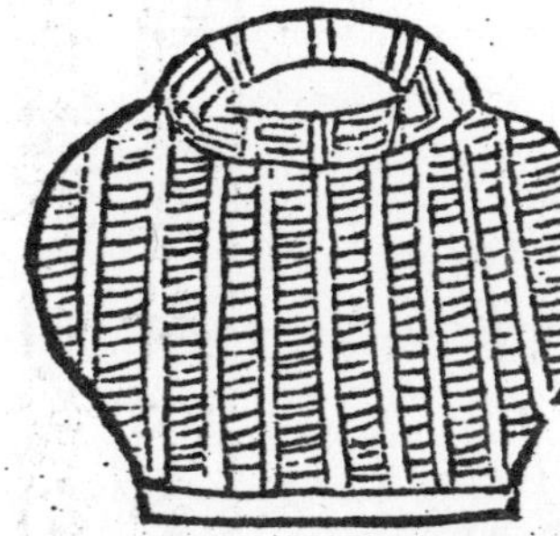

喪상 轝여 竹듁 格격 圖도

대르배格격을밉글고緇치로배미여우히撮촬蕉쵸亭뎡끄티ᄒᆞ고帷유幔만을두르고四ᄉᆞ角각애流뉴蘇소ᄒᆞ다

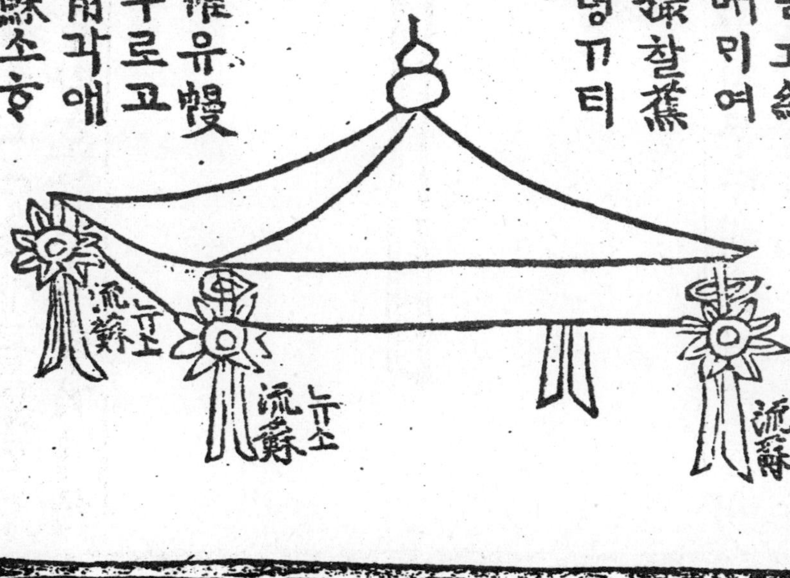

翣삽扇선圖도

喪상大대記긔애君군은棺관을飾식ᄒᆞ믈黼보翣삽이둘히오黻불翣삽이둘히오畫화翣삽이둘히니다圭규를戴ᄃᆡᄒᆞ고大대夫부우와士ᄉᆞᄂᆞᆫ緌유를戴ᄃᆡᄒᆞ라ᄒᆞᆫ註주애車거ㅣ行

喪禮圖說 十二

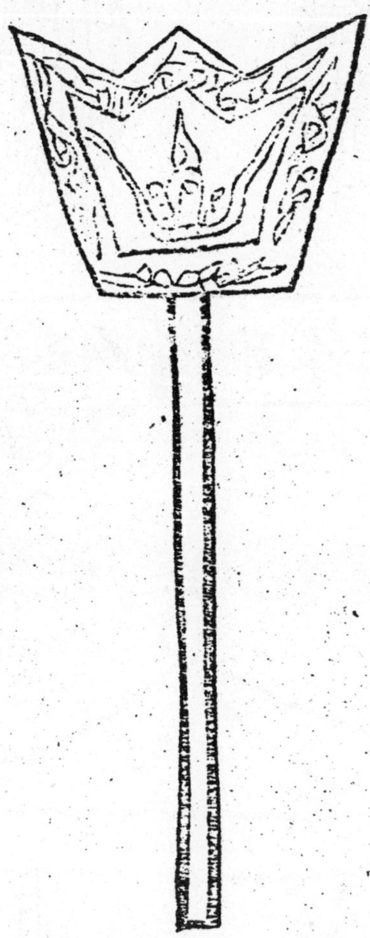

힝ᄒᆞᆯ제가져볘곰車거를끼리ᄒᆞ고임의무두매壙광中듕애셰위柩구를끼리ᄒᆞᄂᆞ니라尺척度도와畫화制제ᄂᆞᆫ本본章장註주애載재록ᄒᆞ엿ᄂᆞ니라

喪상輿여

두당강우희伏복兔토롤加가ᄒᆞ고杠강브튼고뒤두렷ᄒᆞᆫ굼글몽골라○각別별히小쇼方방牀상을밍ᄀᆞ라관을시르라○겻뒤두柱듀롤세고柱듀밧긔두렷ᄒᆞᆫ효당을ᄒᆞ야구무가은대드려기리그밧긔나게ᄒᆞ라○두柱듀ᄀᆞᆺ더하작다시方방졍ᄒᆞᆫ굼글밍ᄀᆞ라ᄀᆞ루세롤드리라○ᄀᆞ루세두그티柱듀밧셔내돌은뒤다시쟈근세롤드리라○댱강두머리예ᄀᆞ로杠강을드리고ᄀᆞ로강우희다료杠강을드리고다료杠강애다시쟈근杠강을드리라

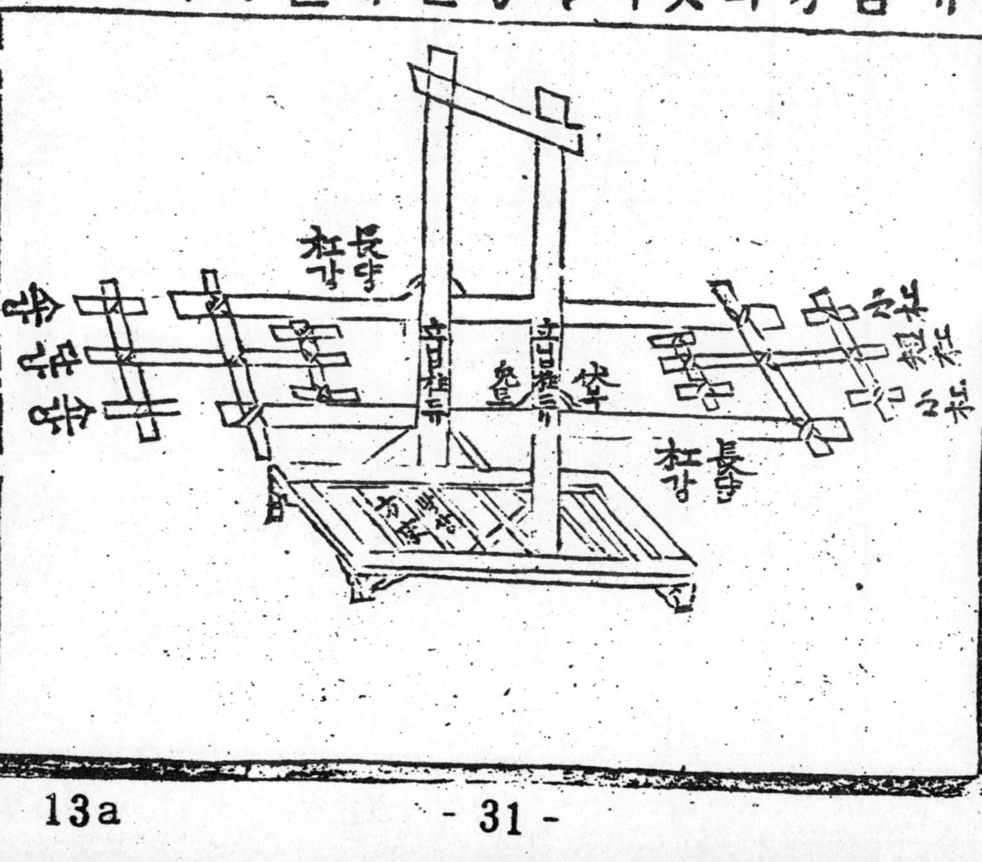

之지圖도

柳뉴車거의制제도ㅣᄀᆞ초三삼家가禮녜圖도과밋書셔儀의ㅅ註주가온대뵈여시나그러나書셔儀의대날오뒤이제임의ᄀᆞ초기어려온디라잠깐帷유ㅣ며幌황이며花화頭두等등을設셜ᄒᆞ야구티여繁번華화코高고大대히말께시라ᄒᆞ여시니이제家가禮녜예俗쇽을조차상轝여를ᄆᆡᆼ글고ᄯᅩ竹듁格격을ᄆᆡᆼ그라임의그制제도ㅣ잇ᄂᆞᆫ디라배셔圖도를ᄆᆡᆼᄀᆞ라柳뉴車거를밧고노라

증대부모
증조형데
증둔손은
스촌손그
不식

本본 宗종 五오

嫡뎍孫손이 父부뷔 주거시면 祖조와 밋 曾증高고祖조를 위ᄒᆞ야 承승重듕ᄒᆞ모 재참최삼년ᄒᆞ고 조모 증고조모를 위ᄒᆞ야 承승重듕ᄒᆞᆫ 재지최삼년ᄒᆞ라

本宗				
고조부 지최 삼월				
증조부 지최 오월	증대부 시마 부처			
조부 지최 브당긔	스촌대부 쇼공 부부처	늑촌대부 시마 부부처		
父부 참최 삼년	삼촌숙 브당긔 부모	오촌족 쇼공 당부처	칠촌족 시마 당부처	
당신	동싱형데 브당긔 처쇼공	스촌형데 대공 처무	늑촌형데 시마 처무	팔촌형데 시마 처무
不 댱ᄌᆞ삼년 당부긔	삼촌족하 브당긔 처대공	오촌족하 쇼공 처시마	칠촌족하 시마 처무	
손 뎍손브당긔 셔손대공	스촌손不 쇼공 처시마	늑촌손不 시마 처무		
증손 시마	증딜손 시마 처무			
현손 시마				

무릇 男남이 누미 계후되니 그 ᄉᆞ친 위ᄒᆞ야 다 ᄒᆞᆫ층을 ᄂᆞ리오디 오직 본생부모ᄂᆞᆫ 강부브당긔ᄒᆞ고 심상삼년을 펴라 그 본생부의 또 귀ᄒᆞ야 강복브당긔ᄒᆞ라

家禮圖撰解

삼촌고ᄂᆞᆫ 아비누의
ᄉᆞ촌대고ᄂᆞᆫ 하나비누의
증ᄃᆡ고ᄂᆞᆫ 증조누의

服복之지圖도

직계	삼촌·동싱	ᄉᆞ촌·오촌	뉵촌·칠촌	팔촌
고조모 자최 삼월				
증조모 자최 오월	증대고 싀마 가 무복			
조모 자최 부댱긔	ᄉᆞ촌대고 쇼공 가 무복	뉵촌대고 싀마 가 무복		
모 자최 삼년	삼촌고 부댱긔 가 대공	오촌고 쇼공 가 싀마	칠촌고 싀마 가 무복	
쳐 자최 댱긔 모졍즉 부댱	동싱누의 부댱긔 가 대공	ᄉᆞ촌누의 대공 가 쇼공	뉵촌누의 쇼공 가 싀마	팔촌누의 싀마 가 무복
ᄌᆞ부 즁ᄌᆞ긔 부대공	삼촌딜녀 부댱긔 가 대공	오촌딜녀 쇼공 가 싀마	칠촌딜녀 싀마 가 무복	
손부 뎍부쇼공 셔부싀마	ᄉᆞ촌손녀 쇼공 가 싀마	뉵촌손녀 싀마 가 무복		
증손부 무복	증딜손녀 싀마 가 무복			
현손부 무복				

姑고ㅣ며 ᄌᆞ매며 녀ᄌᆞ 집의 이실 제 복기 남ᄌᆞ ᄌᆞ굿고 出출가ᄒᆞ가 도로 오니 ᄯᅩ ᄀᆞᆺ다 뎍인호이 남편과 ᄌᆞ식 업ᄉᆞ니 ᄯᅩ 제 형뎨ᄌᆞ미며 형뎨의 ᄌᆞ믈 위ᄒᆞ야 부댱긔라

믈읫 女녀뎨 뎍인ᄒᆞᆫ 재ᄌᆞ ᄉᆞ친 위ᄒᆞ야 다 효 ᄎᆞ더 오 뒤오 직 조와 밋 ᄌᆞ고 조ᄯᅩ 갑티 말며 형뎨 父부 後후 되니ᄅᆞᆯ 위ᄒᆞ야 갑티 말며 형뎨믈와 쳐 ᄅᆞᆯ 위ᄒᆞ야 갑티 말라

三삼父부八팔母모

繼계 母모

동거계부ㅣ부
ᄌᆞㅣ다대공이
샹친이업거든
어에의복으로
보당긔ᄒᆞ라○
브동거ᄂᆞᆫ녈은
몬져어믜ᄀᆡ가
롤조차계부와
동거ᄒᆞ다가후
의닷나거나홀
미록동거ᄒᆞ나

嫡뎍 母모

쳡ᄌᆞㅣ아비
졍실을닐오
뎌뎍모ㅣ니
졍복으로자
최삼년ᄒᆞ효오
ㅣ뎍ᄌᆞ를위ᄒᆞᆫ
야ᄯᅩ보복ᄒᆞ라
○증조위ᄒᆞᆫ
아ᄂᆞᆫ보당긔
를복ᄒᆞ라○
셔ᄌᆞㅣ뎍모의
부모ㅣ며형
뎨ᄌᆞ며ᄆᆞᆯ위ᄒᆞᆫ
야쇼공ᄒᆞ고
모ㅣ주거시
면복디말라

庶셔 母모

닐온부의쳡
이ᄌᆞ식잇ᄂᆞᆫ
쟈ㅣ니즁ᄌᆞ
ㅣ위ᄒᆞ야의
복으로식마
○士ᄉᆞ의셔
ᄌᆞㅣ제어미
위ᄒᆞ야ᄌᆞ최
삼년호ᄃᆡ父
부後후ㅣ되
면덜라으셔ᄌᆞ
ㅣ父부後후ㅣ
된자ㅣ제어미
위ᄒᆞ야싀ᄆᆞᆼ
고제어미부
모ㅣ며형뎨
ᄌᆞ미를위ᄒᆞ
야무복○쉬
ᄌᆞ의ᄌᆞㅣ아
비어미를위
ᄒᆞ야블당긔

慈ᄌᆞ 母모

닐온셔ᄌᆞ
어미업서
ᄇᆡ다ᄅᆞᆫ쳡
의무ᄌᆞᄒᆞᆫ
쟈를命명
ᄒᆞ야저를
기ᄅᆞ이니
친모ᄀᆞᆮ투
디라의복
오로지최
삼년ᄒᆞ고
命명ᄃᆡ아
ᄂᆡ시면쇼
공ᄒᆞ라

乳유 母모

닐온어려
셔졋머긴

出츌 母모

닐온아비게ᄇᆞ
리믈니븐이니
강복당긔ᄒᆞ고
뫼ᄌᆞ를위ᄒᆞ야
강복브당긔○
지부ᄒᆞ되면복
다말라○테뎍
인애츌모위ᄒᆞ
야강복대공ᄒᆞ
고뫼티를위ᄒᆞ
샤ᄯᅩ보복ᄒᆞ라

服복制졔之지圖도

父부

계부ㅣ조ㅣ엇고제대공이상친이잇거든지최삼월을니브라○원블동거ᄒᆞ면보이업ᄉᆞ니라○[illegible]아비다ᄅᆞ고어미ᄒᆞ가지혀테누의각각소공오월을니브라

繼계母모

닐ᄋᆞᆫ부의지취ᄒᆞᆫ모ㅣ니의복지최삼년○계모ㅣ위ᄒᆞ야조보복ᄒᆞᆸ○의우즁ᄎᆞ브당긔○계모ㅣ출ᄒᆞ면무복○만일부ㅣ죽고계모ㅣ기가애제조차시면복당긔ᄒᆞ고계모ㅣ보복브당긔○모ㅣ쵸동연[illegible]몸을상원ᄒᆞ야소공

母모

호되祖조後후ㅣ되면무복○셔모ㅣ제조ᄅᆞᆯ위ᄒᆞ며君군의죽조위ᄒᆞ야지최브당긔○君군의당ᄎᆞᄅᆞᆯ위ᄒᆞ야지최삼년○첩이君군을위ᄒᆞ야참최삼년○녀군이며그부모를위ᄒᆞ야브당긔○셔모ㅣ慈ᄌᆞ모ㅣ긔잔ᄃᆞ닐ᄋᆞᆫ조소로져ᄅᆞᆯ젖머거기ᄅᆞᆫ자ㅣ니의복소공

養양母모

이ᄅᆞᆯ유뫼라ᄒᆞ니의복으로싀마ᄒᆞ라닐ᄋᆞᆫ同동宗종이며밋三삼歲셰이하ㅅ遺유棄기ᄒᆞᆫ조식글길오쟈니친모로더브러디ᄅᆞᆫ디라졍복무로지최삼년ᄒᆞ라

嫁가母모

닐ᄋᆞᆫ뷔죽고뫼가개가호이나강복당긔ᄒᆞ고뫼조ᄅᆞᆯ위ᄒᆞ야복브당긔○녀저임의텩인ᄒᆞᆫ재복대공ᄒᆞ고뫼텨ᄅᆞᆯ위ᄒᆞ야보복○지부ᄒᆞᆫ뫼이ᄂᆞᆫ보디말라○젼부의주제ㅣ가호ᄂᆞᆫ제조초니도복브당긔[illegible]라

누고나대　　　　　　　아소츳
이논비고　　　　　　　돌촌딜
아누노　　　　　　　이손손
비의하　　　　　　　라의온

도圖복服당黨부夫위爲처妻

나흐식그계夫　라부듭모조증夫
브야어쳐후부　복호위모고부
라대버ㅣㅣㅣ　울쟈흐증조ㅣ
공이복되누　조노야고와조
을위심면미　차다승조맛와

			모부조고식			
			마 식			
			모부조증식			
			마 식			
		고촌식 대소	모 부 조 식	부촌식 모대소		
		마식	공 대	마식		
	촌식 고오	촌식 고삼	미 식 비 식 어 아	부촌식 모육삼	부촌식 처숙오	
	마식	공쇼	삼 지 삽 참 틴 최 틴 최	공 대	마식	
	의촌식 누소	의식 누	편 남	처비식 와 쟈	자촌식 비아소	
	마식	공쇼	틴 삼 최 참	공 쇼	마식	
녀촌식 딜칠	녀촌식 딜오	녀식 딜	부 夫 죵 덕 당 삼 당 부 부 긔 틴 조 당 당 죵 지 궁 국 후 최	처촌식 딜삼	쳐촌식 딜오	촌식 딜칠
마식	공쇼	틴긔		덩 긔 공 틴	식 솔 애 공	마식
	녀촌식 손뉵	녀촌식 손수	손 손 부 夫	쳐촌식 손수	촌식 손뉵	
	마식	공쇼	마식 공대	식 솔 마	마식	
		딜식 녀증	손 증	딜식 손증		
		마식	마 식	마식		
			손 현			
			마 식			

外외族족母모黨당妻처黨당服복圖도

부인이싀외조ᄒᆞ
의조부모 소공
모위ᄒᆞ야싀마

부인이부의구
구 어미오라비라 소공
를위ᄒᆞ야싀마

체족교지취ᄒᆞ야
도ᄯᅩᄉᆞ다ᄒᆞ친외
처부모 싀마
비록가ᄒᆞ며조흔ᄒᆞ
야도ᄯᅩ복ᄒᆞᆯ라

부인이부의종
종모 어미형데 소공
모위ᄒᆞ야싀마

아바누의조를
닐온외형데
구고 지조 싀마
어미오라비조
를닐온니형데

당신

냥이형데
조미닐온
종모 지조 싀마
어미형데
의조식

누의조를
싱 소공 처싀마
닐온싱

사회 싀마

누의ᄯᆞᆯ을
싱터 소공
닐온싱터

ᄯᆞᆯ의조ㅣ라
외손 싀마
처부ᄀᆞᆺ다

대덕은원
무죵년호

부군은존
신ᄒᆞᄂᆞᆫ말
이니관부
의군이라
졍곳다
諡시ᄂᆞᆫ힙
실의논ᄒᆞ
야호를셰
오미라

神신 主쥬

禮녜經경과밋家가禮녜舊구本본의高고祖조考고우희다皇황字ᄌᆞ
ᄅᆞᆯᄡᅥ더니大대德덕年년ᄉᆞ이예省셩部부ㅣ禁금止지ᄒᆞ야皇황字ᄌᆞ
ᄅᆞᆯ回회避피ᄒᆞ니이제顯현ᄌᆞᄅᆞᆯᄡᅳ미可가ᄒᆞ니라

全젼式식　　分분式식

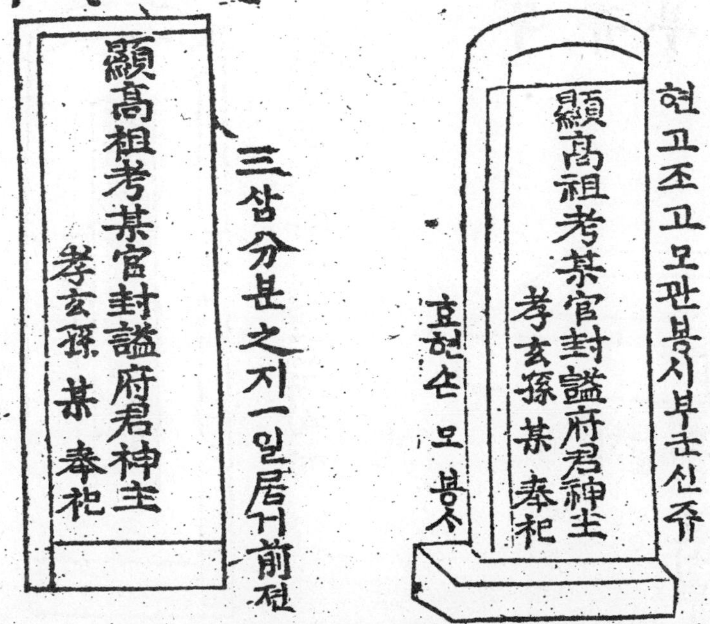

伊이川쳔先션生ᄉᆡᆼ이닐ᄋᆞ샤ᄃᆡ
신主쥬밍글몬밥남글ᄡᅳ고時시
며日일이며月월이며辰신을
취法법ᄒᆞ니趺부ㅣ方방졍히
치노흔희四ᄉᆞ時시를象샹ᄒᆞ미
오高고ㅣ자두치노열두ᄃᆞᆯ을象
샹ᄒᆞ미오쥬身신이비뵈셜ᄒᆞᆫ
은ᄒᆞᆫᄃᆞᆯ날을象샹ᄒᆞ미오두뒤열
두분은ᄒᆞᄅᆞ열두ᄣᅢ를象샹ᄒᆞ며
라身신과趺부ㅣ다ᄒᆞᆫ치두분이
라오홀닷분을갓가두렷게미리
ᄅᆞᆯᄒᆞ고ᄒᆞᆫ치아래압폴사겨톡을
밍글고배혀너분이압퓌잇고팔
분이뒤희잇게ᄒᆞ라陷함中듕에
ᄡᅥ벼슬과姓셩名명과行항렬을
ᄊᆞ라ᄡᅥ굴오ᄃᆡ故고아모벼슬아
모公공의일홈아모字ᄌᆞ아모ᄎᆞ
례현재神신主쥬ㅣ라ᄒᆞ라陷함

삼분지一
일조노금
작그이라

圖도 式식

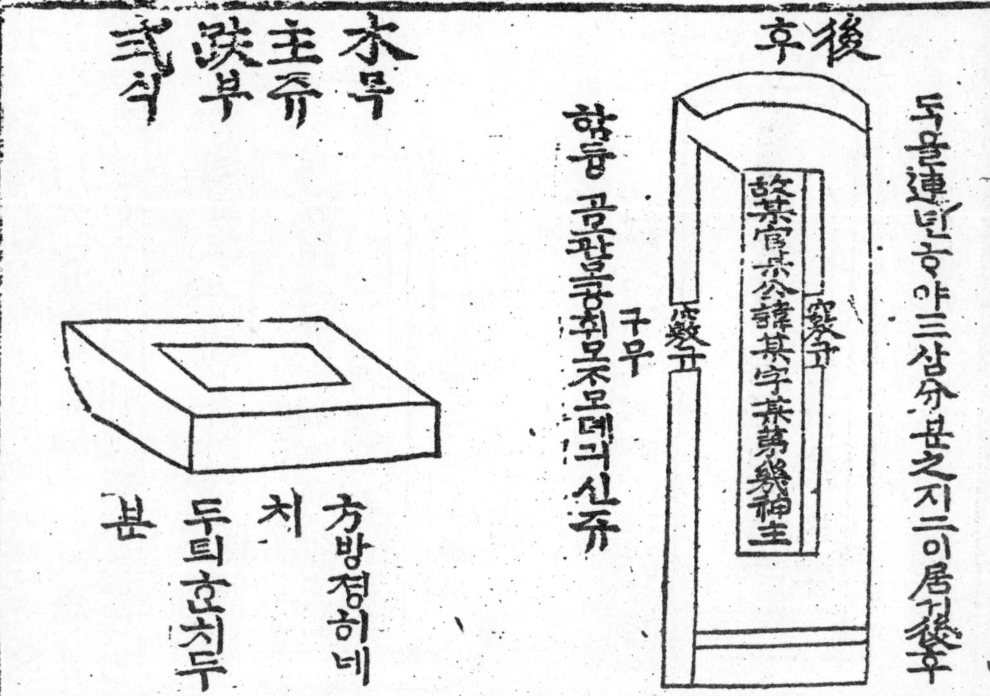

中듕기리여숫치오너븨호치라合합ᄒᆞ야趺부애셰라몸동이趺부우희나기ᄒᆞᆫ자여ᄃᆞᆲ븐이니趺부노퓌아오라ᄒᆞᆫ자두치라그ᄐᆡ퓌구무ᄯᅮᆯ워배中듕을通통ᄒᆞ되몸두ᄐᆡ三삼分분之지一일을ᄒᆞ고날온圓원徑경너븐이라二이分분우희잇게ᄒᆞ라날온날곱치두분우희이쇼미라粉분으로그압퓌ᄇᆞᄅᆞ고버屬쇽稱칭을ᄡᅳ라屬쇽온날온高고祖조曾증祖조ㅣ며考고ㅣ오稱칭은날온官관이며號호ㅣ며行항이니處쳐士ᄉᆞㅣ며秀슈才저ㅣ며현재郎낭이며현재公공이라홈ᄀᆞ투니라ᄒᆞ뒤主쥬祀ᄉᆞᄒᆞᄂᆞᆫ의일홈을ᄡᅳ라날온孝효子ᄌᆞ아모奉봉祀ᄉᆞ[illegible]증직을加가ᄒᆞ거나世셰되밧고면븟으로싯고고텨ᄡᅳ라시ᄉᆞᆫ믈로배가廟묘ㅅ담의ᄲᅳ리라박[illegible]고티고中듕은고티디말라

櫝두 韜도

按안ᄒᆞ니書셔儀의예ᄂᆞᆫ오딕版판아래趺부ㅣ잇고囊낭으로베덥고
櫝요로베ᄡᅧ여府부君군과夫부人인을ᄒᆞᆫ가지로ᄒᆞ匣갑을ᄒᆞ라ᄒᆞ되
그式식이업ᄉᆞ니이제司ᄉᆞ馬마가廟묘애見현출ᄒᆞ니로베그리노라

坐좌式식

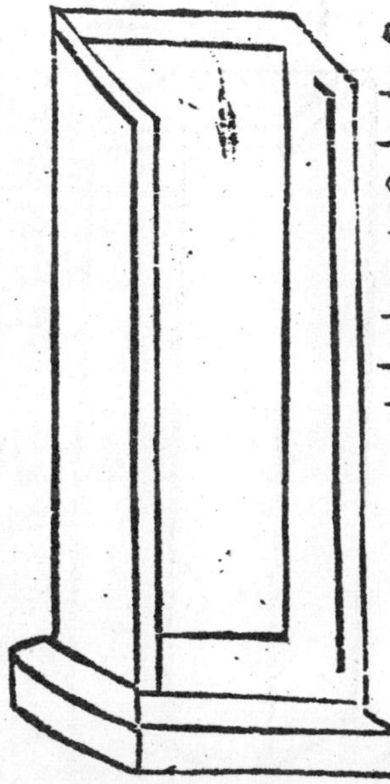

面면이뎡바기롤다虛허케ᄒᆞ라○
미티臺ᄃᆡ롤닙곱ᄃᆞᆺ텁고내밀게ᄒᆞ야히
야곱두에롤밧게ᄒᆞ라

蓋개式식

네면이ᄀᆞᆺ초ᄂᆞ리게ᄒᆞ고반ᄃᆞ고ᄅᆞ게
ᄒᆞ뒤趺부롤ᄌᆞᆸ게ᄒᆞ라○두에와座좌롤
다거모漆칠로배仔미라

平평頂뎡

程뎡先션生싱木목主쥬制제되
取취象샹호미甚심히精졍ᄒᆞ야
可가히萬만世세예法법을삼
암즉ᄒᆞ나그러나그制제도롤ᄡᅳ
ᄂᆞᆫ者쟈ㅣ만히그眞진을일ᄒᆞ니
므되므되ᄡᅳᄂᆞᆫ자의長댱短단을
샹考고티몯ᄒᆞᆫ然연故고ㅣ라蓋개
周쥬尺쳑이이제省셩尺쳑의當
당ᄒᆞ야날곱치닷분모즘ᄒᆞ거롤
程뎡氏시文문集집과다못温온
公공書셔儀의ᄂᆞᆫ그로註주ㅣ만
하다ᄉᆞᆺ치다ᄉᆞᆺ분이모ᄎᆞᆷ타ᄒᆞ고
날온바省셩尺쳑이[illegible]ᄒᆞᆫ그므슴
자한줄로ᄂᆞᆫ디라時시擧거ㅣ
네일즉晦회翁옹先션生싱의質
질졍ᄒᆞ니答답ᄒᆞ야니ᄅᆞ샤ᄃᆡ省
싱尺쳑은이京경尺쳑이라温온
公공이그림을두시니닐온바三

蓋가덥은종녕종뎐ᄒᆞ남히ᄂᆞ니명지거ᄂᆞᆫ일ᄒᆞᆷ이오듕션은죄라

緖자 式식

韜도全젼式식

全式식이라두幅당ᄀᆞᆺ고ᄒᆞᆫ솔기되ᄒᆞ로가온대잇게ᄒᆞ되져가그두ᄅᆞᆫ두고頂뎡바기에야ᄅᆞᆫ니로ᄇᆡ셔ᄋᆞᆯ로브터누리더펴主쥬身신으로더브러ᄀᆞ족게ᄒᆞ라

韜도縫봉式식

緖자

方방졍ᄒᆞ니ᄇᆡ섭뒤안ᄋᆞ로ᄀᆞᆺ고뵈로조개혀디두터이ᄒᆞ되考고위ᄂᆞᆫ緊ᄎᆞ디로ᄒᆞ고妣비위ᄂᆞᆫ블근이로ᄒᆞ라囊낭으로坐ᄀᆞᆺ게ᄒᆞ라。

삼司ᄉᆞ布포帛ᄇᆡᆨ尺쳑이이라ᄒᆞ시고니위會회稽계司ᄉᆞ馬마侍ᄌᆡ郞랑지블조차求구ᄒᆞ야이그림을더드니그ᄉᆞ이애古고尺쳑두어가지이쇼되周쥬尺쳑이그右우애잇고三삼司ᄉᆞ布포帛ᄇᆡᆨ尺쳑이그左좌애잇겨ᄅᆞᆯ周쥬尺쳑으로ᄡᅧ布포帛ᄇᆡᆨ尺쳑애校교졍ᄒᆞ니교졍히이날곱치닷분이모ᄌᆞᆫᄒᆞᆫ다라이에신主쥬명그ᄂᆞᆫ制제되비로소定뎡ᄒᆞ니이제敢감히조스로ᄎᆞᆷ기디몯ᄒᆞ야因인ᄒᆞ야신主쥬式식파밋두자의長당短단을그리고俗쇽이ᄭᅴ쳔말ᄉᆞᆷ을ᄀᆞᆨ애쓰니거의그制제도ᄅᆞᆯᄡᅳᄂᆞᆫ者쟈ㅣ可가히ᄡᅧ曉효然연ᄒᆞ야의惑혹호미업스리라書가ᄋᆞᆫ뎌癸계酉유嵗셰敘셔ᄒᆞᆫ乙을卯묘애臨님海ᄒᆡ潘반時시擧거仲듕善션父보ᄂᆞᆫ識지ᄒᆞ노라

櫝독 式식

頂뎡바기를平평히ᄒᆞ고四소면이곳게ᄒᆞ라

압히두窓창을밍ᄀᆞ라여닷게ᄒᆞ라

아래미티편ᄒᆞ오臺ᄃᆡ座좌로밍글라

尺쳑式식

이제省셩尺쳑애當당ᄒᆞ면다ᄉᆞᆺ치닷분이모ᄌᆞᆷᄒᆞ다

三삼司ᄉᆞ布포帛ᄇᆡᆨ尺쳑애當당ᄒᆞ면닐곱치닷분모ᄌᆞᆷᄒᆞ고浙졀尺쳑애當당ᄒᆞ면여ᄃᆞᆲ치너분이라

神신主쥬ᄂᆞᆫ周쥬尺쳑을ᄡᅳ니ᄯᅩᄒᆞᆫ南남軒헌집의사긴바本본애見현ᄒᆞ다

三삼司ᄉᆞ布포帛ᄇᆡᆨ尺쳑

우희周쥬尺쳑의比비ᄒᆞ면다시세치너분더으다

곳이省셩尺쳑이니ᄯᅩ일홈이京경尺쳑이라周쥬尺쳑애當당ᄒᆞ면ᄒᆞᆫ자세치너분이오浙졀尺쳑애當당ᄒᆞ면ᄒᆞᆫ자ᄒᆞᆫ치세분이라

右우ᄂᆞᆫ司ᄉᆞ馬마公공집의돌ᄒᆡ사긴本분이라

大대宗종小쇼宗종圖도

무릇 五오 宗종을 셤기라

大대宗종이 업거든 小쇼宗종을 셤기라

禰녜		祖조		曾祖증조		高祖고조		別子별조		諸侯제후	
								繼別계별	百世不遷대 빅셰불쳔 종	世世爲諸侯	셰셰위졔후
繼禰小宗	계녜쇼종	繼祖小宗	계조쇼종	繼曾祖小宗	계증조쇼종	繼高祖小宗	계고조쇼종				

諸侯제후

劉뉴氏시垓히孫손이끌오뒤몸녀汲급公공의집祭졔儀의
예끌오뒤古고者쟈애小쇼宗종이너히이셔繼계禰녜ᄒᆞᄂᆞᆫ
宗종이며繼계祖조ᄒᆞᄂᆞᆫ宗종이며繼계曾증祖조ᄒᆞᄂᆞᆫ宗종
이며繼계高고祖조ᄒᆞᄂᆞᆫ宗종이이시니ᄡᅢ祭졔祀ᄉᆞᄅᆞᆯ主쥬
ᄒᆞ며族족人인을統통ᄒᆞᄂᆞᆫ배러니後후世셰애宗종法법이
임의廢폐ᄒᆞᆷ애호터뎌統통호배업서祭졔祀ᄉᆞᄒᆞᄂᆞᆫ禮례ᄅᆞᆯ
집마다ᄌᆞ스로行힝ᄒᆞ야支지子ᄌᆞㅣ能ᄂᆞᆼ히祭졔티몯ᄒᆞᄃᆡ
아니코祭졔ᄅᆞᆯ반ᄃᆞ시宗종子ᄌᆞ애告고티아니ᄒᆞᄂᆞ니이제
宗종法법을비록수이復부티몯ᄒᆞ나宗종子ᄌᆞㅣ祭졔ᄅᆞᆯ主
쥬ᄒᆞᄂᆞᆫ義의ᄂᆞᆫ잠ᄭᅡᆫ可가히드러行힝ᄒᆞᆯ거시니宗종子ᄌᆞㅣ
士ᄉᆞㅣ되엿고庶셔子ᄌᆞㅣ大대夫부ㅣ되여시면上샹牲싱

으로ᄡᅥ宗종子ᄌᆞ의집의祭졔ᄒᆞᆯ거시라故고로이제議의논
애家가廟묘ㅣ비록支지子ᄌᆞ를因인ᄒᆞ야세오나ᄯᅩᄒᆞᆫ宗종
子ᄌᆞㅣ그祭졔를主쥬ᄒᆞ고그支지子ᄌᆞ命명數수의得득ᄒᆞᆯ
바禮녜를ᄡᅳ미可가히禮녜의ᄠᅳ데合합당ᄒᆞ니라○先션生
ᄉᆡᆼ이ᄀᆞᆯᄋᆞ샤ᄃᆡ祭졔祀ᄉᆞ애모로미이宗종子ᄌᆞ法법을ᄡᅧ야
뵈야ᄒᆞᆯ로亂난티아니ᄒᆞ리니그러티아니면前젼두의반ᄃᆞ
시可가히廢쳐置티몯ᄒᆞᆯ者쟈ㅣ이시리라○父부ㅣ이셔主
쥬祭졔ᄒᆞ면子ᄌᆞㅣ나가벼솔ᄒᆞ야도시러곰祭졔티몯ᄒᆞ고
父부ㅣ沒몰ᄒᆞᆷ애宗종子ᄌᆞㅣ主쥬祭졔ᄒᆞ면庶셔子ᄌᆞㅣ나
가벼솔ᄒᆞ야祭졔ᄒᆞᆯ제도그禮녜를ᄯᅩ合합당히減감殺새ᄒᆞᆯ
디니시러곰宗종子ᄌᆞ파ᄀᆞᆺ티몯ᄒᆞᆯ디니라○宗종子ᄌᆞᄂᆞᆫ오

직시러곰適뎍을셰올디니비록廢셔長댱이라도셰오디몯
ᄒᆞ리라만일適뎍子ᄌᆞㅣ업ᄉᆞ면ᄯᅩᄒᆞᆫ廢셔子ᄌᆞᄅᆞᆯ셰올디니
닐온바世셰子ᄌᆞ의同동母모弟뎨니世셰子ᄌᆞᄂᆞᆫ이適뎍이
라만일世셰子ᄌᆞㅣ주그면世셰子ᄌᆞ의親친아ᄋᆞᆯ셰오니ᄯᅩ
이버근適뎍이라이廢셔子ᄌᆞㅣ셔몯得득디몯ᄒᆞ미니라○
大대宗종法법이임의세오디몯ᄒᆞᆫᄃᆞᆫ디라ᄯᅩᄒᆞᆫ맛당히小쇼
宗종法법을셰워高고祖조로브터ᄡᅢ아래ᄅᆞᆯ祭졔ᄒᆞ되親친
盡진ᄒᆞ거든請쳥ᄒᆞ야高고祖조ᄅᆞᆯ내여伯ᄇᆡᆨ叔슉位위예服
복이盡진티아니ᄒᆞᆫ者쟈의게나아가祭졔ᄒᆞ고嫂수란別별處
취ᄒᆞᆫ後후에그子ᄌᆞㅣ私ᄉᆞ로祭졔ᄒᆞᆯ디니수금世셰애禮례
ᄂᆞᆫ오로亂난ᄒᆞ엿ᄂᆞ니라

正정寢침時시祭제之지圖도

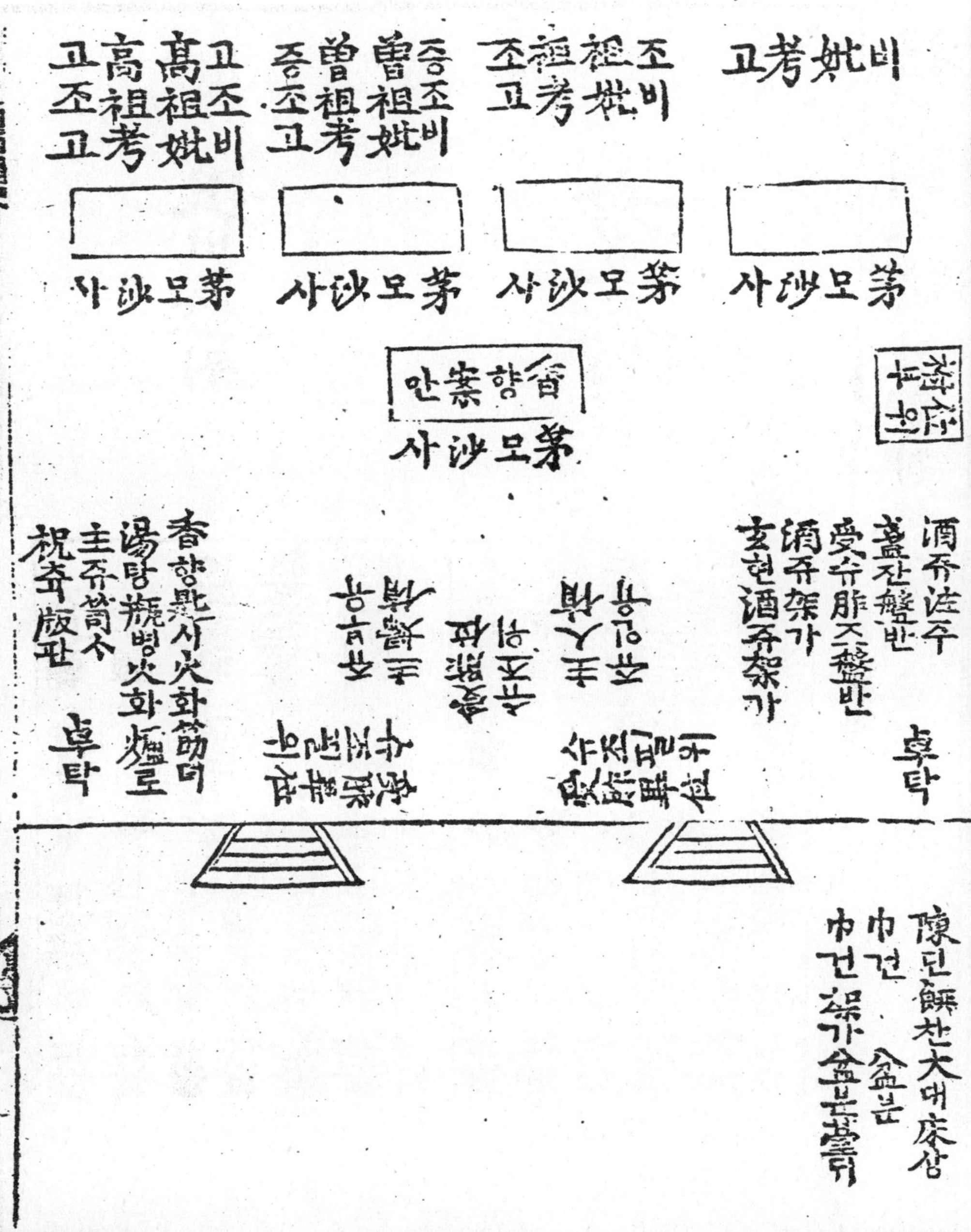

每미位위設셜饌찬之지圖도

妣비位위

果과	果과	果과	果과	果과	果과
脯포醢히	蔬소菜치	脯포醢히	蔬소菜치	脯포醢히	蔬소菜치
麪면食식	肉육	炙젹肝간		魚어	米미食식
飯반	盞잔盤반	匙시筯뎌		醋초	羹깅

考고位위

果과	果과	果과	果과	果과	果과
脯포醢히	蔬소菜치	脯포醢히	蔬소菜치	脯포醢히	蔬소菜치
麪면食식	肉육	炙젹肝간		魚어	米미食식
飯반	盞잔盤반	匙시筯뎌		醋초	羹깅

家가禮례圖도諺언解히終죵

家禮諺解卷之一

家가禮례序서諺언解해

凡범禮례ㅣ有유本본有유文문ᄒᆞ니自ᄌᆞ其기施시於어家가者쟈로言언之지則즉名명分분之지守슈와愛ᄋᆡ敬경之지實실은其기本본也야ㅣ오冠관昏혼喪상祭졔儀의章쟝度도數수者쟈ᄂᆞᆫ其기文문也야ㅣ라其기本본者쟈ᄂᆞᆫ有유家가日일用용之지常샹體톄니固고不블可가以이一일日일而이不블脩슈ㅣ오其기文문은又우皆ᄀᆡ所소以이紀긔綱강人인道도之지始시終종이니雖슈其기行ᄒᆡᆼ之지有유時시오施시之지有유所소ㅣ나然연이나非비講강之지素소明명習습之지素소熟슉則즉其기臨님事ᄉᆞ之지際제예亦역無무以이合

합宜의而이應응節절ㅣ니是시亦역不블可가一일日일而이
不블講강且차習습焉언者자也야ㅣ라三삼代대之지際제예
禮례經경이備비矣의나然연其기存존於어今금者자ㅣ宮
궁廬녀器긔服복之지制제와出츌入입起긔居거之지節절
이皆기已이不블宜의於어世세ᄒᆞ니世세之지君군子ᄌᆞㅣ雖
슈或혹酌작以이古고今금之지變변ᄒᆞ야更경爲위一일時시
之지法법ᄒᆞ나然연亦역或혹詳샹或혹略략ᄒᆞ야無무所소折졀
衷듕이오至지或혹遺유其기本본而이務무其기末말ᄒᆞ녀緩완
於어實실而이急급於어文문ᄒᆞ니自ᄌᆞ有유志지好호禮례之
지士ᄉᆞㅣ로도猶유或혹不블能능擧거其기要요而이困곤於어

貧빈窶구者쟈ᄂᆞᆫ 尤우患환其기終종不블能능有유以이及급於어禮례也야ᄒᆞ니 熹희之지愚우ㅣ 蓋개兩냥病병焉언이라 是시以이로 嘗샹獨독究구觀관古고今금之지籍적ᄒᆞ야 因인其기大대體톄之지不블可가變변者쟈而이少쇼加가損손益익於어其기間간ᄒᆞ야 以이爲위一일家가之지書셔ᄒᆞ노니 大대抵뎌謹근名명分분崇숭愛ᄋᆡ敬경ᄒᆞ야 以이爲위之지本본ᄒᆞ고 至지其기施시行ᄒᆡᆼ之지際졔則즉又우略냑浮부文문敷부本본實실ᄒᆞ야 以이竊졀自ᄌᆞ附부於어孔공子ᄌᆞ從종先션進진之지遺유意의ᄒᆞ노니 誠셩願원得득與여同동志지之지士ᄉᆞ로 熟슉講강而이勉면行ᄒᆡᆼ之지면 庶셔幾긔古고人인

所소以이脩슈身신齊졔家가之지道도와謹근終죵追튜遠
원之지心심을猶유可가以이復부見견而이於어國국家가
所소以이崇숭化화導도民민之지意의예亦역或혹有유少
쇼補보云운이니라

므릇禮례ㅣ本본이이시며文문이이시니그집의셔施시
힝ᄒᆞᄂᆞᆫ거ᄉᆞ로브터니ᄅᆞ건댄名명分분의디킬것과愛ᄋᆡ
敬경ᄒᆞᄂᆞᆫ實실은그本본이오冠관례며昏혼례며喪상ᄉᆞ
며祭제ᄉᆞ의儀의章장과度도數수ᄂᆞᆫ그文문이라그本본
은집의셔日일用용애덛덛ᄒᆞᆫ녜니진실로可가히배ᄒᆞ루
도아니닷디몯홀거시오그文문은ᄯᅩ다배人인道도의始

시終죵을紀긔ᄒᆞ며綱강ᄒᆞᄂᆞᆫ배니비록그行힝호미ᄠᅢ잇
고施시호미끝이이시나그러나講강구호미본ᄃᆡ붉고ᄒᆞᆨ
習습호미본ᄃᆡ닉디아니ᄒᆞ면그일에다ᄃᆞᄅᆞᆫ저긔ᄯᅩᄒᆞᆫᄠᅢ
맛당ᄒᆞᆫᄃᆡ合합ᄒᆞ고節졀문에마초디몯ᄒᆞᆯ거시니ᄯᅩᄒᆞᆫ可
가히ᄒᆞ루도講강ᄒᆞ며ᄯᅩ習습ᄒᆞ디아니티몯ᄒᆞᆯ거시라三
삼代ᄃᆡ적의禮녜經경이ᄀᆞᄌᆞ나그러나그이제인ᄂᆞᆫ거시
宮궁廬녀器긔服복의制졔되며出츌入입起긔居거ᄒᆞᄂᆞᆫ
節졀문이다이믜世셰예맛당티아니ᄒᆞ니世셰예君군子
ᄌᆞㅣ비록或혹古고今금의變변호므로ᄡᅥ參참酌쟉ᄒᆞ야고
텨一일時시예法법을밍ᄀᆞ나그러나ᄯᅩᄒᆞᆫ或혹詳샹셰ᄒᆞ

여或혹소略냑ᄒᆞ야折졀衷츙ᄒᆞᆯ배엽고或그本본을기티고그末말을힘서ᄒᆞ며實실에緩완ᄒᆞ고文문에急급피ᄒᆞ매니루니禮녜를好호ᄒᆞ호매有유志지ᄒᆞᆫ션뷔브터도오히려或혹能능히그要요령을트디몯ᄒᆞ고貧빈窶구의困곤ᄒᆞᆫ쟈ᄂᆞᆫ더옥그내終종내能능히ᄡᅥ禮녜예밋디몯ᄒᆞᆫ患환ᄒᆞ니熹희의어린거시두가지로다病병되이녀기ᄂᆞᆫ디라이러모로ᄡᅥ일즉ᄒᆞ올로古고今금의문籍젹을궁究구ᄒᆞ야보와그大대體톄의可가히變변티몯ᄒᆞᆯ거ᄉᆞᆯ因ᄒᆞ야져기損손ᄒᆞ며益익ᄒᆞ믈그ᄉᆞ이예加가ᄒᆞ야ᄡᅥ一일家가글을ᄆᆡᆼ그노니大대抵뎌ᄒᆞᆫ디名명分분을삼가고愛이敬경

ᄒᆞ복곤승
ᄋᆡ션워라

ᄅᆞᆯ崇숭샹ᄒᆞ모로배本본을삼고그施시行ᄒᆡᆼᄒᆞᆯ제니ᄅᆞ러
ᄂᆞᆫᄯᅩ浮부文문을조리티고本본實실을敷부연ᄒᆞ야배그
으기ᄌᆞ스로孔공子ᄌᆞ의先션進진조ᄎᆞ시ᄂᆞᆫ遺유意의ᄅᆞᆯ
브티노니진실로願원컨댄시러곰同동志지ᄒᆞᆫ션뷔로더
브러닉게講강구ᄒᆞ야힘서行ᄒᆡᆼᄒᆞ면거의뎃사ᄅᆞᆷ의배修
슈身신齊졔家가ᄒᆞᄂᆞᆫ道도와謹근終죵追튜遠원ᄒᆞᄂᆞᆫ무
옴을오히려可가히배다시볼거시오國국家가의배교化
화ᄅᆞᆯ崇숭샹ᄒᆞ며빅셩을인導도ᄒᆞᄂᆞᆫ바ᄇᆞ드데或혹져그나
도오미이시리라

楊양氏시復복이골오ᄃᆡ先션生싱｜母모喪상니버겨

家禮諺解卷之一

역칙은주그시닷발이라

의례ᄂᆞᆫ쥬공묘두루신녜문이라

ᄉᆞ마시ᄂᆞᆫ송적어딘지샹이오

실제古고今금을叅참酌작ᄒᆞ샤그變변녜를다극진히ᄒᆞ샤인ᄒᆞ야喪상葬장祭졔禮녜롤모두시고또冠관녜며昏혼녜예推츄이ᄒᆞ샤일홈을골오ᄃᆡ家가禮녜라ᄒᆞ야임의일오며ᄒᆞᆫ아기녜도죡ᄒᆞ야벼逃도망ᄒᆞ미되여ᄯᅡ가先션生ᄉᆡᆼ이易역簣칙ᄒᆞ시매그글이비로소나世세예行ᄒᆡᆼᄒᆞ니라이제按안ᄒᆞ야보니先션生ᄉᆡᆼ의定뎡ᄒᆞ신바家가鄕향이며邦방國국이며王왕朝됴앳禮녜ᄂᆞᆫ전혀儀의禮녜로벼經경을삼으시고조ᄉᆞ로家가禮녜롤치으시매미처ᄂᆞᆫ또古고今금의맛당호거스로벼通통늉ᄒᆞ시모로冠관禮녜ᄂᆞᆫ만히司ᄉᆞ馬마氏시를

광이라 텻시ᄂᆞᆫ송적대현이라

고시ᄂᆞᆫ말홈은闕원이니송적사ᄅᆞᆷ이라

횡거ᄂᆞᆫ뎐은댱기오일홈은載지니송적션유라

한위공은일홈은琦그니송적이던지실이라

리녜존약은녜ᄅᆞᆯ둡

取취ᄒᆞ시고昏혼禮녜ᄂᆞᆫ司ᄉᆞ馬마氏시程뎡氏시ᄅᆞᆯ參참작ᄒᆞ시고喪상禮녜ᄂᆞᆫ司ᄉᆞ馬마氏시ᄅᆞᆯ本본ᄒᆞ야겨시더니後후에ᄂᆞᆫ高고氏시로ᄡᅥ最최善션ᄒᆞ다ᄒᆞ시고밋祔부遷쳔을論논ᄒᆞ매ᄂᆞᆫ橫횡渠거ᄅᆞᆯ取취ᄒᆞ시고遺유命명治티喪상ᄒᆞ실제ᄂᆞᆫ書셔儀의로ᄡᅥ踈소略냑다ᄒᆞ야儀의禮녜ᄅᆞᆯᄡᅳ시고祭졔禮녜에ᄂᆞᆫ司ᄉᆞ馬마氏시와程뎡氏시ᄅᆞᆯ兼겸ᄒᆞ야ᄡᅳ시되先션後후所소見견이ᄯᅩ同동티아닌뒤도이시니節졀祠ᄉᆞ에ᄂᆞᆫ韓한魏위公공行ᄒᆡᆼᄒᆞ던바로ᄡᅥ法법을삼고만일그大대宗종小쇼宗종法법을ᄇᆞᆰ키모愛ᄋᆡ禮녜存존羊양ᄒᆞᄂᆞᆫᄠᅳ드로ᄡᅥ브

히녀기쟌
말아랴
蓋게ᄒᆞᆫ말
을두로티
ᄒᆞ어훈이
니대개노
ᄒᆞᆫᄯᅢ
라

티니이乍ᄒᆞᆫ家가禮녜의大대義의의繫계ᄒᆞᆫ배니蓋개
모든글의겨를ᄒᆞ여밋디몯ᄒᆞᆫ배이를先션生싱이이에
더옥拳권拳권히ᄒᆞ시니라앗갑다그글이이믜일허ᄇᆞ
가先션生싱이沒몰ᄒᆞ신後후에나르러야나셔미처다
시修슈정ᄒᆞ야ᄡᅥ곰萬만世셰를다幸힝케몯ᄒᆞ올샤미에
그으기先션生싱이平평日일의去거取취ᄒᆞ시며折졀
衷듕ᄒᆞ신말ᄉᆞᆷ을取취권면ᄡᅥ家가禮녜옛ᄇᆞ드들發발明
명ᄒᆞᆫ者쟈ㅣ이시니昏혼禮녜예親친迎영의ᄂᆞᆫ溫온公
공을ᄡᅳ며入입門문以이後후에ᄂᆞᆫ伊이川천을조ᄎᆞ고類
뉴ㄲ두니이며後후來ᄅᆡ예議의論논ᄂᆞᆫ이비로소定뎡ᄒᆞᆫ

온공ᄒᆞᆫᄉᆞ
마공복착
이라
이천은아
으령조ㅣ
라일홈은
顧이라

니이시니祭졔禮녜예始시祖조와初초祖조ᄅᆞᆯ祭졔ᄒᆞ

고後후ᄂᆞᆫ祭졔ᄒᆞ디아니ᄒᆞᄂᆞᆫ類뉴ㄲ두니히며疏소家

가의說셜을ᄡᅳ디아닌뒤이시니深심衣의예續쇽衽임

鉤구邊변ㄲ두니이며先션儒유의舊구義의ᄅᆞᆯ버셔經

경傳뎐으로더브러同동티아닌뒤이시니喪상服복의

辟벽領녕파婦부人인의상裝쟝아니ᄒᆞᄂᆞᆫ類뉴ㄲ두니

이니므릇ㄱ뉴ᄅᆞᆯ다ᄆᆡ條됴건아래다가附부록ᄒᆞ노라

家가禮녜諺언解해卷권之지一일

通통禮녜

이篇편의지은바ᄂᆞᆫ다ᄂᆞᆯ온바집의日일用용애ᄯᅥᆺᄯᅥᆺᄒᆞᆫ녜니ᄒᆞ루도아니닷디몯ᄒᆞᆯ거시라

祠ᄉᆞ堂당

이章장이本본ᄃᆡ맛당이祭제禮녜篇편의이실거시로ᄃᆡ이제本본을報보ᄒᆞ고始시ᄅᆞᆯ反반ᄒᆞᄂᆞᆫᄆᆞᄋᆞᆷ이며祖조ᄅᆞᆯ尊존ᄒᆞ고宗종을敬경ᄒᆞᄂᆞᆫᄠᅳ디진실로집의名명分분을디킈여ᄡᅥ業업을열며世셰예傳뎐ᄒᆞᄂᆞᆫ本본이모로ᄡᅥ그런故고로特특별이이ᄅᆞᆯ지어칙첫ᄀᆞᆷ티ᄡᅥ워

보ᄂᆞᆫ쟈로ᄒᆞ여곰몬져배큰일올세오면므릇後후篇편의배周쥬旋션ᄒᆞ며升승降강ᄒᆞ며出츌入입ᄒᆞ며向향背패ᄒᆞᄂᆞᆫ曲곡折절을아라서ᄯᅩᄒᆞᆫ의據거ᄒᆞ야배샹考고ᄒᆞᆯ배이시리라그러나녜가廟묘制제되經경문의나타난ᄃᆡ입고ᄯᅩ이제士ᄉᆞ庶셔人인의賤쳔ᄒᆞᆫ이ᄂᆞᆫᄯᅩ시러곰ᄒᆞ디몯ᄒᆞᆯ배이신故고로特특별이祠ᄉᆞ堂당으로배일홈짓고그制졔度도롤ᄯᅩᄒᆞᆫ俗쇽禮녜롤만히밴누니라

司ᄉᆞ馬마溫온公공이골오ᄃᆡ宋송仁인宗죵셔긔일즉詔죠셔ᄒᆞ야太태子ᄌᆞ少쇼傅부以이上샹이다家

문노공은송셕지상彦언博박이니노공은봉쟉이라,

명ᄉᆞᄂᆞᆫ벼슬ᄒᆞᆫ사ᄅᆞᆷ이라

가廟묘ᄅᆞᆯ세기ᄅᆞᆯ聽텽ᄒᆞ니라ᄒᆞ여시되有유司ᄉᆞㅣ나죵내爲위ᄒᆞ야制제度도ᄅᆞᆯ定뎡티아니ᄒᆞ고오직文문潞노公공이가廟묘ᄅᆞᆯ西서京경의다가세오고다ᄅᆞᆫ사ᄅᆞᆷ은다세오디아니ᄒᆞᆫ故고로이제다믄影영堂당으로배니ᄅᆞᄂᆞ니라○朱쥬子ᄌᆞㅣᄀᆞᆯᄋᆞ샤ᄃᆡ녜ᄂᆞᆫ命명士ᄉᆞㅣ면시러곰家가廟묘ᄅᆞᆯ세니家가廟묘의制제되內ᄂᆡ예ᄂᆞᆫ寢침廟묘ᄅᆞᆯ세고中듕에ᄂᆞᆫ正뎡廟묘ᄅᆞᆯ세고外외예ᄂᆞᆫ門문을세고四ᄉᆞ面면의ᄂᆞᆫ담을두로고命명士ᄉᆞ곳아니면堂당上샹의셔만祭제ᄒᆞ되오직考고와妣비만祭제ᄒᆞ게ᄒᆞ엿거ᄅᆞᆯ伊이기

쳔이니로ᄃᆡ貴귀ᄒᆞ니賤쳔ᄒᆞ니업시다高고祖조로
브터이下하ᄅᆞᆯ祭졔호ᄃᆡ다만祭졔ᄒᆞᆯ졔豐풍셩ᄒᆞ며
강殺새ᄒᆞ며드므리ᄒᆞ며ᄌᆞ조ᄒᆞ기만同동티아니타
ᄒᆞ고廟묘ᄂᆞᆫ南남向향ᄒᆞ고坐좌ᄂᆞᆫ다東동向향ᄒᆞ거
ᄅᆞᆯ伊이川쳔이이에審심察찰티아녀이에니로ᄃᆡ廟묘
ㅣ다東동向향이니祖조先션位위東동으로面면ᄒᆞ
야겨시거든廳텽녑ᄒᆞ로브터바르그쳐所소애드러
셔도로두로혀西셔로面면ᄒᆞ야廟묘中듕에든다ᄒᆞ
니그制졔되올티아니ᄒᆞ니녯사ᄅᆞᆷ이ᄇᆡ廟묘개面면
을東동向향ᄒᆞ야坐좌ᄒᆞᄂᆞᆫ바者쟈ᄂᆞᆫ蓋개戶호ᄂᆞᆫ東

쇼제ᄂᆞᆫ소명일ᄀᆞ토재라

큰재ᄂᆞᆫ소시제과졍됴ᄀᆞ토제라

경ᄉᆞᄂᆞᆫ셔울이라

동의잇고牖유ᄂᆞᆫ西셔의잇고ᄒᆞᆫ戶의안ᄌᆞ니이거시
奧오ㅣ라ᄒᆞᆫ處쳐쇠니라○일즉ᄒᆞᆫ家가廟묘ᄅᆞᆯ세오
고져ᄒᆞ니져근다ᄉᆞᆺ무ᄅᆞ집의後후엣무ᄅᆞ로벼ᄒᆞᆫ긴
龕감실堂당올모두라닐로벼隔격截졀ᄒᆞ야ᄃᆡ龕감
실堂당을모돌고堂당의位위牌패ᄅᆞᆯ두옵고堂당밧
쉬발을ᄡᅳ고小쇼小쇼ᄒᆞᆫ祭제祀ᄉᆞᄒᆞᆯ저기어든在ᄒᆞᆫ
可가히오직그處쳐소애만나아가ᄒᆞ고큰祭제祀ᄉᆞ
ᄒᆞᆯ저기어든請쳥ᄒᆞ야내와或혹堂당이나或혹廳텽
上샹이나다可가ᄒᆞ니라○唐당저긔大대臣신이다
京경師ᄉᆞ의다가가廟묘ᄅᆞᆯ세오더니宋송朝됴애ᄂᆞᆫ

두우ᄂᆞᆫ당적텩즁현종됴지상이니通통典뎐지은사ᄅᆞᆷ이라
뉴희손은즁조뎨조ㅣ라

오직文문潞노公공이唐당적杜두佑우의制제도ᄅᆞᆯ법바다ᄒᆞᆫ廟묘ᄅᆞᆯ세워西셔京경의잇고비록韓한이며司ᄉᆞ馬마ᄀᆞ튼집이라도任ᄒᆞᆫ일즉가廟묘ᄅᆞᆯ세디아니ᄒᆞ니라杜두佑우의廟묘ᄂᆞᆫ祖조宗종時시예오히려長댱安안의잇더니라○劉뉴氏시垓ᄒᆡ孫손이ᄀᆞᆯ오ᄃᆡ伊이川쳔先션生ᄉᆡᆼ이니ᄅᆞ샤ᄃᆡ庶셔人인은寢침의祭제ᄒᆞ고上샹大태夫우ᄂᆞᆫ廟묘애祭제ᄒᆞ고庶셔人인은廟묘ᄅᆞᆯ업게ᄒᆞ여시니可가히影영堂당을셰거시라ᄒᆞ시다호ᄃᆡ이제文문公공先션生ᄉᆡᆼ이이에ᄀᆞᆯ오ᄃᆡ祠ᄉᆞ堂당이라ᄒᆞ신者쟈ᄂᆞᆫ蓋개伊이

개쳔先션生싱이니ᄅᆞ시되祭제ᄒᆞᆯ제影영ᄌᆞ를ᄡᅳ미

可가티아니타ᄒᆞ시모로ᄲᅢ그런故고로影영堂당이

라호몯改기ᄒᆞ야ᄀᆞᆯ오ᄃᆡ祠ᄉᆞ堂당이라ᄒᆞ시다ᄒᆞ니

라

君군子ᄌᆞㅣ將장營영宮궁室실에先션立닙祠ᄉᆞ堂당於어

正졍寢침之지東동라ᄒᆞ○君군子ᄌᆞㅣ장ᄎᆞᆺ집을지을제몬져

祠ᄉᆞ堂당을正졍寢침東동의쉐오라

祠ᄉᆞ堂당의制제되三삼間간이니밧긔中듕門문을ᄒᆞ고

中듕門문밧긔兩냥階계를호ᄃᆡ다세층이니東동은ᄀᆞᆯ온

阼조階계오西서ᄂᆞᆫᄀᆞᆯ온西서階계라階계아래仢히너ᄇᆞ

유셔ᄂᆞᆫ유언ᄒᆞᆫ신문셰라 유외믈은니브시던옷들히라

텽ᄉᆞᄂᆞᆫ텽외일보ᄉᆞᆯ다피ᄂᆞᆫ취쇠

며조브몰조차집으로ᄡᅥ엽펴지어ᄒᆡ여곰可가히집의모
ᄂᆞᆫ사ᄅᆞᆷ의펴셔몰容용납게ᄒᆞ고ᄯᅩ遺유書셔ㅣ며衣의物
믈이며祭제器긔ㅅ庫고와밋神신廚듀ᄅᆞᆯ그東동의짓고
담으로ᄡᅥ두ᄅᆞ고각별이外외門문을ᄒᆞ야미양세딜러단
아두라만일집이가난ᄒᆞ고ᄯᅡ히좁거든다만ᄒᆞᆫ間간만셰
오고廚듀ㅣ며庫고ᄅᆞᆯ셰디말고東동西셔壁벽아래두櫃
궤ᄅᆞᆯ밍ᄀᆞ라노하西셔의ᄂᆞᆫ遺유書셔와衣의物믈을藏장
ᄒᆞ고東동의ᄂᆞᆫ祭제器긔ᄅᆞᆯ藏장ᄒᆞ미ᄯᅩ可가ᄒᆞ니라正졍
寢침은닐온前젼堂당이니ᄯᅡ곳좁거든廳텽事ᄉᆞ東동의
ᄒᆞ미ᄯᅩ可가ᄒᆞ니라므ᄅᆞᆺ祠ᄉᆞ堂당인ᄂᆞᆫ집은宗종子ᄌᆞㅣ

고조ᄂᆞᆫ고
ᄂᆞᆫ끼장우
홀닐오이
오조ᄂᆞᆫ시
조ᄒᆞ다ᄒᆞᆫ

世셰쉬로디크여ᄂᆞᆫ호디몯ᄒᆞ게ᄒᆞ라○므릇집制제되아
므向향背븨를묻디말고다만앏프로뻐南남을삼고뒤호
로北븍을삼고左좌로東동을삼고右우로西셔를삼으라
後후ㅣ다이ᄀᆞ투니라
爲위四ᄉᆞ龕감ᄒᆞ야以이奉봉先션世셰神신主쥬ᄒᆞ라○ᄆᆡ龕감
실을밍ᄀᆞ라배先션世셰神신主쥬를뫼오라
祠ᄉᆞ堂당안히北븍다히ᄒᆞᆫ채로뻐네龕감실을밍ᄀᆞ라每
ᄆᆡ龕감실안히ᄒᆞᆫ卓탁ᄌᆞ를노ᄒᆞ라大대宗종과밋繼계高
고祖조ᄒᆞᄂᆞᆫ小쇼宗종이면高고祖조ㅣ西셔의잇고曾증
祖조ㅣ버게오祖조ㅣ버게오父부ㅣ버거ㅣ며繼계曾증

ᄠᅳ더라 증조ᄂᆞᆫ증ᄋᆞᆫ거푸ᄒᆞ다ᄒᆞᆫᄠᅳ디라

녜ᄂᆞᆫ부모뫼니갓가올근ᄌᆞᄠᅳ디라

祖조ᄒᆞᄂᆞᆫ小쇼宗종이면敢감히高고祖조를祭졔티몯ᄒᆞ
야그西셔녁龕감실ᄒᆞ나ᄒᆞᆯ뷔오고繼계祖조ᄒᆞᄂᆞᆫ小쇼宗
종이면敢감히曾증祖조를祭졔티몯ᄒᆞ야그西셔녁龕감
실둘ᄒᆞᆯ뷔오고繼계禰녜ᄒᆞᄂᆞᆫ小쇼宗종이면敢감히祖조
를祭졔티몯ᄒᆞ야그西셔녁龕감실세ᄒᆞᆯ뷔오라만일大대
宗종의世셰數수ㅣᄎᆞ디몯ᄒᆞ야시면ᄯᅩ그西셔녁龕감실
뷔오기를小쇼宗종制졔도ᄀᆞ티ᄒᆞ라神신主쥬를다櫝독
中듕의藏장ᄒᆞ야卓탁ᄌᆞ우희노하南남向향ᄒᆞ고龕감실
밧긔각각쟈근발을디오고발밧긔香향卓탁을堂당中듕
의設셜ᄒᆞ야香향爐노香향盒합을그우희노코兩냥階계

관셥온쥬관ᄒᆞ야잡홈이라

ᄉᆞ이예位香향卓탁을設셜ᄒᆞ믈位ᄀᆞ티ᄒᆞ라嫡뎍長댱子ᄌᆞㅣ아니면敢감히그父부를祭졔티몯ᄒᆞᆯ거시니만일嫡뎍長댱으로더브러同동居거ᄒᆞ면주근後후에그子ᄌᆞ孫손이爲위ᄒᆞ야祠ᄉᆞ堂당을아룸지븨셰여안ᄌᆞ니은바世셰數수를조차龕감실을밍ᄀᆞ랏다가나가다티살옴을기들워이에그制졔도를ᄀᆞ초라만일사라신제닷살거든미리그ᄯᅢ히齋ᄌᆡ실을지어사라祠ᄉᆞ堂당制졔도ᄀᆞ티ᄒᆞ엿다가죽거든因인ᄒᆞ야ᄇᆡ祠ᄉᆞ堂당을밍골거시라○신主쥬규式식은喪상禮녜와밋前젼圖도애見현ᄒᆞ엿ᄂᆞ니라程뎡子ᄌᆞㅣ글ᄋᆞ샤ᄃᆡ天텬下하의人인心심을管관攝

종족은동셩을종이라ᄒᆞ고호뎔려를족이라ᄒᆞᄂᆞ니라

보계ᄂᆞᆫ족뵈며셰계라

왕왕은므뒤므뒤라

흠이라

셥ᄒᆞ야宗종族족을收슈ᄒᆞ며風풍俗쇽을厚후케ᄒᆞ야사ᄅᆞᆷ으로ᄒᆞ여곰本본을닛디아니케홀딘댄모로미이에譜보系계ᄅᆞᆯ볽키며世세族족을거두어宗종子ᄌᆞ法법을세올디니宗종子ᄌᆞ法법이믈허디면사ᄅᆞᆷ이來ᄂᆡ處쳐ᄅᆞᆯ아디몯ᄒᆞ야배곰四ᄉᆞ方방의流뉴리轉뎐ᄒᆞ매니르러往왕往왕의親친홈이그처디디아녀셔루아디몯ᄒᆞ매니르ᄂᆞ니라程ᄀᆞᆯ오샤ᄃᆡ이제ᄂᆞᆫ宗종子ᄌᆞㅣ업ᄡᅳ모로朝됴廷뎡의世세臣신이업ᄡᅳ니만일에宗종子ᄌᆞ法법을세오면곧사ᄅᆞᆷ이祖조ᄅᆞᆯ尊존ᄒᆞ고本본을重듕홀줄을알디라사ᄅᆞᆷ이임의本본을重듕케ᄒᆞ면곧

보텹은족뵈라

유풍은나믄풍쇽이라

혹은아믹나호ᄠᅳ디라

朝됴廷뎡의勢셰ᄌᆞ스로尊존ᄒᆞ엿더니라古고者쟈에ᄂᆞᆫ子ᄌᆞ弟뎨父부兄형을從죵ᄒᆞ더니이제ᄂᆞᆫ父부兄형이子ᄌᆞ弟뎨를從죵ᄒᆞ니本본을아디몯ᄒᆞ모로말미암애라○宗종子ᄌᆞ法법이廢폐ᄒᆞ매後후世셰예譜보牒텹이오히려遺유風풍이잇더니譜보牒텹이ᄯᅩ廢폐ᄒᆞ니人인家가ㅣ來ᄅᆡ處쳐를아디몯ᄒᆞ야百ᄇᆡᆨ年년읫집이업서骨골肉육이統통녕ᄒᆞᆫᄃᆡ업스니비록至지親친이라도恩은졍이ᄯᅩᄒᆞᆫ薄박ᄒᆞ니라○張댱子ᄌᆞㅣ골오ᄃᆡ宗종法법이만일서면곧사ᄅᆞᆷ이各각각來ᄅᆡ處쳐를알디라朝됴廷뎡이크게유益익ᄒᆞᆫ배이시리라或혹이무

공경은됴졍저샹이라

졔후ᄂᆞᆫ져근나라님금이라

로뒤朝됴廷뎡이므어시유益익ᄒᆞᆯ새고로오뒤公공卿경돌히各각각그집을保보젼ᄒᆞ면忠튱과義의패얻더아니ᄒᆞᆯ이이시며忠튱과義의패임의서면朝됴廷뎡이엇디굿디아님이이시리오○司ᄉᆞ馬마溫온公공이ᄀᆞᆯ오뒤西셔로ᄇᆡ우흘삼ᄂᆞᆫ바者쟈ᄂᆞᆫ神신녕의道도ㅣ右우편을슝尙샹ᄒᆞᄂᆞᆫ연故고ㅣ라○或혹이廟묘主쥬의西셔로브터버리옴을묻조온대朱쥬子ᄌᆞㅣ골ᄋᆞ샤ᄃᆡ이ᄂᆞᆫ고禮녜아니니라○묻ᄌᆞ오ᄃᆡ諸졔侯후의廟묘制졔예太태祖조ㅣ北븍의居거ᄒᆞ야南남向향ᄒᆞ고昭쇼廟묘를ᄒᆞ고東동南남의잇고穆목廟묘들은그西셔南

당시ᄂᆞᆫ그
ᄢᅢ란마리
라

뉵농ᄉᆞ알
홈은佃뎐
이니송적
션뷔라
셔한은나
라히라
고뎡묘ᄂᆞᆫ
문뎨묘졔
론손조된
ᄃᆞ되ᄂᆞᆺ고
조바수이
지오너도
라볼뎌되
일오다호
ᄠᅳ디라

남의이셔다南남北븍으로서르重듕텹ᄒᆞ니아디몯게ᄒᆞ
이다當당時시예每미廟묘애一일室실이런가或혹一
일室실에호ᄃᆡᄒᆞ고各각각位위를ᄒᆞ엿더니잇가ᄀᆞᆯᄋᆞ
샤ᄃᆡ녯廟묘制졔ᄂᆞᆫ太태祖조로브터而이下하ㅣ各각
각히이一일室실이니陸뉵農농師ᄉᆞ의禮례象샹圖도
애도可가히샹考고ᄒᆞ리라西셔漢한저긔高고祖조廟
묘과文문帝뎨顧고成셩廟묘ㅣ各각각一일處쳐의이
시되다만法법度도ㅣ업슬ᄲᅮᆫ이언뎡一일處쳐의同동
케ᄂᆞᆫ아녓더니東동漢한의니르러ᄂᆞᆫ明명帝뎨謙겸ᄉᆞ
ᄒᆞ고貶폄損손ᄒᆞ야敢감히ᄌᆞ스로立닙廟묘를當당티몯

동한은나라히라 당은나라히라

대뎐은례긔편일홈이라

홀로다ᄒᆞ야光광武무廟묘애祔부ᄒᆞ니그後후에드듸여배픔규例례되여唐당의니르러大태廟묘와밋群군臣신의家가廟묘를다이制제도ᄀᆞ티ᄒᆞ야西서로배우흘사무니禰녜에處처의至자ᄒᆞ야닐오ᄃᆡ東동廟묘ㅣ라ᄒᆞ니이제大태廟묘의制제되ᄂᆞᆫ그러ᄒᆞ니라○大대傳뎐의닐오ᄃᆡ別별子ᄌᆞㅣ祖조ㅣ되니別별子ᄌᆞ를繼계ᄒᆞᄂᆞ니宗종이되고禰녜를繼계ᄒᆞᄂᆞ니小쇼宗종이되ᄂᆞ니라百ᄇᆡᆨ世셰라도遷쳔티아니ᄒᆞᄂᆞᆫ宗종도잇고五오世셰어든遷쳔ᄒᆞᄂᆞᆫ宗종도잇다ᄒᆞ니엿톄니잇고님굼의適뎍長댱이世셰子ᄌᆞㅣ되여先션君군의

모뎨ᄂᆞᆫ동
모동ᄉᆡᇰ아
이라

正졍統통을繼계ᄒᆞ니母모弟뎨로브터以이下하ᄂᆞᆫ
시러곰宗종티몯ᄒᆞᆯ디라그버근適뎍이別별子ᄌᆞㅣ되
니시러곰그父부를禰녜라몯ᄒᆞ고ᄯᅩ可가히嗣ᄉᆞ君군
을宗종티몯ᄒᆞ고ᄯᅩ可가히統통屬쇽ᄒᆞᆯ뒤를업듣몯ᄒᆞᆯ
거시니그런故고로死ᄉᆞ後후에立닙ᄒᆞ야大대宗종의
祖조ㅣ되니닐온바別별子ᄌᆞㅣ祖조ㅣ되미라그의適
뎍子ᄌᆞㅣ繼계ᄒᆞ면곧大대宗종이되니바ᄅᆞᄂᆞ려서ᄅᆞ
傳뎐ᄒᆞ야百ᄇᆡᆨ世셰라도遷쳔티아니코別별子ᄌᆞㅣ만
일에庶셔子ᄌᆞㅣ이시면ᄯᅩ敢감히別별子ᄌᆞ를禰녜라
몯ᄒᆞ야死ᄉᆞ後후에立닙ᄒᆞ야小쇼宗종의祖조ㅣ되니

그의長댱子ᄌᆞㅣ繼계ᄒᆞ면곧小쇼宗종이되니五오世
세어든遷쳔ᄒᆞᄂᆞ니라別별子ᄌᆞㅣ라ᄒᆞᄂᆞᆫ者쟈ᄂᆞᆫ諸졔侯
후의弟뎨를닐옴이니正졍適뎍과분別별ᄒᆞᄂᆞᆫ故고로
別별子ᄌᆞㅣ라稱칭호ᄒᆞ고祖조되ᄂᆞᆫ者쟈ᄂᆞᆫ스스로後
후世세로더브러始시祖조ㅣ되니닐온이別별子ᄌᆞ의
子ᄌᆞ孫손이卿경이며大대夫우ㅣ되여이別별子ᄌᆞ를
셰워始시祖조를삼으미오別별子ᄌᆞ를繼계ᄒᆞᄂᆞ니宗
종이되옴은닐온別별子ᄌᆞ의뒤로長댱子ᄌᆞㅣ當당
당히別별子ᄌᆞ를繼계ᄒᆞ야族족人인으로더브러遷쳔
티아니ᄒᆞᄂᆞᆫ宗종이되고禰녜를繼계ᄒᆞᄂᆞᆫ者쟈ㅣ小쇼

宗종이되옴은禰녜라ᄒᆞᄂᆞ니ᄂᆞᆫ닐온別별子ᄌᆞ의庶셔子ᄌᆞㅣ니庶셔子ᄌᆞ의所소生ᄉᆡᆼ長댱子ᄌᆞ로배이庶셔子ᄌᆞ를繼계ᄒᆞ야兄형弟뎨로더브러小쇼宗종을삼고五오世셰어든遷쳔ᄒᆞᄂᆞᆫ者쟈ᄂᆞᆫ우흐로高고祖조를조차아래로玄현孫손의子ᄌᆞ의닐으러高고祖조의廟묘ㅣ毁훼ᄒᆞ니다시서루宗종티몯ᄒᆞ야任別별로宗종을셰오미라그러나別별子ᄌᆞ의後후들히族족人인이衆즁多다ᄒᆞ야或혹高고祖조를繼계ᄒᆞᄂᆞᆫ者쟈ᄂᆞᆫ三삼從종兄형弟뎨로더브러宗종을삼아子ᄌᆞ의닐으러五오世셰오或혹曾증祖조를繼계ᄒᆞᄂᆞᆫ者쟈ᄂᆞᆫ再지從종兄

삼從은팔촌형뎨라

저從은뉵촌형뎨라

동당은ᄉᆞ촌형뎨라

형弟뎨로더브러宗종을삼아孫손의닐으려五오世셰
오或혹祖조를繼계ᄒᆞᄂᆞᆫ者쟈ᄂᆞᆫ同동堂당읫兄형弟뎨
로더브러宗종을삼아曾증孫손의닐으려五오世셰오
或혹禰녜를繼계ᄒᆞᄂᆞᆫ者쟈ᄂᆞᆫ親친兄형弟뎨로더브러
宗종을삼아玄현孫손의닐으려五오世셰니다小쇼宗
종의祖조로브터뻐누리와닐오미라魯노ㅅ나라季계
友우ᄂᆞᆫ桓환公공의別별子ᄌᆞ의自ᄌᆞ出츌ᄒᆞᆫ배니故고
로一일族족의大대宗종이되고滕등나라ᄒᆞᆫ文문왕의
昭쇼ㅣ로되武무王왕이天텬子ᄌᆞㅣ되시니次ᄎᆞ례로
뻐ᄂᆞᆫ周쥬公공이뭇이되시ᄂᆞᆫ더라그런故고로滕등이

魯로ᄅᆞᆯ 닐오ᄃᆡ 宗종國국이라 ᄒᆞᄂᆞ니라 在大대宗종만 잇
고 小쇼宗종은 업ᄉᆞᆫ者자ㅣ 이시니 다 適뎍이면 小쇼宗
종을 본받디 아니ᄒᆞ고 小쇼宗종만 잇고 大대宗종은 업
ᄉᆞᆫ者자ㅣ 이시니 適뎍이 업ᄉᆞ면 大대宗종을 본받다야
닐디니라 이제 法법의 長댱子ᄌᆞㅣ 주거시면 父부의 喪
상을 主쥬ᄒᆞ기ᄅᆞᆯ 次ᄎᆞ子ᄌᆞᄅᆞᆯ ᄡᅳ고 姪딜을 ᄡᅳ디 아니ᄒᆞ
거니와 만일에 宗종子ᄌᆞ 法법이 셔면 곧 長댱子ᄌᆞ의 子
ᄌᆞᄅᆞᆯ ᄡᅳᆯ디니라 ○楊양氏시 復복ᄋᆡ 골오ᄃᆡ 先션生ᄉᆡᆼㅣ
닐오시되 人인家가의 결례만 하或혹主쥬祭제ᄒᆞᄂᆞᆫ者
자ㅣ 可가히 ᄲᅢ 叔숙伯박父부의 類뉴를 미처 祭제ᄒᆞ더

각ᄋᆞᆸ디노
이러ᄐᆞ시
ᄒᆞᄂᆞᆫ어훔
이라
곧주ᄂᆞᆫ모
도다ᄒᆞᄂᆞᆫ
어훔이라

몯ᄒᆞᄂᆞᆫ이어ᄃᆞᆫ곧모로미그들희嗣ᄉᆞ子ᄌᆞ를命명ᄒᆞ야
别별로시러곰祭제케ᄒᆞᆯ디니라이제任니루건대ᄂᆞᆫ同
동居거ᄒᆞ니ᄒᆞᆫ가지로曾증祖조ᄭᅴ셔나시면믄득從종
兄형弟뎨과믿再ᄌᆡ從종兄형弟뎨이실거시니祭제ᄒᆞᆯ
저긔主쥬祭졔ᄒᆞᄂᆞᆫ者쟈의게主쥬ᄒᆞᆯ쟈시면그다ᄅᆞ니
돌ᄒᆞᆫ或혹子ᄌᆞㅣ그父부母모를시러곰祭졔ᄒᆞ디몯ᄒᆞᆯ
거시니若약恁임地디히索곧做주ᄒᆞ야一일處쳐의祭
졔티몯ᄒᆞᆯ거시니됴케호믈要요구ᄒᆞᆯ띤대ᄂᆞᆫ곧主쥬祭
졔ᄒᆞᄂᆞᆫ嫡뎍孫손이맛당히一일日일에그曾증祖조과
밋祖조과밋父부를祭졔ᄒᆞ야든뎌나믄子ᄌᆞ孫손들히

ㅍ금졔녜
ᄂᆞᆫ쥬지문
드루신녜
라

주쎠양조
노기견양
본온지어
내다ᄒᆞᆫ말
이라

祭제에참예ᄒᆞ고버근날의몯득버근位위子ᄌᆞ孫손으
로ᄒᆡ여곰ᄌᆞ스로그祖조와밋父부를祭제ᄒᆞ게ᄒᆞ고位
버근날의믄득버근位위子ᄌᆞ孫손으로ᄒᆡ여곰ᄌᆞ스로
그父부를祭제ᄒᆞ게홀디니이거시믄득뎃宗조法법ᄠᅳ
디인ᄂᆞ니古고今금祭제禮녜예잇가짓고디다인ᄂᆞ니
라이제宗종法법의祭제祀ᄉᆞᄒᆞᄂᆞᆫ禮데ᄭᅩᆺ기를要요子
홀티대ᄂᆞᆫ모로미이에우희인ᄂᆞᆫ지비홀거시니몯利宗
종室실과밋世세族족의집의나아가行ᄒᆡᆼᄒᆞ야做주箇
개樣양子ᄌᆞ를ᄒᆞ여사비야흐로可가히ᄡᅥ이下하엣士
ᄉᆞ大대夫부우로ᄒᆡ여곰行ᄒᆡᆼ케ᄒᆞ리라○祖조先션의位

위ᄅᆞᆯ排비셜ᄒᆞ올지괴客괴位위西서邊변으로배上샹
을사마高고祖조ㅣ第뎨一일이오高고祖조母모ㅣ배
게시게ᄒᆞ되다만이에바루排비셜ᄒᆞ야正정面면이뵈
게ᄒᆞ고마조排비셜ᄒᆞ옵도마라曾증祖조와祖조와父
부를다그려계ᄒᆞ되그中듕에伯ᄇᆡᆨ叔슉과伯ᄇᆡᆨ叔슉母
모과兄형弟뎨과嫂수婦부ㅣ主쥬祭졔ᄒᆞᆯ사ᄅᆞᆷ이업고
내孫손제를ᄒᆞᄂᆞᆫ者자ㅣ어든各각각昭쇼穆목으로배論
논ᄒᆞᆯ디니라○黃황氏시瑞셔節졀이ᄀᆞᆯ오되神신主쥬
位위次ᄎᆞᄂᆞᆫ녯宗종法법이라이제本본註주를依의ᄒᆞ거
ᄒᆞ야아직小쇼宗종앳法법으로배블키ᄒᆞ니小쇼宗종

이네가지이시니高고祖조의小쇼宗종을繼계ᄒᆞᄂᆞᆫ者쟈ᄂᆞᆫ몸이玄현孫손이되연ᄂᆞ디라밋처祭졔祀ᄉᆞᄒᆞᄂᆞᆫ小쇼宗종의祖조ㅣ高고祖조ㅣ되고曾증祖조와祖조와父부ㅣ버게니라曾증祖조의小쇼宗종을繼계ᄒᆞᄂᆞᆫ者쟈ᄂᆞᆫ몸이曾증孫손이되엿ᄂᆞ디라밋처祭졔祀ᄉᆞᄒᆞᄂᆞᆫ小쇼宗종의祖조ㅣ曾증祖조ㅣ되고以이上샹은내시러곰祭졔祀ᄉᆞ티몯ᄒᆞᄂᆞ니라祖조의小쇼宗종을繼계ᄒᆞᄂᆞᆫ者쟈ᄂᆞᆫ몸이손이되연ᄂᆞ디라밋처祭졔祀ᄉᆞᄒᆞᄂᆞᆫ小쇼宗종의祖조ㅣ祖조ㅣ되고以이上샹은시러곰祭졔祀ᄉᆞ티몯ᄒᆞᄂᆞ니라禰녜의小쇼宗종을繼계ᄒᆞᄂᆞᆫ者쟈ᄂᆞᆫ몸이

子ᄌᆞㅣ되연ᄂᆞᆫ디라小쇼宗종의祖조ㅣ禰녜되고以이
上샹은시러곰졔祀ᄉᆞ티몯ᄒᆞᄂᆞᆫ디라졔祀ᄉᆞ티몯ᄒᆞᄂᆞᆫ
者쟈ᄂᆞᆫ以이上샹이大대宗종의祖조ㅣ되ᄂᆞᆫ디라ᄂᆡ시
러곰졔祀ᄉᆞ티몯홀시니라大대宗종도ᄯᅩᄒᆞᆫ그러ᄒᆞ니
先션君군과世셰子ᄌᆞᄂᆞᆫ大대宗종以이下하ㅣᄯᅩ시러
곰졔祀ᄉᆞ키ᄅᆞᆯ몯ᄒᆞᄂᆞ니라宗종子ᄌᆞㅣ니ᄅᆞ샤ᄃᆡ宗종
法법은모로미宗종室실과밋世셰族족의집이몯계行
힝ᄒᆞ야사비야흐로以이下하士ᄉᆞ大태夫부로ᄒᆞ여곰
行힝케ᄒᆞ리라ᄒᆞ시나그러나家가禮녜ᄂᆞᆫ宗종法법으
로主쥬ᄅᆞᆯ삼으니닐온바嫡뎍長댱子ᄌᆞㅣ아니면敢감

ᄇᆡᆨ슉조부모ᄂᆞᆫᄉᆞ촌대부뫼오ᄇᆡᆨ슉부모ᄂᆞᆫ삼촌족냥이라

히그父부를祭졔ᄒᆞ디몯ᄒᆞ게호미다이ᄯᅳ디라冠관녜
昏혼녜喪상녜祭졔녜예니루러도宗종法법으로배그
ᄉᆞ이예行힝티아니아니ᄒᆞ엿ᄂᆞ니라
旁방親친之지無무後후者쟈를以이其기班반으로祔부ᄒᆞ라○
旁방親친의無무後후ᄒᆞ니를그班반으로ᄡᅥ祔부ᄒᆞ라
伯ᄇᆡᆨ叔슉祖조父부母모ᄂᆞᆫ高고祖조ᄭᅴ祔부ᄒᆞ고伯ᄇᆡᆨ叔
슉父부母모ᄂᆞᆫ曾증祖조ᄭᅴ祔부ᄒᆞ고妻쳐와밋兄형弟뎨
와밋兄형弟뎨의妻쳐ᄂᆞᆫ祖조ᄭᅴ祔부ᄒᆞ고子ᄌᆞ姪딜은父
부ᄭᅴ祔부ᄒᆞ야다西셔向향호ᄃᆡ신主쥬ㅣᄯᅥ櫝독은다正
뎡位위과ᄀᆞ티ᄒᆞ라姪딜의父부ㅣ제祠ᄉᆞ堂당을셔여든

상은져머셔죽은쟈ㅣ니복이아래인누니라 댱샹은십구로십뉵지어듕샹은십오로십이지어

옴겨조ᄎᆞ라○程뎡子ᄌᆞㅣᄀᆞᆯᄋᆞ샤ᄃᆡ服복이업ᄉᆞᆫ殤샹은
祭졔티말고下하殤샹의祭졔ᄂᆞᆫ父부母모의몸의ᄆᆞᄎᆞ도록
ᄒᆞ고中듕殤샹의祭졔ᄂᆞᆫ兄형弟뎨의몸의ᄆᆞᄎᆞ도록ᄒᆞ고長
댱殤샹의祭졔ᄂᆞᆫ兄형弟뎨의子ᄌᆞ의몸의ᄆᆞᄎᆞ도록ᄒᆞ고成
셩人인이오無무後후ᄒᆞ니ᄂᆞᆫ그祭졔를兄형弟뎨의孫손
의몸의ᄆᆞᄎᆞ도록ᄒᆞᆯ디니이다義의로ᄡᅥ닐위변거시라
楊양氏시復복이ᄀᆞᆯ오ᄃᆡ按안ᄒᆞ니祔부位위ᄂᆞᆫ닐온ᄇᆞ
방親친의無무後후ᄒᆞ니와卑비幼유의先션亡망ᄒᆞᆫ者
쟈ㅣ라祭졔禮례ᄒᆞᆯ제계오高고祖조ᄭᅴ祭졔를畢필ᄒᆞ
옵고即즉제사ᄅᆞᆷ으로ᄒᆞ여곰高고祖조ᄭᅴ祔부ᄒᆞ온者

ᄌᆞᆫ위牌패ᄂᆞᆫ神신主쥬ㅣ라

자ᄅᆞᆯ酌작獻헌ᄒᆞ게ᄒᆞ고曾증祖조ᄭᅴ와祖조와ᄀᆞᆺ고ᄭᅴ
다고리ᄒᆞᆯ다니그런故고로祝츅文문에너로뒤慕모ᄉ
인으로ᄲᅧ祔부食식ᄒᆞ노니尙샹饗향ᄒᆞ라ᄒᆞ여시니後
후에祭졔禮녜篇편과四ᄉᆞ時시祭제儀표애不셔보얀
ᄂᆞ니라○劉뉴氏시垓ᄒᆡ孫손이ᄀᆞᆯ오ᄃᆡ先션生ᄉᆡᆼ이ᄂᆞᆯ
ᄋᆞ샤ᄃᆡ伯ᄇᆡᆨ叔슉을祔부祭졔ᄒᆞᆷ이ᄀᆞᆺ거든曾증祖조겨ᄐᆡ
ᄒᆞ고ᄆᆡ의祔부ᄒᆞᆫ뒤位위牌패西셔편의在ᄌᆡᄒᆞ야봉安안
ᄒᆞ옵고伯ᄇᆡᆨ叔슉母모ㅣ어든曾증祖조母모東동편의
봉安안ᄒᆞ옵고兄형弟뎨며嫂수ㅣ며妻쳐ㅣ며婦부ㅣ
어든祖조母모의겨ᄐᆡ祔부ᄒᆞᆯ디니라伊이川쳔이ᄂᆞᆯᄋᆞ

샤ᄃᆡ曾증祖조의兄형弟뎨主쥬졔ᄒᆞ오리업ᄉᆞᆫ者쟈ᄅᆞᆯ
ᄯᅩ祭졔티아닐거시라ᄒᆞ시니아디몯거이다므슴바ᄅᆞᆯ
의據거ᄒᆞ여니ᄅᆞ시니잇고伊이川쳔이닐ᄋᆞ샤ᄃᆡ오직
이義의로起긔ᄒᆞ미라○大대祭제時시節졀을만나祖조
先션을請쳥ᄒᆞ와堂당의나或혹廳텽의祭졔ᄒᆞ오ᄃᆡ坐
좌次ᄎᆞᄅᆞᆯᄯᅩᄒᆞᆫ廟묘애겨실적ᄀᆞ티排비設셜ᄒᆞ와定뎡ᄒᆞ
옵고祔부祭졔ᄒᆞᆫ旁방親친者쟈ᄂᆞᆫ돌흘右우편의란丈
당夫부ㅣ오左좌편의란婦부女녀ㅣ로ᄃᆡ坐좌란안다
히로ᄇᆡ크니ᄅᆞᆯ삼을디니믈읫여긔祔부ᄒᆞᄂᆞᆫ者쟈ᄂᆞᆫ昭
쇼穆목을從종티아니ᄒᆞ고오직男남女녀로左좌右우大

대小쇼로ᄡᅥ分분ᄒᆞ야排ᄇᆡ셜ᄒᆞ고廟묘애在ᄌᆡᄒᆞᆯ저그
란믄득各각각昭쇼穆목을從죵ᄒᆞ야祔부ᄒᆞᆯ디니라
置티祭졔田뎐ᄒᆞ라○祭졔ㅅᄉᆞ래田뎐디롤두라
처엄으로祠ᄉᆞ堂당을세거든잇ᄂᆞᆫ田뎐디롤혜여每ᄆᆡ龕
감실의二이十십분의셔一일분을取취ᄒᆞ야ᄡᅥ祭졔田뎐
을삼고親친盡진ᄒᆞ거든ᄡᅥ墓묘田뎐을삼으라後후에므
릇正졍位위며祔부位위다이ᄀᆞ두니宗종子ᄌᆞㅣ主쥬ᄒᆞ
야ᄡᅥ祭졔用용을給급족게ᄒᆞ라우총의처엄의졔田뎐을
두더아녓거든墓묘下하의子ᄌᆞ孫손의田뎐디롤合합ᄒᆞ
야計계數수ᄒᆞ야버혀내고다글월ᄆᆡᆼᄀᆞ라귀알외여시러

곰포디몯ᄒᆞ게ᄒᆞ라

具구祭제器긔라ᄒᆞ○祭제器긔ᄅᆞᆯᄀᆞ초라

牀상이며돗기며교倚의며卓탁ᄌᆞ며대야소래며火화爐로ㅣ며酒쥬食식의그르ᄉᆞᆯ數수ᄅᆞᆯ조차다ᄀᆞ초아庫고中듕의텨허封봉ᄒᆞ야좀가셔다로뎌ᄡᅳ디몯ᄒᆞ게ᄒᆞ라庫고ㅣ업거든櫃궤中듕에녀코녀티믈홀거스란外외門문안해버려두라

主쥬人인이晨신謁알於어大대門문之지內내라ᄒᆞ○主쥬人인이새배大대門문안히가뵈謁알ᄒᆞ라

主쥬人인은닐온宗종子ᄌᆞㅣ니이ᄉᆞ堂당의祭제ᄅᆞᆯ主쥬ᄒᆞ

쳠녀ᄂᆞᆫ남
ᄌᆞᄂᆞᆷ이
오부인은
셔셔ᄉᆞᆯ갑
ᄒᆞ미라

ᄒᆞᄂᆞ이라새배비謁알ᄒᆞᆯ제深심衣의닙고焚분香향ᄒᆞ고
再ᄌᆡ拜ᄇᆡᄒᆞ라
出츌入입에必필告고라ᄒᆞ〇나가며드러올제반ᄃᆞ시告고ᄒᆞ
라
主쥬人인主쥬婦부ㅣ갓가이나가면大대門문의드러셔
ᄇᆞ라禮녜도ᄒᆞ고가고도라와도ᄯᅩᄀᆞ티ᄒᆞ라자고도라올
뒤어든焚분香향ᄒᆞ고再ᄌᆡ拜ᄇᆡᄒᆞ며멀리나가열흘을디
낼以이上샹이어든再ᄌᆡ拜ᄇᆡᄒᆞ고焚분香향ᄒᆞ고告고ᄒᆞ
야ᄀᆞᆯ오ᄃᆡ某모ㅣ將쟝適뎍某모所소ᄒᆞ니敢감告고ㅣ라
ᄒᆞ고ᄯᅩ再ᄌᆡ拜ᄇᆡᄒᆞ고가고도라와도ᄯᅩᄀᆞ티ᄒᆞ오ᄃᆡ다ᄆᆞᆫ告

고ᄒᆞ야ᄀᆞᆯ오ᄃᆡ某모ㅣ今금日일에歸귀自ᄌᆞ某모所소호
니敢감見현이라ᄒᆞ고돌이디나셔도라오나ᄃᆞ中듕門문
열고階계下하의셔셔再ᄌᆡ拜ᄇᆡᄒᆞ고阼조階계로올라焚
분香향ᄒᆞ고告고畢필에再ᄌᆡ拜ᄇᆡᄒᆞ고ᄂᆞ려位위예도라
와再ᄌᆡ拜ᄇᆡᄒᆞ라녀나믄사ᄅᆞᆷ도ᄯᅩ그리호ᄃᆡ다만中듕門
문을여디말라○므릇主쥬婦부ᄂᆞᆫ닐온主쥬人인의妻쳐
ㅣ라○므릇오ᄅᆞ며ᄂᆞ리몰오직主쥬人인이야阼조階계
로ᄃᆞ니고主쥬婦부ㅣ며밋ᄐᆡ나믄사ᄅᆞᆷ은비록尊존長댱
이라도ᄯᅩ西셔階계로ᄃᆞ니라○므릇절ᄒᆞᆯ제男남子ᄌᆞㅣ
再ᄌᆡ拜ᄇᆡᄒᆞ면婦부人인이四ᄉᆞ拜ᄇᆡᄒᆞᄂᆞ니닐온俠협拜

탁은시탁이오반은잔되니하종을다

비라그男남女녀ㅣ서ᄅᆞ答답拜배ᄒᆞᆯ적도ᄯᅩᄒᆞᆫ그리ᄒᆞᆯ디니라

正졍至지朔삭望망則즉參참ᄒᆞ다○正졍되며冬동至지며朔삭일이며望망일이어든參참알ᄒᆞ라

正졍됴며冬동至지며朔삭일望망일에ᄒᆞᄅᆞ前젼긔ᄒᆞ야灑쇄掃소ᄒᆞ고齋지계ᄒᆞ야자고그이튼날일닐어門문열고발몰고每미龕감실에새실果과ᄒᆞᆫ큰盤반을卓탁子ᄌᆞ우희設셜ᄒᆞ고每미位위에茶다盞잔托탁과酒쥬盞잔盤반各각ᄒᆞᆫ나ᄒᆞᆯ神신主쥬櫝독앏픠設셜ᄒᆞ고뷔뭇고믈애뫼ᄒᆞᆫ거ᄉᆞᆯ香향卓탁갑픠設셜ᄒᆞ고각별이ᄒᆞᆫ卓탁子ᄌᆞ롤阼조階

쥬주ᄂᆞᆫ쥬
젼지오잔
반은잔과
터니하등
ᄒᆞ다

계우히設셜ᄒᆞ야酒쥬注주ㅣ며盞잔盤반ᄒᆞ나ᄒᆞᆯ그우히
노코술ᄒᆞᆫ甁병을그西셔의노코盥관盆분이며帨세巾건
各각둘ᄒᆞᆯ阼조階계아래東동南남의두되臺ᄃᆡ며架가ㅣ
인ᄂᆞ니노西셔의이시니主쥬人인이며親친屬쇽의盥관
ᄒᆞᆯ배오업스니노東동의이시니執집事ᄉᆞ者쟈盥관ᄒᆞᆯ배
라巾건은다北북에인ᄂᆞ니라主쥬人인以이下하ㅣ盛셩
服복ᄒᆞ고門문의드러位위예나아가主쥬人인은阼조階
계下하의北북面면ᄒᆞ고主쥬婦부ᄂᆞᆫ西셔階계下하의北
복面면ᄒᆞ되主쥬人인이母모ㅣ이시면主쥬婦부앏퓌반도
로位위ᄒᆞ고主쥬人인이諸제父부ㅣ며諸제兄형이이시

제모ᄂᆞᆫ숙모ㅣ오고ᄂᆞᆫ아ᄇᆡ누의오수ᄂᆞᆫ형의안해오ᄌᆞᄂᆞᆫ맛누의라

제미ᄂᆞᆫ아오누의라

ᄂᆡ집ᄉᆞᄂᆞᆫ부녀ᄂᆡ집ᄉᆞᄒᆞᄂᆞ니라

면主쥬人인의右우의ᄇᆞ로位위호ᄃᆡ져기나오혀여러行항렬ᄒᆞ야西셔上샹ᄒᆞ며諸제母모ㅣ며姑고ㅣ며嫂수ㅣ며姊ᄌᆞㅣ이시면主쥬婦부의左좌의ᄇᆞ로位위호ᄃᆡ져기나오혀여러行항렬ᄒᆞ야東동上샹ᄒᆞ고諸제弟뎨ㅣ主쥬人인의右우의이셔져기므르고子ᄌᆞ孫손이며甥싱외執집事ᄉᆞ者쟈ᄂᆞᆫ主쥬人인의뒤헤이셔여러行항렬ᄒᆞ야西셔上샹ᄒᆞ고主쥬人인의弟뎨의妻쳐ㅣ며밋諸제妹ᄆᆡᄂᆞᆫ主쥬婦부의左좌의이셔져기므르고子ᄌᆞ孫손婦부女녀ㅣ며內ᄂᆡ執집事ᄉᆞ者쟈ᄂᆞᆫ主쥬婦부의뒤헤이셔여러行항렬ᄒᆞ야東동上샹ᄒᆞ라셔기定뎡ᄒᆞ거든主쥬人인이손시

진홀은홀을ᄯᅴ예ᄭᅩᄌᆞ미라

셔숫고올라搢진笏홀ᄒᆞ고櫝독올여러모도考고神신主
쥬를뫼셔櫝독앏ᄑᆡ노코主쥬婦부ㅣ손시셔숫고올라모
도妣비神신主쥬를뫼셔考고東동의노코버거祔부ᄒᆞᆫ신
主쥬내기를ᄯᅩᄀᆞ티ᄒᆞ고長댱子ᄌᆞㅣ며長댱婦부ㅣ며或
혹長댱女녀를命명ᄒᆞ야손시셔숫고올라노화모든祔부
ᄒᆞᆫ신主쥬의ᄂᆞ존이를내기를ᄯᅩᄀᆞ티ᄒᆞ라다ᄆᆞ차든主쥬
婦부ᄶᅵ이下하ㅣ몬저ᄂᆞ려位위예도로오고主쥬人인은
香향卓탁前젼의가께降강神신ᄒᆞ되搢진笏홀ᄒᆞ고焚분
香향ᄒᆞ고再ᄌᆡ拜비ᄒᆞ고ᄌᆡ기믈러셔거든執집事ᄉᆞ者자
ㅣ손시셔숫고올라甁병을여러술을쥬注주의다마든ᄒᆞᆫ

뇌ᄯᅩ술브어강신호미라

나히쥬注주롤바다主쥬人인의右우의가고ᄒᆞᆫ나히盞잔
盤반을자바主쥬人인의左좌의니거든主쥬人인이ᄭᅮᆯ고
執집事ᄉᆞ者쟈ㅣ다ᄭᅮ러든主쥬人인이쥬注주롤바다술
을븟고쥬注주롤도로주고盞잔盤반을가져받ᄌᆞ와左좌
로盤반을잡고右우로盞잔을자바뫼우희酹뢰ᄒᆞ고盞잔盤
반으로ᄡᅥ執집事ᄉᆞ者쟈롤주고出출笏홀ᄒᆞ야업데고니
러져기믈러再재拜비ᄒᆞ고ᄂᆞ려位위예도로와位위예인
ᄂᆞ니와더브러다再재拜비ᄒᆞ야參참神신ᄒᆞ라主쥬人인
이올라搢진笏홀ᄒᆞ고쥬注주롤자바수롤브으되正졍位
위예몬져ᄒᆞ고祔부位위예버거ᄒᆞ고버거長댱子ᄌᆞ롤命

다션온찻
ᄀᆞᄅᆞᄣᆞᄂᆞᆫ
거시라
다보어ᄣᆞ
믈렴다ㅣ
라ᄒᆞᄂᆞ니
라

시조ᄂᆞᆫ처
엄사ᄅᆞᆷ삼
긴조샹이
라

명ᄒᆞ야모든祔부位위예ᄂᆞ존의게뵈고主쥬婦부ㅣ올라
茶다筅션을잡고執집事ᄉᆞ者쟈ㅣ湯탕甁병을자바조차
가點뎜茶다ᄒᆞ믈前젼ᄀᆞ티ᄒᆞ고長댱婦부ㅣ나或혹長댱
女녀ᄅᆞᆯ命명ᄒᆞ야徧편ᄀᆞ티ᄒᆞ라子ᄌᆞ婦부와執집事ᄉᆞ者쟈
ㅣ몬져ᄂᆞ려位위예도로오나ᄃᆞᆫ主쥬人인이出츌笏홀ᄒᆞ
야主쥬婦부ㅣ더브러香향卓탁압東동西셔의ᄂᆞᆫ화셔셔
再ᄌᆡ拜ᄇᆡᄒᆞ고ᄂᆞ려位위예도로와位위예잇ᄂᆞᆫ쟈로더브
러다再ᄌᆡ拜ᄇᆡᄒᆞ야辭ᄉᆞ神신ᄒᆞ고믈러나라○冬동至지
어든始시祖조ᄭᅴ祭졔ᄒᆞ고ᄆᆞᄎᆞ며行ᄒᆡᆼ禮례호믈온[illegible]ᄀᆞ
티ᄒᆞ라○望망日일의ᄂᆞᆫ酒쥬ᄅᆞᆯ設셜티말며[illegible]主쥬ᄅᆞᆯ[illegible]

다말고主쥬人인이點뎜茶다ᄒᆞᆯ제長댱子ᄌᆞㅣ돕고몬져누리거든主쥬人인은香향卓탁南남의셔再ᄌᆡ拜ᄇᆡᄒᆞ고이에누리라녀나모거ᄉᆞᆫ웃테ᄭᅮ두니라○禮녜ᄅᆞᆯ准쥰ᄒᆞ니舅구ㅣ沒몰ᄒᆞ면姑고ㅣ老노ᄒᆞ논디라祭졔예參참預예티아니케ᄒᆞ엿ᄂᆞ니ᄯᅩᄀᆞᆯ오ᄃᆡ支지子ᄌᆞᄂᆞᆫ祭졔티몯ᄒᆞᄂᆞ다ᄒᆞ여시니그런故고로이제오로世셰嫡뎍宗종子ᄌᆞ의夫부婦부로ᄡᅥ主쥬人인主쥬婦부ᄅᆞᆯ삼고그母모와밋諸졔父부母모兄형嫂수ㅣ인ᄂᆞᆫ이어든ᄯᅩ로位위ᄅᆞᆯ앏픠設셜ᄒᆞ믈이ᄀᆞ티ᄒᆞ라○므ᄅᆞᆺ盛셩服복이라닐온거ᄉᆞᆫ벼ᄉᆞᆯ이시면幞복頭두ㅣ며公공服복이며帶ᄃᆡ며靴화며笏홀이오

난삼은샹
ᄉᆞ의옷시
라
조삼은거
믄뎔링이
라
모ᄌᆞ노감
트ㅣ니사
ㅣ모도모ᄌᆞ
ㅣ라ᄒᆞᄂᆞ
니라
낭삼은홋
덕령이라
대의노ᄃᆞᆼ
삼ᄀᆞ토거
지라
관ᄌᆞ노화
관이라
원됴노졍
됴ㅣ라

進진士ᄉᆞㅣ면幞복頭두ㅣ며襴난衫삼이며處쳐士
ᄉᆞㅣ면幞복頭두ㅣ며皂조衫삼이며벼슬업ᄉᆞ니ᄂᆞᆫ
帽모子ᄌᆞㅣ며衫삼이며를通통用용ᄒᆞ고能능히ᄁᆞ
초디몯ᄒᆞ거든或혹深심衣의나或혹凉냥衫삼이나ᄒᆞ고
벼슬인ᄂᆞᆫ이도通통ᄒᆞ야帽모子ᄌᆞ以이下하를니브려
니와다만盛셩服복이되디몯ᄒᆞᄂᆞ니라婦부人인은ᄯᅡᆫ머
리며大대衣의며長댱裙군을ᄒᆞ고女녀ㅣ室실에인ᄂᆞ니
ᄂᆞᆫ冠관子ᄌᆞㅣ며背비子ᄌᆞ를ᄒᆞ고모ᄃᆞ妾쳡은ᄯᅡᆫ머리녀
背비子ᄌᆞ를ᄒᆞ라
楊양氏시復복이ᄀᆞᆯ오ᄃᆡ先션生ᄉᆡᆼ이닐ᄋᆞ샤ᄃᆡ元원朝

됴알은가례ᄒᆞᄂᆞ녜라

됴면官관의在지ᄒᆞᆫ者쟈ᄂᆞᆫ朝됴謁알ᄒᆞᄂᆞᆫ禮례이시니
시러곰祭졔事ᄉᆞ애精졍셩이專젼일티몯ᄒᆞᆯ가저허ᄒᆞ
ᄂᆞ니네鄕향里니애셔믄득除뎨夕셕前젼사나ᄒᆞᆯ로즈
음ᄒᆞ야行ᄒᆡᆼ事ᄉᆞ호니이ᄯᅩᄒᆞᆫ다시斟짐酌작ᄒᆞᆷ애이실
디니라○劉뉴氏시璋쟝이골오ᄃᆡ司ᄉᆞ馬마溫온公공
이影영堂당雜잡儀의註주변뒤믈읫月월朔삭이어든
執집事ᄉᆞ者쟈ㅣ影영堂당애香향을깃고茶다酒쥬와
常샹食식두어가지를ᄀᆞ초고主쥬人인以이下하ㅣ다
盛셩服복ᄒᆞ야男남女녀ㅣ左좌右우에次례로셤을常샹
시녜ᄀᆞᆺ티ᄒᆞ고主쥬人인과主쥬婦부ㅣ親친히祖조考

뇌노샹회치단마리라

고以이下하祠ᄉᆞ版판을내ᄋᆞ와位위예安ᄌᆞᆸ고焚분香
향ᄒᆞ고主쥬人인以이下하ㅣᄒᆞᆷ믜再ᄌᆡ拜ᄇᆡᄒᆞ고執집
事ᄉᆞ者자ㅣ祖조考고앏퓌茶다酒쥬ᄅᆞᆯ브어ᄡᅥ곰主쥬
人인ᄋᆞᆯ주어든主쥬人안이笏흘곳고跪궤ᄒᆞ야茶다酒
쥬ᄅᆞᆯ酹뇌코笏흘ᄌᆞ자바俛면伏복ᄒᆞ고興흥ᄒᆞ야男남女
녀ᄅᆞᆯ거ᄂᆞ려ᄒᆞᆷ믜再ᄌᆡ拜ᄇᆡᄒᆞ고버거祖조妣비以이下
하의酹뇌ᄒᆞᆷ을다쥬徧편히ᄒᆞ고祠ᄉᆞ版판을納납ᄒᆞᄋᆞᆸ
고나와셔올디니라月월望망의ᄂᆞᆫ음食식을設설티
아니ᄒᆞ며祠ᄉᆞ版판을내ᄋᆞᆸ디아니ᄒᆞ고나모녜ᄂᆞᆫ月월
朔삭녜ᄀᆞᆺ티ᄒᆞᆯ디니라影영堂당門문을無무事ᄉᆞᄒᆞ고제

챵약은곰 ᄒᆞ며셔읍 ᄒᆞ뇌이다 아뢰ᄂᆞᆫ소 릐라

ᄂᆞᆫ당常상닷고每ᄆᆡ朝됴애子ᄌᆞ孫손이影영堂당아ᄑᆡ
나아가唱챵喏약ᄒᆞ고ᄊᆞ외쳐의나갓다가도라오매ᄯᅩ
ᄒᆞᆫ그리ᄒᆞ고만일ᄊᆞ외쳐의나가두번잔ᄊᆞᆺ이上샹애ᄯᅩ
라오면影영堂당의入입ᄒᆞ야再ᄌᆡ拜ᄇᆡᄒᆞ고쟝ᄎᆞᆺ먼뎌
가며밋벼슬올ᄅᆞᆷ과믈읫大대享ᄉᆞㅣ어ᄯᅩ손싯고焚분
香향ᄒᆞ고그일로배告고ᄒᆞ고退퇴ᄒᆞ야各각각再ᄌᆡ拜
ᄇᆡᄒᆞ고時시절힛거시잇거든믄져影영堂당의薦쳔신
ᄒᆞ고忌긔日일이어든빗난服복식을업시ᄒᆞ고酒쥬食
식薦쳔ᄒᆞ옴을月월朔삭ᄀᆞ티ᄒᆞ고술먹디아니ᄒᆞ며고기
먹디아니ᄒᆞ고思ᄉᆞ慕모ᄒᆞ옴을居거喪상ᄒᆞᆯ적ᄀᆞ티ᄒᆞᆯ셔

구의논젼유뮬회데쉬라

쳥명은삼월졀이오등오ᄂᆞᆫ단외오

니禮례에君군子ᄌᆞㅣ終종身신토록喪상이잇다ᄒᆞ니
忌긔日일을니름이라舊구儀의에손을보디아니ᄒᆞ며
弔됴롤受슈ᄒᆞ게ᄒᆞ엿더니禮례예업술서이제取취티
아니ᄒᆞ노라水슈火화와盜도賊적을만나도몬져先션
公공의遺유文문을救구ᄒᆞ고버거ᄂᆞᆫ祠ᄉᆞ版판이오버
거ᄂᆞᆫ影영ᄌᆞ롤구ᄒᆞᆯ디니그린後후의家가財ᄌᆡ롤救구
ᄒᆞᆯ디니라

俗쇽節졀則즉獻헌以이時시食식ᄒᆞ라○시俗쇽節졀일이어
든時시절음食식으로써獻헌ᄒᆞ라
節졀일은淸쳥明명이며寒한食식이며重듕午오ㅣ며中듕

듀ᄋᆞ은절
일보롬날
듕양은구
월구일이
라
각셔ᄂᆞᆫ초
ᄯᆞᆯ르흔거
시니슈단
ᄀᆞᄐᆞᆫ거시
라
소ᄂᆞᆫ나무
셔오과ᄂᆞᆫ
실패라

부도ᄂᆞᆫ답
이니불ᄉᆞ
의일이라
남헌은일
흠은栻식
이니송적
명유라

듕元원이며重동陽양ᄀᆞᄐᆞᆫ類류ᄆᆞᆯ롯鄕향俗쇽의슝尙샹
ᄒᆞ논배라음食식은角각黍셔ᄀᆞᄐᆞᆫᄆᆞᆯ롯그節졀의슝尙샹
ᄒᆞ논배니큰盤반으로ᄡᅥ薦쳔ᄒᆞ고籩소菓과로ᄡᅥ섯거ᄒᆞ
라禮례노正졍至지朔삭日일톄ᄀᆞ티ᄒᆞ라
뭇ᄌᆞ오뒤俗쇽節졀의祭제호미엇더ᄒᆞ니잇고答ᄒᆞ子
ᄌᆞㅣ골ᄋᆞ사뒤韓한魏위公공의家쳐티호미또ᄒᆞ니節
졀祠ᄉᆞㅣ라닐ᄋᆞ니正졍祭제예셔강殺쇄ᄒᆞ니라다만
七칠月월十십五오日일의浮부屠도를ᄡᅥ素소饌찬으
로祭제를비設셜ᄒᆞ기노내ᄡᅳ디아니ᄒᆞ노라○또張댱
南남軒헌을뒤답ᄒᆞ신뒤골오뒤이제俗쇽節졀은톄업

뎐배라그런故고로古고人인이비록祭졔티아니ᄒᆞ나
情졍의ᄯᅩᄒᆞᆫᄌᆞ스로편안ᄒᆞ거니와수금人인은임의일
노ᄡᅥ重듕히너겨이날의니르러반ᄃᆞ시차반을ᄀᆞ초와
서루宴연樂낙ᄒᆞ고그시節졀거시ᄯᅩ各각각맛당ᄒᆞ옴이
이시니그런故고로世셰俗쇽의情졍이이날의니루러
能능히그祖조考고를ᄉᆡᆼ각디아니티몯ᄒᆞ야다시그쳘
거ᄉᆞ로ᄡᅥ졔향ᄒᆞ니비록禮례의正졍다옴이아니나그
러나ᄯᅩᄒᆞᆫ人인情졍의能능히마디몯ᄒᆞᆯ者쟈ㅣ라ᄒᆞᆷ
고人인이祭졔티몯ᄒᆞ여ᄂᆞᆫ敢감히ᄡᅥ燕연낙디몯ᄒᆞ거
든ᄒᆞ믈며이제이런俗쇽節졀들헤임의經경을의거

므ᄐᆞᆫ 온어
휘니 됴로
옴을 ᄒᆞ라

ᄒᆞ야 祭제란 廢폐ᄒᆞ고 生싱者쟈ᄂᆞᆫ 곧 飮음食식宴연樂
낙ᄒᆞ믈 俗쇽을 조차 自ᄌᆞ약키ᄒᆞ면 주그니 셤김을 사니
셤김ᄀᆞ티 ᄒᆞ며 업ᄉᆞ니 셤김을 인ᄂᆞ니 셤김ᄀᆞᆺ티 ᄒᆞᄂᆞᆫ 쁘디
아니니라 ᄯᅩ 골오ᄃᆡ 朔삭旦됴의 家가 廟묘애 酒쥬와 果
과를 ᄡᅳ고 望망旦됴애 茶다를 ᄡᅳ고 重듕午오와 中듕元
원과 九구日일의 類뉴ㅣ 다 일홈이 俗쇽節졀이니 大대
祭제時시앤 每ᄆᆡ 位위예 데 가지 味미수를 ᄡᅳ고 請쳥ᄒᆞ
야 木목主쥬를 내옵고 俗쇽節졀 小쇼 祭제앤 오직 家가
廟묘애 나아가 두 가지 味미수에 止지ᄒᆞ고 朔삭旦됴와
俗쇽節졀앤 酒쥬를 ᄒᆞᆫ 번 올리매 止지ᄒᆞ니 ᄒᆞᆫ 잔을 브을

다니라○楊양氏시復복이골오뒤時시祭제밧긔各각
각鄕향俗쇽의톄일을因인ᄒᆞ야그슝尙샹ᄒᆞᄂᆞᆫ밧ᄡᅥ예
ᄡᅳᄂᆞᆫ바物믈로ᄡᅥ큰盤반으로ᄡᅥ밧드러廟묘中즁에陳
렬ᄒᆞ고朔삭을告고ᄒᆞᄂᆞᆫ톄로ᄡᅥ奠뎐ᄒᆞ면거의隆늉
셩ᄒᆞ여강殺쇄ᄒᆞᄂᆞᆫ節졀의合합ᄒᆞ고委위曲곡ᄒᆞᆫ情졍
을다ᄒᆞ리니可가히久구遠원토록行ᄒᆡᆼᄒᆞ야도疑의심
이업스리라

有유事ᄉᆞ則즉告고라ᄒᆞ○일이잇거든告고ᄒᆞ라
표졍至지朔삭日일톄ᄀᆞ티호듸다만茶다ㅣ며酒쥬를獻
헌ᄒᆞ고再ᄌᆡ拜ᄇᆡ訖흘의主쥬婦부ᄂᆞᆫ문뒤ᄂᆞ긔位위에三

로오고主쥬人인이香향卓탁南남의셔거든祝츅이츅版
판을자바主쥬人인의左좌의셔ᄭᅮ러니ᄅᆞ고ᄆᆞᆺ고닐거
든主쥬人인이再ᄌᆡ拜ᄇᆡᄒᆞ고ᄂᆞ려位위예도로오라녀나
묘거ᄉᆞ다ᄁᆞ투니라○버술호주룰告고ᄒᆞᄂᆞᆫ祝츅版판의
닐오ᄃᆡ維유年년歲셰月월朔삭日일에孝효子ᄌᆞ某모官
관某모ᄂᆞᆫ敢감昭쇼告고于우考고某모親친某모官관封
봉諡시府부君군故고某모親친某모封봉某모氏시某모
ㅣ以이某모月월某모日일에蒙몽恩은ᄒᆞ야授슈某모官
관ᄒᆞ니奉봉承승先션訓훈ᄒᆞ야獲획霑텸祿녹位위ᄒᆞ니
餘여慶경所소及급이라不블勝승感감慕모ᄒᆞ야謹근以

이酒쥬果과로用용伸신虔건告고ᄒᆞ니謹근告고ㅣ라ᄒᆞ
라貶폄降강ᄒᆞ니거든닐오ᄃᆡ貶폄某모官관ᄒᆞ니荒황墜
듀先션訓훈이라皇황恐공無무地디라ᄒᆞ라謹근以이後
후ᄂᆞᆫᄆᆞ두니라만일易톄어나子ᄌᆞㅣ어내어든닐오ᄃᆡ某
모의某모친某모ㅣ라ᄒᆞ라비나모거ᄉᆞᆫᄆᆞ두니라○追듀
贈증을告고ᄒᆞ거든다만贈증ᄒᆞᆫ龕감실의告고ᄒᆞ고별
이香향卓탁을龕감실압픠設설ᄒᆞ고또ᄒᆞᆫ卓탁ᄌᆞ를그東
동의設설ᄒᆞ야조ᄒᆞᆫ물과粉분모盞잔과刷쇄子ᄌᆞ와벼로
먹붓을그우희노ᄒᆞ라비나모거ᄉᆞᆫᄆᆞ두되다만祝츅辭
판의닐오ᄃᆡ奉봉某모月월某모日일制제書셔ᄒᆞ오니贈증

故고某모親친을某모官관ᄒᆞ고故고某모親친을某모某
봉ᄒᆞ시니某모ㅣ奉봉承승先션訓훈ᄒᆞ야竊졀位위于우
朝됴ㅣ라가祗지奉봉恩은慶경ᄒᆞ야有유此ᄎᆞ褒포贈증
ᄒᆞ되祿녹不블及급養양ᄒᆞ니摧최咽열難난勝승이라ᄒᆞ
라謹근以이後후ᄂᆞᆫᄀ두니라만일일을因인ᄒᆞ야特특별
이贈증ᄒᆞ엿거든각별이글을지어ᄡᅥ그ᄠᅳ들펴라삼고告
필에再ᄌᆡ拜ᄇᆡᄒᆞ고主쥬人인이나아가신主쥬를뫼셔卓탁
ᄌᆞ우희노하든執집事ᄉᆞ者쟈ㅣ녯字ᄌᆞ를시서ᄇᆞ리고
각별이粉분으로ᄡᅥ블라무루몰기돌워글잘스누니놀令
명ᄒᆞ야贈증ᄒᆞᆫ官관과封봉을改ᄀᆡ題뎨ᄒᆞ고陷함中듕으

란ᄯᅡ끼티말라시쇼들로ᄡᅥ祠ᄉᆞ堂당四ᄉᆞ壁벽의ᄲᅳ리고
主쥬人인이신主쥬ᄅᆞᆯ뫼셔녯고되노코ᄂᆞ려位위예도로
오라後후노ᄀᆞ두니라○主쥬人인이嫡뎍長댱ᄌᆞ를나
하든ᄒᆞᆫ돌이ᄎᆞ거든뵈오뒤웃녜ᄀᆞ티ᄒᆞ고다만祝축을ᄡᅳ
디말고主쥬人인이香향卓탁앏피셔셔숣고ᄒᆞ야ᄀᆞᆯ오ᄃᆡ
某모之지婦부某모氏시ᄡᅵ이某모月월某모日일에生ᄉᆡᆼ
子ᄌᆞᄒᆞ니名명은某모ㅣ라敢감見현이라ᄒᆞ고숣고畢필
예香향卓탁東동南남의셔西셔向향ᄒᆞ고主쥬婦부ㅣ
子ᄌᆞ를안고나아가兩냥階계ᄉᆞ이예셔셔再ᄌᆡ拜ᄇᆡᄒᆞ여
든主쥬人인이ᄂᆞ려位위예도로오라後후노ᄀᆞ두니라○

冠관녜昏혼례ᄂᆞᆫ本본篇편의見현ᄒᆞ니라○므릇祝츅版판이라니ᄅᆞᆫ거ᄉᆞᆫ널長댱이ᄒᆞᆫ자히오高고ㅣ다ᄉᆞᆺ치ᄅᆞᆯᄡᅥ죠희로ᄡᅥ글을ᄡᅥ그우희브텻다가ᄆᆞ차든ᄠᅦ여ᄉᆞᆯ라그首슈尾미ᄂᆞᆫ다前젼ᄀᆞ투되다만故고高고祖조考고와故고高고祖조妣비예ᄂᆞᆫ自ᄌᆞ稱칭을孝효玄현孫손이라ᄒᆞ고故고曾증祖조考고와故고曾증祖조妣비예ᄂᆞᆫ自ᄌᆞ稱칭을孝효曾증孫손이라ᄒᆞ고故고祖조考고와故고祖조妣비예ᄂᆞᆫ自ᄌᆞ稱칭을孝효孫손이라ᄒᆞ고故고考고와故고妣비예ᄂᆞᆫ自ᄌᆞ稱칭을孝효子ᄌᆞㅣ라ᄒᆞ라官관이며封봉諡시잇거든다일ᄏᆞᆮ고업거든生ᄉᆡᆼ時시예行ᄒᆡᆼᄒᆞᆫ第뎨稱

칭號호로뻐府부君군우희加가ᄒᆞ고妣비ᄂᆞᆫ골오ᄃᆡ某모
氏시夫부人인이라ᄒᆞ라므롯自ᄌᆞ稱칭을宗종子ᄌᆞ아니
면孝효ㅣ라니ᄅᆞ디말라○일올告고ᄒᆞᄂᆞᆫ祝츅문은四ᄉᆞ
代ᄃᆡ로다ᄒᆞᆫ齊졔版판의ᄒᆞ고自ᄌᆞ稱칭ᄒᆞ기ᄅᆞᆯᄀᆞ장尊존ᄒᆞ
니로뻐爲위主쥬ᄒᆞ고다만正졍位위예告고ᄒᆞ고祔부位
위예ᄂᆞᆫ告고티마로되茶다와酒쥬ᄂᆞᆫ다設셜ᄒᆞ라
朱쥬子ᄌᆞㅣ골오샤ᄃᆡ焚분黃황ᄒᆞ기ᄅᆞᆯ近근世셰예墓
묘次ᄎᆞ의가行ᄒᆡᇰᄒᆞᄂᆞ니아디몯게라禮녜예어듸ᄅᆞᆯ의據
거ᄒᆞ연ᄂᆞᆫ고張댱魏위公공이諡시호ᄅᆞᆯ贈증ᄒᆞᆯ제오직
가廟묘애告고ᄒᆞ니疑의심컨댄得득體톄ᄒᆞᆫ가ᄒᆞ노라

다만今금世셰예난다분墓묘애告고ᄒᆞ니저컨대俗쇽
을좃기를免면티몯ᄒᆞᆯ가ᄒᆞ노라○楊양氏시後후이골
오대先션生ᄉᆡᆼ의文문集집을按안ᄒᆞ니焚분黃황祝츅
文문이이셔家가廟묘에告고ᄒᆞ다닐럿고또ᄒᆞᆫ분墓묘
의告고ᄒᆞ다닐오디아니ᄒᆞ엿더라
或혹有유水슈火화盜도賊적則즉先션救구祠ᄉᆞ堂당ᄒᆞ야遷
쳔神신主쥬遺유書셔ᄒᆞ고次ᄎᆞ及급祭졔器긔然연後후에及
급家가財ᄌᆡᄒᆞ며易역世셰則즉改기題뎨主쥬而이遞톄遷쳔
之지라ᄒᆞ○或혹水슈火화지며盜도賊적이잇거든몬져祠ᄉᆞ
堂당을救구ᄒᆞ야神신主쥬ㅣ며遺유書셔를옮기고버거祭

친진은뒤진타ᄒᆞᆫ마리라·

졔器긔예미盡後후에家가財ᄌᆡ를미치며易역世셰ᄒᆞ야든
改ᄀᆡ題뎨主쥬ᄒᆞ고遞톄遷쳔ᄒᆞ라
改ᄀᆡ題뎨遞톄遷쳔ᄒᆞᄂᆞᆫ禮녜ᄂᆞᆫ喪상禮녜大대祥샹章쟝
의나타난ᄂᆞ니라大대宗종집이始시祖조ㅣ親친盡진ᄒᆞ
면그신主쥬를墓묘所소의藏장ᄒᆞ고大대宗종이오히려
그墓묘田뎐을主쥬ᄒᆞ여ᄡᅥ그墓묘祭졔를奉봉ᄒᆞ며ᄒᆞ마
다宗종人인을거ᄂᆞ려ᄒᆞᆫ번祭졔ᄒᆞᆷ을百ᄇᆡᆨ世셰라도改ᄀᆡ
티아니코그第뎨二이世셰以이下하祖조ㅣ親친盡진ᄒᆞ
니와밋小쇼宗종짓高고祖조ㅣ親친盡진ᄒᆞ면그신主쥬
를옮겨묻고그墓묘田뎐은묘位위서두ᄀᆞ옴아라ᄒᆞ나

시러곰시조ᄅᆞᆯ님위미라

관ᄉᆞ노묘관돌히라

다그子ᄌᆞ孫손거ᄂᆞ려ᄒᆞᆫ번祭졔ᄒᆞ믈ᄯᅩ百ᄇᆡᆨ世셰라도고
티디말라

或혹이묻ᄌᆞ오ᄃᆡ이제士ᄉᆞ庶셔인이ᄯᅩᄒᆞᆫ始시墓괴ᄒᆞᆫ
祖조ㅣ이실딘댄아니ᄯᅩᄒᆞᆫ오직四ᄉᆞ代ᄃᆡᄅᆞᆯ祭졔ᄒᆞ리
잇가다만四ᄉᆞ代ᄃᆡ써이上샹이면곧可가히祭졔티몯
ᄒᆞ리잇가그러티아니니잇가朱쥬子ᄌᆞㅣᄀᆞᆯᄋᆞ샤ᄃᆡ이
졔四ᄉᆞ代ᄃᆡᄅᆞᆯ祭졔홈도임의僭참ᄒᆞ니녜ᄂᆞᆫ官관師ᄉᆞ
ㅣᄯᅩᄒᆞᆫ오직二이代ᄃᆡᄅᆞᆯ祭졔ᄒᆞ니이始시墓괴ᄒᆞᆫ祖조
곳두니ᄂᆞᆫ스치건대ᄂᆞᆫ오직墓묘祭제만둘가ᄒᆞ노라○
楊양氏시ㅣ復복이ᄀᆞᆯ오ᄃᆡ이章쟝의닐오ᄃᆡ始시祖조ㅣ

親친盡진ᄒᆞ거든 그 신主쥬를 墓묘所소애 藏장ᄒᆞ라ᄒᆞ
고 喪상禮녜 大대祥샹章장의 ᄯᅩ 닐오ᄃᆡ 만일에 親진盡
진ᄒᆞᆫ 祖조ㅣ 이쇼ᄃᆡ 그 別별子ᄌᆞ 니대ᄂᆞᆫ 祝축版판의 일
이 일이 ᄲᅳᆷ고ᄒᆞ야 畢필ᄒᆞ고 墓묘所소애 遷쳔ᄒᆞ고 므스ᄃᆡ
말라ᄒᆞ여시니 그 신主쥬를 墓묘所소애 藏장ᄒᆞ오ᄃᆡ 므스ᄃᆡ
말쟈 기면 墓묘所소애 必필연 祠ᄉᆞ 堂당이 이셔 ᄇᆡ 곰 墓
묘祭졔를 奉봉ᄒᆞ게ᄒᆞ연ᄂᆞᆫ가ᄒᆞ노라

深심衣의 制졔度도

이 章장이 本본ᄃᆡ 冠관禮녜 後후에 이시더니 과 이제 前
편章장의 이믜 그 文문지 잇고 ᄯᅩ 平평시예 당샹 입ᄂᆞ거

복요ᄂᆞᆫ동한말의남븨의복당단이괴이호매그젹사ᄅᆞᆷ이의복의묘괴라ᄒᆞ더니후의파연대봉ᄒᆞ니라

시모로ᄡᅥ前젼章쟝의버거ᄒᆞ노라
朱쥬子ᄌᆞㅣ골ᄋᆞ샤ᄃᆡ테가기더옥머니그冠관服복
制졔度도ㅣ계유이셔可가히볼거ᄉᆞᆫ호올로이딴이
시나그러나遠원方방士ᄉᆞ子ᄌᆞㅣᄯᅩᄒᆞᆫ드므리보ᄂᆞ
배라往왕往왕의사ᄅᆞᆷ마다ᄌᆞ스로制졔度도ᄅᆞᆯᄆᆡᆼ그니
詭궤ᄒᆞ고괴異이ᄒᆞ야經경常샹티아니ᄒᆞ야服복妖요
애갓가오니심히可가히嘆탄ᄒᆞ얌즉ᄒᆞ다
裁ᄌᆡ用용白ᄇᆡᆨ細셰布포ᄒᆞ度도用용指지尺쳑라ᄒᆞ○무ᄅᆞ기
ᄅᆞᆯ흰ᄀᆞᄂᆞᆫ뵈ᄅᆞᆯᄡᅳ고자히기ᄅᆞᆯ指지尺쳑을ᄡᅳ라
댱ᄁᆞ락가온대 무뒤로寸촌을사므라

설몬은녯그리라지ᄂᆞᆫ여ᄃᆞᆲ치오심은여ᄃᆞᆲ자히라

司ᄉᆞ馬마溫온公공이ᄀᆞᆯ오ᄃᆡ믈읫자히며ᄎᆞ를다맛당히周쥬尺척을ᄡᅥ자히니周쥬尺척ᄒᆞᆫ자히이제구읫자다ᄉᆞᆺ치다ᄉᆞᆺ分분이몯ᄎᆞᆷᄒᆞ니라○楊양氏시復복이ᄀᆞᆯ오ᄃᆡ說설文문에닐러시되周쥬적制제도애寸촌과尺척과咫지와尋심을다사ᄅᆞᆷ의몸으로ᄡᅥ法법을삼으라ᄒᆞ연ᄂᆞ니라

衣의ᄂᆞᆫ全전四ᄉᆞ幅복ᄂᆡ이其기長댱이過과脅협이下하屬쇽於어裳샹이라○衣의ᄂᆞᆫ온네幅복이니그기리녑ᄀᆡ디나고아래로裳샹의브티라

뵈두幅복을ᄡᅥ가온대고ᄅᆞ아래로드리오면앏뒤히대되

네幅복이되어이제直딕領령衫삼곧두되다만겨두랑아
래롤버혀끼디말라그아래녑피디나裳샹의브티노고디
대강두루미닐곱자두치니每미幅복애裳샹세복식브티
라
裳샹은交교解히十십二이幅복ᄒᆞ야上샹屬쇽於어衣의ᄒᆞ고其
기長댱이及급踝과ᄒᆞ라○裳샹오열두幅복을서루엇믈나우
ᄒᆞ로衣의예브티고그기릐발뒤측에밋게ᄒᆞ라
뵈여솟幅복을버每미幅복애몰라두幅복을밍ᄀᆞ로뒤ᄒᆞ뇨
머리노녑고ᄒᆞ뇨머리노좁게ᄒᆞ야조보머리롤더보머리ᄅᆞ
반올當당케ᄒᆞ야조보머리로배우ᄒᆞ로向향ᄒᆞ야그솔홀

連련ᄒᆞ야배衣의예브티교그衣의예브티노고디대강두
루미볼곱자두치니每ᄆᆡ三삼幅복울衣의ᄒᆞᆫ幅복애브티
교그아래기衿금이발뒤측에밋노고디대강두루미열녁자
녜치라
圖 원袂몌라○두렷ᄒᆞᆫ소매라
뵈두幅복을ᄲᅦ각과가온대고펴衣의기리곧게ᄒᆞ야衣의
左좌右우에브티교그아래를ᄒᆞ와合합ᄒᆞ야배소매를밍
ᄀᆞ르뒤그믿동너비노衣의기뤼곧고漸졈졈두렷게디위
배소매어귀에니루면그너븨ᄒᆞᆫ자두치라
揚양氏시後후복이골오뒤左좌右우袂몌를各각각뵈ᄒᆞᆫ

뉴ᄂᆞᆫ풀구븨라

袵님은옷깃밧섭히라

幅복으로ᄡᅥ오새브틸디니라ᄯᅩ按안ᄒᆞ니深심衣의篇
편의닐너시되袂메의長댱短단을도로혀구피면肘듀
에밋ᄂᆞᆫ다ᄒᆞ여시니袂몌의長댱短단을도로구펴肘듀
에미ᄎᆞ므로ᄡᅥ準쥰을삼으면곳ᄒᆞᆫ幅복으로ᄡᅥ거리셤
을삼디아니ᄒᆞᆯ거시로다
方방領령이라○方방졍ᄒᆞᆫ기시라
두기시서루녀미여袵임이겨두랑아래잇게ᄒᆞ면두깃모
도미自ᄌᆞ연히方방졍ᄒᆞᄂᆞ니라
曲곡裾거리○曲곡ᄒᆞᆫ裾거ㅣ라
뵈ᄒᆞᆫ幅복을ᄡᅥ裳샹의기릐ᄭᅳᆫ게ᄒᆞ야서루엇몰라裳샹의

뎡주ᄂᆞᆫ한
젹션유뎡
玄현의주
ㅣ라

制졔도ᄀᆞ티ᄒᆞ되다만너보머리로ᄲᅧ우ᄒᆞ로向향케ᄒᆞ고
뵈식셰밧그로向향케ᄒᆞ야左좌로그右우ᄅᆞᆯ녀마여서루
비최여드리워져비皿리형狀상ᄀᆞᆮ게ᄒᆞ고또안ᄀᆞ의半반
남족ᄒᆞᆫ아래ᄅᆞᆯ져기버혀ᄒᆡ여곰漸졈졈고기비ᄀᆞᆮ게ᄒᆞ고
큰틀새부리ᄆᆡᆼᄀᆞ라안ᄒᆞ로向향케ᄒᆞ야裳샹의右우녁겨
티돌라禮례記긔예深심衣의편의續속衽임鉤구邊변이
라ᄒᆞᆫ디鄭뎡註주의鉤구邊변은이제曲곡裾거ᄀᆞᆮ다ᄒᆞ연
ᄂᆞ니라

蔡채氏시淵연이ᄀᆞᆯ오ᄃᆡ司ᄉᆞ馬마공의載ᄌᆡᄒᆞᆫ바方방
領령과다ᄆᆞᆺ續속衽임鉤구邊변의制졔도ᄅᆞᆯ인證증ᄒᆞᆫ

ᄒᆞ노모산 거시라

거시비록조셰ᄒᆞ나녯ᄠᅳ들得득디몯ᄒᆞ여시나先션生
ᄉᆡᆼ이病병되이녀기샤일즉理니로ᄡᅥ經경文문과다ᄆᆞᆺ
몸의니블이맛당홈을궁구ᄒᆞ야그말ᄉᆞᆷ을어드시니널
온方방領령은오직이옷기시이미서루님의매즈스로
矩구ᄭᅩᆺ토象샹이이시미오날온續쇽衽임鉤구邊변은
오직이裳샹견ᄌᆞᆯ連련續쇽ᄒᆞ야압뒤幅복의혼솔이업
고左좌右우로서루걸옴이곳邊변을鉤구홈이니別별
양뵈ᄒᆞᆫ幅복기이서ᄆᆞ루기ᄅᆞᆯ갈공이곤티ᄒᆞ야裳샹ᄀᆞ
의돌미아니니라方방領령의說셜로ᄡᅥ先션生ᄉᆡᆼ이임의
家가禮녜예닷가져시되續쇽衽임鉤구邊변은미처닷

옥조ᄂᆞᆫ례긔편명이라 황시ᄂᆞᆫ황보侃관이니남됴송사ᄅᆞᆷ이라 웅시ᄂᆞᆫ명은安안生싱이니북됴졔인이라 공시ᄂᆞᆫ명은穎영達달이니당적사ᄅᆞᆷ이라

디몸ᄒᆞ시니라○揚양氏시復복이골오ᄃᆡ深심衣의制졔度도ㅣ오직續쇽衽임鉤구邊변一일節졀이샹考고키어려온디라按안호니禮례記긔玉옥藻조와深심衣의疏소애皇황氏시와熊웅氏시와孔공氏시의세말이다ᄀᆞᆮ디아니ᄒᆞ니皇황氏시ᄂᆞᆫ ᄡᅢ곰喪상服복의衽임은너븐머리우희잇고深심衣의衽임은너븐머리아래이시니喪상服복과다ᄆᆞᆺ深심衣의二이者쟈ㅣ서ᄅᆞ對되홈으로衽임이라ᄒᆞ고孔공氏시ᄂᆞᆫ ᄡᅢ곰衣의ᄂᆞᆫ아래幅복의屬쵹ᄒᆞ야下하ᄒᆞ고裳상은우희幅복의屬쵹ᄒᆞ야上샹ᄒᆞ야시니衣의와裳상二이者쟈ㅣ서ᄅᆞ對되호ᄃᆡ

거ᄉᆞᆯ衽임이라ᄒᆞ니이그ᄠᅳ디아니홈이ᄒᆞᆫ가지오皇황氏시ᄂᆞᆫ衽임으로ᄡᅥ裳샹두겨티다잇다ᄒᆞ고孔공氏시ᄂᆞᆫ衽임으로ᄡᅥ裳샹ᄒᆞᆫᄀᆞ의인ᄂᆞᆫ배라ᄒᆞ니이그ᄭᅩᆺ디아니ᄒᆞ미두가지오皇황氏시의ᄂᆞᆯ온바너븐머리우희인ᄂᆞᆫ거시喪상服복의衽임이라ᄒᆞᄂᆞᆫ者쟈ᄅᆞᆯ熊웅氏시ᄂᆞᆫᄯᅩᄒᆞᆫ일로ᄡᅥ齊ᄌᆡᄒᆞ며祭졔ᄒᆞᄂᆞᆫ服복의衽임이라ᄒᆞ니ᄒᆞᆫ나ᄒᆞᆫᄡᅥ곰吉길服복의衽임이라ᄒᆞ고ᄒᆞᆫ나ᄒᆞᆫᄡᅥ곰凶흉服복의衽임이라ᄒᆞ니이그ᄭᅩᆺ디아니홈이세가지라家가禮녜애ᄡᅥ곰深심衣의續쇽衽임制졔도ᄅᆞᆯ두너븐머리우흐로向향ᄒᆞ다ᄒᆞ여시니皇황氏시의喪상服복

衽임이라홈과熊웅氏시의齊지祭제ᄒᆞᄂᆞᆫ服복衽임이
라홈으로더브러서루ᄭᅩᆺ토ᄃᆞᆺᄒᆞ니이可가히疑의심되
옴미라일로ᄡᅥ先션生ᄉᆡᆼ이晩만년의니브시던바深심
衣의ᄂᆞᆫ家가禮례舊구說셜曲곡裾거制제도ᄅᆞᆯᄇᆞ려ᄡᅳ
다아니ᄒᆞ시니기픈ᄯᅳ디이쇼되시러곰그말ᄉᆞᆷ드ᄅᆞᆷ을
조셰에몯홈을恨한ᄒᆞ더니밋蔡채淵연의드ᄅᆞᆫ바ᄅᆞᆯ엿
고비로소先션師ᄉᆞ의ᄡᅥ곰舊구說셜의曲곡裾거ᄅᆞᆯᄇᆞ
리신바ᄯᅳ들알고내ᄯᅩᄒᆞᆫ禮례記긔深심衣의篇편을取
취ᄒᆞ야니기닐거보니비로소鄭뎡康강成셩이續속衽
임두字ᄌᆞ註주내기ᄅᆞᆯ文문義의의甚심히ᄇᆞᆰ거ᄂᆞᆯ다만주

소논의뎨
주ᄅᆞᆯ사긴
거시라
쵹은브티
다홈곳다

疏소ᄒᆞ논집ᄃᆞᆯ히어즈러이니라按안ᄒᆞ니鄭뎡시註주
에ᄀᆞᆯ오ᄃᆡ續쇽은屬쵹다ᄒᆞᆷᄀᆞᆺ고衽임은裳샹ᄀᆞᆺᄐᆡ잇ᄂᆞ
거시니브터連련ᄒᆞ야裳샹의前젼後후ㅣ닷나ᄃᆡ아니
ᄒᆞᆷ이라ᄒᆞ니鄭뎡시의註주번ᄠᅳ든닐온므릇裳샹이아
폰세幅복이오뒤ᄒᆞᆫ네幅복이니임의前젼後후ᄅᆞᆯ分분
ᄒᆞ면곳그ᄀᆞᆺ두幅복이가라뎌서르년屬쵹디아닐거시
어ᄅᆞᆯ오직深심衣의예裳샹은열두幅복을엇ᄢᅧ여ᄅᆞᆯ나
다일흠을衽임이라ᄒᆞ니玉옥藻조의衽임이ᄀᆞ티當당
ᄒᆞ다ᄒᆞᆫ註주에나타낫ᄂᆞ니라닐온바續쇽衽임이라홈
은裳샹ᄀᆞᆺ티인ᄂᆞᆫ두幅복을ᄀᆞᄅᆞ쳐닐옴이니닐온裳샹

쳔착은아르사기단말이라

겻뒤두幅복을브터連련ᄒᆞ야裳샹의압뒤흘ᄃᆞᆺ나다아
니게홈이어놀주疏소ᄒᆞ노집도히그文문義의롤ᄌᆞ셰
샹考고티아니ᄒᆞ고다만註입이裳샹겻퇴잇다호一일
句구롤보와셔ᄡᅳ딕터기되각별ᄒᆞᆫ뵈호幅복을버무루
기롤갈공이ᄁᆞ티ᄒᆞ야裳샹겨뒤드리호노가ᄒᆞ야妄망
녕되이穿쳔鑿착ᄒᆞ믈내여紛분紛분히다ᄅᆞᆷ다ᄑᆞᆺ다호
미더옥하도록더옥어즈러온디라漢한으로브터이제
니르히二이千쳔나믄히롤니러노者쟈ㅣ다각別별히호
幅복뵈롤ᄡᅳ라ᄒᆞ노가온대裘구ᄒᆞ니註주의本본ᄡᅳ든
그의ᄁᆞ리화더ᄑᆞ미되야可가히보디못ᄒᆞ니라그疏소

ᄂᆞᆫ ᄇᆡ홈 註주를 사괴배니 이제 鄭뎡시 註주에 本본文문
을 推츄尋심ᄒᆞ니 그 ᄠᅳ디 이ᄀᆞ투되 皇황氏시와 熊웅氏
시 等등의 사괴배 그 그름이 뎌러ᄐᆞᆺᄒᆞ니다 可가히 ᄇᆡ홈
一일졀히 ᄡᅳ리뎌 부졈즉ᄒᆞ도다 先션師ᄉᆞㅣ 晩만년의
주疏소ᄒᆞᆫ 집돌히 그른 줄을 아ᄅᆞ시되 미처 닷가 定뎡티
못ᄒᆞ시니 내 그런 故고로 鄭뎡시 註주를 家가禮례예 深
심衣의 曲곡裾거 아래 나타내야 ᄇᆡ홈 주疏소ᄒᆞᆫ 집돌히
그른 줄을 공破파ᄒᆞ고 ᄯᅩᄒᆞᆫ ᄇᆡ홈 先션師ᄉᆞ의 晩만년ᄂᆡ
임의 定뎡ᄒᆞ신 말ᄉᆞᆷ을 뵈노라 ○ 劉뉴氏시 璋장이 골오
ᄃᆡ 深심衣의 制제도를 흰 ᄀᆞᄂᆞᆫ 뵈를 ᄡᅳ되 마젼ᄒᆞ야 ᄲᅡ라

규ᄂᆞᆫ두두렷ᄒᆞᆫ거시라

져로다ᄉᆞ려히여곰고로로니게ᄒᆞ고그사ᄅᆞᆷ이肥비大
대ᄒᆞ면뵈幅복을조차너르게ᄒᆞ고여외여ᄭᅩᄂᆞᆺ브거든
幅복을조차좁게홀디니반두시자치수의걸니셔디아
니홀디니라裳샹이열두幅복은ᄇᆡ곰열두ᄃᆞᆯ을應응ᄒᆞ
고袂몌두렷ᄒᆞᆷ은規규을應응ᄒᆞ니袂몌ᄂᆞᆫ소매어귀오
曲곡袷겁이矩구ᄀᆞᆺ다ᄒᆞᆷ은모난거ᄉᆞᆯ應응ᄒᆞᆷ이니曲곡
袷겁이라ᄒᆞᆷ은交교ᄒᆞᆫ領령이오負부繩승이踝과의미
츠ᄆᆞᆫ고ᄃᆞᆫ거ᄉᆞᆯ應응ᄒᆞᆷ이니負부繩승이라ᄒᆞᆷ은ᄂᆞᆯ오ᄃᆞᆼ
뒤히솔기上샹下하ㅣ서르當당ᄒᆞ야곧기ᄂᆞᆯ取취ᄒᆞᆷ을
노회正졍ᄒᆞᆷᄀᆞᆺ게ᄒᆞ다ᄒᆞᆷ이니ᄒᆞᆫ솔을ᄇᆡ셔負부繩승을

빈샹은손
뎌졉ᄒᆞᆯ제
ᄒᆞᆫ톄ᄒᆞᆷ이
라

모돌를니르미아니오躁과노발뒤측기라躁과의밋다
ᄒᆞᆷ은裳샹이그발애止지케ᄒᆞᆷ이니기리ᄒᆞᆰ괴더피디말
믈取취ᄒᆞ요ᄡᅳ디오아래기ᄉᆞᆯ기ᄌᆞ올대ᄀᆞᆺ다ᄒᆞ오믄平평ᄒᆞᆷ
을應응ᄒᆞ니치마아래ᄅᆞᆯ고ᄅᆞ온齊지오齊지노걱거ᄒᆞᆷ이
니ᄀᆞ조론이平평ᄒᆞ야저올대ᄀᆞᆺ틔야놈ᄂᆞ조며趍추ᄅᆞᆯ
이업슴을取취ᄒᆞᆷ이라規규와矩구와繩승과權권과衡
형의다ᄉᆞᆫ가지法법이이믜베픈故고로聖셩人인이니
ᄇᆞ시고先션王왕이貴귀히너기시니可가히ᄡᅥ文문이
되며可가히ᄡᅥ武무ㅣ되며可가히ᄡᅥ擯빈相샹ᄒᆞ며可
가히ᄡᅥ軍군旅려ᄅᆞᆯ다ᄉᆞ릴거시라主주로브터ᄡᅥ우효

고ᄌᆞᄂᆞ이
비업소니
라

深심衣의之지次ᄎᆞㅣ되고庶셔人인의吉길服복은深
심衣의作ᄅᆞᆷ이니라尊존을셤기ᄂᆞᆫ者쟈ᄂᆞᆫ蓋개ᄀᆞᆮ민거
시하기로ᄇᆡ孝효를삼ᄂᆞᆫ디라하나ᄇᆡ이ᄀᆞ조니어든오
셔純쥰을續회로ᄇᆡᄒᆞ니쥰은옷단두론거시오續회ᄂᆞᆫ
그림이니五오采ᄎᆡ를그려ᄇᆡ곰文문을ᄒᆞ뒤서르次ᄎᆞ
례로그리니後후에사ᄅᆞᆷ이ᄧᅡᆫ비단으로ᄇᆡ純쥰을ᄒᆞ야
ᄇᆡ곰續회의文문을代ᄃᆡᄒᆞᆯ者쟈ㅣ인ᄂᆞ니라父부母모
ㅣᄀᆞ조니어든오셔純쥰을靑쳥색으로ᄇᆡᄒᆞ고孫손子ᄌᆞ
ᄌᆞᄂᆞᆫ素소로ᄇᆡ純쥰을ᄒᆞ니이졔거믄깁으로ᄡᅳ믄ᄇᆡ곰
簡간略냑ᄒᆞ고쉽살ᄒᆞᆷ을조ᄎᆞ미니라

신은ᄯᅴ뒤고나마ᄃᆞ리운거시라

연은옷ᄀᆞ의단두론거시라

黑흑緣연이라 ○ 거모緣연이라

緣연오거ᄆᆞᆫ깁을ᄡᅳᄂᆞ니ᄀᆞᆺ안밧긔ᄂᆞᆫ各각두치오ᄉᆞ매어

귀과裳상기ᄉᆞᆰ안밧긔ᄂᆞᆫ各각ᄒᆞᆫ치半반을오뒤ᄉᆞ매어귀

예ᄂᆞᆫ뵈밧긔이緣연너비롤ᄯᅩ로ᄒᆞ라

大대帶ᄃᆡ라 ○ 큰ᄯᅴ라

ᄯᅴᄂᆞᆫ흰깁을배너비ᄂᆞᆫ네치오배셔효와그길의ᄂᆞᆫ허리예

두로고압픠미고다시두로텨두귀롤밍골고그나ᄆᆞᆫ거ᄉᆞᆯ

드리워紳신을사마아래로裳상과ᄀᆞᆽ게ᄒᆞ야거모깁으

로배그紳신을ᄭᅮ미고다시五오采채絛됴ᄋᆞ로너비서ᄑᆞᆫ

만ᄒᆞ야그서르미존뒤롤미여기ᄐᆡ紳신과ᄀᆞᆽ게ᄒᆞ라

쇄로거믄
뵈니관이
쟝로대만
쓰이게ᄒᆞ
거시오무
ᄂᆞᆫ관의편
조로두른
거시라

緇치冠관이라○緇치布포冠관이라
조ᄒᆡ로비ᄒᆞ야ᄆᆡᆼᄀᆞ라武무ㅅ노피ᄒᆞᆫ치닷갑ᄒᆞ고너비세
치오기리네치를ᄒᆞ야우희다ᄉᆞᆺ무ᄅᆞᆯᄒᆞ고너비武무기리
ᄭᅳᆫ고기리여ᄃᆞᆲ치만ᄒᆞ야頂뎡바기前젼後후에넘켜아래
로武무의븟게ᄒᆞ고그두그ᄐᆞᆯ各각半반치식고펴밧그로
셔안ᄒᆞ로向향케ᄒᆞ고검게漆칠ᄒᆞ라武무두녁ᄀᆞᆺ半반치
우희구모들워빈혀를곳게ᄒᆞ라빈혀노샹애나ᄲᅨ거나므
릇흰거슬ᄡᅳ라

복건은ᄎᆡ
관우희쓰
ᄂᆞᆫ거시라

幅복巾건이라○幅복巾건이라
거모깁예자맛감을버혀셔가온대고펴右우邊변고핀ᄃᆡ로

횡뎝은ᄀᆞ
두텨버편
ᄌᆞ뎡ᄭᆞᆯ미
라

구ᄂᆞᆫ신부
리예토ᄋᆞ
로얼거ᄒᆞᆫ
던거시라
억은신혼

조차橫횡幅뎝을밍ᄀᆞᆯ고左좌邊변으로뒤혀고펴幅뎝左
좌녁四ᄉᆞ五오寸촌ᄉᆞ이로브터빗기호와左좌로向향ᄒᆞ
야두려디구블게누리호와드듸여左좌邊변을조차두고
뒤니루게ᄒᆞ야호던나모깁을다시뒤혀히여곰안ᄒᆞ로向
향케ᄒᆞ고幅뎝으로뻬니마ᄋᆞᆲ픠當당케ᄒᆞ야ᄇᆞᆺ고두구ᄆᆞᆺ
겨티니루러各각각ᄒᆞᆫ셥블돌오뒤너비두치오기릐두자
ᄒᆞᆯᄒᆞ야복巾건밧그로곡뒤뒤혀님귀서루미여드리오라
黑흑履리니라○거모신이라
흰거ᄉᆞ로絇구ㅣ며繶억이며純쥰이며綦긔를ᄒᆞ라
劉류氏시垓히孫손이굴오듸신의絇구ㅣ이시믄닐온

백의배읆
사면거ᄊᆞ
각
죵은ᄉᆞ도
리모로거
치라
긔노신측
의돌아신
들위노거
서라
됴노동다
회ᄒᆞᆫ라

권부리에條됴ᄋᆞ로ᄡᅥ고ᄒᆞᆯᄒᆞ거나或혹겹ᄒᆞ치를ᄡᅥ구

펴絇구를밍그니ᄡᅥ곰ᄆᆡ여쎼게ᄒᆞ거슬밧게ᄒᆞ배라繶

억은날온실ᄒᆞᆫ솔가온대ᄡᅴ워ᄭᅮ민거시니白ᄇᆡᆨ絲ᄉᆞ로

ᄡᅢ아래선을삼은故고로繶억이라닐으ᄂᆞ니라純쥰은

ᄭᅮ민거시라綦긔ᄂᆞᆫ신측의ᄭᅮᆫ거시니ᄡᅥ곰신을ᄆᆡ게ᄒᆞ

ᄇᆡ라

家禮諺解卷之二

家가禮례諺언解해卷권之지二이

通통禮례

司사馬마氏시居거家가雜잡儀의

이章쟝은本본ᄃᆡ昏혼禮례後후의이신ᄃᆡ이제按안ᄒᆞ니이곳家가居거애平평日일일이니ᄇᆡ곰倫뉸理리ᄅᆞᆯ正졍ᄒᆞ며恩은愛ᄋᆡ로도타이ᄒᆞᄂᆞᆫ배그本본이다이예이시니반ᄃᆞ시能능히이ᄅᆞᆯ行ᄒᆡᆼᄒᆞᆫ後후의그儀의의章쟝度도數수ㅣ可가히보암즉ᄒᆞ미인ᄂᆞ니라그러티아니ᄒᆞ면節졀文문이비록ᄀᆞᄌᆞ나本본實실이取츄ᄒᆞᆯ거시업ᄉᆞ니君군子ᄌᆞ의貴귀히너가다아니ᄒᆞᄂᆞᆫ배라故고

로在ᄒᆞᆫ읏듬篇편의列렬록ᄒᆞ야보ᄂᆞ者쟈로ᄒᆞ여곰몬
저ᄒᆞᆯ바ᄅᆞᆯ알게ᄒᆞ노라

凡범爲위家가長댱애必필謹근守슈禮례法법ᄒᆞ야以ᄡᅥ御어
羣군子ᄌᆞ弟뎨及급家가衆즁ᄒᆞ고分분之지以이職직ᄒᆞ며○므
릇家가長댱되여시매반ᄃᆞ시禮례와法법을삼가다ᄉᆞ려ᄡᅥ
羣군子ᄌᆞ弟뎨와밋집사ᄅᆞᆷ돌ᄒᆞᆯ제御어ᄒᆞ되소임으로ᄡᅥᄂᆞᆫ
호며

닐온ᄒᆞ여곰倉창廩름이며廐구庫고ㅣ며庖포廚듀ㅣ며
舍샤業업이며田뎐園원의類류ᄅᆞᆯᄀᆞᄋᆞ말게ᄒᆞ미라

授슈之지以이事ᄉᆞᄒᆞ야○일로ᄡᅥ맛뎌

닐ᄋᆞᆫ朝됴夕셕의ᄒᆞᄂᆞᆫ일이며밋非비常샹ᄒᆞᆫ일이라
而이責칙其기成셩功공ᄒᆞ며制제財ᄌᆡ用용之지節졀ᄒᆞ야量냥
入입以이爲위出츌ᄒᆞ되稱칭家가之지有유無무ᄒᆞ야以이給급
上샹下하之지衣의食식과及급吉길凶흉之지費비ᄒᆞ되皆ᄀᆡ
有유品품節졀而이莫막不블均균壹일ᄒᆞ며裁ᄌᆡ省ᄉᆡᆼ冗용費
비ᄒᆞ고禁금止지奢샤華화ᄒᆞ야常샹須슈稍쵸存존贏영餘여ᄒᆞ야
以이備비不블虞우라니 ○그功공일오몰責칙ᄒᆞ며財ᄌᆡ믈
의ᄡᅳᄂᆞᆫ모ᄃᆡ롤制제ᄒᆞ야드ᄂᆞᆫ거ᄉᆞᆯ혜아려ᄡᅥ나ᄂᆞᆫ거ᄉᆞᆯ밍
ᄀᆞᆯ며집의이심업ᄉᆞ몰맛게ᄒᆞ야ᄡᅥ上샹下하의衣의食식과
밋吉길凶흉에ᄡᅳᄂᆞᆫ거ᄉᆞᆯ給급ᄒᆞ게호ᄃᆡ다品품節졀이잇게

ᄒᆞ야均균壹일티아니미업게ᄒᆞ며冗용費비ᄒᆞᄆᆞᆯ裁ᄌᆡ省셩ᄒᆞ고奢샤華화ᄒᆞᄆᆞᆯ禁금止지ᄒᆞ며常샹해모로미져기嬴영餘여ᄅᆞᆯ두어 뻐 톰녀아닌일올예備비ᄒᆞᆯ디니라

凡범諸제卑비幼유ㅣ事ᄉᆞ無무大대小쇼히毋무得득專젼行ᄒᆡᇰ오이必필咨ᄌᆞ禀품於어家가長댱다이 니 ○므릇모든ᄌᆞ며쳐믄이일이크니쳐그니엽시專젼쳔ᄒᆞ야行ᄒᆡᇰ티말오반두시家가長댱ᄭᅴ묻ᄌᆞ와就취禀품ᄒᆞᆯ디니라

쥬易역의골오ᄃᆡ家가人인이嚴엄君군이시니父부母모ᄅᆞᆯ닐오미라ᄒᆞ니엇디嚴엄君군이우희잇거든그아래사ᄅᆞᆷ이敢감히바ᄅᆞ行ᄒᆡᇰᄒᆞ야ᄌᆞ스로방恣ᄌᆞᄒᆞ야도라보디

아닐주리어시라오비록父부母모ㅣ아니라도當당時시
예家가長댱이되엿ᄂᆞ이면또맛당히咨ᄌᆞ稟품ᄒᆞ고行ᄒᆡᆼ
ᄒᆞ면號호令령이ᄒᆞᆫ사ᄅᆞᆷ의나셔家가政졍이비로소可가
히실어곰治티ᄒᆞ리라

凡범爲위子ᄌᆞ爲위婦부者쟈ㅣ毋무得득蓄튝私ᄉᆞ財ᄌᆡ니
俸봉祿녹及급田뎐宅ᄐᆡᆨ所소入입을盡진歸귀之지父부母
모舅구姑고ᄭᅴ 나當당用용則즉請쳥而이用용之지ᄒᆞ고不블
敢감私ᄉᆞ假가ᄒᆞ며不블敢감私ᄉᆞ與여ㅣ니라○므릇子ᄌᆞ식이
되여시며며ᄂᆞ리되연ᄂᆞᆫ이私ᄉᆞ스財ᄌᆡ믈을뎌蓄튝마ᄂᆞᆯ디
니俸봉祿녹아며田뎐宅ᄐᆡᆨ에드ᄂᆞᆫ거ᄉᆞᆯ父부母모舅구姑고

禮례다보내엿다가ᄡᅳᆯ뒤當당ᄒᆞ거든請쳥ᄒᆞ야ᄡᅳ고敢감히私
ᄉᆞᄉᆞ로빌리디말며敢감히私ᄉᆞᄉᆞ로ᄂᆞᆷ주디마ᄅᆞᆯ디니라
內ᄂᆡ則측에ᄀᆞᆯ오ᄃᆡ子ᄌᆞ식이며며ᄂᆞ리私ᄉᆞᄉᆞ치貨화ㅣ
업ᄉᆞ며私ᄉᆞᄉᆞ뎌蓄튝이업ᄉᆞ며私ᄉᆞᄉᆞ그ᄅᆞᆺ시업ᄉᆞ며敢
감히私ᄉᆞᄉᆞ로빌리디말며敢감히私ᄉᆞᄉᆞ로ᄂᆞᆷ주디마ᄅᆞᆯ
디니라며ᄂᆞ리게아미나飮음食식이나衣의服복이나布
포帛ᄇᆡᆨ이나佩패帨셰나茝채蘭란이나주어든바다舅구
姑고ᄭᅴ드려ᄭᅴ舅구姑고ㅣ바ᄃᆞ시면깃거호ᄆᆞᆯ새로주신
거ᄉᆞᆯ바ᄃᆞ두시ᄒᆞ며만일도로주시거든辭ᄉᆞ양ᄒᆞ고듣디
아니ᄒᆞ시거든다시주신거ᄉᆞᆯ바ᄃᆞ두시ᄒᆞ야ᄀᆞᆫ슈ᄒᆞ야ᄡᅵ

귀이ᄂᆞᆫ쳐
ᄒᆞᆫ짓거ᄃᆞᆫ
ᄃᆡ룸이라

업ᄉᆞ몰기두를디니라 鄭뎡康강成셩이ᄀᆞᆯ오ᄃᆡ舅구姑고
의乏핍을가도로미오不블得득命명은許허홈을보디몰
호미라乞걸오되여누리만일私ᄉᆞ親친이며兄형弟뎨이
셔장ᄎᆞ주려ᄒᆞ면반ᄃᆞ시다시그연고ᄅᆞᆯ請청ᄒᆞ야주신後
후에줄거시라ᄒᆞ야시니人인子ᄌᆞ의몸이父부母모의몸
이라몸도敢감히제두디몯홀거시어든ᄒᆞ믈며敢감히財
지帛뵉을두라만일父부子ᄌᆞㅣ財지믈을닷티ᄒᆞ야서루
쎠미며빌리면이논子ᄌᆞ식이가옴열고父부母모ㅣ가ᄂᆞᆫ
ᄒᆞ며父부母모ㅣ주리고子ᄌᆞ식이ᄇᆡ브ᄅᆞ니이실디라賈
가誼의닐온아비ᄅᆞᆯ호미빌렴애혜아려德덕色ᄉᆡᆨ을두며

구ᄂᆞᆫ식아
며
고ᄂᆞᆫ의어
미
관은세슈
훈미라
즐은머리
비소마라
총은ᄲᅥ머
의미ᄂᆞᆫ배
구시재ᄒᆞ
ᄎᆞᄀᆞ라

어미키여뷔를가져나거든셔셔샤지즈미니不불孝효ᄒᆞ
여不불義의호미뉘이에셔甚심ᄒᆞ리오
凡범子ᄌᆞ事ᄉᆞ父부母모ᄒᆞ며○므릇子ᄌᆞㅣ父부母모셤기며
孫손이祖조父부母모셤기미호가지라
婦부事ᄉᆞ舅구姑고ᄒᆞ되○婦부ㅣ舅구姑고셤기되
孫손婦부ㅣ任호가지라
天텬欲욕明명에咸함起긔ᄒᆞ야盥관漱수櫛즐總총ᄒᆞ고具구冠
관帶ᄃᆡᄒᆞ고○하ᄂᆞᆯ히ᄇᆞᆰ고자ᄒᆞᆯ제다닐어盥관ᄒᆞ며양지를ᄒᆞ
며總총ᄒᆞ고冠관帶ᄃᆡ를下초아
丈댱夫부ᄂᆞᆫ帽모ᄀᆞᄌᆞ衫삼帶ᄃᆡ오婦부人인ᄂᆞᆫ冠관子ᄌᆞ

ᄒᆞᆫ산ᄋᆞᆫ닐
ᄋᆞᆫ하ᄃᆞᆺ히
벌그여어
ᄃᆞ쏘미시
ᄅᆞᆯ닐거ᄫᆞᆯ
제다

背비子ᄌᆞㅣ가

昧미爽상애適뎍父부母모舅구姑고之지所소ᄒᆞ야省셩問문

ᄒᆞ며○昧미爽상애父부母모舅구姑고ᄭᅴ가省셩問문ᄒᆞ며

丈댱夫부ᄂᆞᆫ唱챵喏약ᄒᆞ고婦부人인ᄋᆞᆫ萬만福복이라니

ᄅᆞ고인ᄒᆞ야侍시者쟈ᄃᆞ려밤의安안否부ㅣ엇더신고무

러侍시者쟈ㅣᄀᆞᆯ오ᄃᆡ便편安안ᄒᆞ시다ᄒᆞ야든믈러오고그

或혹便편安안티몯ᄒᆞᆫ저기면侍시者쟈ㅣ뼈告고ᄒᆞᄂᆞ니이

곧禮녜예晨신省셩이라

父부母모舅구姑고ㅣ起긔어시든子ᄌᆞᄂᆞᆫ供공藥약物믈ᄒᆞ고○

父부母모舅구姑고ㅣ병거시든子ᄌᆞᄂᆞᆫ藥약物믈을드리고

藥약物믈은몸의關관계ᄒᆞᆫ切졀務무ㅣ니人인子ᄌᆞ의맛당이親친히檢검數수ᄒᆞ며調됴煮쟈ᄒᆞ야맛ᄌᆞ올거시니다만婢비僕복의게맛뎌두미可가티아니ᄒᆞ니만일그ᄅᆞ미이시면그禍화ㅣ測측냥티몯ᄒᆞ리라

婦부ㅣ具구晨신羞슈ᄒᆞ야○婦부ㅣ새배조반을ᄀᆞ초와

俗쇽의닐온點뎜心심이라周쥬易역의ᄀᆞᆯ오ᄃᆡ中듕에이셔饋궤ᄒᆞ다ᄒᆞ며毛모詩시예닐오ᄃᆡ오직酒쥬食식을이議의ᄒᆞ다ᄒᆞ니므릇飮음膳션을ᄉᆞ모며調됴和화ᄒᆞ미婦부人인의소임이어ᄂᆞᆯ近근年년의婦부女녀ㅣ驕교倨거ᄒᆞ야다즐겨庖포廚듀의드러가디아니ᄒᆞ니이제비록親친히시

칼이미밥죽을잡디아니ᄒᆞ나ᄯᅩ밧당이檢김거ᄒᆞ야보ᄉᆞᆯ
펴힘서ᄒᆡ여곰精정潔결케ᄒᆞᆯ디니라
供공具구畢필에乃내退퇴ᄒᆞ야各각從종其기事ᄉᆞ라ᄒᆞᆫ將장食
식이어든婦부ㅣ請청所소欲욕於어家가長댱ᄒᆞ야○밧ᄌᆞᆸ기ᄆᆞᆺ
고이에믈러와각각그길을조차ᄒᆞ라將장食식밥ᄢᅢ어든婦부
ㅣ자시고쟈ᄒᆞ논거ᄉᆞᆯ家가長댱ᄭᅴ請청ᄒᆞ야
날온父부母모舅구姑고ㅣ며或혹當당時시家가長댱이
니卑비幼유ᄂᆞᆫ각각제所소欲욕을방恣ᄌᆞ히몯ᄒᆞᆯ디라
退퇴具구而이供공之지ᄒᆞ고尊존長댱이擧거筯뎌시거든子ᄌᆞ
婦부ㅣ乃내各각退퇴就ᄎᆔ食식ᄒᆞ라丈댱夫부婦부人인이各

6a

각設셜食식於어他타所소ᄒᆞ며依의長댱幼유而이坐좌ᄒᆞ야其
긔飮음食식을必필均균壹일ᄒᆞ며幼유子ᄌᆞᄂᆞᆫ又우食식於어
他타所소ᄒᆞ며亦역依의長댱幼유ᄒᆞ야席셕地디而이坐좌ᄒᆞ야男
남坐좌於어左좌ᄒᆞ고女녀坐좌於어右우ᄒᆞ며及급夕셕食식에
亦역如여之지ᄒᆞ라旣긔夜야애父부母모舅구姑고ㅣ將쟝寢
침則즉安안置티而이退퇴ᄒᆞ고○믈러와ᄀᆞ초와받ᄌᆞᆸ고尊존
長댱이수져ᄅᆞᆯ자ᄇᆞ셔든子ᄌᆞㅣ며婦부ㅣ이에각각믈리와
밥을머그라丈댱夫부ㅣ며婦부人인이각각다ᄅᆞᆫ뒤밥을設
셜ᄒᆞ되長댱幼유次ᄎᆞ례대로안자그飮음食식을반ᄃᆞ시ᄒᆞ고ᄀᆞᆯ
게ᄒᆞ며어린子ᄌᆞ식도ᄒᆞᆯᄯᅩ다ᄅᆞᆫ뒤가밥을먹게ᄒᆞ되ᄯᅩᄒᆞᆫ長

안티ᄯᆞ한
어외이대
가쇼바말
야라하동

당幼유太태례대로ᄒᆞ야作작히돗ᄉᆞᆯ고안해男남은左좌편의안
치고女녀ᄂᆞᆫ右우편의안치ᄒᆞᆯ나죄밥의미해在재호ᄀᆞᆺ티ᄒᆞ라
임의밤의父부母모舅구姑고ㅣ將장寢자려ᄒᆞ시거든安안
置티ᄒᆞ고믈러나라
丈당夫부ᄂᆞᆫ唱창喏약ᄒᆞ고婦부人인은安안置티리니ᄅᆞ
ᄂᆞ니이禮례에昏혼定뎡이라
居거閑한無무事ᄉᆞ則즉侍시於어父부母모舅구姑고之지
所소ᄒᆞ야容용貌모必필恭공ᄒᆞ며執집事ᄉᆞ必필謹근ᄒᆞ며言언語
어應응對대에必필下하氣긔怡이聲셩ᄒᆞ며出츌入입起긔居
거에必필扶부衛위之지ᄒᆞ며不불敢감涕톄唾타喧훤呼호於

어父부母모舅구姑고之지側측ᄒᆞ여父부母모舅구姑고ㅣ不
불命명之지坐좌ㅣ시어든不불敢감坐좌ᄒᆞ며不불命명之지退퇴
어든셔不불敢감退퇴니라○閑한거히겨셔일업소지기어든父
부母모舅구姑고ㅣ겨신뒤모와이셔容용貌모ᄅᆞᆯ반ᄃᆞ시恭
공順슌케ᄒᆞ여일잡기ᄅᆞᆯ반ᄃᆞ시삼가ᄒᆞ며말ᄉᆞᆷ이며對ᄃᆡ답ᄒᆞᆯ
졔반ᄃᆞ시氣긔운을ᄂᆞ조기ᄒᆞ고소리ᄅᆞᆯ화케ᄒᆞ며나드라ᄒᆞ
며너러도기실졔반ᄃᆞ시삼가블드와衛위호ᄒᆞ며敢감히코
플며츔바투며지쳐피며브루지저기ᄅᆞᆯ父부母모舅구姑고
혓뒤쉬말며父부母모舅구姑고ㅣ命명ᄒᆞ야안怒리아니시
거든敢감히안셔말며命명ᄒᆞ야믈러가라아니시거든敢감

히믈러가디마놀디니라

凡범子ᄌᆞㅣ受슈父부母모之지命명ᄒᆞ야必필籍젹記긔而이佩패之지ᄒᆞ야時시省셩而이速속行ᄒᆡᆼ之지ᄒᆞ고事ᄉᆞ畢필則즉返반命명焉언이니라 或혹所소命명이有유不블可가行ᄒᆡᆼ者쟈ㅣ則즉和화色ᄉᆡᆨ柔유聲셩ᄒᆞ야具구是시非비利니害해而ᅀᅵ白ᄇᆡᆨ之지ᄒᆞ야待ᄃᆡ父부母모之지許허然연後후에改ᄀᆡ之지ᄒᆞ고若약不블許허ㅣ라도 苟구於어事ᄉᆞ애 無무大대害해者쟈어든 亦역當당曲곡從죵이니若약以이父부母모之지命명으로爲위非비而이直딕行ᄒᆡᆼ己긔志지ᄒᆞ면雖슈所소執집이皆ᄀᆡ是시라도猶유爲위不블順슌之지子ᄌᆞㅣ온況황未미必필是시

후ᄒᆞ야 ○므릇子ᄌᆞㅣ 父부母모의命명을밧ᄌᆞ와반ᄃᆞ시ᄐᆡ
부ᄒᆞ야차셔時시시로ᄉᆞᆯ펴수이行ᄒᆡᆼᄒᆞ고일을무ᄎᆞ든도로
복命명ᄒᆞ올디니라或혹命명ᄒᆞ산배可가히行ᄒᆡᆼ티몯ᄒᆞᆯ얌즉
ᄒᆞᆫ거시잇거든낫빗ᄎᆞᆯ和화케ᄒᆞ고소리ᄅᆞᆯ柔유順슌히ᄒᆞ야올
ᄒᆞ며외며利니ᄒᆞ며害해로오몰ᄀᆞ초와ᄉᆞᆯ와父부母모ㅣ許
허ᄒᆞ몰기도론後후에고티고란일許허티아니ᄒᆞ셔도진실
론일에큰害해로온거시업거든또맛당이曲곡從종ᄒᆞ올디니
만일父부母모의命명으로ᄡᅵ그ᄅᆞ다ᄒᆞ야바ᄅᆞ제ᄠᅳᆺ대로
힝ᄒᆞ면비록ᄌᆞ반논거시다올ᄒᆞ야도오히려不불順슌ᄒᆞᆫ子
ᄌᆞ식이될거시온ᄒᆞ몰며반ᄃᆞ시올티아닌거시行ᄒᆡᆼ

凡범父부母모ㅣ有유過과ㅣ시어든下하氣긔怡이色ᄉᆡᆨᄒᆞ야柔유
聲셩以이諫간ᄒᆞ니諫간若약不블入입이어든起긔敬경起긔孝
효ᄒᆞ야說열則즉復부諫간이니라不블說열기라도與여其기得득
罪죄於어鄕향黨당州쥬閭려론寧녕孰슉諫간이니父부母모
ㅣ怒노ᄒᆞ야不블說열而이撻달之지流뉴血혈이라도不블敢감
疾질怨원이오起긔敬경起긔孝효ㅣ니라 ○므릇父부母모ㅣ허
믈이잇거든氣긔운을ᄂᆞ조기ᄒᆞ고ᄂᆞᆺ빗촐화히ᄒᆞ야소리ᄅᆞᆯ
柔유順슌히ᄒᆞ야ᄡᅥ諫간ᄒᆞᆯ디니諫간ᄒᆞ미만일드디아니ᄒᆞ거
든敬경을起긔ᄒᆞ며孝효ᄅᆞᆯ起긔ᄒᆞ야깃거ᄒᆞ신즉ᄯᅩ시諫간
ᄒᆞᆯ디니라깃거티아니ᄒᆞ실디라도그鄕향黨당이며고올히

여閭녀염의得득罪죄ᄒᆞ므로ᄂᆞᆫ차라리닉게諫간ᄒᆞᆯ디니父
부母모ㅣ怒노ᄒᆞ야깃거티아니ᄒᆞ야티기를피흐르게ᄒᆞ야
도敢감히疾질怨원티말고敬경을起긔ᄒᆞ며孝효를起긔ᄒᆞᆯ
디니라

揚양氏시復복이ᄀᆞᆯ오ᄃᆡ父부母모ㅣ허믈이겨시거든
氣긔운을ᄂᆞᄌᆞ기ᄒᆞ며소리를유화로이ᄒᆞ야뻐諫간ᄒᆞᆷ
은닐온바幾긔미히諫간호미라父부母모ㅣ怒노ᄒᆞ샤
撻달楚초ᄒᆞ실디라도오히려敢감히怨원티몯ᄒᆞ거든ᄒᆞ
믈며이에누린者자ㅣ所소녀諫간호미드디믈홀디라도
敬경을起긔ᄒᆞ며孝효를起긔ᄒᆞ고諫간ᄒᆞ여怒노ᄒᆞ시

디라도또ᄒᆞᆫ敬경ᄋᆞᆯ起긔ᄒᆞ며孝효ᄅᆞᆯ起긔ᄒᆞᆯ디니諫간
과孝효박ᄒᆡ엿디다로念념이잇기ᄅᆞᆯ容용납ᄒᆞ리오ᄒᆞ니
말ᄉᆞᆷ은聖셩人인이論논語어의나타내시니라
凡범爲위人인子ᄌᆞ弟뎨者쟈ㅣ不블敢감以이貴귀富부로
加가於어父부兄형宗종族족이니라 ○므롯사ᄅᆞᆷ의子ᄌᆞ弟뎨
되엿노이敢감히貴귀ᄒᆞ며富부ᄒᆞ모로ᄡᅥ父부兄형이며宗
종族족의게加가ᄒᆞ디말올디니라
加가ᄒᆞᆫ결ᄋᆞᆫ富부貴귀ᄒᆞ오믈미더무비幼유의禮례ᄅᆞᆯ굿디
아니ᄒᆞ미라
凡범爲위人인子ᄌᆞ者쟈ㅣ出츌必필告곡ᄒᆞ고反반必필面면

ᄒᆞ며有유賓빈客ᄀᆡᆨ에不블敢감坐좌於어正졍廳텽ᄒᆞ며○므릇
사ᄅᆞᆷ의子ᄌᆞ식이되엿ᄂᆞᆫ이나갈제반ᄃᆞ시告고ᄒᆞ고도라와
반ᄃᆞ시뵈며손이이시매敢감히正졍廳텽의안셔말녀
손이잇거든書셔院원의안正書셔院원이업거든廳텽ᄉᆞ거
티기슭긔안ᄌᆞ라
升승降강에不블敢감由유東동階계ᄒᆞ며上샹下하馬마개ᄂᆞᆫ
不블敢감當당廳텽ᄒᆞ며凡범事ᄉᆞ를不블敢감自ᄌᆞ疑기於어ᄒᆞᆫ
기父부라니○오ᄅᆞ며ᄂᆞ릴제敢감히東동階계로由유티말
며ᄆᆞᆯᄐᆞ며ᄂᆞ릴제敢감히廳텽에當당티말디니므릇일을ᄒᆞ
감히ᄌᆞ스로그아비게비기디마ᄅᆞᆯ디니라

읍치논니
ᄅᆞ믈가묘
에고ᄒᆞ고

揚양氏시復복이끌오뒤告곡이面면ᄒᆞ다ᄒᆞ모로더브
러곳투니反반ᄒᆞ매面면을니르노者쟈노박그로조차
와시니맛당히어버의양조빗치편安안ᄒᆞ신가몰ᄒᆞ션
가알려ᄒᆞ미라사ᄅᆞᆷ의어버이되연노者쟈ㅣᄒᆞ念념도
그子ᄌᆞ식을니조저기업순故고로니믄에비기며門문
의비겨셔브라미잇고사ᄅᆞᆷ의子ᄌᆞ식이되연노者쟈ㅣ
ᄒᆞ念념도그親친을니졷저기업순故고로나갈제告곡
ᄒᆞ며도라와面면ᄒᆞ노禮례이시니사라신제ᄒᆞ나갈제
告곡ᄒᆞ며도라와面면ᄒᆞ고沒몰ᄒᆞ면行ᄒᆡᆼ홈애告곡ᄒᆞ
며至지ᄒᆞ매飮음ᄒᆞ미업ᄉᆞ니셤김을인ᄂᆞ니셤김ᄀᆞ티

호미니라

凡범父부母모舅구姑고ㅣ有유疾질이어시든子ᄌᆞ婦부ㅣ無무故고애不블離리側측ᄒᆞ야親친調됴嘗샹藥약餌이而이供공之지ᄒᆞ고父부母모ㅣ有유疾질이어시든子ᄌᆞㅣ色색不블滿만容용ᄒᆞ며不블戲희笑쇼ᄒᆞ며不블宴연遊유ᄒᆞ며舍사置티餘여事ᄉᆞᄒᆞ고專젼以이迎영醫의檢검方방合합藥약으로爲위務무ㅣ니疾질已이어든復복初초ㅣ니라 ○므릇父부母모舅구姑고ㅣ병이잇거시든子ᄌᆞㅣ며婦부ㅣ연故고업시셔겻티ᄠᅥ나디말아親친히藥약을지어맛보아받ᄌᆞᆸ고父부母모ㅣ병이잇거시든子ᄌᆞㅣᄂᆞᆺ빗출容용모애ᄎᆞ게말며戲희롱ᄒᆞ야웃디말며

안시가훈은부도적관之지推츄의지론졀이라

잔치ᄒᆞ야놀기말며녀나믄일을ᄇᆞ리고오직醫의원을맛

조ᄎᆞ여方방문을샹고ᄒᆞ며藥약지으므로ᄡᅥ일사믈디니병이

그치든처엄대로도로홀디니라

顏안氏시家가訓훈에ᄀᆞᆯ오ᄃᆡ父부母모ㅣ병이잇거시든

子ᄌᆞㅣ醫의원ᄭᅴ졀ᄒᆞ고藥약을求구ᄒᆞ라ᄒᆞ니蓋개ᄡᅥ곰

醫의원은어버의存존亡망이미엿ᄂᆞᆫ배라엇디가히업

슈어ᄒᆞ며만忽홀히너기리오

凡범子ᄌᆞㅣ事ᄉᆞ父부母모ᄒᆞ되父부母모所소愛이ᄅᆞᆯ亦역當

당愛이之지오所소敬경을亦역當당敬경之지니至지於어

犬견馬마도ᄒᆞ얘盡진然연이온而이況황於어人인乎호아○므

孝子ᄌᆞㅣ父부母모ᄅᆞᆯ셤기되父부母모의ᄉᆞ랑ᄒᆞ시ᄂᆞᆫ바ᄅᆞᆯ
또ᄒᆞᆫ맛당히ᄉᆞ랑ᄒᆞ고恭공敬경ᄒᆞ시ᄂᆞᆫ바ᄅᆞᆯ또ᄒᆞᆫ맛당히恭공敬
경ᄒᆞᆯ디니개며ᄆᆞᆯ의니르러도다그러ᄒᆞ곤ᄒᆞ물며사ᄅᆞᆷ이ᄯᆞ
녀

揚양氏시復복이ᄀᆞᆯ오ᄃᆡ孝효子ᄌᆞ의ᄉᆞ랑ᄒᆞ고恭공敬경
ᄒᆞᄂᆞᆫᄆᆞᄋᆞᆷ이니르디아니ᄒᆞᆫ배업ᄂᆞᆫ故고로父부母모의
愛ᄋᆡ敬경ᄒᆞ시ᄂᆞᆫ바ᄅᆞᆯ비록犬견馬마의賤쳔ᄒᆞᆫ거시라
도또ᄒᆞᆫ愛ᄋᆡ敬경ᄒᆞᆯ거시어든ᄒᆞ물며사ᄅᆞᆷ가그런故고
로그듕에尤우심ᄒᆞᆫ者쟈ᄅᆞᆯ드러니ᄅᆞ건대ᄂᆞᆫ兄형ᄀᆞᄐᆞ
며弟뎨ᄀᆞᄐᆞ니ᄂᆞᆫ내父부母모의ᄉᆞ랑ᄒᆞ시ᄂᆞᆫ배어든내

제왕攸유
ᄂᆞᆫ진무례
의아ᄋᆞ
무선ᄂᆞ무후
ᄒᆞ오ᄂᆞᆫ업
ᄂᆞ실제도
ᄒᆞ맛다시
ᄉᆞ만이라

그며가공히배ᄉᆞ랑티아니ᄒᆞ랴만일에薄박히ᄒᆞ면이ᄂᆞᆫ
내父부母모ᄅᆞᆯ薄박히호미오親친ᄒᆞ니ᄭᅩᄃᆞ며賢현ᄒᆞᆫ
니ᄭᅩᄃᆞ니ᄂᆞᆫ父부母모의공敬경ᄒᆞ시ᄂᆞᆫ배어든내ᄀᆞ
可가히嫌혐ᄒᆞ티아니ᄒᆞ랴만일慢만홀ᄒᆞ면이ᄂᆞᆫ내父부
母모ᄅᆞᆯ慢만홈이라이類류ᄅᆞᆯ밀위길오면다그러티
아니ᄒᆞ니업스니晉진武무帝뎨ᄭᅴ두니ᄂᆞᆫ馮풍紞담의讒
소ᄅᆞᆯ惑혹ᄒᆞ야太태后후의말ᄉᆞᆷ성각디아니ᄒᆞ야齊졔
王왕攸유ᄅᆞᆯ疎소ᄒᆞ고唐당高고宗종이武무氏시의ᄉᆞ
랑의팀溺닉ᄒᆞ야太태宗종의顧고託탁ᄒᆞ신命명을忘
범티아니ᄒᆞ야長댱孫손無무忌긔ᄅᆞᆯ주기니다禮례經

경의罪죄人인이니라

凡범子ᄌᆞㅣ事ᄉᆞ父부母모ᄒᆞ되樂락其기心심ᄒᆞ며不블違위其기志지ᄒᆞ며樂락其기耳이目목ᄒᆞ며安안其기寢침處쳐ᄒᆞ며以이其기飮음食식으로忠튱養양之지니幼유事ᄉᆞ長댱ᄒᆞ며賤쳔事ᄉᆞ貴귀ᄅᆞᆯ皆ᄀᆡ倣방此ᄎᆞᄒᆞ라○무릇子ᄌᆞㅣ父부母모셤기되그ᄆᆞ옴을즐기시게ᄒᆞ며그ᄯᅳᆺ을어그롯디말며그귀눈에즐겨ᄒᆞ시게ᄒᆞ며그자시노뉘며거신ᄃᆡ를편안ᄒᆞ시게ᄒᆞ야그飮음食식으로ᄡᅥ忠튱셩되이칠디니져므니어룬셤기며賤쳔ᄒᆞ니貴귀ᄒᆞ니셤기ᄆᆞᆯ다이ᄀᆞ티ᄒᆞ라

劉뉴氏시璋쟝이ᄀᆞᆯ오ᄃᆡ그ᄆᆞ옴을즐겁게ᄒᆞ라ᄒᆞᆷ은녀ᄅᆞᆯ

온左좌右우의侍시養양ᄒᆞ며晨신昏혼의定뎡省셩ᄒᆞ
며出츌入입의조차놀며起긔居거애뫼심이나반ᄃᆞ시
맛당히그ᄆᆞᄋᆞᆷ의됴히너기시논바와아쳐ᄒᆞ시논배어
듸인ᄂᆞᆫ고ᄅᆞᆯ궁구ᄒᆞ야셩과ᄒᆞ야진실로大대義의예어긔
다아니면可가히失디아니홀일이업슬디니뻐곰老노
者쟈의行힝홀을安안固고케ᄒᆞ야뻐곰그氣긔운의맛게
ᄒᆞ노배라그귀눈을樂낙게홈은소리와빗치末말뮈아
니라어딘말ᄉᆞᆷ이당常상親친의귀예들게ᄒᆞ며어딘行
힝실이당常상親친의눈의즐겁게홈이다뻐곰樂낙게
ᄒᆞ노배라그寢침處쳐을편안케홈은날온堂당과室

설과 庭뎡과 섭을 반ᄃᆞ시 完완ᄒᆞ고 졍潔결케 ᄒᆞ며 살과
돗과 담과 요와 니블과 벼개와 帳댱을 반ᄃᆞ시 修슈治
티 ᄒᆞ노 類류ㅣ라

凡범子ᄌᆞ婦부ㅣ 未미敬경未미孝효ㅣ라 不블可가遽거有
유憎ᄒᆞ疾질오이 姑고敎교之지니 若약不블可가敎교ㅣ어든 然
연後후에 怒노之지ᄒᆞ고 若약不블可가怒노ㅣ어든 然연後후에
笞틔之지ᄒᆞ고 屢루笞틔而이 終종不블改ᄀᆡ어든 子ᄌᆞ放방婦부
出츌되ᄒᆞ 然연나 亦역不블明명言언其기犯범禮녜也야ㅣ니라
子ᄌᆞㅣ 甚심宜의其기妻쳐ㅣ라도 父부母모ㅣ 不블悅열이시든
出츌ᄒᆞ고 子ᄌᆞㅣ 不블宜의其기妻쳐ㅣ라도 父부母모ㅣ 曰왈是

시善션事ᄉᆞ義아ㅣ시ᄃᆞ리거子ᄌᆞㅣ行ᄒᆡᇰ夫부婦부之지禮녜爲
그ᄒᆞ야後몯身신不블衰쇠ᄒᆞ리니○므릇子ᄌᆞㅣ며婦부ㅣ敬경티
아니며孝효티아니ᄒᆞ야도可가히과ᄀᆞ리ᄆᆡ ᄒᆞ디말오안
족ᄀᆞ루칠디니만일에可가히ᄀᆞ루치디몯ᄒᆞ게되거든그런
後후에야怒노ᄒᆞ고만일에怒노티몯ᄒᆞ게되거든그런後후
게야티고여러번터도내좃내고티디아니커든子ᄌᆞ란放방
ᄒᆞ고婦부란出츌호ᄃᆡ그러ᄒᆞ나또ᄒᆞᆫ그禮녜예犯범ᄒᆞᆫ줄을
물귀니루디말디니라子ᄌᆞㅣ그妻쳐ᄅᆞᆯ甚심히맛당히녀겨
도父부母모ㅣ깃거티아니커시든내여보내고子ᄌᆞㅣ그妻
쳐ᄅᆞᆯ맛당히티기디아니ᄒᆞ여도父부母모ㅣ닐ᄋᆞ샤ᄃᆡ이날ᄋᆞᆯ잘

온폐기면
오ᄃᆡ을미
며면자ᄀ
ᄐᆞᄂᆞᆫㅣ
대ㅍ

셥ᄀᆞᆫ다ᄒᆞ시거든子ᄌᆞㅣ夫부婦부의禮례를行ᄒᆡᇰᄒᆞ야몸이
죽도록衰쇠티마놀디니라
禮녜爲위宮궁室실에必필辨변內ᄂᆡ外외ᄒᆞ야深심宮궁固고
門문ᄒᆞ고內ᄂᆡ外외不블共공井졍ᄒᆞ며不블共공浴욕堂당ᄒᆞ며不
블共공厠측ᄒᆞ며男남治티外외事ᄉᆞᄒᆞ고女녀治티內ᄂᆡ事ᄉᆞᄒᆞ며
男남子ᄌᆞㅣ晝듀無무故고든ㅣᄃᆡ不블處쳐私ᄉᆞ室실ᄒᆞ고婦부
人인이無무故고든ㅣ어不블窺규中듕門문ᄒᆞ며男남子ᄌᆞㅣ夜
야行ᄒᆡᇰ以이燭쵹ᄒᆞ고婦부人인이有유故고出츌中듕門문이어
든必필擁옹蔽폐其기面면ᄒᆞ며男남僕복이非비有유繕션修
슈와及급有유大대故고든ㅣ어不블入입中듕門문ᄒᆞ고入입中

ᄒᆞ이나 혼이나도 ᄒᆞ고도뉴 ㅣ라 분라피ᄒᆞ 또니피ᄒᆞ 혜나도혀 고도ㅜㅣ 락 옹폐기면 은비록아 휘홍이라 도또그리 ᄒᆞ라

듕門문이어든 婦부人인이 必필避피之지ᄒᆞ고 不블可가避피어든
亦역必필以이袖슈로遮차其기面면ᄒᆞ며 女녀僕복이 無무故
고ㅣ어든 不블出츌中듕門문ᄒᆞ고 有유故고出츌中듕門문이어든
亦역必필擁옹蔽폐其기面면ᄒᆞ며 鈴령下하蒼창頭두ㅣ 但단
主쥬通통內ᄂᆡ外외之지言인ᄒᆞ며 傳뎐致티內ᄂᆡ外외之지物
믈이오 毋무得득輒텹升승堂당室실ᄒᆞ며 入입庖포廚듀ㅣ니라 ○
므릇집을지을제반ᄃᆞ시안밧글분辨변ᄒᆞ야집을깁게ᄒᆞ며
門문을굳게ᄒᆞ고안히며밧기우믈을ᄒᆞᆫᄃᆡ말며목浴욕ᄒᆞ논
방을ᄒᆞᆫᄃᆡ말며廁측간을ᄒᆞᆫᄃᆡ말며男남편은밧일을다ᄉᆞ리
고女녀편은안일을다ᄉᆞ리며男남ᄌᆞㅣ나지연故고업거

뎡히노방
올로맏즘
가통ᄒᆞ도뒤
창두ᄂᆞᆫ맏

든私ᄉᆞ소방의잇디말고婦부人인이연故고업거든中듕門
문을여어보디말며男남子ᄌᆞㅣ밤의ᄃᆞᆫ닐제燭쵹으로ᄡᅧᄒᆞ
고婦부人인이연故고이셔中듕門문의나갈제어든반ᄃᆞ시
그ᄂᆞᄎᆞᆯᄀᆞ리오며소나ᄒᆡ죵이슈리호미잇거나믓큰연故고
ㅣ잇디아니ᄒᆞ거든中듕門문의드디말고中듕門문의들거
든婦부人인이반ᄃᆞ시避피ᄒᆞ고가히避피티몯ᄒᆞᆯ디어든ᄯᅩ
ᄒᆞᆫ반ᄃᆞ시소매로ᄡᅧ그ᄂᆞᄎᆞᆯᄀᆞ리오며겨지죵이연故고업거
든中듕門문의나디말고연故고이셔中듕門문외날저기어
든ᄯᅩᄒᆞᆫ반ᄃᆞ시그ᄂᆞᄎᆞᆯᄀᆞ리오며鈴령下하의蒼창頭두ㅣ다
만안밧긔말을通통ᄒᆞ며안밧긔거ᄉᆞᆯ傳뎐ᄒᆞ야널외믈主쥬

ᄒᆞ고실어곰믄득堂당室실의오ᄅᆞ며庖포廚듀에드디말올
디니라
凡범卑비幼유ㅣ於어尊존長댱애晨신亦역省셩問문ᄒᆞ고夜
야亦역安안置티라ᄒᆞ○므릇ᄂᆞ즈니며져므니尊존長댱의게
새배ᄯᅩᄒᆞᆫ省셩問문ᄒᆞ고밤의ᄯᅩᄒᆞᆫ安안置티ᄒᆞ라
丈댱夫부ᄂᆞᆫ唱챵喏약ᄒᆞ고婦부人인은萬만福복安안置
티라니ᄅᆞ라
坐좌而ᅀᅵ尊존長댱이過과之지則즉起긔ᄒᆞ고出츌遇우尊존
長댱於어塗도則즉下하馬마ᄒᆞ라不블見견尊존長댱이經경
再ᄌᆡ宿슉以이上샹則즉再ᄌᆡ拜비ᄒᆞ고五오宿슉以이上샹則

슉四ᄉ拜비ᄒᆞ고賀하冬동至지正졍旦됴앤六뉵拜비ᄒᆞ고朔삭
望망앤四ᄉ拜비ᄒᆞ되凡범拜비數수를或혹尊존長댱이臨님
時시減감而이止지之지則즉從죵尊존長댱之지命명ᄒᆞ라吾
오家가ㅣ同동居거宗종族족이衆즁多다ᄒᆞ야冬동至지朔삭
望망애聚취於어堂당上샹ᄒᆞ야○안자실제尊존長댱이다나
가거든닐어나고나가셔尊존長댱을긔히가만나거든믈게
루라라尊존長댱을보디몯ᄒᆞ얀디두밤ᄶᅵ이上샹을디나거
든尋심치拜비ᄒᆞ고닷새ᄶᅵ이上샹이어든四ᄉ拜비ᄒᆞ고冬동
至지와正졍旦됴애賀하례홀제ᄂᆞᆫ六뉵拜비ᄒᆞ고朔삭望망
애ᄂᆞᆫ四ᄉ拜비호ᄃᆡ므릇절ᄒᆞᄂᆞᆫ數수를或혹尊존長댱이臨림

나時시ᄒᆞ야털어그치라ᄒᆞ거든尊존長댱의命명을긴太라
우의집이호ᄂᆞ니다도祠당이만하冬동至지朔삭望망에當당
고상의모다서
이노僕가設설南남面면ᄒᆞ고堂당이나만일집侑제되다ᄃᆞ
거든臨님時시ᄒᆞ야맛당홀대로조차ᄒᆞ라
丈댱夫부노處쳐左좌西셔上상ᄒᆞ고婦부人인은處쳐右우東
동上상ᄒᆞ야○丈댱夫부는左좌의이셔西셔上상ᄒᆞ고婦부人
인은右우의이셔東동上상ᄒᆞ야
左좌右우는닐온家가長댱의左좌右우ㅣ라
皆개北북向향ᄒᆞ야共공為위一일列렬ᄒᆞ되各각以이長댱幼유

로爲위序셔ᄒᆞ야○다北븍向향ᄒᆞ야ᄒᆞᆫ가지로ᄒᆞᆫ항列렬을ᄒᆞ
되각각長댱幼유로拜배禮례ᄒᆞ야
녀편은남편의長댱幼유로拜배禮례ᄒᆞ고당身신의長댱幼
유로ᄇᆡ례ᄒᆞ디말라
共공拜비家가長댱ᄒᆞ고畢필에長댱兄형은立닙於어門문之
지左좌ᄒᆞ고長댱姊ᄌᆞ는立닙於어門문之지右우ᄒᆞ야皆ᄀᆡ南남
向향이어든諸제弟뎨妹ᄆᆡ以이次ᄎᆞ로拜비ᄒᆞ고訖흘에各각就
취列녈ᄒᆞ야丈댱夫부ᄂᆞᆫ西셔上샹ᄒᆞ고婦부人인은東동上샹ᄒᆞ야
共공受슈卑비幼유拜비ᄒᆞ고○ᄒᆞᆫ가지로家가長댱께拜비례
모ᄉᆞ고長댱兄형은門문左좌의셔고ᄆᆞᆺ누의ᄂᆞᆫ門문右우의셔

셔다南남向향ᄒᆞ야든모ᄃᆞ야ᄒᆞ며아오누의次ᄎᆞ례로ᄡᅥᄒᆞ
비례다ᄒᆞᆫ후에各각각항列렬의나아가丈댱夫부ᄂᆞᆫ西셔上
샹ᄒᆞ고婦부人인은東동上샹ᄒᆞ야ᄒᆞᆫ가지로ᄂᆞᄌᆞ니며ᄌᆞ므
의拜비례를밧고

宗종族족이만ᄒᆞ니만일사ᄅᆞᆷ마다절ᄒᆞ면煩번거코곤ᄒᆞ
몰기괴디몯ᄒᆞᆯ거신故고로ᄒᆞᆫ항列렬이ᄒᆞᆫ긔반ᄂᆞ니라
受슈拜비訖흘에先션退퇴ᄒᆞ어後후輩비ᄒᆞ남受슈拜비ᄒᆞ거어
門문東동西셔를如여前젼輩비之지儀의ᄒᆞ니若약卑비幼유
ㅣ自ᄌᆞ不블遠원方방至지ᄒᆞ야見현尊존長댱에遇우尊존長댱三
삼人인인ᄃᆡ이上샹이同동處쳐者쟈ㅣ어先션共공一져拜비

19a

享베ᄂᆞ녀ᄆᆞ니돌히고
견비ᄂᆞ이믄ᄉᆞ하라

ᄒᆞ고叙셔寒한暄훤問문起긔居거訖흘에又우三삼再ᄌᆡ拜ᄇᆡ而이止지ᄒᆞ니라○拜ᄇᆡ례받기못ᄒᆞ고몬져믈러나거든後후輩ᄇᆡ셔셔拜ᄇᆡ례ᄅᆞᆯ門문東동西셔의셔받기ᄅᆞᆯ前젼輩ᄇᆡ의녜ᄀᆞ티ᄒᆞ며만일누不니며저므니먼뒤로브터니르러尊존長댱ᄭᅴ뵐제尊존長댱이三삼人인以이上샹이ᄒᆞᆫ뒤인ᄂᆞ니로만나거든몬져ᄒᆞᆷᄭᅴ再ᄌᆡ拜ᄇᆡᄒᆞ고寒한暄훤을펴며起긔居거ᄅᆞᆯ묻고무ᄎᆞ며또세번再ᄌᆡ拜ᄇᆡᄒᆞ고그차ᄂᆞ니라새배며밤의唱창喏약萬만福복安안置티ᄒᆞᆯ제도만일尊존長댱이三삼人인以이上샹이ᄒᆞᆫ뒤잇거든또세번만ᄒᆞ고그칠디니煩번거호믈避피ᄒᆞ오미라

[illegible]흠은누의아돌이라 붓잡다ᄒᆞ은닐온막[illegible]롤ᄎᆞᆸ브미라

凡범受슈女녀壻셔及급外외甥싱拜비예立닙而이扶부之지ᄒᆞ고外외孫손則즉立닙而이受슈之지可가也야라니○므릇女녀壻셔ㅣ며外외甥싱의拜비례바돔제扶부執집고상외孫손이면쉬셔바두미可가ᄒᆞ니라

凡범節졀序셔及급非비時시家가宴연에上샹壽슈於어家기長댱셔ᄒᆞᆯ卑비幼유ㅣ盛셩服복ᄒᆞ고序셔立닙을如여朔삭望망之지儀의ᄒᆞ야先션再ᄌᆡ拜비ᄒᆞ고子ᄌᆞ弟뎨之지最최長댱者쟈一일人인이進진立닙於어家가長댱之지前젼든이어幼유者쟈一일人인이搢진笏홀ᄒᆞ고執집酒쥬盞잔ᄒᆞ야立닙於어其기左좌ᄒᆞ고一일人인은搢진笏홀ᄒᆞ고執집酒쥬注주ᄒᆞ야立닙於

오복은 슈와 부와 강녕과 호ᄒᆞᄂᆞᆫ 덕과 고죵명이라

어 其기右우ㅣ어 長댱者쟈ㅣ 搢진笏홀ᄒᆞ고 跪궤ᄒᆞ야 斟짐酒쥬ᄒᆞ

ᄒᆞ야 祝츅ᄒᆞ야 曰왈 伏복願원 某모官관은 備비膺응五오福복ᄒᆞ샤 保

保보族족宜의家가ᄒᆞ쇼셔 尊존長댱이 飮음畢필에 授슈幼유者

쟈 盞잔注주ᄒᆞ야 反반其기故고處쳐ㅣ어든 長댱者쟈ㅣ 出츌笏

홀ᄒᆞ고 俛면伏복興흥ᄒᆞ야 退퇴與여卑비幼유로 皆ᄀᆡ再저拜비

ᄒᆞ라 家가長댱이 命명諸제卑비幼유坐좌ㅣ어든 皆ᄀᆡ再저拜비

而이坐좌ᄒᆞ고 家가長댱이 命명侍시者쟈ᄒᆞ야 徧편酢작諸제卑

비幼유ㅣ어든 諸제卑비幼유ㅣ 皆ᄀᆡ起긔ᄒᆞ야 序셔立닙如여前

전ᄒᆞ야 俱구再지拜비ᄒᆞ고 就취坐좌飮음訖흘에 家가長댱이 命

명易역服복이어든 皆ᄀᆡ退퇴ᄒᆞ야 易역便편服복ᄒᆞ고 還환復부就

취坐좌리니○므릇節졀일과밋非비時시예집의셔잔치호매家가長댱씌헌壽슈홀서卑비幼유ㅣ盛셩服복ᄒ고줄혀셔기룰朔삭望망젹례ᄀᆞ티ᄒ야몬져拜비ᄒ고子ᄌ弟뎨의ᄀᆞ장長댱者쟈ᄒ나히나아가家가長댱압픠가셔거든幼유者쟈ᄒ나히搢진笏홀ᄒ고酒쥬盞잔을자바그左좌의셔고ᄒᆞᆫ나히搢진笏홀ᄒ고酒쥬注주룰자바그右우의셔거든長댱者쟈ㅣ搢진笏홀ᄒ고仔러술을브어祝츅ᄒ야굴오뒤伏복願원某모官관은備비膺응五오福복ᄒ샤保보族족宜의家가ᄒ쇼셔ᄒ야든尊존長댱이飮음畢필에幼유者쟈룰盞잔注주룰주어뎃고뒤도로노하든長댱者쟈ㅣ出츌笏홀

홀ᄒᆞ고엽데고닐어믈러와卑비幼유로ᄃᆡ보려다再ᄌᆡ拜ᄇᆡ
ᄒᆞ라家가長댱이모도卑비幼유를命명ᄒᆞ야안ᄌᆞ라ᄒᆞ야든
다再ᄌᆡ拜ᄇᆡᄒᆞ고안伍家가長댱이侍시者쟈를命명ᄒᆞ야모
도卑비幼유를두로답녜ᄒᆞ야술머기라ᄒᆞ야든모도卑비幼
유ㅣ다ᄂᆞᆯ어ᄎᆞ례로셔기를前젼ᄀᆞ티ᄒᆞ야다再ᄌᆡ拜ᄇᆡᄒᆞ고
坐좌의나아가뎌기다ᄒᆞ매家가長댱이命명ᄒᆞ야오ᄅᆞ라
니브라ᄒᆞ야든다믈러가便편服복을ᄀᆞ라닙고도로다시坐
좌의나아올디니라
凡범子ᄌᆞㅣ始시生ᄉᆡᆼ애若약爲위之지求구乳유母모ᄒᆞᆫ댄必
필擇ᄐᆡᆨ良냥家가婦부人인稍쇼溫온謹근者쟈며ᄒᆞ○므릇ᄌᆞ

窈녀ᄌᆞ명은졔뵐홈ᄅᆞᆯ골으치며안이라ᄒᆞ론과갈흘재내각야나ᄒᆞ고

ᄌᆞㅣ 처염나매 맏일爲위ᄒᆞ야 졋어미ᄅᆞᆯ求구홀딘댄 반ᄃᆞ시 良냥家가의 婦부人인이 져기 溫온냥ᄒᆞ고 謹근신호이로골ᄒᆡ니

졋어미어디디아니면 ᄒᆞᆫ갓家가法법을 敗패亂난ᄒᆞᆯ 뿐이니 아티兼겸ᄒᆞ야 어기ᄂᆞᆫ바子ᄌᆞ식으로ᄒᆡ여곰性셩行ᄒᆡᆼ이 佐ᄀᆞᆺᄂᆞ니라

子ᄌᆞㅣ 能능食식이어든 飼ᄉᆞ之지ᄅᆞᆯ 敎교以이右우手슈ᄒᆞ며 ᄌᆞㅣ 能능言언이어든 敎교之지自ᄌᆞ名명과 及급唱창喏약萬만福복安안置티ᄒᆞ고 稍쵸有유知디어든 則즉敎교之지以이恭공敬경尊존長댱ᄒᆞ고 有유不블識식尊존卑비長댱幼유者쟈

새ᄫᅳᆯ 功공을
을더일곳
ᄒᆞᄂᆞ니라

ᄒᆡ어 則즉 嚴엄 詞하 禁금之지라ᄒᆞ ○ 子ᄌᆞㅣ 能능히 밥먹거든
먹기ᄅᆞᆯ 올ᄒᆞᆫ손ᄋᆞ로 ᄡᅥ ᄀᆞ르치고 子ᄌᆞㅣ 能능히 말ᄒᆞ거든 제
ᄲᆞᆯ홈과 밋 唱창喏약ᄒᆞ기며 萬만福복安안置티ᄅᆞᆯ ᄀᆞ르치며
져기 知디식이 잇거든 尊존長댱을 恭공敬경ᄒᆞ모로 ᄡᅥ ᄀᆞ르
치고 尊존ᄒᆞ니며 누ᄌᆞ니며 얼운이며 져므니ᄅᆞᆯ 아ᄃᆞ 몯ᄒᆞ미
잇거든 嚴엄게 구지져 禁금ᄒᆞ라

네 눈비여 셔 ᄭᅮ르치미 잇거든 ᄒᆞ물며 임의 나니 갑 子ᄌᆞㅣ
꼿 나셔 知디식이 잇디 아닌 제도 덧디 시 禮례로 ᄡᅥ ᄀᆞᆯ거든
ᄒᆞ몰며 임의 知디식이 이시미 ᄯᅡ녀 孔공子ᄌᆞㅣ ᄀᆞᆯᄋᆞ샤ᄃᆡ
어려셔 인거시 天텬性셩이 곤고 비화니 갓거시 自ᄌᆞ然연

[illegible]ᄒᆞ시며顔안色ᄉᆡᆨ家가諱휘ᄒᆞ에골오ᄃᆡ며ᄀᆞᄅᆞ쳐
엄과실제ᄀᆞᄅᆞ치고ᄌᆞ식은이겨실제ᄀᆞᄅᆞ치라ᄒᆞ니그
런故고로그ᄎᆞ연의知디ᄀᆞ이이실제가ᄒᆞ히여곰尊존卑
비長댱幼유之지禮녜ᄅᆞᆯ아디아니티몯ᄒᆞ게ᄒᆞ올디시니만
일父부母모ᄅᆞᆯ단倫ᄆᆞ호고ᄉᆞ지ᄌᆞ며兄형과모ᄉᆞ누의ᄅᆞᆯ며
로父부母모ㅣᄀᆞ지지禁금ᄏᆡ롤ᄃᆡ으니아니코도로혀우
으며ᄀᆞᆫᄒᆞ연데임의好호惡오ᄅᆞᆯ분辨변티몯ᄒᆞ야녀기되
禮녜當당然연ᄒᆞ니라ᄒᆞᄂᆞ니그엄의ᄌᆞ라매미처ᄏᆞᆷ습ᄒᆞ
야ᄇᆡ悖ᄑᆡ셩이일거든이에怒노ᄒᆞ야禁금ᄒᆞ야도가히다서
制제어티믈ᄒᆞ야이에父부ㅣ그ᄌᆞ식ᄅᆞᆯ믜여ᄒᆞ며ᄌᆞ식ㅣ

ᄒᆞᄂᆞᆫ 날ᄂᆞ 앏신박쳔 ᄋᆞ게 가 욕ᄃᆞᆯᄂᆞᆫ 홈셔ᄒᆞ몰 여라

그父부를怨원ᄒᆞ야殘잔忍잉ᄒᆞ며悖패逆역ᄒᆞ미니우리
아ᄂᆞᆫ뒤업ᄂᆞ니蓋개父부母모ㅣ깁픈다識식이여먼념慮
녀ㅣ업서能능히微미호저괴막ᄌᆞ루고漸졈을막디몯ᄒᆞ
야져근ᄉᆞ랑ᄒᆞ기예ᄲᅡ뎌그사오나오믈쳐일워내연괴라
六뉵歲셰어든敎교之지數수與여方방名명ᄒᆞ며男남子ᄌᆞᄂᆞᆫ始
시習습書셔字ᄌᆞᄒᆞ고女녀子ᄌᆞᄂᆞᆫ始시習습女녀工공之지小
쇼者자라ᄒᆞ七칠歲셰어든男남女녀ㅣ不블同동席셕ᄒᆞ며不블共
공食식ᄒᆞ며始시誦송孝효經경論논語어ㅣ니雖슈女녀子ᄌᆞㅣ라
도亦역宜의誦송之지라ㅣ自不七칠歲셰以이下하를謂위之
지孺유子ᄌᆞㅣ니早조寢침晏안起긔ᄒᆞ고食식無무時시라ᄒᆞ八

歲셰어든出츌入입門문戶호와及급卽즉席셕飮음食식에必

필後후長댱者자ᄒᆞ야始시敎교之지以이謙겸讓양ᄒᆞ며男남子

ᄌᆞᄂᆞᆫ誦숑尚샹書셔ᄒᆞ고女녀子ᄌᆞᄂᆞᆫ不블出츌中듕門문ᄒᆞ라九

구歲셰어든男남子ᄌᆞᄂᆞᆫ誦숑春츈秋츄와及급諸졔史ᄉᆞᄒᆞ고始

시爲위之지講강解ᄒᆡᄒᆞ야使ᄉᆞ曉효義의理리케ᄒᆞ고女녀子ᄌᆞㅣ

亦역爲위之지講강解ᄒᆡᄒᆞ며論논語어孝효經경과及급列녈女

녀傳뎐女녀戒계之지類류ᄒᆞ야略냑曉효大대意의ᄒᆞ라○六뉵

歲셰어든혜음과다ᄆᆞᆺ方방名명을ᄀᆞᄅᆞ치며男남子ᄌᆞᄂᆞᆫ비

로소글字ᄌᆞ스기ᄅᆞᆯ니기고女녀子ᄌᆞᄂᆞᆫ비로소女녀工공의

효근일ᄋᆞᆯᄇᆡ호라七칠歲셰어든男남女녀ㅣᄒᆞᆫ돗긔안디말

며효뒤셔밥ᄒᆞ디말며비로소孝효經경과論논語어를외오
게ᄒᆞᆯ디니비록女녀子ᄌᆞㅣ라도ᄯᅩᄒᆞᆫ맛당히외올디니라ᄂᆞᆫ
칠歲셰로브터以이下하ᄅᆞᆯ닐온孺유子ᄌᆞㅣ니일ᄌᆞᆨ효눕게
야닐고밥먹기ᄅᆞᆯ ᄇᆡ업시ᄒᆞ라八팔歲셰어든門문戶호애드
나들거과밋ᄉᆞᆺ긔나아가飮음食식며글제반ᄃᆞ시어ᄅᆞᆫ긔後
후에ᄒᆞ야비로소謙겸讓양ᄒᆞ거ᄅᆞ베ᄭᅮ르치며男남子ᄌᆞ로
尙샹書셔ᄅᆞᆯ외오고女녀子ᄌᆞᄂᆞᆫ中듕門문의나디말라九구
歲셰어든男남子ᄌᆞᄂᆞᆫ春츈秋츄와밋史ᄉᆞ긔ᄅᆞᆯ외오며비
로소사김사겨히여곰義의理리ᄅᆞᆯ알게ᄒᆞ며女녀子ᄌᆞㅣᄯᅩ
ᄒᆞ論논語어와孝효經경과밋列녈女녀傳뎐과女녀誡계[illegible]

녀계ᄂᆞᆫ조
다나의지
ᄀᆞ ㅣ ᅳ
조대가ᄂᆞᆫ
한석班반
固고긔누
의도ᄌᆞ가
의ᄂᆞᆫ ᄎᆡ니
영은昭쇼
화뎨적의
블러드려
황후귀인
이스승ᄒᆞ
야호ᄅᆞᆯ대
가라ᄒᆞ다
孟ᄆᆡᆼ모일
嘉은犯광

뉴ᄅᆞᆯ사김사겨대강큰ᄠᅳ들알게ᄒᆞ라
녯賢현ᄒᆞᆫ女녀ㅣ그림과史ᄉᆞ긔ᄅᆞᆯ보와배ᄌᆞ스로鑑감계ᄒᆞ
아니리업스니曹조大대家가ᄭᅳ토무리다經경術술ᄒᆞ야
졍通통ᄒᆞ며議의論논이明명正졍ᄒᆞ더니이제사ᄅᆞᆷ기ᄂᆞᆫ
혹女녀子ᄌᆞᄅᆞᆯ놀내과詩시ᄅᆞᆯ지으며시俗쇽풍뉴자피로
로ᄡᅥᄭᅮ루치니不맛당ᄒᆞᆫ배아니니라
十십歲세든에男남子ᄌᆞᄂᆞᆫ出츌就취外외傅부ᄒᆞ야居거宿슉於
어外외ᄒᆞ며讀독詩시禮례든어傅부ㅣ爲위之지講강解ᄒᆡᄒᆞ야使
ᄉᆞ知디仁인義의禮례智디信신ᄒᆞ고自不是시以이往왕로드可
가以이讀독孟밍荀孟楊양子ᄌᆞᄒᆞ야博박觀관群군書셔ᄒᆞ며凡

이니ᄒᆞ가
ᄅᆞᆷ이라
ᄒᆞᆼ조ᄂᆞᆫ일
옹은雍옹
ㅣ니ᄯᅥ한
젹사ᄅᆞᆷ이
라

범凡所소讀독書셔ᄂᆞᆫ必필擇ᄐᆡᆨ其기精졍要요者쟈而이讀독
之지ᄒᆞ고○十십歲셰어든男남子ᄌᆞᄂᆞᆫ나가밧긔스승의게나
아가밧긔이시며자며모詩시와禮녜긔ᄅᆞᆯ닑거든스승이爲
위ᄒᆞ야상검사겨ᄒᆡ여곰仁인이며義의며禮녜며智디며信
신을알게ᄒᆞ고일로브터ᄡᅥ가모로가히ᄡᅥ孟ᄆᆡᆼ子ᄌᆞㅣ며荀슌
子ᄌᆞㅣ며楊양子ᄌᆞᄅᆞᆯ닐거여러칙을넙게보와므릇닐근바글
을반드시그精졍要요ᄒᆞᆫ者쟈ᄅᆞᆯ골ᄒᆡ여닑고
禮녜記긔예學ᄒᆞᆨ記긔大대學ᄒᆞᆨ中듕庸용樂악記긔ᄀᆞ툰
類뉴ㅣ니다ᄅᆞᆫ글이이ᄀᆞ투니라
其기異이端단非비聖셩賢현之지書셔ᄂᆞᆫ傅부ㅣ宜의禁금

완ᄂᆞᆫ온유 츅ᄒᆞᆫ상기 ᄂᆞ

之지ᄒᆞ야 忽홀使ᄉᆞ妄망觀관ᄒᆞ야 以이惑혹亂난其기志지ᄒᆞ며 觀관書셔ㅣ 習ᄭᅵ通통이라사 始시可기學학ᄒᆞ文문辭ᄉᆞ라ㅣ니 女녀子ᄌᆞ는 則즉敎교以이婉완娩만聽텽從죵ᄒᆞ며 及급女녀工공之지大대者자라ᄒᆞ ○ 그 異이端단의 聖셩賢현之지書셔ㅣ야

난거ᄉᆞ 란ᄉᆞ승이 맛당이 禁금ᄒᆞ야 히여곰 妄망녕되이 보와 그ᄠᅳ들 惑혹亂난케 말며 글보기를 다 通통ᄒᆞ야사 비로소 가히 글지이를 비홀거시니라 女녀子ᄌᆞ는 婉완娩만히 聽텽從죵ᄒᆞ욤과 밋 女녀工공의 큰일로ᄡᅥ ㄲ루치라

女녀工공은 날온누에치기며 뵈질삼ᄒᆞ기며 옷몰라짓기며 밋음식갈호미니 효갓교졍히 이 婦부人인의 소임길

纂ᄂᆞᆫ믄너리ᄂᆞ야ᄀᆞ조지미

이아니라兼겸ᄒᆞ야ᄒᆞ여곰衣의食식의온ᄀᆞᆺ艱간難난호
줄아라敢감히放방恣ᄌᆞ히奢샤麗려티아니케코쟈ᄒᆞ오미니
纂찬組조ᄒᆞ며華화巧교호거ᄉᆞ니루려노션호만ᄂᆞ시니
기디아닐거시니라

未미冠관笄계者쟈ㅣ質질明명而이起긔ᄒᆞ야總총角각靧회
面면ᄒᆞ야以이見현尊존長댱ᄒᆞ며佐좌長댱者쟈ᄒᆞ야供공養양ᄒᆞ고祭
제祀ᄉᆞ則즉佐좌執집酒쥬食식ᄒᆞ이若약既긔冠관笄계則즉
皆ᄀᆡ責ᄎᆡᆨ以이成셩人인之지禮례라不블得득復부言언童
동幼유矣의라니○冠관ᄒᆞ며笄계티아닌者쟈ㅣ곳볼기며날
어總총角각ᄒᆞ고靧회面면ᄒᆞ야ᄡᅥ尊존長댱을뵈며長댱者

靧회ᄂᆞᆫ ᄂᆞᆺ 싯스미라

벽은 옷기ᄒᆞ미라

쟈ᄅᆞᆫ도아 供공養양ᄒᆞ고 祭제祀ᄉᆞᄒᆞᆯ저기어든 酒쥬食식을 도아잡을디니 만일이믜 冠관ᄒᆞ며 笄계ᄒᆞ면 다 成셩人ᄉᆞᆫ 인ᄒᆞᆫ 의 禮녜로써 責칙ᄒᆞᆯ디라 시러곰 다시 아ᄒᆡ며 어리다 니루디 몯ᄒᆞᆯ디니라

凡범 內ᄂᆡ外외 僕복妾쳡이 鷄계初초鳴명이어든 咸함起긔ᄒᆞ야 櫛즐總총盥관漱수ᄒᆞ고 衣의服복ᄒᆞ야 男남僕복은 灑쇄掃소廳텽事ᄉᆞ 及급 庭뎡ᄒᆞ며 鈴령下하 蒼창頭두ᄂᆞᆫ 灑쇄掃소中듕庭뎡ᄒᆞ고 女녀僕복은 灑쇄掃소室실堂당ᄒᆞ야 設셜倚의卓탁ᄒᆞ고 陳딘盥관漱슈櫛즐靧회之지具구ᄒᆞ라 主쥬父부主쥬母모ㅣ 旣긔起긔則즉拂블牀상襞벽斂렴衾금ᄒᆞ고 侍시立닙左좌右우ᄒᆞ야 以

예備비使ᄉᆞ令령ᄒᆞ야退퇴而이具구飮음食식ᄒᆞ고得득閒한則
즉浣완濯탁紉인縫봉ᄒᆞ며先션公공後후私ᄉᆞᄒᆞ며及급夜야則
즉復부拂블牀상展뎐衾금ᄒᆞ라當당晝듀ᄒᆞ야內ᄂᆡ外외僕복妾
쳡이惟유主쥬人인之지命명으로各각從죵其기事ᄉᆞᄒᆞ야以이
供공百ᄇᆡᆨ役역ᄒᆞ라○므릇內ᄂᆡ外외예죵이며妾쳡이ᄃᆞᆰ이쳐
엄으로울거든다닐어櫛즐ᄒᆞ며總총ᄒᆞ며盥관ᄒᆞ며漱슈ᄒᆞ
고옷ᄉᆞᆺ닙어소나ᄒᆡ죵은廳텽事ᄉᆞ와밋ᄠᅳᆯ흘灑쇄掃소ᄒᆞ며
鈴령下하와蒼창頭두ᄂᆞᆫ中듕庭뎡을灑쇄掃소ᄒᆞ고겨집죵은
堂당과室실을灑쇄掃소ᄒᆞ야교倚의며卓탁不ᄅᆞᆯ設셜ᄒᆞ고
셰슈며양지믈이며빗뎝이며ᄂᆞᆺ씻ᄉᆞᆯ거具구ᄅᆞᆯ陳딘ᄒᆞ라主

눈ᄇ노놀 오형뎨브 라노배각 후비노날 은모도•

쥬父부ㅣ며主쥬婦부ㅣ 이믜 닐어시든 牀상을 벌티며 니블을 가ᄃᆞ기고 左좌右우에 뫼와셔셔 ᄡᅧ브리시믈 備비ᄒᆞ며 블러나 飮음食식 장만ᄒᆞ고 에나거든 세답ᄒᆞ며 바ᄂᆞ질ᄒᆞ며 귀로온 거ᄉᆞᆯ 몬져ᄒᆞ고 私ᄉᆞᄉᆞ 거ᄉᆞᆯ 後후에ᄒᆞ며 밤의 밋거든 다시 牀상을 벌티고 니블을 펴라 나즐 當당ᄒᆞ야ᄂᆞᆫ 內ᄂᆡ外외예 죵이며 妾쳡이 오직 主쥬人인의 命명ᄒᆞ신대로 각각 그 일을 조차 ᄡᅥ 온갓 役역ᄉᆞ를 供공ᄒᆞ라

凡범女녀僕복이 同동輩ᄇᆡ 謂위長댱者쟈 爲위娣ᄌᆞᄒᆞ고 後후輩ᄇᆡ 謂위前젼輩ᄇᆡ 爲위姨이야ᄒᆞ○므릇 겨집죵이 同동輩ᄇᆡ 무를 닐오ᄃᆡ 형이라 ᄒᆞ고 後후輩ᄇᆡ 前젼輩ᄇᆡ를 닐오ᄃᆡ 아ᄌᆞᆷ

호셔자보 셔보리오 ᄇᆞ라 ᄆᆡᆨ알셩의 ᄂᆞᆫ흡을ᄒᆞ 인이니한 거셔우ᄂᆞ 덕

이라ᄒᆞ야
內ᄂᆡ則측에골오ᄃᆡ비록婢비妾쳡이라도衣의服복飮음
食식을반ᄃᆞ시어론의게後후에ᄒᆞᆯ디니鄭뎡康강成셩
이골오ᄃᆡ사ᄅᆞᆷ의貴귀賤쳔이가히ᄡᅥ禮녜업디몯ᄒᆞᆯ거신
故고로ᄒᆞ여곰長댱幼유ᄅᆞᆯ序셔ᄒᆞ니라
務무相샹雍옹睦목ᄒᆞ여其기有유鬪투爭ᄌᆡᆼ者쟈ㅣ어든主쥬父
부主쥬母모ㅣ聞문之지ᄒᆞ고即즉訶하禁금之지ᄒᆞ며不블止지
어든即즉杖댱之지호ᄃᆡ理리曲곡者쟈ᄅᆞᆯ杖댱多다ᄒᆞ고一일止지
ᄒᆞ야도不블止지어든獨독杖댱不블止지者쟈ㅣ라ᄒᆞ니○힘ᄡᅥ서로화
睦목ᄒᆞ며그ᄡᅡ화두토리잇거든主쥬父부主쥬母모ㅣ듣고

ᄉᆞ셔지져祭음ᄒᆞ며그치디아니ᄒᆞ거든곳티되理니曲곡ᄒᆞ
니를만히티고ᄒᆞᆫ나히그치고ᄒᆞᆫ나히아니그치거든ᄒᆞᆯ로다
니그치ᄂᆞ니롤티라

凡범男남僕복이有유忠튱信신可가任임者쟈든ㅣ어重듕其
기祿녹ᄒᆞ고能능幹간家가事ᄉᆞㅣ次ᄎᆞ之지오其기專젼務무
欺긔詐사ᄒᆞ며背비公공徇슌私ᄉᆞᄒᆞ며屢누爲위盜도竊졀ᄒᆞ며美
농權권犯범上샹者쟈든ㅣ어逐튝之지라ᄂᆡ○므롯ᄉᆞ나히죵이
忠튱信신ᄒᆞ야可가히블염ᄌᆞᆨᄒᆞ거든됴를重듕히주고能능
히집일을ᄀᆞ옴아ᄂᆞ니버게오그오로소겨간詐사ᄒᆞ오믈험서
ᄒᆞ며귀일을쳐부리고私ᄉᆞᄉᆞ일을조ᄎᆞ며不盜도竊졀ᄒᆞ

기ᄒᆞ며權권을操조弄롱ᄒᆞ고우ᄒᆞᆯ犯범ᄒᆞᄂᆞ니어든ᄂᆡ티라
凡범女녀僕복이年년滿만不블願원留류者쟈를縱종之지
ᄒᆞ고勤근舊구少쇼過과者쟈를資ᄌᆞ而이嫁가之지ᄒᆞ며其기兩
량面면二이舌셜ᄒᆞ야飾식虛허造조讒참ᄒᆞ야離니間간骨골肉
육者쟈를逐튝之지ᄒᆞ며屢누爲위盜도竊졀者쟈를逐튝之지
ᄒᆞ며放방蕩탕不블謹근ᄒᆞᄂᆞᆫ者쟈를逐튝之지ᄒᆞ며有유離니叛반之
지志지者쟈를逐튝之지니라 ○ 므릇겨집죵이나히차잇기를
願원티아니ᄒᆞᄂᆞ니를노코브즈런ᄒᆞ며오래이셔허믈이져
그니를資ᄌᆞᄒᆞ야婚혼嫁가ᄒᆞ며그두가지ᄂᆞᆺᄒᆞ며두가지혀
놀려거즛거슬ᄭᅮ미며讒참소ᄅᆞᆯ지어骨골肉육을離니間간

ᄒᆞᄂᆞ니ᄅᆞᆯ내티며ᄌᆞ조盜도竊졀ᄒᆞᄂᆞ니ᄅᆞᆯ내티며放방蕩탕ᄒᆞ야삼가디아니ᄒᆞᄂᆞ니ᄅᆞᆯ내티며離니叛반ᄒᆞᆫᄠᅳ들두ᄂᆞ니ᄅᆞᆯ내틸디ㅣ라

小쇼學ᄒᆞᆨ諺언解ᄒᆡ卷권之지二이

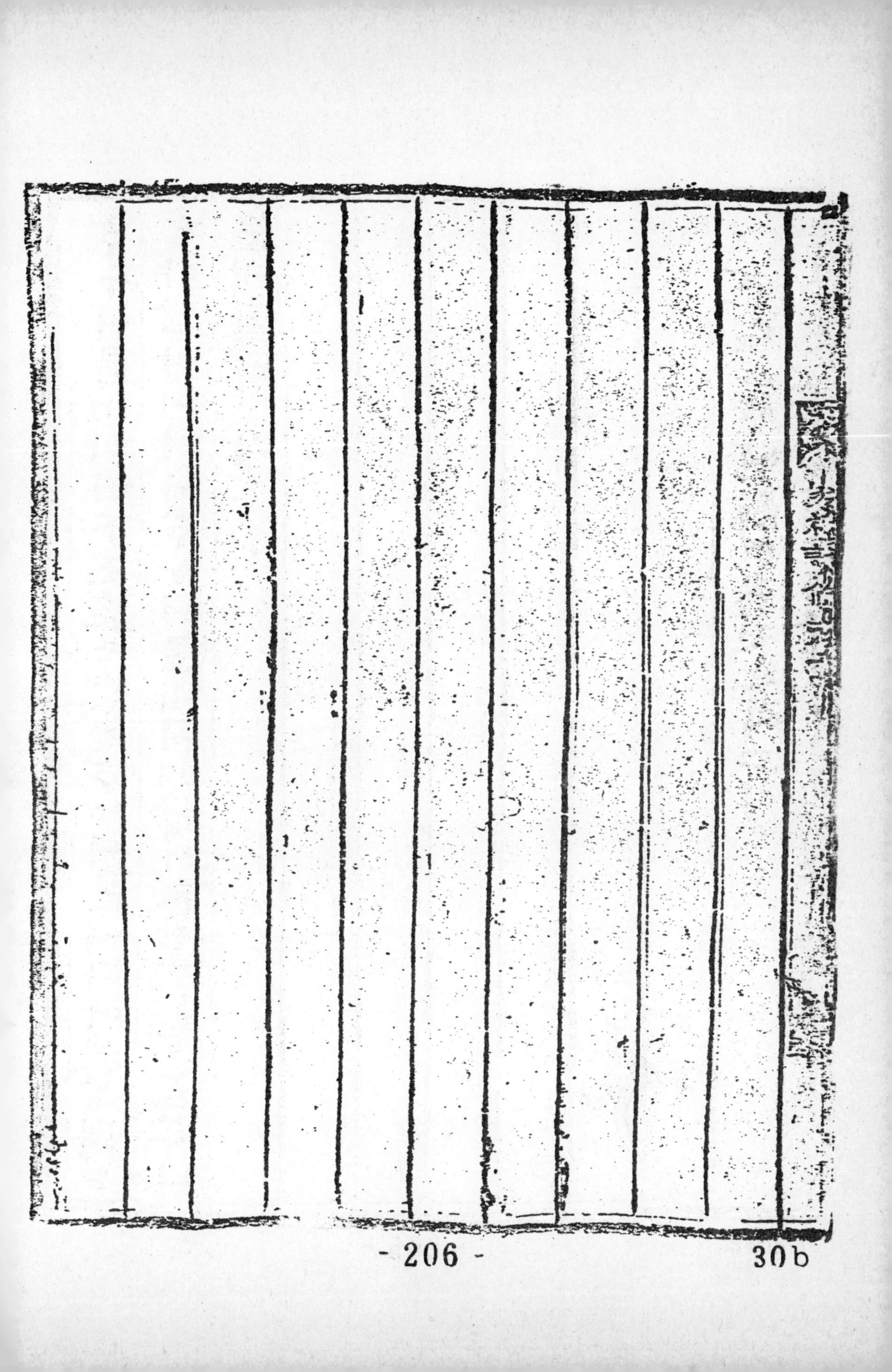

家禮諺解 亨

家禮諺解卷之三

冠관禮례

冠관

楊양氏시復복이골오ᄃᆡ書셔儀의中듕애冠관禮례篇편간략고쉬워可가히行ᄒᆡᆼᄒᆞ염즉다니ᄅᆞ리잇거ᄂᆞᆯ先션生ᄉᆡᆼ이골ᄋᆞ샤ᄃᆡᄒᆞᆫ갓書셔儀의ᄲᅮᆫ이아니라녯冠관禮례도ᄯᅩᄒᆞ요ᄌᆞᄉᆞ로簡간易이ᄒᆞ니라

男남子ᄌᆞㅣ年년十십五오로至지二이十십애皆ᄀᆡ可가冠관ᄒᆞ리○男남子ᄌᆞㅣ나히十십五오로二이十십에니르히可가히冠관ᄒᆞᆯ디니

司ᄉᆞ馬마溫온公공이ᄀᆞᆯ오ᄃᆡ古고者쟈의二이十십에冠관ᄒᆞ나다ᄡᅥ成셩人인의禮녜로ᄡᅥ責ᄎᆡᆨ망ᄒᆞᄂᆞᆫ배니盖개將쟝ᄎᆞᆺ人인의子ᄌᆞㅣ되며人인의弟뎨되며人인의臣신이되며人인의졈으니ᄅᆞᆯ者쟈의行ᄒᆡᆼ실을그사ᄅᆞᆷ의게責ᄎᆡᆨ망ᄒᆞᄂᆞᆫ故고로그禮녜를가히ᄡᅥ重듕케아니티몯ᄒᆞᆯ거시니라近근世셰에이衰쇠로人인情졍이輕경薄박ᄒᆞ야十십歲셰너머總총角각ᄒᆞ리져그니며롤네가지行ᄒᆡᆼ실로ᄡᅥ責ᄎᆡᆨ망ᄒᆞᆫ들엇디알리오드뭇드뭇져머셔브터ᄌᆞ라매니루히어ᄂᆡ기ᄒᆞᆫ보ᄀᆞ두니成셩人인의禮녜道도를아디몯ᄒᆞᆷ을말미암ᄋᆞᆫ연故고ㅣ라이제비록능히ᄒᆞᆫ디ᄒᆞ여

디몯ᄒᆞ나마직十십五오以이上상으로브터그能능히孝
효經경과論논語어ᄅᆞᆯ通통ᄒᆞ야장ᄎᆞ禮례義의ᄅᆞᆯ알오믈
기드려그린後후에冠관ᄒᆞ미그ᄯᅩᄒᆞᆫ可가ᄒᆞ니라
必필父부母모ㅣ無무朞긔以이上상喪상이라사始시可가行
힝之지라○반ᄃᆞ시父부母모ㅣ朞긔년以이上상喪상이업
서아비로소可가히行힝ᄒᆞᆯ디니라
大대功공영葬장몯ᄒᆞ야실제도ᄯᅩᄒᆞᆫ可가히行힝티몯ᄒᆞᆯ
거시니라
前젼期긔三삼日일ᄒᆞ야主쥬人인이告고于우祠ᄉᆞ堂당ᄒᆞ라○
사ᄒᆞᆫ를前젼期긔ᄒᆞ야主쥬人인이祠ᄉᆞ堂당의告고ᄒᆞ라

古고禮례예날을졈복ᄒᆞ더니이졔ᄂᆞᆫ能능히그리티몯ᄒᆞ니다만正졍月월內니예ᄒᆞᆯ롤골히미可가ᄒᆞ니라主쥬人인은날온冠관ᄒᆞᆯ者쟈의祖조ㅣ어나父부ㅣ졔繼계高고祖조ᄒᆞᄂᆞᆫ宗종子ᄌᆞ되면ᄂᆞᆫ者쟈ㅣ라만일宗종子ᄌᆞㅣ아니어든반ᄃᆞ시繼계高고祖조ᄒᆞᄂᆞᆫ宗종子ᄌᆞㅣ主쥬ᄒᆞ고연故고ㅣ잇거든그버근宗종子ᄌᆞ를命명ᄒᆞ거나혹그父부ㅣ졔主쥬ᄒᆞ거나ᄒᆞ라告고ᄒᆞᄂᆞᆫ禮녜ᄂᆞᆫ見현祠ᄉᆞ堂당章쟝ᄒᆞ니祝츅版판이前젼과ᄀᆞᄐᆞ되다만닐오되某모之지子ᄌᆞ某모ㅣ라ᄒᆞ거나若약某모之지某모親친之지子ᄌᆞ某모ㅣ年년이漸졈長댱ᄒᆞ야成셩ᄒᆞ니將쟝以이某모月월某모

ᄯᅩᄂᆞᆫ 이비 업스미라

계ᄂᆞᆫ 경계ᄒᆞ여 표ᄒᆞᆷ ᄀᆞ니로미라

모ᄃᆞᆫ 일로 加가 冠관 於어 其기 首슈ㅣ라ᄒᆞ고 謹근 以이 後후
후ᄂᆞᆫ ᄀᆞᆺ투니라 만일 族족人인이 宗종子ᄌᆞ의 命명으로ᄡᅥ
제 그 子ᄌᆞ를 冠관ᄒᆞ거든 그 祝츅版판의 ᄯᅩ 宗종子ᄌᆞ로ᄡᅥ
主쥬를 사마 ᄀᆞᆯ오ᄃᆡ 使ᄉᆞ 介개子ᄌᆞ 某모ㅣ라ᄒᆞ라 ○ 만일
宗종子ᄌᆞㅣ 임의 孤고ᄒᆞ여 쉬 제 冠관ᄒᆞ면 ᄯᅩ 제 主쥬人인이
이되고 祝츅版판이 前젼ᄀᆞᆺ투되 다만 닐오ᄃᆡ 某모ㅣ 將쟝
以이 某모 月월 某모 日일로 加가 冠관 於어 首슈ㅣ라ᄒᆞ고
謹근 以이 後후ᄂᆞᆫ ᄀᆞᆺ투니라

戒계賓빈ᄒᆞ라 ○ 賓빈될 사ᄅᆞᆷ의게 戒계ᄒᆞ라

古고禮례예 賓빈될 사ᄅᆞᆷ을 점복ᄒᆞ더니 이제ᄂᆞᆫ 能능히 그

악모下ㅣ라ᄒᆞ고퇴계골오ᄃᆡ당작지ᄒᆞㅣ라ᄒᆞ기니라

리티몯ᄒᆞ니다만朋붕友우의賢현ᄒᆞ고禮례잇ᄂᆞᆫ者쟈ᄒᆞᆫ
사ᄅᆞᆷ을ᄀᆞᆯᄒᆡ히미可가ᄒᆞ니라이날의主쥬人인이深심衣의
닙고그門문에니루거든戒계ᄒᆞᆯ바者쟈ㅣ나와보기를當
샹해며ᄀᆞ티ᄒᆞ고차먹기ᄆᆞᆺ차든戒계ᄒᆞᄂᆞᆫ者쟈ㅣ니러서
닐러골오ᄃᆡ某모ㅣ有유子ᄌᆞ某모ㅣ라ᄒᆞ거나若약某모ᄅᆞ
子ᄌᆞ某모親친이有유子ᄌᆞ某모ᄒᆞ니將장加가冠관於어
其기首슈ᄒᆞ노니願원吾오子ᄌᆞ之지敎교之지也야ᄒᆞ노라
라對ᄃᆡᄒᆞ야골오ᄃᆡ某모ㅣ不블敏민ᄒᆞ니恐공不블能ᄂᆞᆼ
供공事ᄉᆞᄒᆞ야以이病병吾오子ᄌᆞㄹ가ᄒᆞ노니敢감辭ᄉᆞ
ㅣ라ᄒᆞ어든戒계ᄒᆞᄂᆞᆫ者쟈ㅣ골오ᄃᆡ願원吾오子ᄌᆞ之지

ᄭᅳᆺ구나다 노기미리

終죵郊교之지也야ᄒᆞ라 將쟝ᄒᆞ야 [illegible] ㅣ重

듕有유命명ᄒᆞ니 某모ㅣ 敢감不블從죵가ᄒᆞ라셔 곳멀거

든 처엄 請쳥ᄒᆞ노 말ᄉᆞᆷ을 써이 무ᄒᆞ야 子ᄌᆞ弟뎨를 보내

어 날위여든 戒계ᄒᆞᆯ바 者쟈ㅣ 辭ᄉᆞ양ᄒᆞ다가 ᄇᆞ린 者쟈ㅣ

구틔어 請쳥ᄒᆞ거든 이에 許허락ᄒᆞ고 답장ᄒᆞ야 ᄀᆞᆯ오ᄃᆡ 吾

오子ᄌᆞㅣ 有유命명ᄒᆞ니 某모ㅣ 敢감不블從죵가ᄒᆞ라 ○

만일 宗죵子ᄌᆞㅣ 제 冠관ᄒᆞ면 戒계ᄒᆞ노 말ᄉᆞᆷ애 다만 ᄀᆞᆯ오

ᄃᆡ 某모ㅣ 將쟝加가冠관於어其기首슈ㅣ라 ᄒᆞ라 後후는 ᄭᅳᆺ투

니라

前젼一일日일에 宿슉賓빈이라 ○ ᄒᆞᄅᆞ 前젼긔 ᄒᆞ야 賓빈을 宿

육ᄒᆞ라

子ᄌᆞ弟뎨ᄅᆞᆯ보내여이무로ᄇᆡ말ᄉᆞᆷ을ᄂᆡ우며곤오ᄀᆡ來ᄅᆡ

日일에某모ㅣ將쟝加가冠관於어子ᄌᆞ某모ㅣ라ᄒᆞ거나

若약某모親친某모의子ᄌᆞ某모之지首슈ᄒᆞ니吾오子ᄌᆞ

ㅣ將쟝莅니之지ᄒᆞ올셔敢감宿슉이라ᄒᆞ고某모ᄂᆞᆫ上샹某

모人인이라ᄒᆞ라答답書셔의ᄂᆞᆫ골오ᄃᆡ某모ㅣ敢감不블

夙슉興흥가某모ᄂᆞᆫ上샹某모人인이라ᄒᆞ랴○만일宗종

子ᄌᆞㅣ 제冠관ᄒᆞ면말ᄉᆞᆷ의ᄭᅩ티ᄂᆞᆫ바로ᄀᆞ戒계賓빈ᄒᆞᆯ적

ᄭᅳ티ᄒᆞ라

象상曰왈說셜라ᄒᆞ고○際제ᄀᆡ說셜ᄒᆞ라

혀으녜야
바타뇨쇠

盥관분과帨세건을聽텽事ᄉ의設셜ᄒ오ᄃ祠ᄉ堂당녜다
로ᄒ고댱幕막으로뻐房방을聽텽事ᄉ東동北북의밍골
라或혹聽텽事ᄉ의兩냥階계업거든빅토로뻐그려分분
ᄒ라後후ㅣ이ᄀ트니라

司ᄉ馬마溫온公공이골오ᄃ녯禮례애삼가고嚴엄ᄒᆫ
일을다家가廟묘애行ᄒᆡᆼᄒ더니今금人인은임의家가
廟묘ㅣ젹고影영堂당이仸ᄒ효ᄂ 고조브니뻐곰禮례를
行ᄒᆡᆼ키어려온디라冠관ᄒ믄外외聽텽의셔ᄒ고笄계
호믄中듕堂당의셔호미可가ᄒ니라士ᄉ民민禮례예
洗션을設셜ᄒ오ᄃ東동榮영의당케ᄒ오ᄃ南남北북을

당으로ᄡᅥ深심ᄒᆞ고셔水슈ᄂᆞᆫ洗션東동의잇게ᄒᆞ얏ᄂᆞ니이제私ᄉᆞ家가ᄂᆞᆫ罍뢰洗션이업ᄉᆞᆫ故고로다만盥관盆분과帨셰巾건을벌ᄯᆞ롬이니盥관은손을셔슴이오帨셰ᄂᆞᆫ手슈巾건이라聽텽事ᄉᆞㅣ두섬이업거든곳그中듕央앙을반分분ᄒᆞ야東동으로ᄡᅥ阼조階계를삼고西셔로賓빈階계를삼고室실이업ᄉᆞ며房방이업거든곧暫잠만帳댱幕막으로ᄡᅥ그北븍을막아室실을삼고그東동北븍으로房방을삼을ᄯᅵ니이다聽텽과堂당의南남向향ᄒᆞᆫ者쟈를의據거ᄒᆞ야니ᄅᆞ니라○劉뉴氏시璋쟝이골오ᄃᆡ冠관義의에골오ᄃᆡ冠관ᄒᆞᄂᆞᆫ禮례에개二흔

筮셔ᄒᆞᆫ ᄂᆞᆫ 을筮셔ᄒᆞ믄ᄡᅥ곰冠관ᄒᆞᄂᆞᆫ事ᄉᆞ를공敬경
ᄒᆞᄂᆞᆫ배니라冠관ᄒᆞ믄禮례의始시초ㅣ며嘉가事ᄉᆞ의重
듕ᄒᆞᆫ者쟈ㅣ라이런故고로古고者쟈애冠관ᄒᆞ믈重듕
히너기고冠관ᄒᆞ믈重듕히너긴故고로廟묘애行ᄒᆡᆼ
ᄒᆞ믄ᄒᆞ논배ᄡᅥ곰重듕ᄒᆞᆫ일을尊존히ᄒᆞᄂᆞᆫ배니重듕ᄒᆞᆫ일
을尊존히ᄒᆞ야감히重듕ᄒᆞᆫ일을ᄌᆞ擅쳔티몯ᄒᆞ믄ᄡᅥ곰
ᄎᆞ스로ᄂᆞᄌᆞ고先션祖조를尊존ᄒᆞᄂᆞᆫ배니라
厥궐明명에夙슉興흥ᄒᆞ야陳딘冠관服복ᄒᆞ라○그이ᄐᆞᆫ날일닐
어冠관이며옷ᄉᆞᆯ陳딘ᄒᆞ라
벼ᄉᆞᆯ인ᄂᆞ니ᄂᆞᆫ公공服복과띄와靴화와笏홀을ᄒᆞ고벼ᄉᆞᆯ

업ᄉᆞ니 노欄난衫삼괴셔와 靴화ᄅᆞᆯ호ᄃᆡ 通통ᄒᆞ야 皂조衫
삼과 深심衣의과 大대帶ᄃᆡ과 履리와 櫛즐과 繻슈과 掠냑
을ᄲᅢ다 卓탁子ᄌᆞ로 房방中듕의 陳딘ᄒᆞ야 東동으로 갓가
계ᄒᆞ며 쟝부으로 우흘ᄒᆞ고 酒쥬注주와 盞잔盤반을 卓
子ᄌᆞ로ᄡᅥ 옷挂북ᄐᆡ귀 陳딘ᄒᆞ고 幞복頭두와 帽모子ᄌᆞ
와 冠관과 笄계와 巾건을 각각ᄒᆞᆫ 盤반으로ᄡᅥ 담아 보ᄒᆞ로
ᄡᅧ뎌퍼 卓탁子ᄌᆞ로ᄡᅥ 西셔階계아래 陳딘ᄒᆞ고 執집事ᄉᆞ
者쟈ᄒᆞᆫ 사ᄅᆞᆷ이 디킈라 長댱子ᄌᆞㅣ어든 돌글 阼조階계上
상 東동녁 귀샤로ᄃᆡ 졔ㅣ 낫ᄇᆞ터 미직 西셔向향ᄒᆞ고 衆즁
子ᄌᆞㅣ어든 뎌기 西셔ᄃᆡ 미직 南남向향ᄒᆞ라○ 衆즁子ᄌᆞ

ㅣ제冠관ᄒᆞ면長댱子ᄌᆞ의놈ᄭᅵ티ᄒᆞ귀져기南남녀마작

ᄒᆞ라

程뎡子ᄌᆞㅣ골ᄋᆞ샤ᄃᆡ이제冠관禮녜ᄅᆞᆯ行ᄒᆡᆼᄒᆞ욤애갈ᄋᆞᆫ

뒷服복을지어冠관ᄒᆞ고冠관ᄒᆞ블구호매任ᄒᆞ고다ᄋᆞᆫ곧

디아니ᄒᆞ면믄득이ᄭᅥ조ᄎᆞ거시니반ᄃᆞ시블으미時시절

오솔ᄲᅳᆯ거시니라

主쥬人인ᄡᅵ이下하ㅣ序셔효닙ᄒᆞᆫ라○主쥬人인ᄡᅵ이下하ㅣ

夲례로셔라

主쥬人인ᄡᅵ이下하ㅣ盛셩服복ᄒᆞ고位위예나아가뫼主

쥬人인이阼조階계아래져기東동녀마작西셔向향ᄒᆞ고

쌍은ᄯᅡ려
ᄂᆞ딘결홈
고쟈ㅣ라
상계ᄂᆞ뉴
ᄒᆞᄋᆡ샹ᄃᆡ
라
ᄉᆞ계삼은
아히ᄀᆞ시
라
늑백은ᄇᆞᆯ
ᄇᆡ노닌ᄆᆡ라
쳐구ᄂᆞᆫ아
히신고ᄅᆞ
키라

子ᄌᆞ弟뎨며親친戚쳑이며죵돌히그後후에이셔여러行항렬ᄒᆞ야西셔向향ᄒᆞ야北븍上샹ᄒᆞ고子ᄌᆞ弟뎨親친戚쳑의禮례예니ᄅᆞᆫ者쟈ᄒᆞ나ᄒᆞᆯ곰히여賓빈을사마門문밧긔셔셔西셔向향ᄒᆞ고將쟝冠관ᄒᆞᆯ者쟈ㅣ雙상紒계ᄒᆞ고四ᄉᆞ揆계衫삼이며勒늑帛빅이며采치屨구ᄒᆞ고房방中듕의이셔南남面면ᄒᆞ라만일宗종子ᄌᆞ의子ᄌᆞㅣ아니어든그父부ㅣ主쥬人인右우의셔되尊존ᄒᆞ면져기나ㅁ고ᄂᆞᄌᆞ면져기므르라○宗종子ᄌᆞㅣ제冠관ᄒᆞ면오솔將쟝冠관者쟈ᄀᆞ티ᄒᆞ고主쥬人인位위예나아가라

賓빈이至지든어主쥬人인이迎영入입ᄒᆞ야升승堂당ᄒᆞ라○賓빈이

챵온빈을
도가ᄂᆞᆫ네
ᄒᆞᆫ닷ᄉᆞㅣ
라

니루거든主쥬人인이마자드러堂당에오ᄅᆞ라
賓빈이그子ᄌᆞ弟뎨親친戚쳑의禮례에니근者쟈ᄅᆞᆯ自ᄌᆞ
擇ᄐᆡᆨᄒᆞ야贊찬冠관者쟈ᄅᆞᆯ사마다盥관服복ᄒᆞ고門문밧
긔니루러東동面면ᄒᆞ야셔되贊찬者쟈ᄂᆞᆫ右우ᄐᆡᆨ긔이셔
쥐기ᄆᆞᆯ려셔라儐빈者쟈ㅣ드러主쥬人인의게告고ᄒᆞ여
든主쥬人인이門문左좌ᄐᆡᆨ긔나가西셔向향ᄒᆞ야再ᄌᆡ拜
비ᄒᆞ여든賓빈이答답拜비ᄒᆞ고主쥬人인이贊찬者쟈ᄅᆞᆯ
揖읍ᄒᆞ여든贊찬者쟈ㅣ답揖읍ᄒᆞ라主쥬人인이드듸어
揖읍ᄒᆞ야行ᄒᆡᆼᄒᆞ거든賓빈이며贊찬기조차門문의드러
ᄇᆞᆯ을分분ᄒᆞ야行ᄒᆡᆼᄒᆞ야揖읍讓양ᄒᆞ야階계예니루러位

揖읍讓양ᄒᆞ야오로뒤主쥬人인은阼조階계로말미암아
몬져올라져기東동녁마작西셔向향ᄒᆞ고賓빈은西셔階
계로말미암아니어올라져기西셔녁마작東동向향ᄒᆞ야
거든贊찬者자ㅣ손시서솟고西셔階계로말미암아올라
房방中듕에서셔西셔向향ᄒᆞ고儐빈者자ㅣ東동序셔의
돋ᄀᆞᆯ오뒤져기北븍녁마작西셔로面면되게ᄒᆞ야ᄂᆞᆫ將쟝
ᄎᆞᆷ冠관ᄒᆞᆯ者자ㅣ房방의나셔南남面면ᄒᆞ라 ○ 만일宗종
子ᄌᆞ의子ᄌᆞㅣ아니어든그父부ㅣ조차나와賓빈을맛고
들제主쥬人인을조차賓빈의後후에올라主쥬人인右우
의셔믈前젼ᄀᆞ티ᄒᆞ라

賓빈이揖읍將쟝冠관者자就츄席셕ᄒᆞ야爲위加가冠관巾건이어든冠관者쟈ㅣ適뎍房방ᄒᆞ야服복深심衣의ᄒᆞ고納납履니ᄒᆞ고出츌ᄒᆞ라○賓빈이將쟝次ᄎᆞ冠관ᄒᆞᆯ者쟈를揖읍ᄒᆞ야돗긔나아오라ᄒᆞ야爲위ᄒᆞ야冠관巾건을加가ᄒᆞ여든冠관者쟈ㅣ房방의가深심衣의납고履니ᄅᆞᆯ신고나오라

賓빈이將쟝冠관者쟈를揖읍ᄒᆞ야든房방의낫다가돗右우녁키셔셔돗글向향ᄒᆞ야거든贊찬者쟈ㅣ櫛즐이미德슈며掠냑을가져와돗左좌녁키노코나리將쟝冠관者쟈의左좌의셔거든賓빈이將쟝冠관者쟈를揖읍ᄒᆞ야돗긔나아와西셔向향ᄒᆞ야울리고贊찬者쟈ㅣ돗긔나아가그

向향ᄒᆞ대로ᄯᅥ러爲위ᄒᆞ야머리빗겨모도ᄧᅩ고掠냑을施
시ᄒᆞ라賓빈이이에누리거든主쥬人인이ᄯᅩ누려賓빈이
셰슈ᄆᆞ차든主쥬人인이揖읍ᄒᆞ야올라位위에도로오라
執집事ᄉᆞ者쟈ㅣ冠관과巾건다ᄆᆞᆫ盤반으로ᄡᅥ進진ᄒᆞ여
든賓빈이두리ᄒᆞᆫ층을누려冠관笄계를바다자바容용모
를正정히ᄒᆞ고날회여將장冠관者쟈의압피가서向향ᄒᆞ
아祝츅ᄒᆞ야ᄀᆞᆯ오ᄃᆡ吉길月월令령日일에始시加가元원
服복ᄒᆞ노니棄기爾이幼유志지ᄒᆞ고順슌爾이成셩德덕
ᄒᆞ면壽슈考고維유祺긔ᄒᆞ야以이介개景경福복ᄒᆞ리라
ᄒᆞ고이에ᄯᅥ러加가ᄒᆞ고贊찬者쟈ㅣ巾건으로ᄲᅢ가리進

ᄒᆞ야든賓빈이受슈ᄒᆞ야加가ᄒᆞ고니러位위예도로와
셔冠관者쟈ᄅᆞᆯ揖읍ᄒᆞ야房방의가四ᄉᆞ襂계衫삼벗고深
심衣의닙고大대帶ᄃᆡ加가ᄒᆞ고履니ᄅᆞᆯ신고房방의나客
용모ᄅᆞᆯ正졍히ᄒᆞ고南남向향ᄒᆞ야션ᄂᆞ니ᄅᆞᆯ良랑久구히ᄒᆞ
라( )만일宗종子ᄌᆞㅣ제冠관ᄒᆞ면賓빈이揖읍ᄒᆞ야ᄯᅩ그
나아오고賓빈이ᄂᆞ려셰슈ᄆᆞ치든主쥬人인이ᄂᆞ리디말
가뎌나ᄃᆞᆫ거ᄉᆞᆫ다ᄁᆞ두니라
揚양氏시復복이ᄀᆞᆯ오ᄃᆡ書셔儀의애비로소巾건으로
ᄡᅧ加가ᄒᆞ라ᄒᆞ엿거ᄂᆞᆯ家가禮례에ᄂᆞᆫ先몬져冠관笄계로
ᄡᅵᄒᆞ고이에巾건을加가ᄒᆞ라호믄蓋개冠관笄계ᄂᆞᆫ교

경히이古고禮례니라
再지加가帽모子ᄌᆞ비服복皂조衫삼ᄒᆞ고革혁帶ᄃᆡᄒᆞ고繫계鞋
혜라ᄒᆞ○두번재帽모子ᄌᆞ를加가ᄒᆞᆯ디니皂조衫삼닙고革혁
帶ᄃᆡ띄고鞋혜를믹라
賓빈이冠관者자를揖읍ᄒᆞ야돗기나아와셜리고執집事
ᄉᆞ者쟈ㅣ帽모子ᄌᆞ다모盤반으로ᄡᅢ進진ᄒᆞ여든賓빈이
두리두층을ᄂᆞ려바다자바ᄡᅢ冠관者자의알ᄑᆡ가셔祝츅
ᄒᆞ아골오ᄃᆡ吉길月월令령辰신에乃내申신ᄒᆞᆫ爾이服복ᄒᆞ
노니謹근爾이威위儀의ᄒᆞ고淑슉愼신爾이德덕ᄒᆞ면眉
미壽슈永영年년ᄒᆞ야享향受슈遐하福복ᄒᆞ리라ᄒᆞ고이

에仔러加가ᄒᆞ고니리位위에도로와冠관者자ᄅᆞᆯ揖읍ᄒᆞ야房방의가深심衣의벗고皂조衫삼닙고革혁帶ᄃᆡ띄고鞋혜ᄅᆞᆯ미고房방의나셔라

楊양氏시復복이ᄀᆞᆯ오ᄃᆡ儀의禮녜書셔儀의애三번加가ᄒᆞᆯ제賓빈이盥관셰호믈쳐엄ᄀᆞ티ᄒᆞᆯᄃᆡ니라

三삼加가幞복頭두ᄂᆡ公공服복이어든革혁帶ᄃᆡᄒᆞ고納납靴화ᄒᆞ고執집笏홀ᄒᆞ며若약襴난衫삼이라도納납靴화ᄒᆞ라○셰번새幞복頭두ᄅᆞᆯ加가ᄒᆞᆯᄃᆡ니公공服복니브리어든革혁帶ᄃᆡ띄고靴화ᄅᆞᆯ신고笏홀자ᄇᆞ며만일襴난衫삼니브리라도靴화란신으라

禮녜 再지 加가ᄒᆞᆯ 적 ᄭᅵ 두되 오직 執집事ᄉᆞ者자ㅣ 幞복頭두ᄅᆞᆯ 盤반으로 ᄡᅥ 進진ᄒᆞ여든 賓빈이 두 리 ᄎᆞᆼ을 다 ᄂᆞ려 받고 祝츅辭ᄉᆞ애 ᄀᆞᆯ오ᄃᆡ 以이 歲셰之지正졍과 以이 月월之지令령에 咸함加가爾이服복ᄒᆞ노니 兄형弟뎨具구在지ᄒᆞ야 以이成셩厥궐德덕ᄒᆞ면 黃황耈구無무疆강ᄒᆞ야 受슈天텬之지慶경ᄒᆞ리라 ᄒᆞ고 贊찬者자ㅣ 帽모ᄅᆞᆯ 벗겨든 賓빈이 가애 幞복頭두ᄅᆞᆯ 加가ᄒᆞ라 執집事ᄉᆞ者자ㅣ 帽모ᄅᆞᆯ 받고 櫛즐을 셔러 房방의 드리라 녀나믄 거슨 다 ᄭᅵ 두니라

楊양氏시 復복이 ᄀᆞᆯ오ᄃᆡ 儀의禮녜書셔儀의예 세 번 加

가ᄒᆞᆫ제賓빈이盥관세ᄒᆞ믈쳐엄ᄀᆞ티홀디니라

乃내醮쵸ᄒᆞ라〇이에醮쵸례ᄒᆞ라

長댱子ᄌᆞㅣ어든儐빈者쟈ㅣ돗글堂당中듕間간의고뎌仍로뒤져기西셔녁가ᄀᆞ南남向향ᄒᆞ고衆즁子ᄌᆞㅣ어든녯돗글仍잉ᄒᆞ야ᄒᆞ라贊찬者쟈ㅣ房방中듕의가술을브어房방의나冠관者쟈의左좌의셔거든賓빈이冠관者쟈룰揖읍ᄒᆞ야돗右우녁키나아와南남向향케ᄒᆞ고이에술을가져돗압피나아가北북向향ᄒᆞ야祝츅ᄒᆞ야골오뒤旨지酒쥬ㅣ既긔清청ᄒᆞ며嘉가薦쳔이令령芳방ᄒᆞ니拜배受슈祭졔之지ᄒᆞ야以이定뎡爾이祥샹ᄒᆞ노니承승天텬

之지休휴ᄒᆞ야壽슈考고不블忘망ᄒᆞ라ᄒᆞ여든冠관者쟈
ㅣ再재拜ᄇᆡᄒᆞ고돗긔올라南남向향ᄒᆞ야盞잔을바다든
賓빈이位위예도로와東동向향ᄒᆞ야答답拜ᄇᆡᄒᆞ고冠관
者쟈ㅣ돗앏픠나아가ᄭᅮ러술을祭졔ᄒᆞ고니러돗그ᄐᆡ나
아가ᄭᅮ러술을자기먹고니러돗긔ᄂᆞ려贊찬者쟈를盞잔
을주고南남向향ᄒᆞ야再재拜ᄇᆡᄒᆞ여든賓빈이東동向향
ᄒᆞ야答답拜ᄇᆡᄒᆞ고冠관者쟈ㅣ드듸여贊찬者쟈의게拜
ᄇᆡᄒᆞ여든贊찬者쟈ㅣ賓빈의左좌의東동向향ᄒᆞ야져기
믈러셔答답拜ᄇᆡᄒᆞ라

司ᄉᆞ馬마温온公공이ᄀᆞᆯ오ᄃᆡ녜冠관ᄒᆞᆯ졔醴례ᄅᆞᆯᄡᅳ며

녜유후 요ᄃᆞ수리 뭇느랍단 사다라

或혹酒쥬를ᄡᅳ니醴례로곳ᄒᆞᆫ번獻헌ᄒᆞ고酒쥬ᄂᆞᆫ세번

醮초ᄒᆞ더니이제私ᄉᆞ家가의醴례업ᄉᆞ니酒쥬로ᄡᅥ代

뎌ᄒᆞ라다만醴례츄辭ᄉᆞ애甘감醴례惟유厚후ㅣ라ᄒᆞ

믈고텨旨지酒쥬旣긔清쳥이라ᄒᆞ니ᄡᅥ곰簡간략ᄒᆞ믈

존ᄂᆞᆫ배니라○劉뉴氏시ㅣ孩히孫손이골오ᄃᆡ그골온醮

초ᄒᆞ다ᄒᆞ믄곳禮례記긔예닐온바客ᄀᆡᆨ位위예醮초ᄒᆞ

이시매톄ᄅᆞᆯ加가ᄒᆞᆫ다ᄒᆞ미라

賓빈이字ᄌᆞ冠관者쟈ᄒᆞᆫ라○賓빈이冠관者쟈ᄅᆞᆯ字ᄌᆞᄒᆞ지으라

賓빈이階계예ᄂᆞ려東동向향ᄒᆞ고主쥬人인이階계예ᄂᆞ

려西셔向향ᄒᆞ고冠관者쟈ㅣ西셔階계로브터ᄂᆞ려져기

東동녁마작南남向향ᄒᆞ여든賓빈이字ᄌᆞ지어골오ᄃᆡ禮
녜儀의既긔備비ᄒᆞ야令령月월吉길日일에昭쇼告고爾
이字ᄌᆞᄒᆞ노니爰원字ᄌᆞㅣ孔공嘉가ㅣ라髦모士ᄉᆞ攸유
宜의니宜의之지于우嘏가ᄒᆞ야永영受슈保보之지ᄒᆞ라
ᄒᆞ고닐오ᄃᆡ伯ᄇᆡᆨ某모父부ㅣ라ᄒᆞ거나仲듕이라ᄒᆞ거나
叔슉이라ᄒᆞ거나季계라ᄒᆞ거나오직맛당ᄒᆞᆫ바로ᄒᆞ라冠
관者쟈ㅣ對ᄃᆡᄒᆞ야골오ᄃᆡ某모ㅣ雖슈不블敏민이나敢
감不블夙슉夜야祗지奉봉가ᄒᆞ라賓빈이或혹각별히글
을지어字ᄌᆞ지ᄂᆞᆫᄠᅳ드로ᄡᅥ命명호미從호可가ᄒᆞ니라
出츌就취次ᄎᆞ라ᄒᆞ○나와막次ᄎᆞ의나아오라

賓빈이 ᄃᆞᆫ니거지라 請쳥ᄒᆞ거든 主쥬人인이 禮녜賓빈ᄒᆞ여지라 請쳥ᄒᆞ라 賓빈이 나와 막次ᄎᆞ의 나아오라 主쥬人인이 以이冠관者자로 見현于우祠ᄉᆞ堂당ᄒᆞ라 ○ 主쥬人인이 冠관畢필者자로 배祠ᄉᆞ堂당의 가뵈라 祠ᄉᆞ堂당章장內내 예子ᄌᆞ식 나하 뵈ᄂᆞᆫ 禮녜ᄭᅴ티 ᄒᆞ되다만 告고辭ᄉᆞ를 고텨 ᄀᆞᆯ오ᄃᆡ 某모之지子ᄌᆞ某모ㅣ라ᄒᆞ거나 若약某모親친某모之지子ᄌᆞ某모ㅣ 今금日일에 冠관畢필ᄒᆞ니 敢감見현이라ᄒᆞ고 冠관者자ㅣ 나아 兩냥階계間간의 서셔 再재拜비ᄒᆞ라 ᄐᆡ나 묘거손다ᄭᅮ두니라 ○ 만일 宗종子ᄌᆞㅣ 제 冠관ᄒᆞ면 고辭ᄉᆞ를 고텨 ᄀᆞᆯ오ᄃᆡ 某모ㅣ

今금日일은이冠관畢필ᄒᆞ니敢감見현이라ᄒᆞ고드듸여주지拜빈ᄒᆞ고ᄂᆞ려位위예도로오라녀나믄거슨다ᄀᆞᄐᆞ라○만일冠관者쟈ㅣ私ᄉᆞ室실에曾증祖조ㅣ며祖조ᄉᆞ이下하祠ᄉᆞ堂당이잇거든각각그宗종子ᄌᆞ로因인ᄒᆞ야뵈고제繼계曾증祖조以이下하之지宗종이되엿거든제뵈라

冠관者쟈ㅣ見현于우尊존長댱라ᄒᆞ○冠관者쟈ㅣ尊존長댱ᄭᅴ뵈라

父부母모ㅣ堂당中듕에南남面면ᄒᆞ야안ᄭᅩ諸졔叔슉父부ㅣ며兄형은東동序셔의이쇼ᄃᆡ諸졔叔슉父부ᄂᆞᆫ南남

向향ᄒᆞ고諸제兄형은西셔向향ᄒᆞ며諸제婦부女녀ᄂᆞᆫ正西
셔序셔의잇고諸제叔슉母모ㅣ며姑고ᄂᆞᆫ正南남向향ᄒᆞ
고諸제姊ᄌᆞㅣ며嫂수ᄂᆞᆫ正東동向향ᄒᆞ라冠관者쟈ㅣ北북
向향ᄒᆞ야父부母모씌拜ᄇᆡᄒᆞ여든父부母모ㅣ爲위ᄒᆞ야
닐며同동居거의尊존長댱이잇거든父부母모ㅣ冠관者
쟈로ᄡᅥ그室실의가拜ᄇᆡᄒᆞ여든尊존長댱이爲위ᄒᆞ야닐
라도다와東동西셔序셔의나아가每ᄆᆡ항列렬의拜지拜
비ᄒᆞ여든應응당히荅답拜ᄇᆡᄒᆞ올者쟈ㅣ荅답비ᄒᆞ라만일
宗종子ᄌᆞ의子ᄌᆞㅣ아니어든몬져宗종子ᄌᆞ와밋모든父부
의게셔尊존ᄒᆞᆫ者쟈로當당의셔뵈고이에私ᄉᆞ室실에나

아와父부母모와밋녀나믄親친척씌뵈라○만일冢총子

ᄌᆞㅣ제冠관ᄒᆞᆯ제母모ㅣ잇거든母모씌뵈기를녜대로ᄒᆞ

고族족人인이宗종ᄒᆞᄂᆞᆫ재다와셔堂당上샹의뵈거든宗

종子ᄌᆞㅣ西셔向향ᄒᆞ야그尊존長댱씌拜비호되每ᄆᆡ항

列녈이每자拜비ᄒᆞ고卑비幼유者자의拜비를바ᄃᆞ라

司ᄉᆞ馬마溫온公공이ᄀᆞᆯ오ᄃᆡ冠관義의애ᄀᆞᆯ오ᄃᆡ母모ㅣ

의게뵈거든母모ㅣ拜비ᄒᆞ고兄형弟뎨의게뵈거든兄

형弟뎨拜비호ᄆᆞᆫ成셩人인이라ᄒᆞ야더브러禮례도를

ᄒᆞ미라ᄒᆞ나이제冠者홈호미어려올시다만拜비ᄒᆞᆯ時

시예母모ㅣ爲위ᄒᆞ여닐어셔미可가ᄒᆞ니이대로諸졔

○관례ᄂᆞᆫ의례편명이라 헌ᄂᆞᆫ쥬인이잔올자호미오작은손이쥬인을머

父부와밋兄형의게뵐제이ᄀᆞ티ᄒᆞᆯ디니라

乃내禮녜賓빈ᄒᆞ라○이에賓빈을禮녜ᄒᆞ라

主쥬人인이酒쥬饌찬으로배賓빈과밋儐빈대와贊찬者쟈를마자幣폐빅으로배酬슈ᄒᆞ고拜비ᄒᆞ야謝샤례ᄒᆞ가幣폐빅의하며쟈그믄隨슈宜의ᄒᆞ야ᄒᆞ고賓빈과贊찬쟈를差차등잇게ᄒᆞ라

司ᄉᆞ馬마溫온公공이ᄀᆞᆯ오ᄃᆡ士ᄉᆞ冠관禮녜애이에賓빈을ᄒᆞᆫ번獻헌ᄒᆞᄂᆞᆫ禮녜로배禮녜ᄒᆞ다ᄒᆞ오諸져侯후애ᄂᆞᆫ賓빈獻헌ᄒᆞ믄獻헌ᄒᆞ며酢작ᄒᆞ며酬슈ᄒᆞ믈賓빈과主쥬人인이各각두잔의禮녜ᄅᆞᆯ일오다ᄒᆞ고ᄯᅩᄀᆞᆯ오ᄃᆡ主쥬人

가미오
슈ᄂᆞᆫ쥬건
이ᄉᆞ면고
존을미기
미리
십단을결
필이라
향음쥬례
ᄂᆞᆫ의녀편
뼝이라
ᄒᆞᆫ노조욕
이라

인이賓빈을醉슈ᄒᆞ믈束속帛ᄇᆡᆨ과儷녀皮피로ᄒᆞ다ᄒᆞᆫ
註주애束속帛ᄇᆡᆨ은十십端단이오儷녀皮피ᄂᆞᆫ두鹿록
皮피라또골오ᄃᆡ貧찬者자ㅣ다참예ᄒᆞ고貧찬冠관ᄒᆞ
ᄂᆞᆫ者자ㅣ介개되다ᄒᆞᆫ註주애介개ᄂᆞᆫ賓빈을돕ᄂᆞᆫ이니
貧찬者자로ᄡᅥᄒᆞ믄尊존ᄒᆞ오미라鄕향飮음酒쥬禮녜애賢
현者자ㅣ賓빈이되고그버그니介개되다ᄒᆞ니라또골
오ᄃᆡ賓빈이出츌ᄒᆞ거든主쥬人인이門문밧긔보내여拜
저舞비ᄒᆞ고賓빈의爼조를歸귀ᄒᆞ라ᄒᆞᆫ註주애사ᄅᆞᆷ으
로ᄒᆡ여곰賓빈의집의도라보내미라ᄒᆞ니이제념편
대ᄂᆞᆫ가난ᄒᆞᆫ집의能ᄂᆞᆼ히辦판출티몯ᄒᆞᆯ가ᄒᆞᆫ故고로힘

헵우노가
얻ᄂᆞ지ᄒᆞᆫ
벼ᄃᆞ미라

베簡간략고쉽살오믈조출디니라

冠관者자ㅣ遂슈出츌ᄒᆞ야見현于우鄕향先션生ᄉᆡᆼ과及급父부之지執집友우라ᄒᆞᆫ○冠관者자ㅣ드듸여나와鄕향先션生ᄉᆡᆼ과밋父부의執집友우의게뵈라

冠관者자ㅣ先션生ᄉᆡᆼ과執집友우의게拜비ᄒᆞ여든答답拜비ᄒᆞ고만일ᄀᆞᄅᆞ치미잇거든對ᄃᆡ답ᄒᆞ기ᄅᆞᆯ賓빈의게對ᄃᆡᄒᆞ노ᄆᆞᆯᄀᆞ티ᄒᆞ고ᄯᅩ拜비ᄒᆞ여든先션生ᄉᆡᆼ執집友우ㅣ答답拜배말라

笄계

女녀子ᄌᆞㅣ許허嫁가ᄒᆞ얀笄계라ᄒᆞᆫ○女녀子ᄌᆞㅣ嫁가ᄒᆞᆯ

네노머리
잔조미라

許허ᄒᆞ여든笄계ᄒᆞ라

나히十십五오ㅣ어든바록嫁가호믈許허티아녀셔도

笄계ᄒᆞ라

母모ㅣ爲위主쥬라ᄒᆞᆫ○母모ㅣ主쥬ㅣ되라

宗종子ᄌᆞ의主쥬婦부ㅣ어든中듕몬의션ᄒᆞ고宗종子
ᄌᆞ아냐오宗종子ᄌᆞ로더브러同동居거ᄒᆞ거든叔슉尊존
의취ᄒᆞ고宗종子ᄌᆞ로더브러同동居거아니커든ᄃᆞᄉᆞ리ᄒᆞ
티ᄒᆞ라

前젼期긔三삼日일에戒계賓빈ᄒᆞ고一일日일에宿슉賓빈ᄒᆞ

○前젼期긔三삼日일에賓빈을戒계ᄒᆞ고一일日일에賓빈

을宿숙ᄒᆞ라

賓빈을任親친척이나혼姻인가의婦부女녀의賢현ᄒᆞ고

禮례인뇨의롤골ᄒᆡ야ᄒᆞ오ᄃᆡ화牋전紙지로버그말ᄉᆞᆷ을

셔사ᄅᆞᆷ브려닐위라말ᄉᆞᆷ은冠관禮례ᄀᆞ티ᄒᆞ오ᄃᆡ다만구ᄌᆞ

롤女녀ㅣ라ᄒᆞ고冠관笄계라ᄒᆞ고吾오子ᄌᆞ롤某모도親

친이라ᄒᆞ거나或혹某모封봉이라ᄒᆞ라○므릇婦부人인

이自ᄌᆞ稱칭ᄒᆞ기롤내게셔尊존長댱이어든골오ᄃᆡ見

ㅣ로라ᄒᆞ고卑비幼유ㅣ어든屬속친으로ᄡᅥᄒᆞ고夫부의

결례예尊존長댱이어든골오ᄃᆡ新신婦부ㅣ로라ᄒᆞ고卑

티幼유ㅣ어든골오ᄃᆡ老로婦부ㅣ로라ᄒᆞ고親친戚쳑이

ᄃᆞᆼ온야므
ᄃᆡ덕기라
ᄒᆞᆼ뇨쿼라

아니오往왕來ᄂᆡᄒᆞᄂᆞᆫ者쟈ᄂᆞᆫ各각各각그黨당으로ᄡᅥ序셔ᄒᆞ
호믈ᄒᆞ라後후ㅣ이ᄀᆞᄐᆞ니라

陳딘設셜ᄒᆞ라○陳딘設셜ᄒᆞ라
冠관禮례ᄀᆞ티호ᄃᆡ다만中듕堂당의돗ᄭᆞᆯ기ᄅᆞᆯ衆즁子ᄌᆞ
의位위ᄀᆞ티ᄒᆞ라

厥궐明명에陳딘服복ᄒᆞ라○그이튼날오ᄉᆞᆯ陳딘ᄒᆞ라
冠관禮례ᄀᆞ티호ᄃᆡ다만背ᄇᆡ子ᄌᆞ와冠관과ᄇᆡᆫ혀ᄅᆞᆯᄡᅳ라

序셔立닙ᄒᆞ라○ᄎᆞ례로셔라
主쥬婦부ㅣ主쥬人인의位위ᄀᆞᆺ게ᄒᆞ고將쟝笄계ᄒᆞᆯ者쟈
ㅣ雙솽紒계ᄒᆞ고衫삼子ᄌᆞ닙고房방中듕에南남向향ᄒᆞ

ᄒᆞ라
賓빈이至치어든主쥬婦부ㅣ迎영入입升승堂당ᄒᆞ라○賓빈이
니루거든主쥬婦부ㅣ마자들어堂당의오루라
冠관禮녜ᄀᆞ티ᄒᆞ되다만贊찬者쟈ᄅᆞᆯᄡᅳ디말라主쥬婦부
오루기ᄅᆞᆯ阼조階계로브터ᄒᆞ라
賓빈이爲위將쟝笄계者쟈ᄒᆞ야加가冠관笄계ᄒᆞ어든適뎍房방ᄒᆞ야
服복背비子ᄌᆞᄒᆞ라○賓빈이將쟝笄계ᄒᆞᆫ者쟈ᄅᆞᆯ爲위ᄒᆞ야
冠관과笄계ᄅᆞᆯ加가ᄒᆞ여든房방의가背비子ᄌᆞᄅᆞᆯ니브라
대강冠관禮녜ᄀᆞ티ᄒᆞ되다만祝츅문을처엄加가ᄒᆞ논말
ᄉᆞᆷ을ᄡᅳ고能능히몯ᄒᆞ거든말라

乃내醮쵸라ᄒᆞ○이에醮쵸ᄒᆞ라

冠관禮녜ᄀᆞ티ᄒᆞ고祝츅辭ᄉᆞ도在ᄒᆞᆫ가지라

乃내字ᄌᆞ라ᄒᆞ○이에字ᄌᆞ지으라

冠관禮녜ᄀᆞ티ᄒᆞ되다만祝츅辭ᄉᆞ애髦모士ᄉᆞ로고려女녀士ᄉᆞㅣ라ᄒᆞ라

乃내禮녜賓빈라ᄒᆞ皆ᄀᆡ如여冠관儀의라ᄒᆞ니○이에賓빈을禮녜ᄒᆞ라다冠관ᄒᆞᆫ노녜모ᄀᆞᆺ투니라

程뎡子ᄌᆞㅣ골ᄋᆞ샤되冠관禮녜廢폐ᄒᆞ니天텬下하의成셩人인이업ᄉᆞ니라或혹이魯노襄양公공의열둘ᄒᆞ冠관ᄒᆞᆷ믈ᄲᆞᆯ리ᄒᆞ고져ᄒᆞ나이可가티아니ᄒᆞ니라[illegible]

ᄂᆞᆫ배곰成셩人인의이ᄅᆞᆷ을責칙망ᄒᆞᄂᆞᆫ배니열ᄃᆞᆯ나히可
가히責칙망ᄒᆞᆯ배아니라임의冠관녜ᄒᆞ고ᄯᅩᄒᆞᆫ成셩人
인의일로ᄡᅥ責칙망티아니ᄒᆞ면곧그몸이終죵토록成
셩人인으로ᄡᅥᄇᆞ라디몯ᄒᆞ리라ᄒᆞᆫ갓이節졀文문을行
힝ᄒᆞᆫᄃᆞᆯ므어시유益익ᄒᆞ리오비록天텬子ᄌᆞ와諸졔侯
후ㅣ나ᄯᅩᄒᆞᆫ반ᄃᆞ시스믈헤冠관ᄒᆞᆯ디니라○劉뉴氏시
璋쟝이ᄀᆞᆯ오ᄃᆡ笄계ᄒᆞᆫ이제빈혀니婦부人인의首슈飾식
칙이라女녀子ᄌᆞㅣ笄계ᄒᆞ면곳許허嫁가ᄒᆞᆯ배로ᄃᆡ當당
ᄒᆞ나그러나嫁가ᄒᆞ오믈二이十십애止지ᄒᆞ오믄그二이十
십이오嫁가티아니ᄒᆞ면禮례테아니모로ᄡᅦ니라

家가禮례諺언解ᄒᆡ卷권之지三삼

家禮諺解卷之四

昏혼禮례

議의昏혼

男남子ᄌᆞᄂᆞᆫ 年년이 十십六뉵으로 至지三삼十십이오 女녀子ᄌᆞᄂᆞᆫ 年년이 十십四ᄉᆞ로 至지 二이十십에 ○男남子ᄌᆞᄂᆞᆫ 나히 十십六뉵으로 三삼十십에 니ᄅᆞ고 女녀子ᄌᆞᄂᆞᆫ 나히 十십四ᄉᆞ로 二이十십에 니ᄅᆞ매

司ᄉᆞ馬마溫온公공이 ᄀᆞᆯ오ᄃᆡ 古고者쟈의 男남은 三삼十십에 娶취ᄒᆞ고 女녀ᄂᆞᆫ 二이十십에 혼嫁가ᄒᆞ더니 이제 令령文문에 男남年년이 十십五오와 女녀年년이 十십三

삼ᄯᅢ이上샹으로다昏혼嫁가호믈듣게ᄒᆞ여시니이졔이
말ᄒᆞ요모ᄲᅥ古고今금에道도를叅참샹ᄒᆞ여禮례令령의
中듕을짐酌작ᄒᆞ며天텬地디의理리를順슌케ᄒᆞ여人인
情졍의밋닷호ᄂᆞᆫ合합게ᄒᆞᆫ배니라

身신及급主쥬昏혼ᄒᆞᄂᆞᆫ者자ㅣ無무朞긔ᄯᅵ이上샹喪상이아라乃
내可가成셩昏혼이니라○당身신과밋主쥬昏혼ᄒᆞᄂᆞᆫ者자ㅣ
朞긔ᄯᅵ이上샹喪상이업서야이에可가히成셩昏혼ᄒᆞᆯ디니
라

大대功공이영葬장몯ᄒᆞ야셔ᄂᆞᆫ可가히主쥬昏혼티
몯ᄒᆞᆯ디니라○믈읫主쥬昏혼ᄂᆞᆫ冠관禮례에主쥬人인이

法법ᄀᆞ두니다만宗종子ᄌᆞㅣ昏혼ᄒᆞ면族족人인의엇
윤으로ᄡᅥ主쥬를사ᄆᆞ라
必필先션使ᄉᆞ媒ᄆᆡ氏시로往왕來ᄅᆡ通통言언ᄒᆞ야俟ᄉᆞ女녀
氏시許허之지然연後후에納납采ᄎᆡ라ᄒᆞᆫ○반ᄃᆞ시몬져듕인
으로ᄒᆡ여往왕來ᄅᆡᄒᆞ야말ᄉᆞᆷ을通통ᄒᆞ야女녀氏시편의許
허락ᄒᆞ믈기ᄃᆞᆯ위그린後후에納납采ᄎᆡᄒᆞ라
司ᄉᆞ馬마溫온公공이ᄀᆞᆯ오ᄃᆡ믈읫昏혼姻인을議의논ᄒᆞ
매맛當당이몬져그壻셔와다못婦부의性셩行ᄒᆡᆼ과밋家
가法법이엇더ᄒᆞ믈ᄉᆞᆯ피고苟구차히그富부貴귀ᄒᆞᆷ을ᄉᆞ
慕모티말올디니壻셔ㅣ진실로어딜면이제비록貧빈賤

쳔ᄒᆞ나다ᄅᆞᆫ時시졀의富부貴귀티아닐줄을엇디알ᄅᆞ오
실로不블肖쵸ᄒᆞ면이제비록富부盛셩ᄒᆞ나다ᄅᆞᆫ時시졀
의貧빈賤쳔티아닐줄을엇디알리오婦부ㅣ란거ᄉᆞᆫ집의
발미아마盛셩ᄒᆞ며衰쇠ᄒᆞᄂᆞᆫ배니苟구차ᄒᆞᆫ고一일時시
의富부貴귀ᄅᆞᆯᄉᆞ慕모ᄒᆞ야娶취ᄒᆞ면뎌그富부貴귀ᄅᆞᆯ배
셔그남편을가ᄇᆡ야이텨기며싀어버이ᄅᆞᆯ업슈이녀기디
아니리져그니驕교만ᄒᆞ고새오ᄂᆞᆫ性셩을쳐일오면다ᄅᆞᆫ
나라患환이되미엇디ᄀᆞ이이시리오가使ᄉᆞ婦부의財ᄌᆡ
믈을因인ᄒᆞ야ᄡᅥ富부호믈닐위고婦부의勢셰ᄅᆞᆯ依의지
ᄒᆞ야ᄡᅥ貴귀호믈取취ᄒᆞ나진실로丈댱夫부의志지氣긔

극은샛ᄀᆞ
ᄒᆞᆯ이라

ᄆᆞᆯᄂᆞᆫ者자ㅣ면能능히븟그러ᄋᆞ미업스라또世세俗속
이기ᄉᆡᆼ여어려신제輕경히合합혼인을許허호믈도ᄒᆞ며
기며또비롤ᄭᆞ루쳐育혼인ᄒᆞ쟈ᄒᆞ리잇다가그님의ᄌᆞ단
ᄆᆡ미쳐ᄂᆞ或혹不블肖쵸ᄒᆞ야無무賴뢰ᄒᆞ거나或혹흠긔
惡악疾질을둣거나或혹집이가난ᄒᆞ야얼여주리거나或
혹喪상服복이거루仍잉ᄒᆞ거나或혹먼ᄃᆡ벼술ᄒᆞ여ᄀᆞ거
나ᄒᆞ야드듸여信신을ᄇᆞ리며約약을져ᄇᆞ리매나ᄀᆞᆫ者
獄옥ᄉᆞ를速속ᄒᆞ여訟송ᄉᆞ를닐윌者쟈ㅣ만ᄒᆞ니이러므
로ᄡ先션祖조太태尉위ㅣ일즉ᄀᆞᄅᆞ사ᄃᆡ우리집의男남女
녀는반ᄃᆞ시임의ᄌᆞ라믈기ᄃᆞ른後후에議의ᄒᆡ婚혼ᄒᆞ고임

의通통書셔ᄒᆞ매두거ᄃᆞᆯ혼ᄒᆞ여셔반ᄃᆞ시成셩合합ᄒᆞᄂᆞᆫ故고로終죵身신토록이런뉘우초미업다ᄒᆞ시니이子ᄌᆞ孫손의맛당히法법받ᄋᆞᆯ배니라

納납采ᄎᆡ

그采ᄎᆡ擇ᄐᆡᆨᄒᆞᄂᆞᆫ禮녜ᄅᆞᆯ納납ᄒᆞ미니이제世셰俗쇽의닐온바言언定뎡ᄒᆞ미라

主쥬人인이具구書셔ᄒᆞ라○主쥬人인이이무ᄅᆞᆯ기초라

主쥬人인은곧主쥬昏혼ᄒᆞᄂᆞᆫ者자ㅣ니이무ᄅᆞᆯᄒᆞᆯ箋젼紙지ᄅᆞᆯᄡᅥ世셰俗쇽의禮녜ᄀᆞ티ᄒᆞ라만일族족人인의子ᄌᆞㅣ어든그父부ㅣ이무ᄅᆞᆯ기초와宗종子ᄌᆞ의게ᄒᆞ고ᄒᆞ라

夙슉興흥ᄒᆞ야 奉봉以이告고祠ᄉᆞ堂당라ᄒᆞ〇일니러밧ᄌᆞ와 拜

祠ᄉᆞ堂당의告고ᄒᆞ라

冠관告고ᄒᆞᄂᆞᆫ녜ᄀᆡ티ᄒᆞ라그祝츅版판이前젼ᄀᆡ두되다

만날오직某모之지子ᄌᆞ某모ㅣ라ᄒᆞ거나若약某모之지

某모親친之지子ᄌᆞ某모ㅣ年년己이長댱成셩호되未미

有유伉항儷려ㅣ러니已이議의娶츄某모官관某모君군

姓셩名명之지女녀ᄒᆞ야今금日일에納납采채ᄒᆞ니不블

勝승感감愴창이라ᄒᆞ라謹근以이後후ᄂᆞᆫᄀᆡ두니라〇만

일宗종子ᄌᆞㅣ제昏혼ᄒᆞ거든제告고ᄒᆞ라

乃내使ᄉᆞ子ᄌᆞ弟뎨로爲위使ᄉᆞ者쟈ᄒᆞ야如여女녀氏시ᄅᆞᆫ에 安

녀氏시主쥬人인이出츌見견使ᄉ者쟈라ᄒᆞ〮 ○ 이예子ᄌ弟뎨
도ᄒᆡ여使ᄉ者쟈ᄅᆞᆯ사마女녀氏시의게니거든女녀氏시ᄀᆞ
主쥬人인이나使ᄉ者쟈ᄅᆞᆯ보라
使ᄉ者쟈ㅣ盛셩服복ᄒᆞ고女녀氏시의게니거든女녀氏
시의게셔도또宗종子ᄌㅣ主쥬ㅣ될디니主쥬人인이盛
셩服복ᄒᆞ고나使ᄉ者쟈ᄅᆞᆯ보되宗종子ᄌ의女녀ㅣ아니
어든그父부ㅣ主쥬人인의右우에位위ᄒᆞ야尊존ᄒᆞ면져
기낫고卑비ᄒᆞ면져기므라茶다먹기못고使ᄉ者쟈ㅣ
니러셔말ᄉᆞᆷ을닐위여골오ᄃᆡ吾오子ᄌㅣ有유惠혜ᄒᆞ야
貺황室실某모也야ᄒᆞ시니某모之지某모로親친某모官관

이有유先션人인之지禮녜ᄒᆞ야使ᄉᆞ某모로請쳥納납采처라ᄒᆞ고從죵者쟈ㅣ書셔로ᄡᅥ나아든使ᄉᆞ者쟈ㅣ書셔로ᄡᅥ主쥬人인을주어든主쥬人인이對ᄃᆡᄒᆞ야골오ᄃᆡ某모之지子ᄌᆞㅣ라ᄒᆞ거나若약妹미姪딜孫손ㅣ惷용愚우ᄒᆞ고又우弗블能ᄂᆞᆼ教교ㅣ언마노吾오子ᄌᆞㅣ命명之지ᄒᆞ시니某모ㅣ不블敢감辭ᄉᆞㅣ라ᄒᆞ고北븍向향再ᄌᆡ拜ᄇᆡᄒᆞ여든使ᄉᆞ者쟈ㅣ避피ᄒᆞ야答답拜ᄇᆡ말라使ᄉᆞ者쟈ㅣ믈러셔命명을기돌위지라請쳥ᄒᆞ고나와막次ᄎᆞ의나아가라만일許허嫁가者쟈ㅣ主쥬人인의게姑고ㅣ어나姊ᄌᆞㅣ어나ᄒᆞ면惷용愚우又우不블能ᄂᆞᆼ教교ㅣ라니ᄅᆞ

디알라녀나믄말숨은다ᄀᆞ두니라
遂슈奉봉書셔ᄒᆞ야以이告고于우祠ᄉᆞ堂당라ᄒᆞ○드듸여書셔
롤받드와베祠ᄉᆞ堂당의告고ᄒᆞ라
壻셔家가의녜ᄀᆞ티ᄒᆞ라祝츅版판이前젼과ᄀᆞ두되다만
날오듸某모之지第뎨幾긔女녀ㅣ라ᄒᆞ거나若약某모親
친某모之지第뎨幾긔女녀ㅣ年년漸졈長댱成셩ᄒᆞ니己
이許허嫁가某모官관某모郡군姓셩名명之지子ᄌᆞㅣ라
ᄒᆞ거나若약某모親친某모ᄒᆞ야今금日일에納납采ᄎᆡ
ᄒᆞ니不블勝승感감愴창이라ᄒᆞ라謹근以이後후논ᄀᆞ두니
라

出출ᄒᆞ야 以이 復복書셔로 授슈使ᄉᆞ者자ᄒᆞ고 遂슈禮례之지ᄒᆞ라
○나와답장으로ᄡᅥ使ᄉᆞ者자를주고드듸여禮례ᄒᆞ라
主쥬人인이나와使ᄉᆞ者자를마자堂당의올라셔답장으로ᄡᅥ주어든使ᄉᆞ者자ㅣ받고믈러니거지라請쳥ᄒᆞ여든
主쥬人인이禮례賓빈ᄒᆞ야지라請쳥ᄒᆞ고이에酒쥬饌찬으로ᄡᅥ使ᄉᆞ者자를禮례ᄒᆞ라使ᄉᆞ者자ㅣ이에니루러비로소主쥬人인으로더브러쉬루拜비ᄒᆞ며揖읍ᄒᆞ기를常샹시賓빈客ᄀᆡᆨ禮례ᄀᆞ티ᄒᆞ라그從죵者자를任別별室실의가禮례ᄒᆞ고다幣폐빅으로ᄡᅥ주라
使ᄉᆞ者자ㅣ復복命명이어든婿셔氏시主쥬人인이復부以이

告고于우祠ᄉᆞ堂당라ᄒᆞ◯使ᄉᆞ者쟈ㅣ復복命명ᄒᆞ여든壻셔
氏시의主쥬人인이다시祠ᄉᆞ堂당의告고ᄒᆞ라
祝츅문을ᄡᅳ디말라

納납幣폐

古고禮례예問문名명ᄒᆞ며納납吉길ᄒᆞ미잇더니이제
能능히다ᄡᅳ디몯ᄒᆞ야다만納납采채와納납幣폐ᄅᆞᆯᄡᅥ
ᄡᅥ곰簡간便편호ᄆᆞᆯ좃노라

納납幣폐라ᄒᆞ◯幣폐ᄅᆞᆯ納납ᄒᆞ라
幣폐ᄅᆞᆯ色ᄉᆡᆨ비단을ᄡᅥ호ᄃᆡ貧빈富부ᄅᆞᆯ隨슈宜의ᄒᆞ야적
거도두필에디오디말며만하도열필에넘고디말라이제

차도법총
쳐고
친ᄂᆞᆫ가랑
지희랏

사ᄅᆞᆷ이다시斂차鍘현이며羊양酒쥬ㅣ며果과實실류ᄅᆞᆯ
ᄡᅳ니任可가ᄒᆞ니라

具구書셔ᄒᆞ야遣견使ᄉᆞ如여女녀氏시어든女녀氏시受슈書
셔ᄒᆞ며復복書셔ᄒᆞ며禮례賓빈ᄒᆞ며이使ᄉᆞ者쟈ㅣ復복命명을並병ᄒᆞ
동納납采채之지儀의라ᄒᆞ○이무ᄅᆞᆯ고초와使ᄉᆞᄅᆞᆯ보내여女
녀氏시의게니거든女녀氏시편이이무받기며이무뒤답ᄒᆞ
기며賓빈을禮녜ᄒᆞ기며使ᄉᆞ者쟈ㅣ復복命명ᄒᆞ기ᄅᆞᆯ다納
납采채ᄒᆞᆫ도톄ᄀᆞ티ᄒᆞ라

禮톄納납采채ᄒᆞᆯ적ᄀᆞᄐᆞ되다만告고廟묘ᄒᆞ디말고使ᄉᆞ
者쟈ㅣ致티辭ᄉᆞᄒᆞᆯ제采채ᄅᆞᆯ고텨幣폐라ᄒᆞ라從종者쟈

ㅣ書셔와幣폐로ᄡᅥ나아든使ᄉᆞ者쟈ㅣ書셔로ᄡᅥ主쥬人
인을주어든主쥬人인이對ᄃᆡᄒᆞ야ᄀᆞᆯ오ᄃᆡ吾오子ᄌᆞㅣ順
순先션典뎐ᄒᆞ샤貺황某모重듕禮례ᄒᆞ시니某모ㅣ不블
敢감辭ᄉᆞᄒᆞ노니敢감不블承승命명가ᄒᆞ고이예書셔를
받고執집事ᄉᆞ者쟈ㅣ幣폐로받고主쥬人인이再ᄌᆡ拜ᄇᆡ
ᄒᆞ거든使ᄉᆞ者쟈ㅣ避피ᄒᆞ엿다가다시나아가請쳥命명
ᄒᆞ거든主쥬人인이답書셔로ᄡᅥ주라녀나믄거ᄉᆞᆫ다ᄀᆞ트
니라

楊양氏시ㅣ復복이ᄀᆞᆯ오ᄃᆡ昏혼禮례에納납采ᄎᆡ과問문
名명과納납吉길과納납徵딩과請쳥期긔와親친迎영

ᄒᆞᄂᆞᆫ六뉵禮례잇거ᄂᆞᆯ家가禮례에問문名명과納납吉
길을더러ᄇᆞ리고다만納납采채와納납幣폐ᄅᆞᆯᄡᅳ믄ᄡᅥ
곰簡간便편호믈조ᄎᆞ미이니와다만親친迎영以이前
젼에다시請청期긔ᄒᆞᄂᆞᆫ一일節절이이시니可가히시
러곰더디몯ᄒᆞᆯ者쟈ㅣ인ᄂᆞᆫ디라이제規규例녜로ᄡᅥ推츄
이ᄒᆞᆫ건대ᄂᆞᆫ請청期긔ᄒᆞᆯ제書셔ᄅᆞᆯᄀᆞ초와使ᄉᆞ者쟈ᄅᆞᆯ보
내여女녀氏시의게가든女녀氏시書셔ᄅᆞᆯ受슈ᄒᆞ여書
셔ᄅᆞᆯ復복ᄒᆞ여賓빈을禮례ᄒᆞ여使ᄉᆞ者쟈ㅣ命명을復
복홈이다納납采채ᄒᆞᄂᆞᆫ례와ᄀᆞᆺ투니라使ᄉᆞ者쟈ㅣ말
ᄉᆞᆷ을ᄇᆞᆯ외여골오ᄃᆡ吾오子ᄌᆞㅣ주신命명이이시니某

모ㅣ임의다시곰命명을受슈ᄒᆞ연ᄂᆞᆫ디라날로ᄒᆡ여곰
吉길日일을請쳥ᄒᆞ라ᄒᆞ연ᄂᆞ니라主쥬人인이ᄀᆞᆯ오ᄃᆡ
某모ㅣ임의前젼의命명을受슈ᄒᆞ연ᄂᆞᆫ디라오직命명
ᄃᆡ로이에聽텽호리라賓빈이ᄀᆞᆯ오ᄃᆡ某모ㅣ某모를命
명ᄒᆞ야吾오子ᄌᆞᄭᅴ命명을듯ᄌᆞ오라ᄒᆞ연ᄂᆞ니라主쥬
人인이ᄀᆞᆯ오ᄃᆡ某모ㅣ진실로오직命명ᄃᆡ로이에듯ᄌᆞ
오리라賓빈이ᄀᆞᆯ오ᄃᆡ某모ㅣ命명을밧ᄌᆞ오려ᄒᆞ거ᄂᆞᆯ
吾오子ᄌᆞㅣ許허티아니ᄒᆞ시니某모ㅣ敢감히期긔를
告고티아니랴ᄒᆞ고ᄀᆞᆯ오ᄃᆡ아모날이니라主쥬人인이
ᄀᆞᆯ오ᄃᆡ某모ㅣ敢감히삽가기ᄃᆞᆯ오디아니ᄒᆞ랴뎌나묘

비ᄂᆞ다ᄀᆞ투니라

親친迎영

朱쥬子ᄌᆞㅣ ᄀᆞᆯ오샤ᄃᆡ 親친迎영ᄒᆞ논 禮례ᄂᆞᆫ 저근ᄒᆞ됴

伊이川쳔말ᄉᆞᆷ을조ᄎᆞ미올ᄒᆞ니갓가오면그國국애迎

영ᄒᆞ고멀면그샤館관애迎영ᄒᆞ올디니라○이제妻쳐家

가ㅣ멀거든行힝禮례ᄒᆞ옴올要요구ᄒᆞ올딘대뇨효가지로

뇨妻쳐家가로ᄒᆞ야곰近근ᄒᆞᆫ處쳐의就츄ᄒᆞ야효處쳐소

ᄅᆞᆯ비設셜ᄒᆞ고믄득뎨나아가셔가迎영ᄒᆞ야샤館관의

도라와行힝禮례ᄒᆞ고효가지로뇨妻쳐家가ㅣ나와ᄒᆞᆫ

處쳐소에닐을엇거든婿셔ㅣ곳톄나아가마자도라와

집의날으러禮녜를일올디나라○昏혼禮녜를뭇ᄌᆞ오
리이쇼뒤이제士ᄉᆞ人인이어서俗쇽人인으로對ᄃᆡᄒᆞ
야혼姻인을結결약ᄒᆞᆯ시士ᄉᆞ人인은昏혼禮녜를行ᄒᆡᆼ
코져ᄒᆞ대뎌집이좃디아니면엇디ᄒᆞ리잇고오샤ᄃᆡ
이다만시러곰宛완轉뎐히사ᄅᆞᆷ브려가뎔로더브러商
샹量냥ᄒᆞ야ᄒᆞᆯ디니다만古고禮녜감省싱ᄒᆞ고經경편
ᄒᆞ니사ᄅᆞᆷ이므어슬쫌고로이너겨行ᄒᆡᆼ티아니ᄒᆞ리인
請쳥期긔一일日일라ᄒᆞ야女녀氏시使ᄉᆞ人인ᄒᆞ야張댱陳딘其기
婿셔之지室실라ᄒᆞ야○ᄒᆞ로請쳥期긔ᄒᆞ야女녀氏시편이사ᄅᆞᆷ
브려그婿셔의室실을張댱陳딘ᄒᆞᄂᆞ니라

世셰俗쇽이鋪포房방이라니ᄅᆞᄂᆞ니그러나張댱陳딘ᄒᆞ
ᄂᆞᆫ바者쟈ᄂᆞᆫ다만氈젼褥요과帳댱幔만帷유幕막의應응
당ᄒᆞᆯ것만ᄒᆞ고그衣의服복은篋협笥ᄉᆞ의ᄌᆞᆷ가두어두
되여陳딘ᄒᆞ디아닐거시니라○司ᄉᆞ馬마溫온公공이ᄀᆞᆯ
오ᄃᆡ文문中듕子ᄌᆞㅣ닐오ᄃᆡ昏혼娶취ᄒᆞᆯ제財ᄌᆡ믈을의
論논ᄒᆞᄆᆞᆫ오랑캐道도ㅣ라ᄒᆞ니夫부昏혼姻인이란거슨企
ᄡᅥ二이姓셩의好호ᄅᆞᆯ合합ᄒᆞ야우ᄒᆞ로ᄂᆞᆫ宗종廟묘ᄅᆞᆯ셤
기고아래로ᄂᆞᆫᄡᅥ後후世셰ᄅᆞᆯ닛ᄂᆞᆫ배어ᄂᆞᆯ이제世셰俗쇽
의貪탐鄙비ᄒᆞᆫ者쟈ㅣ將쟝ᄎᆞᆺ娶취婦부ᄒᆞᆯ제몬져資ᄌᆞ裝
장의厚후薄박을믇고將쟝ᄎᆞᆺ嫁가女녀ᄒᆞᆯ제몬져聘빙財ᄌᆡ

쟝쾌ᄂᆞᆫ 흥졍ᄃᆞ름

셔의多다少쇼ᄅᆞᆯ무러至지於어글월을셰우며約약ᄒᆞ야
닐오ᄃᆡ아모거시아모만이오아모거시아모만이라ᄒᆞ야ᄂᆞᆫ
배그女녀ᄅᆞᆯᄑᆞᆯ기ᄅᆞᆯ求구ᄒᆞ고ᄯᅩ임의ᄒᆞᆫ嫁가ᄒᆞ온후에다시
소겨먼約약을져ᄇᆞ릴이이시니이ᄂᆞᆫ駔장儈회의婢비ᄅᆞᆯ
ᄑᆞᆯ며奴노ᄅᆞᆯ푸ᄂᆞᆫ法법이니엇디시러곰士ᄉᆞ大태夫우ㅣ
婚혼姻인이라니ᄅᆞ리오그舅구姑고ㅣ임의소기믈니브
면그며누리ᄅᆞᆯ殘잔잉히침虐학ᄒᆞ야배그忿분심을ᄲᅧ노
니라이러모로말미암아그女녀ᄅᆞᆯᄉᆞ랑ᄒᆞᄂᆞᆫ者쟈ㅣ그資
ᄌᆞ裝장을厚후케ᄒᆞ야배그舅구姑고ᄅᆞᆯ깃기믈힘스니ᄌᆞ
못ᄃᆡ貪탐鄙비ᄒᆞᆫ사ᄅᆞᆷ은ᄀᆞ히가히ᄎᆡ와슬의게몯ᄒᆞᆯ디라

亦裝장이임의竭갈진ᄒᆞ면네셜을어ᄃᆡᄡᅳ리오ᄒᆞ올졔ᄅᆞᆯ아
다몯ᄒᆞ야이에그셰ᄅᆞᆯ볼모두어배곰女녀氏시의게저貨
화ᄅᆞᆯ責ᄎᆡᆨ出츌ᄒᆞ게ᄒᆞ니지貨화ᄂᆞᆫ盡진ᄒᆞ미잇고責ᄎᆡᆨ出츌ᄒᆞ
기ᄂᆞᆫᄭᅳ이업ᄉᆞᆫ故고로昏혼姻인ᄒᆞ지비ᄅᆞ못ᄅᆞ못내죵애
仇구讎슈ㅣ되ᄂᆞ니이러모로버世셰俗쇽이生ᄉᆡᆼ男남ᄒᆞ
면깃거ᄒᆞ고生ᄉᆡᆼ女녀ᄒᆞ면슬퍼ᄒᆞ야그女녀ᄅᆞᆯ기ᄅᆞ디아
니리이시매니ᄅᆞ니일로뻰연故고ㅣ라그런則즉昏혼姻
인을議의논ᄒᆞᆯ제財ᄌᆡ믈에미치ᄂᆞᆫ者쟈ㅣ잇거든다ᄃᆡ브
러昏혼姻인마로미可가ᄒᆞ니라
厥궐明명에壻셔家가ㅣ設셜位위于우室실中듕ᄒᆞ라 ○그시

ᄒᆞᆫ날 壻셔家가ㅣ 位위ᄅᆞᆯ 室실中듕에 設셜ᄒᆞ라

교倚의와 卓탁子ᄌᆞ 兩냥 位위ᄅᆞᆯ 設셜ᄒᆞ야 東동西셔로 서
ᄅᆞ 向향케 ᄒᆞ야 蔬소果과와 盤반盞잔과 匕시箸뎌ᄅᆞᆯ 賓빈
客ᄀᆡᆨ의 禮녜ᄀᆞ티 ᄒᆞ고 酒쥬壺호ᄂᆞᆫ 東동녁 位위 뒤헤 잇고
또 卓탁子ᄌᆞ로ᄡᅥ 合합巹근 ᄒᆞ나ᄒᆞᆯ 그 南남의 노코 또 南남
北븍의 두세 쥬소라와 구기ᄅᆞᆯ 室실東동녁 모희 設셜ᄒᆞ고
또 酒쥬壺호와 盞잔注주ᄅᆞᆯ 室실外외예 나 或혹 別별室실
의 設셜ᄒᆞ야 ᄡᅥ 從종者자ᄅᆞᆯ 머기게 ᄒᆞ라 ○ 巹근은 ᄎᆞ 근박
ᄒᆞᆫ나ᄒᆞ로 ᄡᅢ ᄡᆞ려 물희낸 거시라

女녀家가ㅣ 設셜次ᄎᆞ于우外외라ᄒᆞ ○ 女녀家가ㅣ 막次ᄎᆞ를

맛ᄉᆞ라 議의會회ᄒᆞ라

婚혼禮례에 壻셔ㅣ 盛셩服복ᄒᆞ라 ○ 빗어 믄뎌 壻셔ㅣ 盛셩服복ᄒᆞ라

世셰俗쇽이 新신壻셔ㅣ 花화勝승을 ᄡᅳ고 그 ᄂᆞᆺ촌 擁옹蔽폐ᄒᆞ니 丈댱夫부의 容용體톄ᄅᆞᆯ 일ᄂᆞ니라 ᄡᅳ디 말오미 可가ᄒᆞ니라

朱쥬子ᄌᆞㅣ 골ᄋᆞ샤ᄃᆡ 昏혼禮례에 命명服복을 ᄡᅳ모ᄂᆞᆫ 이 古고禮례라 士ᄉᆞㅣ 墨묵車거ᄅᆞᆯ ᄐᆞ고 鴈안 올 자ᄂᆞᆫ ᄐᆞ미 다 大태夫우의 禮례라 冠관帶ᄃᆡ로 오직 이 燕연服복으로 ᄒᆞ미 벼ᄂᆞᆷ 昏혼禮례ᄅᆞᆯ 重듕히 녀기미 교졍다이ᄒᆞ

뵈이다
ᄌᆞᄋᆞᆫ태노
오래핀당
미니

노배아니나古고로좃기正졍다올만끄디몯ᄒᆞ니라○

黃황氏시瑞셔節졀이골오ᄃᆡ士ᄉᆞ昏혼禮례ᄅᆞᆯ攝셥ᄋᆞᆷ을

攝셥ᄒᆞ다ᄒᆞ니盖개士ᄉᆞ로셔大대夫부의服복을섭브

며大대夫부의車거ᄅᆞᆯ두면맛당히大대夫부의摯지ᄅᆞᆯ

자브모로빼니라

主쥬人인이告고于우祠ᄉᆞ堂당ᄒᆞ라○主쥬人인이祠ᄉᆞ堂당

의告고ᄒᆞ라

納납采채ᄯᅢᄀᆞ티ᄒᆞ라祝츅版판이前젼과ᄀᆞ티되다만날

오ᄃᆡ某모之지子ᄌᆞ某모ㅣ라ᄒᆞ거나若약某모親친之지

子ᄌᆞ某모ㅣ將장娶ᄎᆔ이今금日일에親친迎영于우[illegible]

좌뎐은녯 글이러 뮈ᄂᆞᆫ공ᄉᆞ 의월ᄒᆞ이 라

좌시ᄂᆞᆫ좌 뎐지ᄋᆞᆫ자

관其모郡군其모氏시ᄒᆞ니不블勝승感감愴창이라ᄒᆞ라
謹근以이後후로고두니라○만일宗종子ᄌᆞㅣ제昏혼ᄒᆞ
거든제告고ᄒᆞ라
朱쥬子ᄌᆞㅣ골ᄋᆞ샤ᄃᆡ儀의禮례예비록妻쳐를娶취ᄒᆞᆯ
제廟묘애告고ᄒᆞᄂᆞᆫ녜文문이업ᄉᆞ나左좌傳뎐의골오
ᄃᆡ圍위几궤筵연을布포ᄒᆞ고莊장共공의廟묘애告고
ᄒᆞ다ᄒᆞ니이ᄂᆞᆫ녜사ᄅᆞᆷ이ᄯᅩᄒᆞᆫ廟묘애告고ᄒᆞᄂᆞᆫ禮례잇
도다問문ᄒᆞ오ᄃᆡ이제婦부人인이門문의들매卽즉제가
廟묘애見현ᄒᆞ옴을蓋개擧거世세行ᄒᆡᇰᄒᆞ고요ᄉᆞ이보니
鄕향里니예諸졔賢현이不못左좌氏시의몬져配비ᄒᆞ

몸이라

고後후에祖조ᄒᆞ다ᄒᆞᄂᆞᆫ말ᄋᆞᆯ미드니엇디後후世셰예紛분紛분ᄒᆞ온말ᄅᆞᆯ足족키의據거티몯ᄒᆞᆯ이아니리오禰녜ᄅᆞᆯ조ᄎᆞ미正졍ᄒᆞᆷ만ᄀᆞ디몯ᄒᆞ니잇가아니잇가ᄀᆞᆯᄋᆞ샤ᄃᆡ左좌氏시ᄂᆞᆫ진실로다信신키어렵거니와그러나그後후에親친迎영을닐은고대伝젼ᄒᆞᆫ几궤筵연을布포ᄒᆞ고廟묘애告고ᄒᆞ고오다ᄒᆞᆫ말이이시니쥐컨대ᄂᆞᆫ니ᄅᆞᆫ바後후에祖조ᄒᆞ다ᄒᆞᆫ者쟈ᄂᆞᆫ그이禮톄ᄅᆞᆯ失실ᄒᆞᆷᄋᆞᆯ譏긔롱ᄒᆞᆫ가ᄒᆞᄂᆞ다

遂슈醮쵸其기子ᄌᆞ而이命명之지迎영라ᄒᆞ○드듸여그子ᄌᆞᄅᆞᆯ醮쵸ᄒᆞ고命명ᄒᆞ야마자오라ᄒᆞ라

ᄂᆞᆫ겨卓탁子ᄌᆞ로ᄡᅥ酒쥬注주와盤반盞잔을堂당上샹의
設셜ᄒᆞ고主쥬人인이盛셩服복ᄒᆞ고堂당東동序셔의안
자西셔向향ᄒᆞ고壻셔의돗글二西셔北북에設셜ᄒᆞ야南
남向향ᄒᆞ라壻셔ㅣ 西셔階계로브터올나돗西셔녁킈셔
셔南남向향ᄒᆞ엿거든贊찬者쟈ㅣ 盞잔을가져술을브어
잡아壻셔의돗압퓌니거든壻셔ㅣ 再ᄌᆡ拜비ᄒᆞ고돗긔올
라南남向향ᄒᆞ야盞잔을바다ᄭᅮ러술을祭졔ᄒᆞ고니러돗
그ᄐᆡ나아가ᄭᅮ러술을져기먹고니러셔돗西셔에ᄂᆞ려贊
찬者쟈ᄅᆞᆯ盞잔을주고ᄯᅩ再ᄌᆡ拜비ᄒᆞ고나아父부안ᄌᆞᆫ압
퓌가東동向향ᄒᆞ야ᄭᅮ럿거든父부ㅣ 命명ᄒᆞ야ᄀᆞᆯ오ᄃᆡ往

왕迎영爾이相샹ᄒᆞ야承승我아宗종事ᄉᆞᄒᆞ야勉면率솔以이敬경ᄒᆞ야若약則즉有유常샹ᄒᆞ라ᄒᆞ여든壻셔ㅣ골오ᄃᆡ諾낙다惟유恐공不블堪감이언뎡不블敢감忘망命명ᄒᆞ링이다ᄒᆞ고업데고니러나오라宗종子ᄌᆞ의子ᄌᆞㅣ아니어든宗종子ᄌᆞㅣ祠ᄉᆞ堂당의告고ᄒᆞ고그父부ㅣ私ᄉᆞ室실의셔醮쵸호ᄆᆞᆯ뎨대로호ᄃᆡ다만宗종事ᄉᆞ를고텨家가事ᄉᆞㅣ라ᄒᆞ라○만일宗종子ᄌᆞㅣ임의孤고ᄒᆞ여셔제昏혼ᄒᆞ면이禮녜를ᄡᅳ디말라

司ᄉᆞ馬마溫온公공이골오ᄃᆡ贊찬者자를兩냥家가ㅣ各각각親친戚쳑엣婦부人인이禮녜예習습ᄒᆞᆫ者자

ᄅᆞᆯ 끌ᄒᆞ야 ᄒᆞᆯ디니 믈읫 壻셔와 밋 婦부人인이 行ᄒᆡᆼᄒᆞᆯ 禮
녜ᄅᆞᆯ 다 贊찬者자ㅣ 도아 인導도ᄒᆞᆯ디니라

壻셔ㅣ 出츌ᄒᆞ야 乘승馬마ᄒᆞ라○壻셔ㅣ 나와 ᄆᆞᆯ투라
두 燭쵹으로 ᄡᅧ 前젼導도ᄒᆞ라

至지女녀家가ᄒᆞ야 俟ᄉᆞ于우次ᄎᆞ라○女녀家가의 니르러 막
次ᄎᆞ의셔 기ᄃᆞᆯ오라

壻셔ㅣ 大대門문 밧긔 下하馬마ᄒᆞ야 드러가 막次ᄎᆞ의셔
기ᄃᆞᆯ오라

女녀家가主쥬人인이 告고于우祠ᄉᆞ堂당라○女녀家가主
쥬人인이 祠ᄉᆞ堂당의 告고ᄒᆞ라

納납采취례ᄀᆞ티ᄒᆞ라祝축版판이前젼과ᄀᆞ두되다만닐
오ᄃᆡ某모之지第뎨幾긔女녀ㅣ라ᄒᆞ거나若약某모親친
某모之지第뎨幾긔女녀ㅣ將장ᄊᆞ이今금日일에歸귀ᄒᆞ
을某모官관某모郡군姓셩名명ᄒᆞ니不블勝승感감愴창
이라ᄒᆞ라謹근ᄊᆞ이後후ᄂᆞᆫᄀᆞ두니라
遂슈醮쵸其기女녀而이命명之지ᄒᆞ라○드듸여그女녀ᄅᆞᆯ醮
쵸ᄒᆞ고命명ᄒᆞ라
女녀ㅣ盛셩히ᄀᆡ믓고졋어미도와室실밧긔셔셔南남向
향ᄒᆞ엿거든父부ㅣ東동序셔의안자西셔向향ᄒᆞ고母모
ㅣ西셔序셔의안자東동向향ᄒᆞ고女녀의둣글母모의東

동北북의設셜ᄒᆞ야南남向향ᄒᆞ고贊찬者자ㅣ술로醮
쵸호믈壻셔의禮례ᄀᆞᆺ티ᄒᆞ라졋어미女녀를引인導도ᄒᆞ야
母모의左좌의나오나든父부ㅣ니러나命명ᄒᆞ야ᄀᆞᆯ오ᄃᆡ
敬경之지戒계之지ᄒᆞ야夙슉夜야애無무違위舅구姑고
之지命명ᄒᆞ라ᄒᆞ고母모ㅣ보내여西셔階계上샹의니르
러爲위ᄒᆞ야화冠관을整졍케ᄒᆞ며帔피를거두고命명ᄒᆞ
야ᄀᆞᆯ오ᄃᆡ勉면之지敬경之지ᄒᆞ야夙슉夜야애無무違위
爾이閨규門문之지禮례ᄒᆞ라ᄒᆞ고諸제母모ㅣ며姑고ㅣ
며嫂수ㅣ며姊ᄌᆞㅣ보내여中듕門문안희니르러爲위ᄒᆞ
야쵸마며당衫삼을整졍케ᄒᆞ고父부母모의命명으로ᄲᅵ

다시닐러ᄀᆞᆯ오ᄃᆡ謹근聽텽爾이父부母모之지言언ᄒᆞ야
夙슉夜야애無무愆건이라ᄒᆞ라宗종子ᄌᆞ의女녀ㅣ아니
어든宗종子ᄌᆞㅣ祠ᄉᆞ堂당의告고ᄒᆞ고그父부ㅣ私ᄉᆞ室
실에가醮쵸호믈테대로ᄒᆞ라
主쥬人인이出츌迎영ᄒᆞ거든壻셔ㅣ入입ᄒᆞ야奠뎐鴈안ᄒᆞ라○主
쥬人인이나와마자든壻셔ㅣ드러가기러기ᄅᆞᆯ奠뎐ᄒᆞ라
主쥬人인이壻셔ᄅᆞᆯ門문外외예가마자揖읍讓양ᄒᆞ야ᄡᅥ
드리오거든壻셔ㅣ鴈안을자바ᄡᅥ조차가廳텽事ᄉᆞ의니
르리主쥬人인은阼조階계로브터올라서西셔向향ᄒᆞ
고壻셔는西셔階계로브터올라北븍向향ᄒᆞ야ᄭᅮ러鴈안

을ᄯᅡ희노하ᄃᆞᆫ主쥬人인의侍시者쟈ㅣ바두라壻셔ㅣ업
데고닐어再ᄌᆡ拜비ᄒᆞ고主쥬人인은答답拜비말라만일
族족人인의女녀ㅣ어든그父부ㅣ主쥬人인조차나와마
자그右우에셔ᄯᅩ尊존ᄒᆞ면져기낫고卑비ᄒᆞ면져기므르
라○므릇贄지ᄒᆞᄂᆞᆫ生싱鴈안을배호ᄃᆡ머리를左좌로가게
ᄒᆞ고生싱色ᄉᆡᆨ繒증으로벼처괴워미라업거든남그로사
겨ᄆᆡᆼ글다니그陰음陽양을順슌ᄒᆞ야往왕來ᄅᆡᄒᆞᄂᆞᆫᄯᅳ들
取취ᄒᆞ니라程뎡子ᄌᆞㅣ골ᄋᆞ샤ᄃᆡ그다시ᄲᅥᆨ아니믈取ᄎᆔ
ᄒᆞᆫ거시라。
믓ᄌᆞ오ᄃᆡ主쥬人인이壻셔를揖읍ᄒᆞ야드려도壻셔ㅣ

北븍面면ᄒᆞ야拜ᄇᆡᄒᆞ고主쥬人인이答답拜ᄇᆡ아니ᄒᆞ
ᄂᆞᆫ엇뎨잇고宗종子ᄌᆞㅣᄀᆞᆯᄋᆞ샤ᄃᆡ이에奠뎐鴈안을위
ᄒᆞ야拜ᄇᆡᄒᆞᄂᆞᆫ디라主쥬人인이스ᄉᆞ로應응ᄒᆞ야答답
拜ᄇᆡ아니ᄒᆞᆯ디니라
姆모ㅣ奉봉女녀出츌ᄒᆞ야登등車거ᄒᆞ라○졋어미女녀를뫼셔
나와車거에오ᄅᆞ라
졋어미女녀를뫼셔中듕門문의나오나든壻셔ㅣ揖읍ᄒᆞ
고西셔階계로브터ᄂᆞ리거든主쥬人인은ᄂᆞ리디말라壻
셔ㅣ드듸여나오나든女녀ㅣ조차와壻셔ㅣ뎡발ᄅᆞᆯ들어
ᄲᅧ기ᄃᆞ로거든졋어미辭ᄉᆞ양ᄒᆞ야ᄀᆞᆯ오ᄃᆡᄀᆞᄅᆞ치디몯ᄒᆞ

야시니足족히더브러禮례를모롱링이다ᄒᆞ고女녀ㅣ이

에車거에오ᄅᆞ라

壻서ㅣ乘승馬마ᄒᆞ야先션婦부車거ᄒᆞ라○壻서ㅣ몬져타婦부

의車거애몬져가라

婦부의車거ᄅᆞᆯ俟호두燭쵹으로ᄡᅥ前젼導도ᄒᆞ라

司ᄉᆞ馬마溫온公공이ᄀᆞᆯ오ᄃᆡ男남이女녀ᄅᆞᆯ거ᄂᆞ리고

女녀ㅣ男남을조ᄎᆞ니夫부婦부의剛강ᄒᆞ며柔유ᄒᆞᆫ義

의일르브티비르스니라

至지其기家가ᄒᆞ야導도ᄒᆞ야婦부ㅣ入입ᄒᆞ라○그집의니르러婦

부ᄅᆞᆯ인導도ᄒᆞ야ᄡᅥ드러가라

壻셔ㅣ 집의 니르러 廳텽事ᄉ의 셔셔 婦부ㅣ 下하車거ᄒᆞ오믈 기ᄃᆞ려 揖읍ᄒᆞ고 인導도ᄒᆞ야 ᄡᅥ 드러가라

壻셔婦부ㅣ 交교拜비라 ᄒᆞᆫ ○ 壻셔와 婦부ㅣ 서ᄅᆞ 절ᄒᆞ라

婦부의 從죵者쟈ㅣ 壻셔의 비席셕을 東동方방의 펴고 壻셔의 從죵者쟈ㅣ 婦부의 비席셕을 西셔方방의 펴며 壻셔ㅣ 南남의셔 손 싯거든 婦부의 從죵者쟈ㅣ 믈 치고 슈건 밧조오며 婦부ㅣ 北븍의셔 손 싯거든 壻셔의 從죵者쟈ㅣ 믈 치고 슈건 밧조오라 壻셔ㅣ 婦부ᄅᆞᆯ 揖읍ᄒᆞ야 비席셕의 나아가 婦부ㅣ 拜비ᄒᆞ여든 壻셔ㅣ 答답拜비ᄒᆞ라

司ᄉ馬마溫온公공이 ᄀᆞᆯ오ᄃᆡ 從죵者쟈ᄂᆞᆫ 다 그 집 갓나

히죵으로배ᄒᆞᄂᆞ니女녀의從죵者쟈ㅣ壻셔ᄅᆞᆯ盥관셰
ᄒᆞᆯ南남의셔믈치고壻셔의從죵者쟈ㅣ女녀의盥관셰
ᄒᆞᆯ北븍의셔믈치모夫부婦부ㅣ비르소接졉ᄒᆞ매情졍
기[illegible]恩ᄂᆡ이시니從죵者쟈ㅣ서르그ᄠᅳ들인導도ᄒᆞ
미라○女녀子ᄌᆞㅣ丈댱夫부로더브러禮녜ᄅᆞᆯᄒᆞ면俠
협拜비ᄒᆞᄂᆞ니男남子ᄌᆞᄂᆞᆫ再ᄌᆡ拜비로뻐禮녜ᄅᆞᆯ삼고
女녀子ᄌᆞᄂᆞᆫ四ᄉᆞ拜비로뻐禮녜ᄅᆞᆯ삼ᄂᆞ니라녜ᄂᆞᆫ壻셔
婦부ㅣ交교拜비ᄒᆞᄂᆞᆫ녜업더니이제俗쇽을조ᄎᆞ더니
라

就취坐좌ᄒᆞ야飲음食식ᄒᆞ고畢필에壻셔ㅣ出츌ᄒᆞ라○坐좌의바

아가飮음食식ᄒᆞ고ᄆᆞᄎᆞ매壻셔ㅣ나오라
壻셔ㅣ婦부ᄅᆞᆯ揖읍ᄒᆞ야坐좌의나아가되壻셔ᄂᆞᆫ東동의
ᄒᆞ고婦부ᄂᆞᆫ西셔의ᄒᆞ라從죵者쟈ㅣ酒쥬ᄅᆞᆯ븟고饌찬을
設셜ᄒᆞ여든壻셔ㅣ며婦부ㅣ酒쥬ᄅᆞᆯ祭졔ᄒᆞ고殽효ᄅᆞᆯ들
라ᄯᅩ酒쥬ᄅᆞᆯ브어든壻셔ㅣ婦부ᄅᆞᆯ揖읍ᄒᆞ야드러먹고祭
졔아니ᄒᆞ殽효ㅣ업ᄉᆞ니라ᄯᅩ박잔을가져壻셔와婦부의
압ᄒᆡᄂᆞᆫ화노코酒쥬ᄅᆞᆯ브어든壻셔ㅣ婦부ᄅᆞᆯ揖읍ᄒᆞ야드
러먹고祭졔아니며殽효ㅣ업ᄉᆞ니라壻셔ㅣ나와다ᄅᆞᆫ室
실에나아가든짓어미婦부ᄅᆞ리브러室실中듕에머믈고
饌찬을굴설어室실밧긔예노코돗글設셜ᄒᆞ야壻셔의從

둉뇌ᄂᆞᆫ놀
셩을호가
자토ᄒᆞ미
ᄇᆡ뇌ᄂᆞᆫ對
셩이각

죵者쟈ᄂᆞᆫ婦부의나ᄆᆞᆫ음식을먹고婦부의從죵者쟈ᄂᆞᆫ壻
셔의나ᄆᆞᆫ음식을머그라
司ᄉᆞ馬마溫온公공이ᄀᆞᆯ오ᄃᆡ古고者쟈애同동牢뇌ᄒᆞ
ᄂᆞᆫ禮녜애壻셔ㅣ西셔의이셔東동面면ᄒᆞ고婦부ㅣ東
동의이셔西셔面면ᄒᆞ니蓋개古고人인이右우를슝尙
샹ᄒᆞᆫ故고로壻셔ㅣ西셔의이심은尊존ᄒᆞ옴미러니今금
人인은임의左좌를슝尙샹ᄒᆞ니左좌ᄒᆞᆫ俗쇽을조출디니
라○劉뉴氏시璋쟝이ᄀᆞᆯ오ᄃᆡ儀의禮녜䟽소애닐온巹
근은닐온同동牢뇌예박잔이니ᄒᆞᆫ박으로ᄢᅢ分분ᄒᆞ야두
박마지ᄅᆞᆯ밍글믈닐온巹근이니壻셔ㅣ婦부로더브러

은양ᄒᆡ ᄋᆞᆷ미니겁 들조케호 ᄲᅥ디라 ᄋᆞ의노녜 괴편명이 과

동존비노 부부의존 비를ᄒᆞ간 탁ᄀᆞ로옥이

各각ᄒᆞᆫ片편을자바ᄡᅢ곰䬳인ᄒᆞᄂᆞᆫ故고로닐오ᄃᆡ졸ᄇᆞᆫ을
合합ᄒᆞ야䬳인ᄒᆞ다ᄒᆞ니라○昏혼義의예골오ᄃᆡ婦부
ㅣ니르거든壻셔ㅣ婦부를揖읍ᄒᆞ야ᄡᅧ곰ᄃᆞ려가牢뇌
를ᄒᆞᆫ가지로ᄒᆞ야食식ᄒᆞ며졸ᄅᆞᆫ을合합ᄒᆞ야䬳인ᄒᆞᆷ은
ᄡᅢ곰禮례를合합ᄒᆞᆫ배라尊존卑비를同동케ᄒᆞ야ᄡᅢ
곰親친케ᄒᆞᆷ이니라

復부入입ᄒᆞ야脫탈服복ᄒᆞ고燭촉出츌ᄒᆞ라○다시드러가오ᄉᆞᆯ벗
고燭촉블을내리

壻셔ㅣ오ᄉᆞᆯ버서든婦부의從종者쟈ㅣ밧고婦부ㅣ오ᄉᆞᆯ
버서든壻셔의從종者쟈ㅣ받ᄂᆞ니라○司ᄉᆞ馬마溫온公공

이골오뒤古고詩시에닐오뒤머리미여셔夫부婦부ㅣ되다ᄒᆞ니닐온少쇼年년의머리다ᄒᆞ신적브터夫부婦부ㅣ되다ᄒᆞ미니李니廣광의닐온머리ᄆᆡ여셔匈흉奴노로더브러싸호다ᄒᆞ미ᄭᅳ거로이제世셰俗쇽이昏혼姻인ᄒᆞᆯ제머리미ᄂᆞᆫ禮례ㅣ이시니그르고可가笑쇼로온디라ᄡᅳ디말오미可가ᄒᆞ니라

主쥬人인이禮례賓빈ᄒᆞ라○主쥬人인이賓빈의게禮례ᄒᆞ라男남편손으란外외廳텽의ᄒᆞ고女녀편손으란中듕堂당의ᄒᆞ라古고禮례예ᄂᆞᆫ이ᄐᆞᆫ날從죵者쟈로연饗향ᄒᆞ더니이제俗쇽을좃노라

죵ᄉᆞ믄은
볘ᄌᆡ 면
이라

司ᄉᆞ馬마溫온公공이ᄀᆞᆯ오ᄃᆡ不블用용樂악註주에ᄂᆞᆯ
오ᄃᆡ曾증子ᄌᆞ問문의ᄀᆞᆯ오ᄃᆡ婦부ᄅᆞᆯ娶취ᄒᆞᆫ집이三삼
日일을풍류ᄅᆞᆯ드ᄃᆡ아니ᄒᆞ믄어버이니으믈ᄉᆡᆼ각ᄒᆞ미
라ᄒᆞ니이제셰俗쇽이昏혼禮례애풍뉴ᄅᆞᆯᄡᅳ미ᄌᆞᆷᄉ禮
녜아니라

婦부見현舅구姑고

明명日일에夙슉興흥ᄒᆞ야婦부ㅣ見현于우舅구姑고ᄒᆞ라○이
토날일ᄂᆞᆯ어婦부ㅣ舅구姑고ᄭᅴ뵈ᄋᆞ오라
婦부ㅣ일니러盛셩服복ᄒᆞ고뵈ᄋᆞᆸ기ᄅᆞᆯ기ᄃᆞ리거든舅구
姑고ㅣ堂당上샹의안자東동西셔로서로向향ᄒᆞ야각각

ᄂᆞᆫ셔ᄂᆞᆫ동
녁벽이라

지ᄂᆞᆫ사ᄇᆡ
셔쿠보ᄂᆞᆫ
비니구의
ᄂᆞ대ᄎᆞᆷ
어오ᄆᆡ의
ᄂᆞᆫ편포로
ᄒᆞᆫ니라
폐ᄂᆞᆫ폐ᄇᆡᆨ
라

卓탁子ᄌᆞ를압피노코집사ᄅᆞᆷ의男남이며女녀ㅣ舅구姑고
ᄭᅴ셔져믄者쟈ㅣ兩냥序셔의서기를冠관禮녜적ᄌᆞ이
ᄭᅳ티ᄒᆞ라婦부ㅣ나아가阼조階계下하의서北북面면
ᄒᆞ야舅구ᄭᅴ拜비례ᄒᆞ고올라贄지와幣폐를卓탁子ᄌᆞ上
샹의奠뎐ᄒᆞ여든舅구ㅣ자바문지고侍시者쟈ㅣ베드려
니거든婦부ㅣ나려ᄯᅩ拜비례ᄒᆞ라ᄆᆞᆺ고西셔階계下하의
가北북面면ᄒᆞ야姑고ᄭᅴ拜비례ᄒᆞ고올라贄지와幣폐를
奠뎐ᄒᆞ여든姑고ㅣ들어ᄲᅥ侍시者쟈ᄅᆞᆯ주어든婦부ㅣ나
려ᄯᅩ拜비례ᄒᆞ라○만일宗종子ᄌᆞ의子ᄌᆞㅣ아니오宗종
子ᄌᆞ와더브러同동居거ᄒᆞ거든ᄌᆞ뎌이禮녜를舅구姑고

의私ᄉᆞ室실의가行ᄒᆡᆼᄒᆞ고宗종子ᄌᆞ와ᄃᆡ브러同동居거
티아니ᄒᆞ거든옷녜ᄀᆞ티ᄒᆞ라
司ᄉᆞ馬마溫온公공이ᄀᆞᆯ오ᄃᆡ古고者쟈애堂당우희셔
절ᄒᆞ더니이제아래셔절ᄒᆞ니恭공順슌호ᄃᆡ라可가히衆
즁을조ᄎᆞᆯ거시니라
舅구姑고ㅣ禮녜之지라ᄒᆞᆫ○舅구姑고ㅣ禮녜ᄒᆞ라
父부母모ㅣ醮쵸女녀ᄒᆞ노녜ᄀᆞ티ᄒᆞ라
婦부ㅣ見현于우諸제尊존長댱라ᄒᆞᆫ○婦부ㅣ모ᄃᆞᆫ尊존長댱
의게뵈라
婦부ㅣ김의禮녜ᄒᆞ시믈受슈ᄒᆞ고西셔階계로브터ᄂᆞ려

饋 음식ᄎᆞ야머기ᄃᆞ라

小낭은싀아자븨오쇼고는싀누의라

饋궤ᄂᆞᆫ음식ᄀᆞ초아권

同동居거ᄒᆞ논디舅구姑고ㅣ셔尊존ᄒᆞ니잇거든舅구姑고ㅣ婦부로ᄡᅥ그室실의가뵈기ᄅᆞᆯ舅구姑고뵈ᄂᆞᆫ禮례ᄀᆞ티ᄒᆞ고도라와모ᄃᆞᆫ尊존長댱을兩냥序셔의셔拜비ᄒᆞ기ᄅᆞᆯ冠관禮례ᄀᆞ티호ᄃᆡ贄지ᄅᆞᆯ업시ᄒᆞ라小쇼郎낭이며小쇼姑고ᄂᆞᆫ다서르拜비ᄒᆞ라宗종子ᄌᆞ의子ᄌᆞㅣ아니오宗종子ᄌᆞ와더브러同동居거ᄒᆞ거든임의禮례ᄒᆞ시믈밧고그堂당上샹의니르러拜비호ᄃᆡ舅구姑고셔禮례ᄀᆞ티ᄒᆞ고도라와兩냥序셔의가뵈라그宗종子ᄌᆞ와밋尊존長댱이同동居거아니ᄒᆞ거든ᄉᆞ당의뵈온後후에가라

若약冢총婦부則즉饋궤于우舅구姑고라ᄒᆞᆫ○만일ᄆᆞᆮ며누리

히진지호
마라

어든舅구姑고셔饋궤ᄒᆞ라
이날밤ᄢᅢ예婦부家가와셔盛셩饌찬이며酒쥬壺호로ᄆᆞ
초와婦부의從죵者자ㅣ蔬소果과卓탁子ᄌᆞ로堂당上샹
舅구姑고압ᄑᆡ設셜ᄒᆞ고盥관盆분을阼조階계東동南남
의設셜ᄒᆞ고帨셰架가ᄂᆞᆫ東동의두라舅구姑고ㅣ坐좌의
나아안조셔든婦부ㅣ손싯고西셔階계로브터올라盞잔
시셔술브어舅구의卓탁子ᄌᆞ우희노코누려舅구ㅣ자셔
ᄆᆞᆺ초몰기두려俠협拜비ᄒᆞ고드듸여姑고의게獻헌ᄒᆞ야盞
을進진ᄒᆞ여든姑고ㅣ바다자셔ᄆᆞ차든婦부ㅣ누려拜비
ᄒᆞ고드듸여饌찬믈을자바올라가舅구姑고압ᄑᆡ薦쳔ᄒᆞ

특돈은온도티라

고姑고의뒤희뫼ᅀᆞ와셔셔비곰다자시믈기드려괴ᄅᆞᆯ설
고侍시者쟈ㅣ饌찬ᄅᆞᆯ을설어別별室실에ᄂᆞᆫ화두어든婦
부ㅣ나아가姑고의나ᄆᆞᆫ음식을먹고婦부의從죵者쟈ᄂᆞᆫ
舅구의나ᄆᆞᆫ음식을먹고壻셔의從죵者쟈ᄂᆞᆫ任婦부의나
ᄆᆞᆫ음식을머그라宗죵子ᄌᆞ의子ᄌᆞㅣ아니어든私ᄉᆞ室실
의ᄎᆡ례대로ᄒᆞ라
司ᄉᆞ馬마溫온公공이ᄀᆞᆯ오ᄃᆡ士ᄉᆞ昏혼禮례예婦부ㅣ
盥관ᄒᆞ고特특豚돈을饋궤호ᄃᆡ合합升승側측載ᄌᆡ라
호註주애側측載ᄌᆡ라혼者쟈ᄂᆞᆫ올ᄒᆞᆫ짝그란舅구의俎
조애담고왼짝그란姑고의俎조애담으미라ᄒᆞ니이제

향은쥬식으로뮈로ᄒᆞᄂᆞᆫ례녀바ᄂᆞᆫ만ᄒᆞ고ᄆᆡ더아녀ᄀᆞᆺᄂᆞᆫ거사ᄅᆞᆷ

가난ᄒᆞᆫ者쟈ㅣ特특싱을殺살키를辦판츌티몯올과저
허ᄒᆞᆫ故고로다만盛셩饌찬을具구ᄒᆞ라ᄒᆞᆯ作룸이니라
舅구姑고ㅣ饗향之지라ᄒᆞᆫ○舅구姑고ㅣ饗향ᄒᆞ라
禮례婦부ᄒᆞᆫ노태ᄀᆞ티ᄒᆞ라禮례ᄆᆞᆺ고舅구姑고ㅣ몬져西
서階계로브터누리거든婦부ᄂᆞᆫ阼조階계로브터누리라

廟묘見현

三삼日일에主쥬人인이以이婦부로見현于우祠ᄉᆞ堂당라ᄒᆞᆫ
○사ᄒᆞᆯ만의主쥬人인이婦부로배祠ᄉᆞ堂당의뵈오라
古고者쟈앤석돌만의廟묘의뵈디니이제그너모얼모로
뻐고러三삼日일로뻐ᄒᆞ니라子ᄌᆞㅣ冠관ᄒᆞ고뵈ᄂᆞᆫ톄ᄀᆞ

폐에ᄎᆡ롤
거올희ᄂᆞᆫ
쇡올쓰고
니룬의노

티ᄒᆞ고다만告고辭ᄉᆞ애ᄀᆞᆯ오ᄃᆡ子ᄌᆞ某모之지婦부某모로

成셩敢감見현이라ᄒᆞ라며나믄거슨다ᄀᆞ트니라

壻셔見현婦부之지父부母모

明명日일에壻셔ㅣ往왕見현婦부之지父부母모ᄒᆞ라○이도

날壻셔ㅣ가婦부의父부母모ᄭᅴ뵈라

婦부의父부ㅣ迎영送송ᄒᆞ며揖읍讓양ᄒᆞ기를客ᄀᆡᆨ禮녜

ᄀᆞ티ᄒᆞ고拜ᄇᆡᄒᆞ여든즉제ᄌᆞ리블들라드러가婦부의母

모ᄅᆞᆯ뵈올제婦부의母모ㅣ門문左좌ㅅ녁ᄇᆞᆨ을닫고門문안

ᄒᆡ섯거든壻셔ㅣ門문밧긔셔拜ᄇᆡᄒᆞᄃᆡ다幣폐인ᄂᆞ니라

婦부의父부ㅣ宗종子ᄌᆞㅣ아니어든즉제몬져宗종子ᄌᆞ

로티글쓰
다

의夫부婦부ᄅᆞᆯ뵈되幣폐ᄅᆞᆯᄡᅳ디말고옷테ᄀᆞ티ᄒᆞᆫ後후에
婦부의父부母모ᄅᆞᆯ뵈라
次ᄎᆞ見현婦부黨당諸제親친ᄒᆞ라○버거婦부의겨레모도권
당ᄋᆞᆯ뵈라
幣폐ᄅᆞᆯᄡᅳ디말고婦부ᄋᆞᆺ티ᄂᆞ고셔루보기ᄅᆞᆯ옷테ᄀᆞ티ᄒᆞ라
婦부家가ㅣ禮례ᄒᆞ壻셔ᄅᆞᆯ如여常샹儀의ᄒᆞ라○婦부家가ㅣ壻
셔ᄅᆞᆯ禮례ᄒᆞ기ᄅᆞᆯ常샹시테ᄀᆞ티ᄒᆞ라
親친迎영ᄒᆞ고나죄맛當당히婦부의母모와밋모도권당
을보며밋酒쥬饌찬을設셜티아니ᄒᆞ고婦부ㅣ舅구姑고
셔뵈디몯ᄒᆞ얏ᄂᆞᆫ연故고로ᄲᅦ라

ᄒᆞᆫ뇨쉬무
니어뒤ᄒᆞ
뇨ᄎᆞ뎌ㅣ
라
질명은ᄀᆞᆺ
불기라
이던키헐
만ᄒᆞᆫ도호
보로악니
ᄒᆞ니라

程뎡子ᄌᆞㅣ ᄀᆞᆯᄋᆞ샤ᄃᆡ 昏혼禮녜예 樂악을 用용티 아니
ᄒᆞ믄 幽유陰음ᄒᆞᆫ 義의라 ᄒᆞ니 이 말이 올티 아니ᄒᆞ다 昏
혼禮녜ᄃᆡ 엇디 이 幽유陰음ᄒᆞ리오 다만 古고人인이 이 大
대禮녜ᄅᆞᆯ 重듕히 ᄒᆞ야 그 이ᄅᆞᆯ 嚴엄肅슉키 ᄒᆞ야 樂악을
ᄡᅳ디 아니ᄒᆞᆫ니라 昏혼禮녜ᄅᆞᆯ 賀하례 아니호믄 사ᄅᆞᆷ의
序서ㅣ라 ᄒᆞ니 이 말이 믄득 올타 신 婦부ㅣ 質질明명의
舅구姑고ᄭᅴ 見현호믄 婦부ㅣ 되여시미오 三삼日일 後
후의 宴연樂낙홈은 禮녜ᄅᆞᆯ ᄆᆞᄎᆞᆷ이라 宴연을 밤으로 ᄇᆡ
아니홈이 禮녜니라 ○ 朱쥬子ᄌᆞㅣ ᄀᆞᆯᄋᆞ샤ᄃᆡ 사ᄅᆞᆷ이 書
셔적을 著뎌술ᄒᆞᆯ 제 오직 이예 ᄌᆞ스로 죠고매 나ᄅᆞᆯ 意

의ᄅᆞᆯ드리면믄득病병통이되ᄂᆞ니司ᄉᆞ馬마과다믓伊
이川쳔이昏혼禮녜ᄅᆞᆯ定뎡호매다儀의禮녜ᄅᆞᆯ依의거
ᄒᆞ야ᄒᆞ시되다만잠깐호고ᄅᆞᆯ改ᄀᆡᄒᆞ시니믄득이古고
人인의ᄠᅳ디아니라司ᄉᆞ馬마ㅣ닐오ᄃᆡ親친迎영애奠
뎐鴈안ᄒᆞ고主쥬昏혼ᄒᆞᄂᆞᆫ者쟈ᄅᆞᆯ보고卽즉제나오라
ᄒᆞ엿거ᄂᆞᆯ伊이川쳔은믄득ᄒᆞ여곰拜ᄇᆡ호ᄆᆞᆯ몯고堂
당의드러가大대男남小쇼女녀ᄅᆞᆯ拜ᄇᆡᄒᆞ라ᄒᆞ시니伊
이川쳔이올티아니ᄒᆞ고伊이川쳔이니ᄅᆞ시되신婦부
ㅣ至지ᄒᆞ야버근날애舅구姑고ᄭᅴ뵈고三삼月월애가
廟묘애뵈라ᄒᆞ엿거ᄂᆞᆯ司ᄉᆞ馬마ᄂᆞᆫ믄득닐오ᄃᆡ신婦부

ㅣ門문의드러卽즉제影영堂당의拜배ᄒᆞ라ᄒᆞᆫ이司ᄉᆞ
馬마ㅣ골티아니ᄒᆞ다蓋개親친迎영ᄒᆞᆯ제妻쳐父부母
모ᄭᅴ뵈디아니ᄒᆞᄂᆞᆫ者쟈ᄂᆞᆫ신婦부ㅣ舅구姑고ᄭᅴ뵈디
몯ᄒᆞ여시미오門문의드러舅구姑고ᄭᅴ뵈디아니ᄒᆞᄂᆞᆫ
者쟈ᄂᆞᆫ婦부ㅣ되디몯ᄒᆞ여시미니이제親친迎영ᄒᆞᄂᆞᆫ溫
온公공을ᄡᅳ고入입門문ᄒᆞᆫ以이後후ᄂᆞᆫ伊이川쳔을ᄡᅥᄒᆞ
디三삼月월廟묘見현을고텨三삼日일이라ᄒᆞ니라

家禮諺解卷之五

家가禮례諺언解ᄒᆡ卷권之지五오

喪상禮녜一일

初초終죵

疾질病병이어든 遷천居거正정寢침ᄒᆞ라 ○疾질이甚심ᄒᆞ거든正정寢침애옴겨두라

므릇병이심ᄒᆞ거든正정寢침에옴겨居거ᄒᆞ고內ᄂᆡ外외安안靜졍케ᄒᆞ야ᄡᅥ氣긔絶졀호돌기도로되男남子ᄌᆞᄂᆞᆫ婦부人인의손의죽디말며婦부人인은男남子ᄌᆞ의손의죽디말게ᄒᆞ라

旣긔絶졀이어든 乃내哭곡ᄒᆞ라 ○이믜긔絶졀ᄒᆞ거든이에哭곡

손션공은 일홈은 奭이니 송ᄃᆡ 어딘 쟝이라

샹대긔ᄂᆞᆫ 녜긔편명이니

ᄒᆞ라

司ᄉᆞ馬마溫온公공이 ᄀᆞᆯ오ᄃᆡ 疾질이 病병ᄒᆞ다 홈은 疾

질이 甚심ᄒᆞᆫ 배를 닐옴이라 近근世세예 孫손宣션公공

이 臨림薨훙에 外외寢침에 올므니 蓋개君군子ᄌᆞㅣ 終

종을 삼가기를 이러콤 그리 아니ᄒᆞ니 몯ᄒᆞ리니라 ○ 高고

氏시 ᄀᆞᆯ오ᄃᆡ 床상을 廢폐ᄒᆞ고 地디예 寢침ᄒᆞ라 ᄒᆞᆫ 註주

에 사ᄅᆞᆷ이 처엄 날제 ᄯᅡ희 잇ᄂᆞᆫ 故고로 床상을 廢폐ᄒᆞ고.

ᄯᅡ희 寢침ᄒᆞ욤은 거의 ᄯᅩ 生ᄉᆡᆼ氣긔를 復복ᄒᆞᆯ가 홈이라 ᄒᆞ

니 本본문이 儀의禮례과 밋 禮례記긔 喪상大대記긔예

낫ᄂᆞ니라 ○ 劉류氏시 璋쟝이 ᄀᆞᆯ오ᄃᆡ 믈읫 사ᄅᆞᆷ이 病병

1b

졀은질뎌ᄒᆞᄂᆞᆫᄠᅳ디라

복은도로혀라

좌집은좌ㅣ양이니양이살기ᄅᆞᆯ쥬ᄒᆞᆫ고로좌ᄅᆞᆯᄡᅳᄂᆞ니라

듕뉴ᄂᆞᆫ집우가온ᄃᆡ

이危위篤독ᄒᆞ면氣긔식이微미ᄒᆞ야節졀ᄒᆞ기어려올
서이에纊광을屬쵹ᄒᆞ야뻐氣긔絶졀ᄒᆞ기를기ᄃᆞᆯ으ᄂᆞ
니纊광은이젯새플소옴이라搖요動동ᄒᆞ기쉬오니口
구鼻비우희두어서뻐곰候후찰ᄒᆞᆷ을삼ᄂᆞ니라

復복라ᄒᆞ○復복ᄒᆞ라

侍시者쟈一일人인이주근者쟈의웃옷일즉닙던이로뻐
左좌로기손잡고右우로허리ᄅᆞᆯ잡고압쳠하로브터집中
듕霤뉴의올라北븍面면ᄒᆞ야옷ᄉᆞ로뻐블러세번웨여닐
오ᄃᆡ아므놈復복ᄒᆞ라ᄒᆞ야畢필ᄒᆞ고옷ᄉᆞᆯ거두려ᄂᆞ려와
尸시신우희덥고男남女녀ㅣ哭곡擗벽호몰數수업시ᄒᆞ

ᄒᆞ 박온갓삼
두드락ᄂᆞᆫ
양이라

ᄉᆞ상텨고
ᄋᆞ ᄇᆡᆨ뵨ᄒᆞᆫ
니라

ᄒᆞᆼ옥ᄋᆞᆫ집
믈리라

라○옷옷손닐온벼솔인ᄂᆞ니면公공服복이오벼슬업ᄉᆞ
니면襴난衫삼이나皂조衫삼이나深심衣의오婦부人인
은大대袖슈ㅣ나背비子ᄌᆞㅣ나아미라브ᄅᆞ기ᄂᆞᆫ生ᄉᆡᆼ時
시예칭號호를조ᄎᆞ라
司ᄉᆞ馬마溫온公공이골오ᄃᆡ士ᄉᆞ喪상禮녜애復복ᄒᆞᆯ
者쟈一일人인이升승호믈앏東동榮영으로브터ᄒᆞ야
中듕屋옥에北븍面면ᄒᆞ야衣의로ᄡᅥ招툐ᄒᆞ야골오ᄃᆡ
皐고某모ㅣ復복ᄒᆞ라호믈三삼ᄒᆞ라ᄒᆞᆫ註주애皐고ᄂᆞᆫ
긴소리라이쳬ᄂᆞᆫ屋옥의升승ᄒᆞ야브ᄅᆞ면그衆즁을놀
래가분별ᄒᆞ야다만졍寢침뜰압피니아가男남子ᄌᆞᄂᆞᆫ

[illegible]예긔노
녀긔편명
이라

일홈을稱칭ᄒᆞ고婦부人인은字ᄌᆞ로稱칭ᄒᆞ며或혹官
관封봉을稱칭ᄒᆞ며或혹常샹時시稱칭ᄒᆞᄂᆞᆫ바로依의
거ᄒᆞᆯ디니라○高고氏시ᄀᆞᆯ오ᄃᆡ이제淮회南남의風풍
俗쇽가ᄇᆡᆨ셩이곱작도이주그리이시면두어사ᄅᆞᆷ으로
ᄒᆡ여곰그사던집의오ᄅᆞ며밋길곳들희두로브ᄅᆞ지지
면ᄯᅩᄒᆞᆫ蘇소活활ᄒᆞᄂᆞᆫ者쟈ㅣ이시니엇디復복ᄒᆞᄂᆞᆫ餘
여意의아니리오○劉뉴氏시璋쟝이ᄀᆞᆯ오ᄃᆡ喪상大대
記긔예ᄀᆞᆯ오ᄃᆡ믈읫復복ᄒᆞᆯ제男남子ᄌᆞᄂᆞᆫ일홈을稱칭
ᄒᆞ고女녀人인은字ᄌᆞ로稱칭ᄒᆞ다ᄒᆞ니라復복ᄒᆞᄂᆞᆫ소
ᄅᆡ를반ᄃᆞ시세번ᄒᆞᄂᆞᆫ者쟈ᄂᆞᆫ禮녜세번의일올시라

충뉴온조 촌의등초 일으니으 미라 케덴을료 셔제라 문상은데 최편명이 라

立닙喪상主쥬와○喪상主쥬와

믈읫主쥬人인은長댱子ᄌᆞ를닐오미니업거든長댱孫손이承승重듕ᄒᆞ야ᄡᅧ饋궤奠뎐을奉봉ᄒᆞ라그손과더브러셔禮녜ᄒᆞ기ᄂᆞᆫ효ᄃᆡ사ᄂᆞᆫ親친ᄒᆞ고尊존ᄒᆞᆫ者쟈ㅣ主쥬ᄒᆞ라

司ᄉᆞ馬마温온公공이골오ᄃᆡ凡범喪상의골오ᄃᆡ믈읫喪상애父부ㅣ在ᄌᆡᄒᆞ면父부ㅣ主쥬ㅣ된다효註주애賓빈客ᄀᆡᆨ으로더브러禮녜를ᄒᆞ매ᄂᆞᆫ갓당히尊존ᄒᆞᆫ者쟈로ᄒᆞ야곰홀디니라○父부ㅣ沒몰ᄒᆞ매兄형弟뎨同동居거ᄒᆞ면各각각그喪상을主쥬ᄒᆞ라효註주애各각

잡저는테긔편명이라

니윤은동님조임기

각妻쳐子ᄌᆞ의喪상을爲위ᄒᆞ야主쥬ㅣ되미라○親친이同동ᄒᆞ거든長댱者쟈ㅣ主쥬ᄒᆞ라ᄒᆞᆫ註주애昆곤弟뎨의喪상은宗종子ᄌᆞㅣ主쥬ᄒᆞ미니라○同동티아니커든親친ᄒᆞᆫ者쟈ㅣ主쥬ᄒᆞ라ᄒᆞᆫ註주애從종父부昆곤弟뎨의喪상이니라雜잡記긔애ᄀᆞᆯ오ᄃᆡ姑고와姊ᄌᆞ와妹미그夫부ㅣ死ᄉᆞᄒᆞ고싀결레예兄형弟뎨업거든夫부의族족人인으로ᄒᆡ여곰喪상을主쥬ᄒᆞ고妻쳐의黨당은비록親친ᄒᆞ나主쥬티아닐디니라夫부ㅣ만일族족쇽곳업ᄉᆞ면끈압뒷집이나東동西셔집이오업거든끈里니尹윤이主쥬ᄒᆞᆯ디니라喪상大대記긔예ᄀᆞᆯ오ᄃᆡ

喪상 서 無무 後후ᄒᆞ며 ᄯᅩ 잇고 無무 主쥬ᄒᆞ니 노 업다 ᄒᆞ

니 만일 子ᄌᆞ와 孫손이 喪상이 잇거든 祖조와 父부ㅣ 主

쥬ᄒᆞ고 子ᄌᆞ와 孫손이 喪상을 執집ᄒᆞ거든 祖조와 父부

ㅣ 賓빈을 拜비ᄒᆞᆯ디니라

主쥬婦부와 ○ 主쥬婦부와

남은 주근 者자의 妻쳐ㅣ 니 업ᄉᆞ면 主쥬喪상ᄒᆞᄂᆞᆫ 者자의

妻쳐ㅣ라

護호喪상 ᄯᅡ ○ 護호喪상ᄒᆞ리파

子ᄌᆞ弟뎨의 禮녜 문알고 갈능ᄒᆞᆫ 者쟈로ᄡᅥ ᄒᆞ야 므릇 喪상

事ᄉᆞ를 다 取稟품ᄒᆞ여 ᄒᆞ라

司ᄉᆞ書셔司ᄉᆞ貨화라ᄒᆞ○글월을ᄀᆞ옴알리며지貨화ᄅᆞᆯᄀᆞ옴

알리로쇠오라

子ᄌᆞ弟뎨나或혹胥셔吏니나죵오로나ᄡᅥᄒᆞ라

乃내易역服복ᄒᆞ고ᄌᆞ不블食식라ᄒᆞ○이에옷ᄀᆞᄅᆞ닙고밥먹디

말라

妻처ㅣ며子ᄌᆞㅣ며婦부ㅣ며妾쳡이다冠관과밋웃옷ᄉᆞᆯ

벗고머리플고男남子ᄌᆞᄂᆞᆫ옷上샹衽임을ᄭᅩᆺ고발벗고녀

나모服복인ᄂᆞ니ᄂᆞᆫ다빗난복飾식을업시ᄒᆞ라人인의계

後후되연ᄂᆞᆫ者자ᄂᆞᆫ本본生ᄉᆡᆼ父부母모ᄅᆞᆯ爲위ᄒᆞ며밋女

녀子ᄌᆞㅣ임의ᄒᆞᆫ嫁가ᄒᆞ온者자ᄂᆞᆫ다머리플기며발벗기말

며年긔이
오
풀은물그
ᄒᆞ닉
ᄎᆞᄉᆞᆼ은드
나미방해
ᄉᆞᄂᆞ장ᄒᆞ
ᄯᅥ라

유산은향
ᄒᆞᆫ솔이라

라모도子ᄌᆞ는사ᄋᆞᆯ을밤먹디말고期긔년과九구月월喪
상은세베ᄅᆞᆯ밥먹디말고五오月월과三삼月월喪상은무
베ᄅᆞᆫ밥먹디말라親친戚쳑이며隣린里리도히糜미粥쥭
을쑤어다가뻐머기며尊존長댱이구틔여권ᄒᆞ거든자기
머그미可가ᄒᆞ니라○扱삽上상衽임은닐온옷앏섭플띄
에고ᄌᆞ미라華화飾식은닐온錦금繡슈며紅홍紫ᄌᆞ며金
금玉옥이며珠쥬翠ᄎᆔ類류ㅣ라
治치棺관ᄒᆞ라○棺관을다ᄉᆞ리라
護호喪상이匠장인을命명ᄒᆞ야남글골ᄒᆡ여棺관을ᄆᆡᆼ그
로ᄃᆡ油유衫삼이爲위上상이오栢ᄇᆡᆨ이버게고土토杉삼

빅곤족뎍
이각
닉청쓰곳
지라
ᄂᆞᆫ슉은년
뎡ᄒᆞ야닉
게호미니
귀와지뎡
그뎌말이
라
롤미희ᄂᆞᆫ
출기정저
라

이下하ㅣ되니라그制제되方방直딕ᄒᆞ고뒤머리녀키크고
발다ᄒᆞ졀게ᄒᆞ야계요容용身신호물取취ᄒᆞ고ᄒᆡ여곰高
고大대케ᄒᆞ며밋簷쳠과高고足족을ᄒᆞ디말고안팟
굳다골灰회漆칠을ᄡᅳ고안ᄒᆡ인ᄒᆞ야瀝녁青쳥을ᄲᅥ노켜
브어두텁半반치우ᄒᆞ로ᄲᅥᄒᆞ고煉련熟슉ᄒᆞᆫ秫츌米미灰
회로ᄲᅥ그미뒤얼오뒤두텁네치맛감ᄒᆞ고七칠星셩板판
노코믿비모해各각콘쇠골희바가윤動동호져기어ᄃᆞᆫ큰
바로ᄲᅥ쌔여들게ᄒᆞ라○司ᄉᆞ馬마溫온公공이ᄭᅳᆯ오뒤棺
판이두텁고쟈시프나그러나너모두터오면므거워ᄲᅧ곰
멀리가져가기어려올거시오ᄯᅩ구뒤여高고大대케마롤

겹은외거
ᄒᆞ마호ᄠᅳ
더라

니노공ᄌᆞ
의ᄌᆞᅵ라

디니占졈地디ᄒᆞ미壙광中듕으로ᄒᆞ여곰너루게ᄒᆞ면摧
최毁훼호매니르기쉬올ᄲᅵ시니맛당히피경戒계홀ᄲᅵ
시라椁곽이비록聖셩人인의지오신배라녜브터ᄡᅳ나그
러나널이히믈오라면내죵애서그매도라갈거시니ᄒᆞᆫ갓
壙광中듕으로ᄒᆞ여곰너루고귀能능히牢뢰固고티몯ᄒᆞᆯ
거시니ᄡᅳ디아니ᄒᆞ미나을만ᄀᆞᆺ디몯ᄒᆞ니라孔공子ᄌᆞᅵ鯉
니ᄅᆞᆯ葬장ᄒᆞ실제棺관만잇고椁곽을업게ᄒᆞ시고ᄯᅩ가난
ᄒᆞᆫ者쟈로즉제葬장ᄒᆞ야椁곽이업수니ᄅᆞᆯ許허ᄒᆞ시니이
졔ᄡᅳ디말고져ᄒᆞ미가난ᄒᆞ니ᄅᆞᆯ爲위ᄒᆞᆯ줄이아니라이예
ᄂᆞᆫ광者쟈ᄅᆞᆯ保보安안코쟈ᄒᆞ미라○程뎡子ᄌᆞᅵ골ᄋᆞ샤

방분ᄋᆞᆫ소허라 환납을ᄀᆞᆯ나라

뒤新羅書셔에松송脂지ᄯᅡᄒᆡ들면千쳔年년에茯복苓령이되고萬만年년에琥호珀박이된다ᄒᆞᆫ말이이시니蓋개物믈이이ᄀᆞᆺ오관ᄒᆡ시업ᄉᆞᆫ故고로明명館관에부르니녜사ᄅᆞᆷ도엄의ᄯᅳ러니엿더니라

高고氏시ᄀᆞᆯ오ᄃᆡ伊이川쳔先션生ᄉᆡᆼ이닐오ᄃᆡ館관의여우론ᄇᆡ매松송脂지로ᄇᆡ부루면ᄇᆞᆷ이굿고남기굿다ᄒᆞᆫ註주에닐오ᄃᆡ松송脂지나모性셩으로더브러서루들고ᄯᅩ믈에剝나ᄒᆞ락ᄒᆞ니蓋개今금人인의닐온바瀝뎍青쳥이라ᄒᆞᆫ者자ㅣ이거시니모로미利리기蚌방粉분과黃황蠟납과물곤기름으로ᄇᆡᄒᆞᄃᆡ달혀야이에可가

호위ᄂᆞ뉴ᄌᆞ뎨ᄌᆞㅣ라

채시뇨형는淵연아오아은流텬기니다ᄒᆞᄌᆞ뎨ᄌᆞᄒᆞ라

평ᄒᆞᆫ랑은일흠은龜되ᄒᆞ텬이니ᄒᆞᄌᆞ과남헌ᄉᆞ인ᄒᆞ니라

히발거시니그리아니면ᄢᅥ디ᄂᆞ니라그館관槨곽ᄉᆞ이

예도ᄯᅩᄒᆞᆫ맛당히알로ᄡᅥ브을디니라○胡호氏시詠영

이골오되松송脂지를어우룸애ᄇᆞ르단말이그리티아

니ᄒᆞ다先션生ᄉᆡᆼ영葬장ᄒᆞ올제蔡채氏시兄형弟뎨主

쥬ᄒᆞ야松송脂지를ᄡᅳ더니일즉무로되밀과가ᄅᆞᆯ을ᄡᅳᆫ

가아닌가ᄒᆞᆫ니答답ᄒᆞ여닐오되기룸과말을ᄡᅳ면松송

脂지시러곰그洩셜을온全젼티몯ᄒᆞ리라ᄒᆞ니이말이

有유理리ᄒᆞ나다만彭팽과지堂당이訓훈蒙몽을지어

닐오되松송脂지로ᄡᅥ灌관ᄒᆞ미北북方방의논맛당ᄒᆞ

거니와江강南남의ᄡᅳ면오갓가얌의집이된다ᄒᆞ니彭

혼몽은국
일ᄒᆞᆫ이라

허ᄂᆞᆫ골최
랴

벽은관의
친ᄒᆞ여구려
벽ᄀᆞᆺ다흑
이다

유긔ᄂᆞᆫ관
이라

광이必필연皆故고ᄒᆞ되이시니다시詳상찰ᄒᆞᆯ디니라
○劉뉴氏시璋쟝이ᄀᆞᆯ오ᄃᆡ므릇送송死ᄉᆞᄒᆞᄂᆞᆫ道도ᄂᆞᆫ
오직棺관과다못槨곽기몸의親친ᄒᆞᆫ거시니孝효子ᄌᆞ
의맛당히극盡진히ᄒᆞᆯ배니初초喪상날의남글골히야
棺판을ᄒᆞ면저권대ᄂᆞᆫ倉창卒졸의그나모도엇디몯ᄒᆞ
고灰회漆칠아ᄯᅩᄒᆞᆫ能능히굳ᄉᆞ고完완젼티몯ᄒᆞᆯ가ᄒᆞ고
或혹暑셔月월을만나면尸시신이오래留뉴키어려울
디라古고者쟈애國국君군이即즉位위ᄒᆞ여椑벽을ᄆᆞᆫ
두라ᄒᆞ마다ᄒᆞᆫ번식漆칠ᄒᆞ고今금人인이ᄯᅩᄒᆞᆫ生ᄉᆡᆼ時시
지에ᄌᆞ스로壽슈器긔를ᄆᆡᆫ드ᄂᆞᆫ者쟈ㅣ이시니이ᄂᆞᆫ오

嗇ᄉᆡᆨ亡종족
偯ᄂᆞᆫ이라

히려그道도를行ᄒᆡᆼ호미라凶흉事ᄉᆞ를미리ᄒᆞ노주리
아니니라그남ᄀᆞᆫ油유杉삼과밋栢ᄇᆡᆨ이爲위上샹이니
高고大대히ᄒᆞ야ᄲᅧ보기예됴케홈을圖도모키를말ᄋᆞ
다말고오직棺관은몸애周쥬케ᄒᆞ며槨곽은棺관의周
쥬케홈이足족ᄒᆞ니라棺관內ᄂᆡ外외예다뵈를ᄇᆡ셔
고漆칠ᄒᆞ야힘ᄡᅥ히여곰堅견實실케ᄒᆞᆯ디라내일죽前젼
人인의영葬장ᄒᆞᆫ노ᄂᆞᆫ墓묘를보니壙광을掩엄ᄒᆞᆫ後
의죡케松숑脂지로ᄡᅥ노겨棺관ᄇᆞᆰ과브으니그두틔사
히남더니後후에사ᄅᆞᆷ의侵침노ᄒᆞ야ᄑᆡ이미되니松
脂지히오라더凝응을結결ᄒᆞ야더옥구더斧부斤근이能

무교ᄃᆞ라가고ᄒᆞ미머언이로룽ᄒᆞᄯᅩᄠᅩ더라

능히뎌으믜몰ᄒᆞ야시러곰큰患환을슌면ᄒᆞ나이제영
葬장ᄒᆞᄂᆞᆫ者자ㅣ이셔ᄡᅳ면可가히맛당타닐우리라
訃부告고于우親친戚척僚료友우ᄒᆞ라○訃부ᄒᆞ야권당이며
동관이며버듸게告고ᄒᆞ라
護호喪상과司ᄉᆞ書셔ㅣ爲위ᄒᆞ야이무롤노호ᄃᆡ만일업
거ᄃᆞᆫ主쥬人인이즈스로권당의게만訃부ᄒᆞ고동관이며
벋의게랑訃부티말라녀나모이무변갈을다그치고이무
로ᄲᅢ와吊됴상ᄒᆞᄂᆞᆫ者쟈도다모로미卒졸哭곡후에ᄃᆡ答
답ᄒᆞ라
沐목浴욕 襲습 奠뎐 爲위位위 飯반含함

위ᄒᆞ헌뵈ᄃᆞᆼ이라

執집事ᄉᆞ者자ㅣ設설幃위及급牀상ᄒᆞ야遷쳔尸시ᄒᆞ고掘굴坎감ᄒᆞ라○執집事ᄉᆞ者자ㅣ댱과밋牀상을設설ᄒᆞ야尸시신을옴기고굳을ᄑᆞ라

執집事ᄉᆞ者쟈ㅣ댱으로ᄡᅥ누언노안홀ᄀᆞ리오고侍시者쟈ㅣ尸시牀상압ᄒᆡ牀상을設설ᄒᆞ되조히로노코삳ᄭᆞᆯ고치즑을걷고옷과벼개를設설ᄒᆞ야尸시신을그우희옴겨南남으로머리ᄅᆞᆯ두고니블로ᄡᅥ더프라굳을길ᄒᆡ고조ᄒᆞᆫᄯᅡ히파두라

陳딘襲습衣의와○襲습ᄒᆞᆯ옷ᄉᆞᆯ과

卓탁子ᄌᆞ로ᄡᅥ堂당압東동壁벽아래陳딘ᄒᆞ야西셔ᄅᆞᆯ크깃

ᄒᆞᆫ겹옷 시라 고ᄂᆞᆫ솟곳 세오 료ᄂᆞᆫ바디 고 늘은혀흰 바토기식 고 듁ᄇᆡᆨ은발

가게ᄒᆞ고南남으로우흘ᄒᆞ라幅복巾건이ᄒᆞᆫ나히오充츙
耳이둘히니흰플소음을ᄡᅥ대쵸ᄡᅵ큼곤게ᄒᆞ니ᄡᅥ귀롤마
글바者쟈ㅣ라幎멱目목은깁이ᄎᆞ방자두치니ᄡᅥ누찰디
풀바者쟈ㅣ라握악手슈ᄂᆞᆫ깁을ᄡᅥ長댱이자두치오廣광
이다ᄉᆞᆺ치니ᄡᅥ손올ᄡᅡᆯ바者쟈ㅣ라深심衣의ᄒᆞᆫ나히오大
대帶ᄃᆡᄒᆞᆫ나히오履니둘히오袍포ㅣ며襖오ㅣ며汗한衫
삼이며袴고ㅣ며襪멸이며勒늑帛ᄇᆡᆨ이며裹과肚두ㅅ類
뉴ㅣ니ᄡᅳᆯ바하여쟈그믈조차ᄒᆞ라
楊양氏시復복이골오ᄃᆡ儀의禮례에士ᄉᆞ喪상애襲습이
三삼稱칭이라ᄒᆞ니오시ᄒᆞᆺ과겹이ᄀᆞᆺ즈믈골온稱칭이

畔ᄒᆞ니시
보
파두ᄂᆞ고
귀라
단의ᄂᆞ거
ᄒᆞᆫ쾌샹이
니ᄒᆞᆫ단복
셰라
도ᄂᆞ집셰
단말이라
ᄒᆞᄂᆞ도최
를그려슈
노ᄒᆞᆫ거ᄉᆡ
라
킈ᄂᆞ거묘
주이라

니二삼稱칭者쟈ㅣ爵쟉弁변읫服복과皮피弁변의服
복과褖단衣의라冒모로設셜ᄒᆞ야櫜고ᄒᆞ라ᄒᆞᆫ註주애
닐오ᄃᆡ冒모ᄂᆞᆫ尸시신을韜도ᄒᆞᄂᆞᆫ者쟈ㅣ니制졔되고
ᄃᆞᆫ쟈루ᄭᅩᆺ투니우흔ᄀᆞᆯ온質질이오아래ᄂᆞᆫᄀᆞᆯ온殺쇄니
그ᄡᅳ몰몬져殺새로ᄡᅧ바를韜도ᄒᆞ야올리고後후에質
질로ᄡᅧ마리로韜도ᄒᆞ야ᄂᆞ리ᄒᆞᆫ手슈애ᄀᆞᄌᆞ가홀디니
君군은비단으로ᄒᆞᆫ冒모와黼보로ᄒᆞᆫ殺새를ᄒᆞ니겨티
ᄃᆞᆫ긴히ᄂᆞᆫ칠이오大태夫우ᄂᆞᆫ거믄冒모와黼보로ᄒᆞᆫ殺
새니겨티ᄃᆞᆫ긴히五오ㅣ오士ᄉᆞᄂᆞᆫ緇치석冒모와블근
殺새니겨티ᄃᆞᆫ긴히三삼이라믈읫冒모ㅣ質질이 [illegible]

ᄀᆡ와ᄂᆞᆫ들 ᄒᆞᆫᄯᅳ디

은솜으로ᄭᅴ브려ᄀᆞ족ᄒᆞ고敍새ᄂᆞᆫ三삼尺쳑이니라○
劉뉴氏시璋쟝이ᄀᆞᆯ오ᄃᆡ古고者쟈애사ᄅᆞᆷ이주그매冠
관ᄒᆞ디아니ᄒᆞ고다만깁으로ᄲᅢ그머리ᄅᆞᆯᄡᆞ믈보온掩엄
이라ᄒᆞ니라士ᄉᆞ喪상禮톄애掩엄은練련帛ᄇᆡᆨ으로廣
광이幅복ᄀᆞ지ᄒᆞ야다ᄉᆞᆺ자히라그긋ᄐᆞᆯᄲᅢ이다ᄒᆞᆫ註주
애掩엄은머리ᄡᆞ거시라그긋ᄐᆞᆯᄲᅢ기ᄂᆞᆫ쟝ᄎᆞᆺ톡아래ᄆᆡ
고ᄯᅩᄃᆞᆯ라項항中듕의ᄆᆡ오믈爲위ᄒᆞ미리ᄒᆞ니蓋개ᄲᅢ
끔襲습ᄒᆞ며斂렴ᄒᆞᆷ오ᄉᆞᆯ과몸을간슈ᄒᆞ야ᄀᆞ리ᄒᆞᆷ을主
쥬ᄒᆞᆫ거시라부드럽고軟연ᄒᆞ고핑핑코ᄃᆞᆫᄃᆞᆫ호미貴귀
ᄒᆞ니冠관은纚뇌冕의ᄒᆞ야편안키어렵고ᄒᆞ믈며이제

라

안념은편안ᄒᆞ야잔득ᄒᆞ미라

놀오ᄂᆞᆫ이 襯ᄒᆞᆫ건 [illegible]

幞복頭두ᄂᆞᆫ쇠로ᄲᅢ블음ᄒᆞᆫ그리길의三삼四ᄉᆞ尺쳑이
오帽모ᄂᆞᆫ漆칠紗사로ᄲᅢ밍그라우희虛허簷쳠이이시
니棺관中듕의두번엇더말리암아安안帖텹ᄒᆞ리오當
샹服복으로ᄡᅥ襲습ᄒᆞ고우희幅복巾건과深심衣의와
大대帶ᄃᆡ와믿신을加가홈만곤디[illegible]ᄂᆞ니긴ᄃᆡ古고애
合합ᄒᆞ고또일에便편ᄒᆞ니라幅복巾건은ᄲᅢ곰掩엄을
當당ᄒᆞᆫ배니그制졔되이젯腰요帽모ᄭᅩᆫ고深심衣의와
帶ᄃᆡ와履리ᄂᆞᆫ즈스로制졔度도ㅣ인ᄂᆞ니라반ᄃᆞ시深심
衣의와帶ᄃᆡ와履리ᄂᆞᆫ업거도다만衫삼과勒늑帛ᄇᆡᆨ과鞋
혜ᄅᆞᆯᄡᅳ미또可가ᄒᆞ니라그幞복頭두며腰요帶ᄃᆡ며靴

화ㅣ며 笏홀은 葬장時시ᄒᆞᄂᆞᆫ 구ᄅᆞᆯ우 棺관우희 두미 可가
ᄒᆞ니라 ○ 幎멱目목은 緇치ᄅᆞᆯ 表표방게 자두치ᄅᆞᆯ ᄲᅧ셔 소
옴오로 ᄲᅢ두고 네 ᄲᅳᆯ에 긴ᄒᆞᆯ 두어 뒤ᄒᆡ ᄆᆡ나니라 握악手
슈ᄂᆞᆫ 玄현과 纁훈으로 ᄡᅳ니 長댱이 자두치오 廣광이 다ᄉᆞᆺ
치로ᄒᆞ야 ᄒᆡ여곰 ᄡᅡ 손히 親친케 ᄒᆞᆯ거시라 手슈內ᄂᆡ ᄅᆞᆯ
의 據거ᄒᆞ여 조차 노화 기리 尺쳑二이寸촌으로 가온대
捨엄ᄒᆞ면 손에 ᄆᆡ요 서ᄅᆞ 단ᄂᆞ니라 두 긋테 各각각 긴ᄒᆞᆯ
두어 몬져ᄒᆞᆫ 그ᄐᆞ로 ᄲᅧ 腕완의 두로 기ᄅᆞᆯ 호ᄇᆞᆯ을 ᄒᆞ야 또
로 우ᄒᆞ로 조차 ᄶᅦ게 ᄲᅦ고 ᄯᅩᄒᆞᆫ 그ᄐᆞ로 ᄲᅦ 우ᄒᆞ로 向향ᄒᆞ
야 ᄂᆡ둥 舖치 에 거러 도로 腕완의 두론 者자로 더브러 손

바ᄃᆡ 뒷무ᄃᆡ예 미ᄂᆞ니라

沐목浴욕飯반含함之지具구라ᄒᆞᆫ○沐목ᄒᆞ며浴욕ᄒᆞ며飯반

ᄒᆞ며含함ᄒᆞᆯ具구ᄅᆞᆯ陳딘ᄒᆞ라

卓탁子ᄌᆞ로ᄡᅥ堂당알ᄑᆡ西셔壁벽아래陳딘ᄒᆞ오ᄃᆡ南남으로

우흠ᄒᆞ라돈세ᄒᆞᆯ사ᄅᆞᆷ箱상子ᄌᆞ에담고ᄲᅳᆯ두뢰ᄅᆞᆯ쌀믈로ᄡᅥ

일어ᄒᆡ여곰精정케ᄒᆞ야사발의담고빗ᄒᆞ나히오머리금

겨ᄉᆞᆯ帨슈巾건ᄒᆞ나히오몸ᄉᆞᆯ帨슈巾건둘히니上샹禮례며

下하禮례에各각그ᄒᆞ나식ᄲᅳᆯ거시라

乃내沐목浴욕라ᄒᆞᆫ○이에沐목ᄒᆞ며浴욕ᄒᆞ라

侍시者쟈ㅣ더운믈로ᄡᅥ드러오나든主쥬人인以이下하

ㅣ 다 당밧긔나 北북面면ᄒᆞ라 侍시者쟈ㅣ 머리곰겨 빗기
고 幼유巾건으로 ᄲᅡᄡᅡ 모뢰여트러 조지고 니블을 들고 싯겨
幼유巾건으로 ᄲᅡ 씻고 손香ㅂ발톱 버히라 그 沐목浴욕ᄒᆞᆫ 나믄
믈을 幼유巾건과 빗아오로 굳의 ᄇᆞ리고 무두라
襲습ᄒᆞ라 ○ 襲습ᄒᆞ라
侍시者쟈ㅣ 각별이 襲습ᄒᆞᆯ 牀상을 당밧긔 設셜ᄒᆞ고 薦쳔
이며 席석이며 褥요ㅣ며 벼개를 펴고 몬져 大대帶ᄃᆡ와 深
심衣의와 袍포와 襖오와 汗한衫삼과 袴고와 襪말과 勒늑
帛ᄇᆡᆨ과 裹과肚두 人類류를 그우희 노하드듸여 들여 ᄲᅢ드
려가 沐목浴욕牀상 西셔녁희 노코 尸시신을 그우희 옴겨 [illegible]

병ᄒᆞ야실졔닙던옷과딧효ᄒᆞᆫ옷ᄉᆞᆯ다업시ᄒᆞ고새옷ᄉᆞ
로ᄡᅥ幅라니피고다만幅복巾건과深심衣의와屨니란著
탁디말라
從ᄌᆞ尸시牀상ᄒᆞ야置티堂당中듕間간ᄒᆞ라○尸시牀상을옮겨
堂당中듕間간의두라
ᄂᆞ조니며殯빈ᄒᆞ니어든各각가室실中듕間간의ᄒᆞ라텨나
믄堂당의두라니ᄒᆞᆫ者쟈ㅣ이고두니라
乃내設설奠뎐라ᄒᆞ○이에奠뎐믈을設설ᄒᆞ라
執집事ᄉᆞ者자ㅣ卓탁子ᄌᆞ로ᄡᅢ脯포ㅣ며醢ᄒᆡ를노하作
조階계로브터오ᄅᆞ셔든祝츅이손싯고盞잔시서술브어

둔ᄉᆡᆼ난져 소니ᄲᅧ믈 라다므디 ᄃᆞᆯᄒᆞ개호 며나반함 을위ᄒᆞ미 하 해족은ᄒᆡ 은별을ᄲᅧ 더버더더 ᄀᆞ본ᄒᆞ내 ᄒᆞ며과

尸시東동에奠뎐ᄒᆞ오ᄃᆡ잇게예當당케ᄒᆞ야巾권으로뎌프

라○祝츅은親친戚쳑으로ᄡᅥᄒᆞ라

劉류氏시璋쟝이ᄀᆞᆯ오ᄃᆡ士ᄉᆞ喪상禮례애됴혼ᄒᆞ者자

ㅣ누리거든齒치ᄅᆞᆯ楔셜ᄒᆞ며足죡을綴텰ᄒᆞ고即즉졔

脯포醢헤와다ᄆᆞᆺ酒쥬로신뎨東동녁킈奠뎐ᄒᆞ라ᄒᆞ고鄭

명시註주애鬼귀神신이象샹이업순디라奠뎐을設셜

ᄒᆞ야ᄡᅥ곰비겨依의지케홈이라ᄒᆞ고開ᄀᆡ元원禮례애

五오品품以이上샹은士ᄉᆞ喪상禮례ᄀᆞᆺ고六뉵品품以

이下하난襲습ᄒᆞᆫ後후에奠뎐ᄒᆞ라ᄒᆞ엿기ᄅᆞᆯ이制졔官관

品품高고下하로ᄡᅥ아니ᄒᆞ고沐목浴욕正졍ᄒᆞ시ᄒᆞᆫ後

후애奠뎐을設셜홈이일의맛당ᄒᆞ도다奠뎐은술
을브어밧드러卓탁子ᄌᆞ우희니르러酹뇌티아니홈이라
主쥬人인이虞우祭졔後후에親친히奠뎐酹뇌ᄒᆞ더니
라巾건은ᄲᅢ곰듯글과ᄑᆞ리ᄅᆞᆯ辟벽ᄒᆞᄂᆞᆫ거시라
主쥬人인以이下하ㅣ爲위位위而이哭곡라ᄒᆞ○主쥬人인以
。下하ㅣ位위ᄅᆞᆯᄒᆞ고哭곡ᄒᆞ라
主쥬人인은牀상東동이오奠뎐北븍의안ᄌᆞ衆즁男남이
應ᄋᆞᆼ당이三삼年년상닙을者쟈ᄂᆞᆫ그아래안자다거젹그
로ᄡᆡ여同동姓셩期긔年년大대功공小쇼功공以이下하ㅣ각
각服복次ᄎᆞ례로ᄇᆡ그뒤헤안자다西셔向향ᄒᆞ야南남上

상ᄒᆞ고尊존行항은長댱幼유次례로ᄡᅥ牀상東동北북壁벽아래안자南남向향ᄒᆞ야西셔上상ᄒᆞ고席셕薦쳔으로ᄡᅥᄭᆞᆯ며主쥬婦부와모든婦부女녀ᄂᆞᆫ牀상西셔의안즈되거젹으로ᄡᅥᄭᆞᆯ며同동姓셩婦부女녀ᄂᆞᆫ服복으로ᄡᅥ次ᄎᆞ례ᄒᆞ야그뒤헤안자다東동向향ᄒᆞ야南남上상ᄒᆞ고尊존行항은長댱幼유次례로ᄡᅥ牀상西셔北북壁벽아래안자南남向향ᄒᆞ야東동上상ᄒᆞ고席셕薦쳔으로ᄡᅥᄭᆞᆯ며妾쳡과婢비子ᄌᆞᄂᆞᆫ婦부女녀뒤헤셔다시별이당을設셜ᄒᆞ야ᄡᅥ內내外외ᄅᆞᆯᄀᆞ리와異이姓셩권당이丈댱夫부ᄂᆞᆫ당밧食식동의안자北북向향ᄒᆞ야西셔上상ᄒᆞ고婦부人인은당밧

西셔의안자北북向향ᄒᆞ야東동上상ᄒᆞ고다席셕으로ᄭᆞᆯ
라服복도로벼行항렬ᄒᆞ야服복업ᄉᆞ니뒤혜이시라○만
일內니喪상이어든同동姓셩丈댱夫부의尊존ᄒᆞ며ᄂᆞ不
니노당밧東동의안자北북向향ᄒᆞ야西셔上상ᄒᆞ고異이
姓셩丈댱夫부노당밧西셔의안자北북向향ᄒᆞ야東동上
상ᄒᆞ라○三삼年년喪상ᄒᆞ리ᄂᆞᆫ밤이면尸시신쉬티자며
거적ᄭᆞᆯ고ᄒᆞᆰ덩이베고여외여病병드ᄂᆞᆫ이ᄂᆞᆫ草초薦쳔으로
벼ᄭᆞᆯ미可가ᄒᆞ니라期긔년복以이下하ᄂᆞᆫ계뒤갓가으뒤
자되男남이며女녀ㅣ방을다루게ᄒᆞ고外외편권당을집
의가미可가ᄒᆞ니라

기내 飯반含함ᄒᆞ라 ○이에 飯반ᄒᆞ며 含함ᄒᆞ라
主쥬人인이 哭곡ᄒᆞ믈 盡진哀의ᄒᆞ고 왼녁폴메와 사알은
로브터 허리 右우녁히 곧고 손 싯고 箱상ᄌᆞ를 자바 ᄲᅥ드러
니거든 侍시者쟈ᄒᆞ나히 ᄡᆞᆯ 사발의 ᄂᆞᆫ 곳고 자바 ᄲᅧ조차 가
尸시신 西셔녁희 노코 ᄲᅧ개 앗고 幎멱巾건으로 ᄲᅦ드려 가
누출 더퍼두 主쥬人인이 尸시신 東동녁희 나아가 발츠로
도라 西셔녁희 가 牀상우희 안자 東동面면ᄒᆞ야 멱巾건을
들고 술로 ᄡᆞᆯ을 ᄲᅧ 尸시 입 右우녁희 녀코 돈ᄒᆞ나 조차
녀흐라 仍左좌녁희며 가온대를 또ᄒᆞ기 티ᄒᆞ고 主쥬人인이
메와 선던 바 오ᄉᆞᆯ 습고 位위예 도로오라

侍시者자ㅣ 卒졸커든 襲습ᄒᆞ고 覆부以이衾금ᄒᆞ라 ○ 侍시者자ㅣ 襲

ᄉᆞᆫ을다ᄒᆞ고니블로배더프라

幅복巾건이며充츙耳이ᄅᆞᆯ加가ᄒᆞ고幎멱目목을設셜ᄒᆞ

고屨구ᄅᆞᆯ신기고이예深심衣의니피고大대帶ᄃᆡᄆᆡ고握

악手슈ᄅᆞᆯ設셜ᄒᆞ고이예니블로배더프라

司ᄉᆞ馬마溫온公공이ᄀᆞᆯ오ᄃᆡ古고者쟈애死ᄉᆞᄒᆞᆫ이로

날小쇼斂렴ᄒᆞ고또이튼날大대斂렴ᄒᆞ되衣의와裳샹

을顚뎐倒도케ᄒᆞ야ᄒᆞ여곰正졍方방케ᄒᆞ고絞교紟금

으로ᄡᅥ束속ᄒᆞ고衾금冒모로ᄡᅥ韜도ᄒᆞ니다ᄡᅥ곰그신

體톄ᄅᆞᆯ保보ᄒᆞᄂᆞᆫ배라 ○ 이제世셰俗쇽이襲습이잇

주ᄂᆞᆫ오소 호쥬그니 흐림주미다

고大대小쇼斂렴이업ᄉᆞ니闕궐ᄒᆞᆫ배하도다그러나古
고者쟈애士ᄉᆞᄂᆞᆫ襲습衣의三삼稱칭이오大태夫우ᄂᆞᆫ
五오稱칭이오諸제侯후ᄂᆞᆫ七칠稱칭이오公공은九구
稱칭이오小쇼斂렴은尊존卑비通통ᄒᆞ여十십九구稱
칭을쓰고大대斂렴은士ᄉᆞᄂᆞᆫ三삼十십稱칭이오大태
夫우ᄂᆞᆫ五오十십稱칭이오君군은百ᄇᆡᆨ稱칭이니이가
ᄂᆞᆫ孝효者쟈의辦판출ᄒᆞᆫ배아니라이제簡간易이ᄒᆞ믈조
차襲습애衣의복一일稱칭을쓰고小쇼렴大대斂렴에
ᄂᆞᆫ死ᄉᆞ者쟈의둣ᄂᆞᆫ바衣의복과밋親친友우의襚슈ᄒᆞᆫ
바衣의복을據거ᄒᆞ야맛당ᄒᆞ믈조차쓰고만일오시할

딘댄 반ᄃᆞ시 다 ᄡᅳ디 아닐 거시니라 高고氏시 ᄀᆞᆯ오ᄃᆡ 禮
녜예 士ᄉᆞㅣ 襲습衣의 三삼稱칭이라 ᄒᆞ여시되 子ᄌᆞ羔
고의 襲습ᄒᆞᆯ 제 衣의 三삼稱칭이오 孔공子ᄌᆞ 喪상애 公
공西셔赤젹이 殯빈이며 葬장ᄉᆞ를 ᄀᆞᅀᆞᆷ아더니 襲습衣
의 十십一일稱칭이오 朝됴服복 一일을 加가ᄒᆞ고 雜잡
記긔애 ᄀᆞᆯ오ᄃᆡ 士ᄉᆞㅣ 襲습이 九구稱칭이라 ᄒᆞ여시니
盖개 襲습數수ㅣ ᄀᆞᆺ디 아니홈이 잇ᄂᆞ니 大대抵뎌 衣
의 衾금을 오직 그 두터이 ᄒᆞ고져 ᄒᆞᆯ ᄲᅮᆫ이라 衣의 衾금의
ᄇᆡ곰 두터이 ᄒᆞ논 바 者쟈ᄂᆞᆫ 엇디 ᄒᆞᆫ갓 ᄇᆡ곰ᄉᆞ미 기ᄅᆞᆯ 說
셜ᄒᆞᆯ ᄲᅮᆫ이리오 盖개 사ᄅᆞᆷ이 주그면 이에 아쳐로온 디라

聖셩人인이춤아니ᄅᆞ디몯ᄒᆞ샤다만典뎐禮례ᄅᆞᆯ밍ᄀᆞ라ᄒᆞ여곰그衣의衾금을厚후히ᄒᆞ실두룸이어롤수금世셰의襲습ᄒᆞ노者쟈ㅣ이ᄠᅳ돌아디몯ᄒᆞ야或혹다만單단袷겹一일稱칭을ᄡᅳ고비록富부貴귀ᄒᆞᆫ집에衣의衾금이다ᄭᅮ조나다ᄡᅥ곰襲습斂념티아니ᄒᆞ고ᄯᅩ能능히삼가간ᄉᆞ티아니ᄒᆞᄂᆞ니古고人인은遺유衣의裳샹을반ᄃᆞ시靈령座좌의두며이윽고廟묘中듕의藏장ᄒᆞ거ᄂᆞᆯ或혹서루더브러노호며甚심ᄒᆞᆫ니ᄂᆞᆫ므득갑슬혜여貿무易역ᄒᆞ야ᄡᅥ곰喪상ᄉᆞ애虛허費비예먹고와호갓功공ᄋᆡ無무用용ᄒᆞᆫ디ᄃᆡᄡᅳ며財지ᄅᆞᆯ無무리ᄒᆞᆫ디ᄇᆞ리고뻐곰고身신의附부ᄒᆞ옛던바者자ᄅᆞᆯ일즉혜디아니ᄒᆞ니嗚오呼호ㅣ라ᄯᅩ뉘뻐셔뻐곰襲습斂렴ᄒᆞ야ᄂᆞᆫ망者자로ᄒᆡ여곰九구泉쳔아래두터이ᄭᅳ리ᄒᆞᆷ을면케ᄒᆞᆷ만ᄀᆞᆺ투리오○楊양氏시復복이골오ᄃᆡ按안ᄒᆞ니高고氏시ᄂᆞᆫ一일졀히禮례經경을뻐셔襲습斂렴에옷ᄡᅳ기ᄅᆞᆯ하게ᄒᆞᆯ거시라ᄒᆞᆫ故고로襲습애冒모ㅣ잇고小쇼斂렴애布포絞교ㅣ잇고大대斂렴에布포絞교와布포紟금이이시니뻐곰그신體톄ᄅᆞᆯ保보호ᄒᆞᆫ바者자ㅣ固고당ᄒᆞᆫ、도다司ᄉᆞ馬마公공은簡간易이ᄒᆞ믈좃고자ᄒᆞ야襲습斂렴애衣의ᄡᅳ기ᄅᆞᆯ젹게ᄒᆞᆯ거시라ᄒᆞᆫ故고로小쇼

斂렴애비록布포絞교ᄅᆞᆯ두며衾금의ᄂᆞᆫ冒모ㅣ업고大
대斂렴의ᄂᆞᆫ紋교衾금이업ᄉᆞ니이疏소略냑호디라先
션生ᄉᆡᆼ이쳐엄의家가禮례ᄅᆞᆯ지으실제다司마馬마公
공書셔儀의ᄅᆞᆯ取ᄎᆔᄒᆞ두시니後후에學ᄒᆞᆨᄒᆞᄂᆞᆫ者쟈로더브
러禮례ᄅᆞᆯ의論논ᄒᆞ실제高고氏시喪상禮례로ᄡᅥᄀᆞ장
잘ᄒᆞ엿다ᄒᆞ시고遺유命명ᄒᆞ야治티喪상ᄒᆞ실제ᄒᆞ여
곰儀의禮례ᄅᆞᆯᄡᅳ시니이가히ᄡᅥ그ᄇᆞᆯ이며取ᄎᆔᄒᆞ야新
졀衰듕ᄒᆞ신뜯을보리로다ᄒᆞ믈며古고者쟈애龍衾合斂
렴애옷ᄡᅳ기ᄅᆞᆯ만히ᄒᆞᄂᆞᆫ더라故고로녜襚슈ᄒᆞᄂᆞᆫ禮례
이시니衣의服복을골온襚슈ㅣ라主조喪상禮례애親

친ᄒᆞᆫ者쟈ㅣ 緦싀ᄒᆞ고 모든 兄뎡弟뎨 緦싀ᄒᆞ고 朋븅友우ㅣ 緦싀ᄒᆞ고 또 君군이 사ᄅᆞᆷ으로ᄒᆞ여곰 緦싀ᄒᆞ더니 이제 세쇽이 襲습이 잇고 大대小쇼斂렴이 업ᄉᆞᆫ 故고로 緦싀ᄒᆞᄂᆞᆫ 禮녜 또ᄒᆞ 조차 廢폐ᄒᆞ니 앗갑도다 그러나 다 高고氏시의 말을 좃고져ᄒᆞ면 진실로 가난ᄒᆞᆫ 者쟈의 能능히 辦판츌홀배 아니미 司ᄉᆞ馬마公공의 분별ᄒᆞᆫ 바ᄀᆞᆺᄐᆞᆫ者쟈ㅣ 인ᄂᆞᆫ디라 다만 맛當당히 그 힘의 밋출 바를 혜아려ᄒᆞ미 可가ᄒᆞᆫ디라 내 그런 故고로 襲습 小쇼斂렴 大대斂렴 아래 다가 다 儀의禮녜와 다뭇 高고氏시 믄을 집述술ᄒᆞ야 배곰 參참攷고호믈 ᄀᆞ초ᄂᆞ니라

靈령座좌 魂혼帛백 銘명旌졍

置티靈령座좌ᄒᆞ고設셜魂혼帛빅ᄒᆞ라○靈령座좌ᄅᆞᆯ置티ᄒᆞ고魂혼帛빅을設셜ᄒᆞ라

椸어ᄅᆞᆯ尸시신南남녁희設셜ᄒᆞ고보ᄒᆞ로버덥고교倚의여卓탁ᄌᆞᄅᆞᆯ그앏ᄑᆡ노코흰깁을ᄆᆡ자魂혼帛빅을ᄆᆡᆼᄀᆞ다교倚의우희노코香향爐노ㅣ며향合합이며盞잔이며注주ㅣ며酒쥬ㅣ며果과ᄅᆞᆯ卓탁ᄌᆞ우희設셜ᄒᆞ고侍시者쟈ㅣ아ᄎᆞᆷ나죄로빗뎝이며세숫물이며奉봉養양ᄒᆞ논거슬設셜ᄒᆞ야다ᄉᆞ 生젹ᄀᆞ티ᄒᆞ라○司ᄉᆞ馬마溫온公공이ᄀᆞᆯ오ᄃᆡ네쇼남글조아重듕을ᄆᆡᆼ그라뻐그神신을조쥬

ᄒᆞ더니이제令녕式식에ᄯᅩ잇거니와그러나션ᄇᆡ며ᄇᆡᆨ셩
의집의셔일ᄌᆞ아디몯ᄒᆞᆫ故고로束속帛ᄇᆡᆨ으로ᄡᅥ神신
을依의케ᄒᆞ야닐오ᄃᆡ魂혼帛ᄇᆡᆨ이라ᄒᆞ니ᄯᅩᄒᆞᆫ古고禮녜의
나ᄆᆞᆫᄠᅳ디라世세俗쇽이다퉁그려魂혼帛ᄇᆡᆨ뒤헤두나소
나히ᄂᆞᆫ살아실제畫화像샹이어시나ᄡᅳ기예오히려ᄇᆞᆯ엽
거든婦부人인에니르러ᄂᆞᆫ살아실제閨규門문에기픠잇
고나가면뎡ᄐᆞ고그ᄂᆞᄎᆞᆯᄀᆞ리오거든이믜주그매엇디ᄒᆞ
가히畫화工공으로ᄒᆡ야바루기픈방의드러가ᄂᆞᄎᆞᆯ그리
온깁을들고부ᄎᆞᆯ잡고혜아려相샹보아그容용貌모를그
리게ᄒᆞ리오이ᄂᆞᆫ조ᄎᆞᆫ禮녜아니라ᄯᅩ世세俗쇽이或혹寵

듕음뫼 쏸
기라

관이며帽모ㅣ며옷시며신으로써裝장飾식ᄒᆞ야사ᄅᆞᆷ의
얼굴꼿게ᄒᆞ니이ᄂᆞᆫ더옥鄙비俚리ᄒᆞ니可가히졷디몯ᄒᆞᆯ
거시니라
重듕을뭇조온대朱쥬子ᄌᆞㅣ골ᄋᆞ샤ᄃᆡ三삼禮례圖도
애畵화ᄒᆞᆫ像샹이이시니可가히샹攷고ᄒᆞᆯ거시나그러나
또ᄒᆞᆫ司ᄉᆞ馬마公공의말ᄁᆞ투미또ᄒᆞᆫ조스로時시졀맛
당ᄒᆞ외合합ᄒᆞ니반두시너무녜애걸리시다아닐거시
니라○楊양氏시復복이골오ᄃᆡ禮례애大대夫부ᄂᆞᆫ主
쥬ㅣ업ᄉᆞᆫ者쟈ㅣ라帛ᄇᆡᆨ을束속ᄒᆞ야神신을依의지게
ᄒᆞᆫ다ᄒᆞ니司ᄉᆞ馬마公공이魂혼帛ᄇᆡᆨ쓰미蓋개帛ᄇᆡᆨ을

束속ᄒᆞ야神신을依의ᄒᆞᄂᆞᆫ뜯을取취호미로다高고氏
시골오ᄃᆡ古고人인이遺유衣의裳상을반ᄃᆞ시靈령座
좌애두고이옥고廟묘中듕애藏장ᄒᆞ니저권대ᄂᆞᆫ맛當
당히이말을조차遺유衣의裳샹으로ᄡᅥ靈령座좌의두
고魂혼帛ᄇᆡᆨ을그우회加가호미可가ᄒᆞ니라

立닙銘명旌정ᄒᆞ라○銘명旌정을세오라

블근깁브로ᄡᅥ銘명旌정을호ᄃᆡ너비ᄂᆞᆫ온幅복이오三삼
品품以이上샹은아홉자히오五오品품以이下하ᄂᆞᆫ여ᄃᆞᆲ
자히오六뉵品품以이下하ᄂᆞᆫ닐곱자히라ᄡᅥ골오ᄃᆡ아모
벼ᄉᆞᆯ아모公공의柩구ㅣ라ᄒᆞ라벼ᄉᆞᆯ곳업거든그生ᄉᆡᆼ時

ᄭᅳᆫ가ᄃᆞ길 들이라

ᄒᆞᄂᆞᆫ 흔고 뎌라 한ᄀᆞᄃᆞᆯ

시예稱칭ᄒᆞ던바ᄅᆞᆯ조차ᄒᆞ라대로벼杠강을밍그라구길
의파끈게ᄒᆞ야靈령座좌右우의지혀셰오라
司ᄉᆞ馬마溫온公공이ᄀᆞᆯ오ᄃᆡ銘명旌정을附부ᄒᆞᄂᆞᆫ設셜
ᄒᆞ야殯빈소東동의셰우라ᄒᆞ고註주의附부ᄂᆞᆫ명졍대의
발이니그制제되傘산架가ᄀᆞ투니라
不불作작佛불事ᄉᆞᄒᆞ라○佛불事ᄉᆞᄅᆞᆯ作작디달라
司ᄉᆞ馬마溫온公공이ᄀᆞᆯ오ᄃᆡ世셰俗쇽이즁의소겨ᄃᆞᆯ래
ᄅᆞᆯ미더곳주거신적과밋七칠七칠日일과百ᄇᆡᆨ日일과朞
긔年년과再ᄌᆡ朞긔와거喪상버슬제즁을머기며道도場
댱을設셜ᄒᆞ며或혹水슈陸뉵大대會회ᄅᆞᆯᄒᆞ며經경ᄉᆞ이

며부터밍ᄀᆞᆯ며塔탑廟묘를修슈리ᄒᆞ며셰오라ᄒᆞ야ᄂᆞᆯ오
뒤죽으니를爲위ᄒᆞ야한를해ᄀᆞ독ᄒᆞᆫ罪죄惡악을업게ᄒᆞ
고반ᄃᆞ시天텬堂당의나셔온가지快쾌樂락을受슈ᄒᆞ고
아니ᄒᆞᄂᆞᆫ이ᄂᆞᆫ반ᄃᆞ시地디獄옥에들어셔ᄡᅡ홈며ᄉᆞᆯ며셔
ᄒᆞ며끌아ᄀᆞ업ᄉᆞᆫ波파吒타ᄒᆞᆫ苦고로오를受슈ᄒᆞ오다ᄒᆞ거
니와ᄌᆞ못아디몯ᄒᆞᄂᆞ니人인生성이氣긔血혈을含함ᄒᆞ
야알픔며ᄀᆞ려온뒤를아ᄂᆞᆫ거시니或혹ᄉᆞᆫ돕을버히며미
리터락을갓가조초블에ᄉᆞᆯ며갓가도이미苦고로온주를
아디몯ᄒᆞ거든ᄒᆞ물며죽은이ᄂᆞᆫ얼굴과졍神신이서루뼈
나얼굴은ᄯᅡ히들어서거ᄉᆞᆯ가ᄯᅥ나모ᄃᆞᆯ과ᄀᆞ엿고졍神

신은飄표연히ᄇᆞ롬의블곤투여아므드려간동아디몯ᄒᆞ
니가使ᄉᆞ싸홈며全여ᄒᆞ며고돌엇다다시알리오ᄯᅩ즁
의날온바天텬堂당地디獄옥은혜건댄ᄯᅩᄇᆡ곰善션을勸
권ᄒᆞ고惡악을懲딩계호미니진실로지극히公공번으
로ᄇᆡ行ᄒᆡᆼ티아니면비록鬼귀신도가히시러곰다소리
랴이러모로ᄇᆡ唐당적盧로州쥐刺ᄌᆞ史ᄉᆞ李니舟쥬ㅣ누
의게이무ᄒᆞ야곧오ᄃᆡ天텬堂당이업ᄉᆞ면말디어니와이
시면君군子ᄌᆞㅣ오ᄅᆞ고地디獄옥이업ᄉᆞ면말디어니와
이시면小쇼人인이들리라ᄒᆞ니世셰상사ᄅᆞᆷ이어버이죽
거든즁의게비의이ᄂᆞᆫ고그어버이로ᄇᆡ君군子ᄌᆞㅣ라ᄒᆞᄃᆡ

아니ᄒᆞ고惡악을積젹ᄒᆞ야罪죄인ᄂᆞᆫ小쇼人인을사므미
니엇더고어버이뒤졉호미厚후티아니ᄒᆞ뇨셜使ᄉᆞ그어
버이로진실로惡악을積젹ᄒᆞ야罪죄이신·엇디즁의게
賂뢰믈주어能능히免면홀배러오이ᄂᆞᆫ中듕智디의다알
배어놀온世셰샹이謟도謟도히미더셤기니엇디그惑혹
ᄒᆞ기쉽고細셰도기어려오뇨善션ᄒᆞᆫ이ᄂᆞᆫ傾경家가破파産
산ᄒᆞᆫ後후에야말리이시니이러ᄐᆞᆺᄒᆞᆫ모로더브러ᄂᆞᆫ엇디
일ᄌᆞ기田뎐디프라墳분墓묘ᄅᆞᆯ경營영ᄒᆞ야葬장ᄒᆞᆷ만ᄀᆞ트
리오뎌天텬堂당地디獄옥이만일과연이실작이면당당
이天텬地디로더브러ᄒᆞᆷᄭᅴ날거시어ᄂᆞᆯ佛불法법이中듕

십왕은뎌셩귀신이라

國국의드러오ᄃᆡ아뎌실젼의ᄉᆞᄅᆞᆷ이죽엇다가다시살라
ᄯᅩ이쇼ᄃᆡ엇디모로ᄒᆞ나도그ᄃᆞ地디獄옥의드러가閻염
羅나等등十십王왕보롸ᄒᆞᆯ者쟈ㅣ업소뇨ᄒᆞᆯ모ᄅᆞ누니뇨
진실로쪽히ᄃᆡ브러말몯ᄒᆞ려니와굴넘고베일알리뇨ᄯᅩ
하히ᄲᅧ져기예두룰디니라
執집友우親친厚후之지人인이至지是시ᄒᆞ야入입哭곡이면
가也야라ㅣ니○동지ᄒᆞᆫ벗파親친厚후ᄒᆞᆫ사ᄅᆞᆷ이이에니ᄅᆞ러
드러가哭곡호미可가ᄒᆞ니라
主쥬人인이成셩服복아뎌셔와哭곡ᄒᆞ뇨ㅣ맛당히深심
衣의닙고尸시산ᄂᆞᆫ臨님ᄒᆞ야哭곡호ᄆᆞᆯ盡진哀의ᄒᆞ고나

와靈령座좌의拜배ᄒᆞ야香향ᄭᅩᆺ고一일番번拜배ᄒᆞ고드듸여
主쥬人인를弔도상호ᄃᆡ서루向향ᄒᆞ야哭곡호믈盡진哀
익ᄒᆞ야든主쥬人인이哭곡으로ᄡᅥ對ᄃᆡ답ᄒᆞ고말ᄉᆞᆷ이업
스라

小쇼斂념 袒단 括괄髮발 免문 髽좌 奠뎐 代
듸哭곡

厥궐明명에○그이ᄐᆞᆫ날
날은죽근이ᄐᆞᆫ날에라

執집事ᄉᆞ者쟈ㅣ陳딘小쇼斂념衣의衾금ᄒᆞ라○執집事ᄉᆞ者
쟈ㅣ小쇼斂념홀옷시며니블을陳딘ᄒᆞ라

卓탁子ᄌᆞ로ᄡᅵ堂당東동壁벽아래陳딘ᄒᆞ고죡곤者쟈의

ᄯᅳᆺᄂᆞᆫ오ᄉᆞᆯ가지고付隨슈宜의ᄒᆞ야ᄡᅳ되만일ᄒᆞ면구틔여

다ᄲᆞᆯ거시아니라니블은겹을ᄡᅳ고絞교포ᄂᆞᆫ구루니세히

오기뢰로ᄒᆞᆫ나히니다ᄀᆞᄂᆞᆫ뵈어나或혹비단으로ᄡᅢᄒᆞᆫ幅

복의두ᄀᆞᆫ돌ᄠᅥ려세헤망그라ᄀᆞ루니ᄂᆞᆫ족히ᄡᅥ몸을둘러

서루ᄆᆞᆯ만ᄒᆞᄆᆞᆯ取취ᄒᆞ고기리ᄎᆞᄂᆞᆫ족히ᄡᅥ머리로ᄃᆞ퍼발

애니루게ᄒᆞ야몸가온대ᄆᆞᆯ만ᄒᆞᄆᆞᆯ取취ᄒᆞ라

高고氏시ᄀᆞᆯ오ᄃᆡ襲습옷ᄉᆞᆫᄡᅧ곰尸시신을닙피ᄂᆞᆫ배오

斂념옷ᄉᆞᆫ곳ᄲᆞᆯ돌음이니이襲습과斂념의분辨변이라

○小쇼斂념은옷시오히려져ᄀᆞ니다만소젼幅복ᄀᆞᄂᆞᆫ

뵈를버ᄀᆡᄀᆞᆺ들ᄇᆞ려ᄇᆞᆯ디니라믈읫斂렴ᄒᆞᆷ을方방졍코
쟈ᄒᆞᄂᆞ니반은尸시신아래잇고반은尸시신우희인ᄂᆞᆫ故
고로散산衣의ᄂᆞᆫ것곤者쟈ㅣ잇고오직祭제服복은것
고디아니ᄒᆞᆯ디니라믈읫斂념衣의펴기를다絞교紟금
으로ᄡᅥ믄져ᄒᆞᄂᆞ니小쇼斂념은됴ᄒᆞᆫ者쟈ㅣ안희인ᄂᆞᆫ
고로버거散산衣의ᄅᆞᆯ펴고後후에祭제服복을펴고大
대斂념은됴ᄒᆞᆫ者쟈ㅣ밧겻ᄐᆡ인ᄂᆞᆫ고로버거祭제服복
을펴고後후에散산衣의ᄅᆞᆯ펼디니라○斂념ᄒᆞᆫ衣의로
ᄡᅥ主쥬ᄅᆞᆯ사므니小쇼斂념衣의ᄂᆞᆫ반ᄃᆞ시十십九구稱
칭으로ᄡᅥᄒᆞ고大대斂념衣의ᄂᆞᆫ하기五오十십稱칭에

니ᄅᆞᆫ디라 임의襲습ᄒᆞᆫ後후의斂렴衣의ᄅᆞᆯ이리두시
한故고로絞교로ᄡᅥ束속디아니면能능히ᄡᅥ굳堅견實
실티몯ᄒᆞ리라믈읫거ᄉᆞᆯ뭇거斂렴ᄒᆞᆷ을미이ᄃᆞᆫᄃᆞᆫ이ᄒᆞ
면細세小쇼ᄒᆞ며堅견實실ᄒᆞᄂᆞ니그런故고로衣의衾
금이족히ᄡᅥᄉᆞᆯ혼ᄋᆞᆯ석게ᄒᆞ고形형體톄길피곰ᄒᆞ이니可
가히ᄡᅥ사ᄅᆞᆷ으로ᄒᆞ여곰아쳐티말게ᄒᆞ미니라이제티
喪상ᄒᆞᄂᆞᆫ者자ᄂᆞᆫ오ᄉᆞ로斂렴ᄒᆞ미임의錯착고絞교와冒
모ᄅᆞᆯᄡᅳ디아니ᄒᆞᄂᆞ니形형體톄드러날가저허ᄒᆞ믄棺
관의녀허이에入입棺관ᄒᆞ모로ᄡᅥ小쇼斂렴을삼고棺
관더프모로大대斂렴을삼ᄋᆞ니入입棺관이임의처음

殯빙소ᄒᆞ고ᄣᅢ계잇고棺관더프미ᄯᅩ成셩服복ᄒᆞ、ᄂᆞᆫ날
애이시니곳이ᄂᆞᆫ小쇼斂렴大대斂렴ᄒᆞᄂᆞᆫ禮례다廢폐
ᄒᆞ엿도다〇楊양氏시復복이골오ᄃᆡ按안ᄒᆞ니儀의禮
례士ᄉᆞ喪상애小쇼斂렴옷시十십九구稱칭이오絞교
ᄂᆞᆫ橫횡이三삼이오縮츅이一일이오廣광이幅폭ᄭᅳ지
오그긋틀ᄧᅡ리라ᄒᆞᆫ註주애닐오ᄃᆡ絞교ᄂᆞᆫᄡᅥ곰衾금의服
복올거두어졸라ᄆᆡ요코평평ᄒᆞ、게ᄒᆞᄂᆞᆫ배니브르ᄡᅧᄒᆞ、
라、縮츅은縱죵포ㅣ니ᄀᆞ로ᄂᆞᆫ着자ㅣ세幅복이오ᄀᆞᄂᆞᆫ者
쟈ㅣᄒᆞᆫ幅복이니그긋틀ᄣᅢ여모ᄒᆞ야곰ᄠᅴ가히미게ᄒᆞ
미니라

具구ᄌᆞ를
우희브터
야올ᄒᆞ니
아개대녈
ᄒᆞ[illegible]며
[illegible]ᄒᆞᆯ기라

設셜奠뎐具구와○奠뎐ᄒᆞᆯ괴具구와

卓탁子ᄌᆞ를阼조階계東동南남의設셜ᄒᆞ고奠뎐ᄒᆞᆯ饌

믈과및盞잔이며注주注주를그우희노히巾건덥고盥관盆

분과帨셰巾건各각둘ᄒᆞᆯ饌찬믈東동의設셜ᄒᆞ니그東동

의臺ᄃᆡ인ᄂᆞ니ᄂᆞᆫ祝츅의盥관ᄒᆞ올배오그西셔의臺ᄃᆡ업ᄉᆞ

니ᄂᆞᆫ執집事ᄉᆞ의盥관ᄒᆞ올배라각별이卓탁子ᄌᆞ로뻐조ᄒᆞᆫ

믈동히와새슈건을그東동의設셜ᄒᆞ니뻐盞잔을시

ᄉᆞ며盞잔을스ᄉᆞᆯ거시니이一일節졀은遣견뎐의니루히

다ᄭᅬ두니라

括괄髮발麻마와免문布포와髽사麻마라ᄒᆞ○머리밀삼과免

문ᄒᆞᆫ뵈와髽사ᄒᆞᆫ삼을說셜ᄒᆞ라

括괄髮발은뇌온삼노ᄒᆞ로머리ᄅᆞᆯ주리혀ᄆᆡ미오ᄯᅩ뵈로ᄡᅥ頭두幓슈ᄅᆞᆯᄆᆡᆼ글미라免문은날온뵈ᄅᆞᆯᄧᅴ거나或혹깁을ᄒᆞ거나너뷔ᄒᆞ치노ᄒᆞ야목으로브터압폴向향ᄒᆞ야니마우희셔루어긔내여도로샹토에둘러망건ᄉᆞ듯ᄒᆞ노거시라髽사노ᄯᅩ삼노ᄒᆞᆯᄡᅥ머리ᄅᆞᆯ주리혀ᄆᆡ고대나남그로나빈혀ᄒᆞ미라說셜ᄒᆞ기ᄅᆞᆯ다다로방의ᄒᆞ라

設셜小쇼斂렴牀상ᄒᆞ고布포絞교衾금衣의ᄒᆞ라○小쇼斂렴牀상을設셜ᄒᆞ고絞교와니블과옷ᄉᆞᆯ펴라

小쇼斂렴ᄒᆞᆯ牀상을設셜ᄒᆞ야薦쳔席셕과褥요ᄒᆞᆯ西서階

계ᄉᆞ 西셔녁희 셜고 絞교포와 니블와 옷ᄉᆞᆯ 펴셔 들어 西셔
階계로브터 올라 尸시신 南남녁희 노ᄒᆞ되 몬져 絞교포의
ᄀᆞ루나 세ᄒᆞᆯ 미ᄐᆡ 펴ᄢᅧ 몸ᄋᆞᆯ 들러서 쿠미게 ᄀᆞ초고 이에 ᄀᆞ
리ᄒᆞ나 ᄒᆞᆯ 우희 펴ᄢᅧ 머리며 발을 덥게 ᄀᆞ초고 옷ᄉᆞᆯ 或옥 顚
뎐ᄒᆞ거나 或혹 倒도ᄒᆞ거나 다만 方방正졍ᄒᆞᄆᆞᆯ 取츄ᄒᆞ라
오직 웃옷ᄉᆞ랑 것구로디 말라
乃내 遷쳔 襲습奠뎐ᄒᆞ라 ○ 이에 襲습奠뎐을 옮기라
執집事ᄉᆞ者쟈ㅣ 옴겨 靈령座좌 西셔南남의 두고 새 奠뎐
을 設셜ᄒᆞ오ᄆᆞᆯ 기드려 설라 後후에 믈읫 奠뎐이 다 이 ᄀᆞ트니
라

遂슈小쇼斂렴ᄒᆞ라○드듸여小쇼斂렴ᄒᆞ라
侍시者쟈ㅣ손싯고尸시신을들어든男남女녀ㅣᄒᆞᆫ가지
로븓드러도와小쇼斂렴牀상우희옴기고몬져벼개를앗
고깁가히옷ᄉᆞᆯ펴셔ᄡᅥ그머리예볘오고인ᄒᆞ야두근ᄅᆞᆯ무
라ᄡᅥ두엇게뷘뒤ᄅᆞᆯ보텸ᄒᆞ고ᄯᅩ옷ᄉᆞᆯ무ᄆᆞ라두다리예ᄡᅧ쉬
반독ᄒᆞ믈取취ᄒᆞ라그린後후에나모오ᄉᆞ로ᄡᅥ尸시신을
더펴외오녀미고골홈ᄆᆡ디말며겹니블로ᄡᅥᄡᆞ되絞교로ᄡᅥᄆᆡ
디말고그ᄂᆞᄎᆞᆯ덥디말라盖개孝효子ᄌᆞㅣ오히려그다
시살가기ᄇᆞ라며時시시로그ᄂᆞᄎᆞᆯ보고쟈ᄒᆞᆫ연故고ㅣ라
斂렴ᄒᆞ믈ᄆᆞᆺ고각별이니블로ᄡᅥ더프라

主쥬人인主쥬婦부ㅣ憑빙尸시哭곡擗벽ᄒᆞ라○主쥬人인主
쥬婦부ㅣ尸시신을憑빙ᄒᆞ야哭곡ᄒᆞ고擗벽ᄒᆞ라
主쥬人인ᄂᆞᆫ西셔向향ᄒᆞ야尸시신을憑빙ᄒᆞ야哭곡ᄒᆞ고
가ᄉᆞᆷ두두리며主쥬婦부ᄂᆞᆫ東동向향ᄒᆞ야ᄯᅩᄀᆞ티ᄒᆞ라○
믈읫子ᄌᆞㅣ父부母모의게ᄂᆞᆫ憑빙ᄒᆞ고父부母모ㅣ子ᄌᆞ
의게와夫부ㅣ妻쳐의게ᄂᆞᆫ븟잡고며ᄂᆞ리싀부모ᄭᅴ게ᄂᆞᆫ
받들고싀부뫼며ᄂᆞ리ᄭᅴ게ᄂᆞᆫ어르ᄆᆞᆫ지고형弟뎨의게ᄂᆞᆫ븟
자븐디ᄂᆡ믈ᄭᅴ憑빙尸시ᄒᆞ기ᄅᆞᆯ父부母모ㅣ몬져ᄒᆞ고妻
쳐子ᄌᆞㅣ後후에ᄒᆞ라
袒단括괄髮발免문髽사于우別별室실라ᄒᆞ○袒단ᄒᆞ며括괄

종오세ᄌᆞ 또십촌형 뎨라

髮발ᄒᆞ며免문ᄒᆞ며髽사호믈다ᄅᆞᆫ방의가ᄒᆞ라
男남子ᄌᆞㅣ斬참衰최ᄒᆞ리ᄂᆞᆫ袒단ᄒᆞ고括괄髮발ᄒᆞ고齊
지衰최以이下하로同동五오世세祖조者자의니ᄅᆞ히다
다ᄅᆞᆫ방의가袒단ᄒᆞ며免문ᄒᆞ고婦부人인ᄂᆞᆫ다ᄅᆞᆫ방의가
髽사ᄒᆞ라

司ᄉᆞ馬마溫온公공이ᄀᆞᆯ오ᄃᆡ古고禮녜애袒단ᄒᆞᄂᆞᆫ者
자ㅣ다용당히솔나게袒단ᄒᆞ고免문ᄒᆞᄂᆞᆫ者자ㅣ다용
당히머리터러기나게ᄒᆞ더니이제ᄂᆞᆫ袒단ᄒᆞᄂᆞᆫ者자ㅣ
다모옷오솔袒단ᄒᆞ고免문ᄒᆞᄂᆞᆫ者자ᄂᆞᆫ오직主쥬人인
이冠관티아니ᄒᆞ고齊자衰최以이下하ᄂᆞᆫ帽모ᄌᆞ를업

시ᄒᆞ고두건을쓰고免문포를그우희加가ᄒᆞ미ᄯᅩᄒᆞᆫ可
가ᄒᆞ니라婦부人인이髽사ᄒᆞ매도맛당히冠관梳소를
업시ᄒᆞᆯ디니라○楊양氏시復복이끝오뒤小쇼斂렴애
變변服복ᄒᆞᆯ제斬참衰최者자ᄂᆞᆫ袒단ᄒᆞ며括괄髮발ᄒᆞ
거ᄂᆞᆯ이제사ᄅᆞᆷ이袒단ᄒᆞ며括괄髮발ᄒᆞᄂᆞᆫᄒᆞᆫ節절목업
ᄉᆞ믄엇디오世세俗쇽이襲습으로ᄡᅥ小쇼斂렴을삼으
믈인緣연ᄒᆞᆫ故고로이變변服복ᄒᆞᄂᆞᆫᄒᆞᆫ節절목을일헌
ᄂᆞ니라禮례애이쇼되聞문喪상ᄒᆞ고奔분喪상ᄒᆞᆯ제門
문의드러柩구前젼의나아가再ᄌᆡ拜ᄇᆡᄒᆞ고哭곡ᄒᆞ야
盡진哀의ᄒᆞ고이에東동方방의나아가冠관과밋옷오

슬벗고머리플고발버스믈조喪상젹비ᄀ티ᄒ고殯빈
소의나와가東동面면ᄒ야안자哭곡ᄒ야盡진哀ᄋᆡᄒ、
고鄕향이예東동方방의나아가袒단ᄒ며括괄髮발ᄒ고、
또哭곡ᄒ야盡진哀ᄋᆡᄒ믈小쇼斂념젹비ᄀ티ᄒ고이
튼날후와날마다朝됴夕셕哭곡예오히려袒단ᄒ고括
괄髮발ᄒ얏다가집의날으四ᄉ日ᄉ만의야이에成셩
服복ᄒ니齊ᄌ衰최喪상은禮례의變변이로ᄃ오히려그ᄎ
序셔를삼가거든ᄒ믈며禮례의常샹애處쳐ᄒ야可가
히小쇼斂념ᄒ오ᄃ뒤를업시ᄒ며또袒단ᄒ며括괄髮발
ᄒ믈업시ᄒ라이곳孝효子ᄌ禮례를아노者쟈의맛당

히삼가可가히忽홀티못홀배니라

還한遷쳔尸시牀상于우堂당中듕라ᄒᆞ○도로尸시牀상을堂당中듕에옴기라

執집事ᄉᆞ者쟈ㅣ襲습ᄒᆞ엿던牀상을실고尸시신을그고내옴기라哭곡ᄒᆞᄂᆞᆫ者쟈ㅣ位위예도라가尊존長댱은안卑비幼유ᄂᆞᆫ셔시라

乃내奠뎐라ᄒᆞ○이에奠뎐ᄒᆞ라

祝츅이執집事ᄉᆞ者쟈를거ᄂᆞ려손싯고饌찬믈을들어阼조階계로브터올라靈령座좌前젼의니르러祝츅이焚분香향ᄒᆞ고盞잔시서술브어奠뎐ᄒᆞ야ᄆᆞᆫ卑비幼유者쟈ㅣ

다再지拜비ᄒᆞ라待시者자ㅣ巾건ᄃᆡ프라

主쥬人ᄂᆞᆫ 哭곡盡진哀이라ᄒᆞᆫ○主쥬人인以이下하

ㅣ哭곡ᄒᆞ믈盡진哀이ᄒᆞ라

乃내代ᄃᆡ哭곡不블絶졀聲셩ᄒᆞ라○이에셔ᄂᆞᆫ ᄭᅳ라우려소ᄅᆡ

ᄅᆞᆯ그치디말라

大대斂렴ㅡ

厥궐明명에○그이ᄐᆞᆫ날

小쇼斂렴ᄒᆞᆫ이ᄐᆞᆫ날이니죽건디사ᄒᆞᆯ재라○司ᄉᆞ馬마溫

온公공이골오ᄃᆡ禮례예골오ᄃᆡ사ᄒᆞᆯ만의斂렴ᄒᆞ고그ᄃᆡ

ㅣ살가기ᄃᆞ로미니사ᄒᆞᆯ애사디아니면任ᄒᆞᆫ사디몯ᄒᆞᆯ거

시라故고로사홈로ᄡᅥ禮톄ᄅᆞᆯᄒᆞ연ᄂᆞ니라이졔가난ᄒᆞᆫ者
쟈ㅣ喪상具구ᄅᆞᆯ或혹장만몯ᄒᆞ거나或혹棺관을漆칠ᄒᆞ
야셔ᄆᆞᄅᆞ디몯ᄒᆞ거나ᄒᆞ면비록三삼日일이디나도ᄯᅩᄒᆞᆫ
•해로오미업ᄉᆞ니라世셰俗쇽이陰음陽양拘구忌긔로ᄡᅥ
날ᄀᆞᆯᄒᆡ여斂렴ᄒᆞ야盛셩호ᄃᆡ위조음애취ᄒᆞ나며고져
리ᄒᆞᆯ리이시매니르니엇디悖패려티아니ᄒᆞ리오
執집事ᄉᆞ者쟈ㅣ陳딘大대斂렴衣의衾금라ᄒᆞᆫ○執집事ᄉᆞ者
쟈ㅣ大대斂렴ᄒᆞᆯ옷시며니블을陳딘ᄒᆞ라
卓탁子ᄌᆞ로ᄡᅥ堂당東동壁벽아래陳딘ᄒᆞ라옷시령ᄒᆞᆫ數
수ㅣ업ᄉᆞ니니블란소옴인ᄂᆞ니ᄅᆞᆯᄡᅳ라

高교氏시골오ᄃᆡ大대斂렴의絞교ᄂᆞᆫ고ᄅᆞᆫ者쟈ㅣ셔히
니蓋개ᄒᆞᆫ幅복뵈를取취ᄒᆞ야ᄠᅧ여세片편을ᄆᆡᆼ근거시
라ᄀᆞᄅᆞᆫ者쟈ㅣ다ᄉᆞ시니蓋개뵈두幅복을取취ᄒᆞ야ᄠᅧ
여여ᄉᆞᆺ片편을ᄆᆡᆼᄀᆞ라다ᄉᆞᆺ출ᄡᅳ라大대斂렴의오시만
ᄒᆞ모로ᄢᅦ라그런故고로每ᄆᆡ幅복을세희ᄠᅥ려ᄇᆡ쥐ᄇᆡ
곰堅견ᄒᆞ미평핑ᄒᆞ게ᄒᆞ미라니블이믈읫ᄃᆞᆯ흐니ᄒᆞᆫ나
ᄒᆞᆫ덥ᄭᅵ고ᄒᆞᆫ나ᄒᆞᆫ믈디니라○楊양氏시復복이골오ᄃᆡ儀
의禮례士ᄉᆞ喪상애大대斂렴오시三삼十십稱칭이오
紟금은혿ᄃᆡ잇디아니ᄒᆞ니반ᄃᆞ시다ᄡᅳ디아닐거시라
ᄒᆞᆫ註주ᄭᅴ닐오ᄃᆡ紟금은ᄒᆞᆫ옷니블이라小쇼斂렴옷數수

는天텬子ᄌᆞ로브터達달ᄒᆞ고大대斂념은곳다ᄅᆞ니라
大대斂념布포絞교ᄂᆞᆫ고ᄅᆞᆫ者자ㅣ 세히오ᄭᅵᄅᆞᆫ者자ㅣ
다ᄉᆞ시니라
設셜奠뎐具구라ᄒᆞᆫ○奠뎐ᄒᆞᆯ긔具구ᄅᆞᆯ設셜ᄒᆞ라
小쇼斂념적ᄀᆡᄀᆞ티ᄒᆞ라
擧거棺관ᄒᆞ야入입置티于우堂당中듕ᄒᆞᆫ少쇼西셔라ᄒᆞᆫ○棺관
을들이堂당中듕의드려노호ᄃᆡ져기西셔ᄐᆡᆨ키ᄒᆞ라
執집事ᄉᆞ者자ㅣ 몬져靈령座좌와밋小쇼斂념奠뎐을ᄒᆞᆫ
ᄭᅵ이옴겨든後후에者자ㅣ 棺관을들어ᄲᅥ드려가牀상西셔
에노코두凳등으로ᄲᅥ괴오라만일누ᄌᆞ니여져므니어됴

다론방의가ᄒᆞ라後역者쟈ㅣ나니거든侍시者쟈ㅣ몬져
니블을棺관가온대노코그기슭글녜밧긔드리워두라○
司ᄉᆞ馬마溫온公공이골오ᄃᆡ周쥬사ᄅᆞᆷ이西셔階계우희
殯빈ᄒᆞ더니이제ᄂᆞᆫ堂당室실制제되다ᄅᆞ고或혹ᄒᆞ좁쟈ᄂᆞᆫ
故고로다뭇堂당中듕에져기西셔녁킈ᄒᆞᆯ作쟉미라이제
世셰俗쇽이ᄃᆡᄅᆞ다가殯빈소ᄒᆞ리란ᄒᆞ야사ᄅᆞᆷ이ᄃᆞ킈여보
리업고往왕往왕애ᄒᆡ도ᄅᆞ이취ᄒᆞ니티아니타호므로벼數수
十십年년넘도록葬장티아니ᄒᆞ야或혹盜도賊적의헤틴
배되고或혹춍의내여브린배되니不블孝효ᄒᆞᆫ罪죄누이
어셔크리오

乃내大대斂렴라ᄒᆞᆫ○이에大대斂렴ᄒᆞ라
侍시者쟈ㅣ子ᄌᆞ孫손婦부女녀로더브러다손싯고머리
ᄅᆞᆯᄭᅳ리오며밋가미고ᄒᆞᆫ가지로尸시신을들어棺관中듕
에녀코살아실제ᄲᅵ러딘바니며머리ᄭᅥ락이며밋ᄲᅢ혓던
바손ᄐᆞᆸ발ᄐᆞᆸ을棺관모ᄒᆡ예오고또그뷘ᄃᆡ로혜아려옷솜
무라메워힘ᄡᅥᄒᆡ여곰充츙實실케ᄒᆞ야搖요動동티몯게
ᄒᆞ고삼가金금玉옥이며보비엣거스로ᄡᅥ棺관中듕에두
어盜도賊적의ᄆᆞᄋᆞᆷ을내혀게말라니블을거두워몬져발
을덥고버거머리덥고버거左좌ᄅᆞᆯ덥고버거右우ᄅᆞᆯ더퍼
棺관中듕으로ᄒᆡ여곰平평ᄒᆞᄀᆞ독게ᄒᆞ라主쥬人인主쥬

婦부ㅣ憑빙ᄒᆞ야哭곡호믈盡진哀ᄋᆡᄒᆞ고婦부人인이믈
너나당안희들거든이에匠장인을블러뎐蓋개로덥고못
박고牀상을위렷고관을구衣의로배뎌푸라祝축이銘명
旌정을가져다가柩구의東동녁킈틀바가셰오고다ㅣ靈
령座좌를뵈고대設셜ᄒᆞ고婦부人인들흘留류ᄒᆞ야디킈
오라○司ᄉᆞ馬마溫온公공이골오ᄃᆡ믈읫尸시신을動동
ᄒᆞ며棺관을들제哭곡擗벽ᄒᆞ기를수업시홀디나그러나
殯빈ᄒᆞ며斂렴홀즈음애ᄯᅩ호맛당히우룸을그치고臨님
ᄒᆞ야보아힘ᄡᅥᆺ야곰편安안ᄒᆞ고굳게홀디니可가히다
만울만ᄒᆞᆯ디말디니라○按안호디녜ᄂᆞᆫ大대斂렴ᄒᆞ고셩

殯빈ᄒᆞ니 입의 大대斂렴ᄒᆞ면 벽으로 ᄡᅡ고 ᄇᆞᄅᆞ더니 이제
노或혹館관漆칠ᄒᆞ야 ᄆᆞᄅᆞ디 아녀거나 ᄯᅩ南남方방의 ᄒᆞᆰ
기가야미 만ᄒᆞ니 可가히 ᄒᆞᆰ ᄇᆞᄅᆞ라 殯빈소 몯ᄒᆞᆯ거신故고로
그便편호믈 좃노라
設셜靈령牀상于우柩구東동ᄒᆞ라 ○ 靈령牀상을 柩구ㅅ東동녁
킈 設셜ᄒᆞ라
牀상이며 帳댱이며 薦쳔席셕이며 屛병풍이며 벼개며 옷
시며 ᄇᆞᆯ블류ᄅᆞᆯ 다 사라신 적ᄀᆞ티 ᄒᆞ라
乃내設셜奠뎐ᄒᆞ라 ○ 이에 奠뎐을 設셜ᄒᆞ라
小쇼斂렴 좌ᄭᅴ ᄀᆞ티 ᄒᆞ라

主쥬人인以이下하ㅣ各각歸귀喪상次ᄎᆞ라ᄒᆞᆫ○主쥬人인以이下하ㅣ각각喪상次ᄎᆞ애도라가라 中듕門문밧긔朴박陋누ᄒᆞᆫ방을골ᄒᆡ여丈댱夫부의喪상次ᄎᆞ로ᄆᆡᆼᄀᆞᆯ고斬참衰최ᄒᆞ리ᄂᆞᆫ거적의자고ᄒᆞᆰ덩이볘고슈絰딜이며要요帶ᄃᆡ를벗디말고사ᄅᆞᆷ과더브러안ᄯᅵ말며時시시로母모의게뵈올적아니어든中듕門문에밋디말라齊ᄌᆡ衰최ᄒᆞ리ᄂᆞᆫ돗과자고大대功공以이下하다ᄅᆞ셔사ᄂᆞ니ᄂᆞᆫ임의殯빈소ᄒᆞ야든도라가밧긔이셔자며석ᄃᆞᆯ만의야寢침실의도로들라婦부人인ᄂᆞᆫ中듕門문안히別별室실에상次ᄎᆞ로ᄒᆞ거나或혹殯빈소겻ᄐᆡ이쇼되즘당

이며ᄂᆡ를褥요히華화麗려ᄒᆞᆫ거ᄉᆞᆯ업시ᄒᆞ고시러곰男남
子ᄌᆞ의喪상次ᄎᆞ애믄득ᄂᆞ리디말라
止지代ᄃᆡ哭곡者쟈라ᄒᆞᆫ○셔르ᄒᆞ라우ᄂᆞᆫ者쟈ᄅᆞᆯ고치라

家가禮례諺언解ᄒᆡ卷권之지五오

家禮諺解 利

家禮諺解卷之六

家가禮례諺언解히卷권之지六륙

喪상禮녜二이

成셩服복

厥궐明명에○그이튼날

大대斂렴ᄒᆞ욘이튼날이니죽건디나흘재라

五오服복之지人인이各각服복其기服복ᄒᆞ고入입就취位위

然연後후에朝됴哭곡ᄒᆞ고相샹弔됴如여儀의라ᄒᆞ○五오服복

의사ᄅᆞᆷ이각각그服복을닙고ᄃᆞ러位위예나아간後후에朝

됴哭곡ᄒᆞ고서ᄅᆞ弔됴ᄒᆞ기ᄅᆞᆯ례대로ᄒᆞ라

楊양氏시復복이ᄀᆞᆯ오ᄃᆡ三삼日일ᄀᆞᆯ애大대斂렴ᄒᆞᄂᆞ니可

가히 ᄡᅥ 成셩服복홀 거시로되 반ᄃᆞ시 四ᄉᆞ日일後후에
成셩服복호믄 엇디오 大대斂렴을 비록 ᄆᆞᄎᆞ나 人인子
ᄌᆞㅣ ᄎᆞ마 그 親친을 죽다 몯ᄒᆞᆫ 故고로 ᄎᆞ마 믄득 成셩服
복디 몯ᄒᆞ야 반ᄃᆞ시 四ᄉᆞ日일後후에 成셩服복ᄒᆞᄂᆞ니 禮
녜애 사니ᄂᆞᆫ 오ᄂᆞᆫ 날을 與여ᄒᆞ고 죽으니ᄂᆞᆫ 디난 날을 與
여ᄒᆞ다 ᄒᆞ니 이 義의를 取취ᄒᆞ미니라
其기 服복之지 制제ㅣ 一일 曰왈 斬참衰최 三삼年년이오 ○ 그 服
복의 制제되 一일은 골온 斬참衰최 三삼年년이오
斬참은 ᄀᆞ 모도디 아니미니 衣의며 裳상을 다 極극히 굴근
生싱布포로 ᄆᆡᆼᄀᆞ이며 밋 아래 기슭을 ᄒᆞ마 모로디 말라 衣

텹은가슴
ᄒᆞᆫ폭이오

의ᄂᆞᆫ혼솔ᄋᆞᆯ밧그로向향ᄒᆞ고裳샹은알ᄑᆡ세幅복이오뒤
히네복이니혼솔ᄋᆞᆯ안ᄒᆞ로향ᄒᆞ고ᄆᆞᆯ뫼ᄒᆞᆫ連련ᄒᆡᄅᆞᆯ고每ᄆᆡ
미幅복의三삼㡇텹을자브라㡇텹은날온그두ᄀᆞ올구펴
서루다혀그가온대ᄅᆞᆯ공글게ᄒᆞ욘거시라衣의의뇨기ᄅᆞ히라
예다나足족히뻬裳샹옷ᄀᆞ의덥히게ᄒᆞ고혼솔이밧그로
向향케ᄒᆞ라등의負부版판이이시니뵈太方방케자여ᄃᆞᆲ
치ᄅᆞᆯ뻬혀깃아래두라드리오라앏퍽心심통을當당ᄒᆞ야
衰최이시니뵈기리여손치오디비녜처로뻬외ᄐᆡᆨ깃앏퍽
ᄃᆞᆯ라左좌右우의辟벽領녕이이시니各각뵈太방케겨ᄃᆞᆲ
치ᄅᆞᆯ뻬그두머리고펴서루다게ᄒᆞ면디비녜치되ᄂᆞ니깃

2a

아래돌아負부版판두겨틔셔各각각負부版판의ᄒᆞᆫ자
식攙참케ᄒᆞ라두겨두랑아래衽임이이시니各각각뵈석
자다ᄉᆞᆺ치롤벼上샹下하의各각ᄒᆞᆫ자식두고正정方방케
ᄒᆞᆫ자밧긔우흐로左좌旁방에여ᄉᆞᆺ치롤모라드리고아래
로右우旁방에여ᄉᆞᆺ치롤모라드려셔믄득盡진ᄒᆞ고대셔
ᄒᆞᆫ부라빗기ᄆᆞᄅᆞ고믄득두겨트로벼左좌右우ㅣ서로포
개게ᄒᆞ야衣의두겨틔돌아드리워아래로向향ᄒᆞ야형狀
샹이쥐뵈ᄭᅳ리ᄀᆞ투니벼裳샹ᄀᆞ울ᄀᆞ리우노거시라冠관
은衣의裳샹과ᄀᆞ비ᄒᆞᆫ뵈쳐기ᄂᆞᆫ돌베셔쇼ᄒᆞᆫ비ᄒᆞ
여소밍ᄀᆞ라니븨세치오기릐노足족ᄒᆞ니마前젼後후예

뎝은조三
뎝은거시
ᄒᆞ다 二

무노관의
편ᄌᆞ고티
두로거ᄒᆡ
라

걸티게ᄒᆞ야뵈로ᄲᅡᄲᅡ셔세幯텹을호ᄃᆡ다右우로向향케
ᄒᆞ야조ᄎᆞ로ᄒᆞ고삼노ᄒᆞᆫ오리ᄅᆞᆯᄲᅧ니마우흐로조차미여
곡뒤희니ᄂᆞ려셔귀워압포로ᄃᆡ내텨各각각귀예다두라
미자셔ᄲᅧ武무ᄅᆞᆯ삼고冠관두머리ᄅᆞᆯ고펴武무안해녀허
밧그로向향ᄒᆞ야도로고펴武무에호고武무의나믄노ᄒᆞ
란아래로드리워纓영을사마토아래미라着슈經뎔은외
인노ᄡᅮ삼으로ᄲᅧ호ᄃᆡ그두른엥어치ᄀᆞ흡시오삼밋ᄉᆞ틀差
좌의잇게ᄒᆞ고나마압풀조차右우로向향ᄒᆞ여둘리나마
ᄅᆞᆯ[illegible]ᄒᆞ야뒤흐로ᄃᆡ내여그긋트로ᄲᅧ밋동우희加가ᄒᆞ고任
노ᄒᆞ로ᄲᅧ纓영을ᄒᆞ여ᄲᅧ굳게ᄒᆞᆫ믈冠관制졔도ᄀᆞ티ᄒᆞ라

腰요經딜은크기닐곱치남즉ᄒᆞ니두가래ᄅᆞᆯ서루㐲아ᄅᆞ
머리ᄅᆞᆯ미조되각각삼미ᄅᆞᆯ두어散산垂슈ᄒᆞ기ᄅᆞᆯ석자ᄎᆞᆯ
ᄒᆞ고그서루민두겨뒤각ᄭᅮ노노흘두라미라絞교帶ᄃᆡ고
ᄡᅵ인노ᄠᅳᆨ삼노ᄒᆞ오비ᄅᆞᆯ크미腰요經딜의半반만ᄒᆞ니로
ᄡᅵ나온대ᄅᆞᆯ고펴두가래ᄅᆞᆯ모두라各각ᄒᆞ자남즉ᄒᆞ야기
예合합ᄒᆞ야二三미요經딜ᄭᅮ티ᄒᆞ야허리예둘러左좌로
조차뒤헤다나ᄋᆞᆫ고니루거든이에그右우녁그트로ᄢᅦ우
가래수이예ᄢᅦ이로右우에고자腰요經딜아래깃게ᄒᆞ
라○苴져杖쟝은ᄃᆡ로ᄡᅥᄒᆞ나니노ᄑᆡ心심통파ᄭᅮ족ᄒᆞ고
미티아래잇게ᄒᆞ라屨구노ᄯᅩ굴근삼으로ᄒᆞ라婦부人인ᄋᆞᆫ

은極극히구ᄌᆞᆫ生ᄉᆡᆼ布포로ᄡᅥ大대袖슈ㅣ며長댱裙군이

며蓋개頭ᄃᆞ ᄅᆞᆫ ᄆᆡᆼᄀᆞ로ᄃᆡ다마모로ᄃᆡ말고뵈頭두繻슈와

대빈혀과삼신을ᄒᆞ라모ᄃᆞᆫ妾쳡이어든背비子ᄌᆞ로ᄡᅥ大

대袖슈를代ᄃᆡᄒᆞ고믈읫婦부人인이다杖댱티말라그正

졍服복은子ᄌᆞㅣ父부를爲위ᄒᆞ며그加가服복은嫡뎍孫

손이父부ㅣ卒졸이어든祖조ㅣ며밋曾증祖조高고祖조承

승重듕ᄒᆞᄂᆞ니를爲위ᄒᆞᆫᄃᆡ父부ㅣ嫡뎍子ᄌᆞㅣ옹當당이

後후ㅣ될者쟈를爲위ᄒᆞ며그義의服복은婦부ㅣ싀아비

를爲위ᄒᆞ며夫부ㅣ承승重듕ᄒᆞ면조차니브며ᄂᆞᆷ의계後

후된者쟈ㅣ계後후ᄒᆞᆫ바父부를爲위ᄒᆞ며계後후ᄒᆞᆫ바祖

[illegible]이라

조承승重듕ᄒᆞ니로爲위ᄒᆞ며夫부ㅣ누미계後후되면妻쳐ㅣ조차니브며妻쳐ㅣ夫부로爲위ᄒᆞ며妾쳡이君군을爲위ᄒᆞ예라

묻ᄌᆞ오뒤周쥬制졔애大대宗종禮례이시니嫡뎍을세워버곰後후르삼음故고로父부ㅣ長댱子ᄌᆞ를爲위ᄒᆞ야三삼年년상 ᄂᆞᆯᄒᆞ더니이제大대宗종禮례廢폐ᄒᆞ야嫡뎍을세우논法법이업소니子ᄌᆞㅣ각각시러곰배後후ㅣ된則즉長댱子ᄌᆞ와衆즁子ᄌᆞㅣ다ᄅᆞ디아니ᄒᆞ니라庶셔子ᄌᆞㅣ시러곰長댱子ᄌᆞ를爲위ᄒᆞ야三삼年년을ᄒᆞ디몯ᄒᆞ오미반ᄃᆞ시그러티아니ᄒᆞ고父부ㅣ長댱子ᄌᆞ

ㅣ言爲위ᄒᆞ야三삼年년ᄒᆞ기도ᄯᅩᄒᆞᆫ可가히嫡뎍庶셔로
ᄡᅥ의論논티몯ᄒᆞ리라朱쥬子ᄌᆞㅣ골ᄋᆞ샤ᄃᆡ宗종法법
을비록能능히쉬오디몯ᄒᆞ나그러나服복制졔ᄂᆞᆫ스스
로맛당히古고ᄅᆞᆯ從종ᄒᆞᆯ디니이ᄯᅩᄒᆞᆫ禮례ᄅᆞᆯ안거羊양
을두ᄂᆞᆫᄠᅳᆮ디라可가히망녕도이改ᄀᆡ易역ᄒᆞᆷ을두디몯
ᄒᆞᆯ거시니라漢한時시애宗종子ᄌᆞ法법이임의廢폐ᄒᆞ
야시되그러나그詔조令녕애오히려民민을용다옴히父
부의後후ㅣ되ᄂᆞᆫ者쟈ᄅᆞᆯ爵쟉一일級급을주라ᄒᆞ여시
니이ᄂᆞᆫ이禮례오히려이심이니엇디可가히宗종法법
이廢폐ᄒᆞ다ᄒᆞ야庶셔子ᄌᆞㅣ다시러곰父부의後후ㅣ

샹복긔노
의톄편졍
이라

되리라닐ᄋᆞ리오○楊양氏시復복이곧오뒤ᄒᆞᆫ喪상服복
制제度도애오직辟벽領령ᄒᆞ오무뒤그른거슨沿연襲습
호미通통典뎐으로브터비루스니按안ᄒᆞ오니喪상服복
記긔예니로뒤衣의의二이尺쳑이오또二이寸촌이라ᄒᆞ
니蓋개衣의의身신이킈스로브터허리예닐오길의ᄅᆞᆯᄀᆞ
ᄅᆞ쳐닐오미라뵈八팔尺쳑八팔寸촌을ᄇᆡ가온대근처
ᄇᆡ곰左좌右우애分분ᄒᆞ니四ᄉᆞ尺쳑四ᄉᆞ寸촌이되者
쟈ㅣᄂᆞᆯ히라또四ᄉᆞ尺쳑四ᄉᆞ寸촌식ᄒᆞ온者쟈들을取취
ᄒᆞ야가온대뎌교ᄇᆡ곰前젼後후를ᄀᆞᆯᄒᆞ니二이尺쳑二
이寸촌이된者쟈ㅣ너히니이[illegible]히衣의의身신

울자히니常샹법이라二이尺쳑二이寸촌의ᄀᆞ자ㅣ
흔合합ᄒᆞ야포가여데겹을ᄆᆡᆼ그라ᄒᆞ요大뒤기서當당ᄒᆞᄂᆞ
노곳네치아래를조차方방졍히ᄒᆞ야네치를ᄂᆞᆯ라드리
니이記긔예닐온바適뎍의博박이데치라ᄒᆞ오註쥬疏소
애닐ᄋᆞᆫ바辟벽領령네치라ᄒᆞ미이라按안ᄒᆞ니鄭뎡시
註주애닐오ᄃᆡ適뎍은辟벽領령이라ᄒᆞ니그런則즉두
가지거시곳ᄒᆞ오가ᄀᆞᆺ거시라이제記긔예ᄀᆞᆯ오ᄃᆡ適뎍이
라ᄒᆞ고註주疏소애ᄯᅩᄀᆞᆯ오ᄃᆡ辟벽領령이라ᄒᆞ니어ᄉᆞ
그일ᄒᆞ미다ᄅᆞ뇨辟벽은열리다ᄒᆞᆷ구두니ᄒᆞ온긋퇴기시
當당ᄒᆞ오고들조차方방졍케ᄆᆞᆯ라ᄆᆡ글四ᄉᆞ寸촌만들

게ᄒᆞᆫ故고로골오뒤辟벽領령이라ᄒᆞ니이辟벽領령네
치로뼈도토뎌편밧그로向향ᄒᆞ야두엇게우희加가ᄒᆞ
야뼈곰左좌右우適뎍을삼은故고로골오뒤適뎍이라
ᄒᆞ니이䟽소의닐온바ᄂᆞᆯ히서루밧그로向향ᄒᆞ미各각
네치라ᄒᆞ미이라辟벽領령네치를임의도로뎌편밧그
로向향ᄒᆞ야두엇게우희加가ᄒᆞ야뼈곰左좌右우適뎍
을삼은故고로뒤희左좌右우애各각네치식뷘고디등
믈ᄂᆞᆫ當당ᄒᆞ야서루곱ᄒᆞ미인ᄂᆞ니닐온闊활中듕이오
얇죄左좌右우의各각네치식뷘고디어게ᄅᆞᆯ當당ᄒᆞ야
서루對ᄃᆡᄒᆞ미이시니ᄯᅩ닐온闊활中듕이니이䟽소에

닐온바闊활中듕八팔寸촌이라홈이라이ᄂᆞᆫ곳袞의
身신의뵈를ᄡᅳᄂᆞᆫ바곳과다못무ᄅᆞᄂᆞᆫ法법이라註주애
또닐ᄋᆞ되辟벽領령여ᄀᆞᆸ치를加가ᄒᆞ고또倍배ᄒᆞ다ᄒᆞ
고者쟈ᄂᆞᆫ닐온각별히뵈ᄒᆞᆫ자여솟치로배셔前젼後후
의闊활中듕을마금이라뵈ᄒᆞ오리조치로길의ᄒᆞᆫ자여
솟치오ᄀᆞ루비븨여ᄀᆞᆸ치를또조치로ᄃᆡ버가온대分분
ᄒᆞ야그아래一일半반을左좌右우두곳ᄃᆡ各각네치식
몰라곳처부려ᄡᅳ디아니ᄒᆞ고다만中듕間간여ᄀᆞᆸ치만
두어셔뼈곰두희闊활中듕치음의辟벽領령各각네치
식모로고대加가ᄒᆞ야그공缺결ᄒᆞᆫ되마가등믈늬쳐루

곱된고대當당헤ᄒᆞ니이날온바辟벽領령八팔寸촌을
加가ᄒᆞ다ᄒᆞ거시이라그우희一일半반은ᄒᆞᆫ자여ᄉᆞᆺ치
를온재ᄆᆞ루디아니ᄒᆞ야뵈가온대로ᄲᅧ項항上샹을조
차左좌右우를分분ᄒᆞ야마조ᄃᆡ버앏픠向향ᄒᆞ야앏픠
로드리워ᄲᅢ곰앏픠闊활中듕처음몰라근츤고대加가
ᄒᆞ야엇게예當당ᄒᆞ야서루對ᄃᆡᄒᆞᆫ곳으로서루다게ᄒᆞ
야ᄲᅧ左좌右우깃슬삼으라아래一일半반이뒷闊활ᄂᆡ
듕의加가ᄒᆞᆫ者쟈ᄂᆞᆫ뵈ᄡᅳ기를여ᄃᆞᆲ치오우희一일半반
이項항으로조차下하ᄒᆞ야ᄲᅧ알픠闊활中듕의加가호
미依의倍ᄇᆡᄒᆞ야ᄒᆞᆫ자여ᄉᆞᆺ치되니이날온바依의倍ᄇᆡᄒᆞ다

ᄒᆞᆫ者쟈ㅣ이라이뇨곳옷기ᄉᆡᄡᅳᄂᆞᆫ바뵈와다뭇모ᄅᆞ뇨
法법이라古고者쟈애衣의服복이吉길凶흉이制졔되
다ᄅᆞᆫ故고로衰최服복의기ᄉᆡ吉길服복의거스로뎌브
러ᄀᆞᆺ디아니ᄒᆞ야그制졔되이ᄀᆞ두니라註주애ᄯᅩ닐오
뒤ᄅᆞᆯ욋뵈ᄡᅳᆯ열자네치라ᄒᆞ믄衣의身신이八팔尺쳑
八팔寸촌이오옷기시一일尺쳑六뉵寸촌이合합ᄒᆞ야
열자네치되미라이거시뵈ᄡᅳ노正졍數수ㅣ니ᄯᅩ맛
당히져기그뵈ᄅᆞᆯ어그러이ᄒᆞ야ᄲᅢ곰바ᄂᆞᆯ로ᄒᆞᆯ디ᄡᅳᆯ
삼을디니라그러나이뇨곳옷몸동이와다뭇옷기ᄉᆡ數
수ㅣ니負부版판과衰최와帶대下하와밋兩냥衽임ᄀᆞ토

거ᄉᆞᆫ이數수밧괴인ᄂᆞ니라다만기시반두시袷겹비
이시니이뵈어드러조차날요골오뒤옷기새뵈ᄡᅳᆯ너
븨八팔寸촌이오기리효자여ᄉᆞᆺ치니古고者쟈애뵈幅
복이너븨두자두치라옷기ᄉᆞᄡᅳᄂᆞᆫ뵈너븨여ᄃᆞᆲ치를던
밧괴다시너븨효자네치남고길의효자여ᄉᆞᆺ치니可가
히볘논화셰오리를밍그라袷겹의ᄡᅳ면맛치쥬묘쪽ᄒᆞ
야나믄ᄀᆞᆺ홈이업ᄉᆞ리라通통典뎐애辟벽領령으로ᄡᅧ
適뎍올삼으믄本본뒤註주疏소를ᄡᅳ미어니와ᄯᅩ조스
묘혜요뒤喪상服복記긔文문ᄌᆞ를알기어엽다ᄒᆞ야臆
억說셜을버서버곰參참예ᄒᆞ야임의各각별히뵈를ᄡᅥ

셔벼곰辟벽領녕을삼고ᄯᅩ옷깃지기예ᄲᅳᆯ배므슴뵈로
ᄒᆞ믈니루디아니ᄒᆞ고ᄯᅩ옷몸동이며옷기서뵈ᄡᅳ노數
수를헤디아니ᄒᆞ여시니그루니라다만衣의身신이八
팔尺쳑八팔寸촌밧긔ᄯᅩ각別별히뵈ᄒᆞᆫ자여ᄉᆞᆺ치를벼
셔벼가슴삼으믈알면블엇뵈ᄡᅳ믈아오라열자네치라
꼿文문義의를辨변졍ᄒᆞ들기도로디아녀셔ᄌᆞ스로볼
글이니라○ᄯᅩ按안ᄒᆞ니喪상服복記긔와밋註주애닐
오ᄃᆡ袂몌예노두자두치라ᄒᆞ니衣의身신二이尺쳑二이
寸촌을인緣연ᄒᆞ고로左좌右우두소매도ᄯᅩᄒᆞᆫ二이尺
쳑二이寸촌이라ᄒᆞ니조치와ᄀᆞ론거스로ᄒᆞ야곰다ᄒᆞ

졍方방과다호미라喪상服복記긔애ᄯᅩ닐오ᄃᆡ祛거ㅣ
자두치라ᄒᆞ니祛거ᄂᆞᆫ소매어귀라소매ㅣ二이尺쳑二이
寸촌을그아래ᄒᆞᆫ자흘호와合합ᄒᆞ고우희ᄒᆞᆫ자두치를
두어ᄲᅧ곰소매어귀를사므니라○ᄯᅩ按안호니喪상服
복記긔애닐오ᄃᆡ衣의帶ᄃᆡ下하尺쳑이라ᄒᆞ니古고者쟈
애上샹의衣의와下하의裳샹이上샹下하ᄂᆞᆫ分분別
별ᄒᆞ야서르侵침노ᄒᆞ야넘나디아니케홈올인緣연오
미라衣의의身신이두자두치계우허리예닐으러그치니
ᄲᅧ곰裳샹옷ᄭᅳ애더피미업슨故고로衣의의帶ᄃᆡ아래기
조치뵈ᄒᆞᆫ자흘ᄲᅧ우ᄒᆞᆷ으로오새브터ᄭᅳ루허리예둘오매

버뇨ᄂᆞᆫ 一끈
홉미니골
혼임네엿
뉘이라

즈허리의 ᄃᆞᆯ음조음으로버准쥰을사므니버곰裳ᄒᆞᆫᄃᆡ의

옷ᄀᆞ을덥게ᄒᆞ요後후애프衽임을그겨ᄐᆡ돕게ᄒᆞ요배나라

○자히블揣지尺쳑으로ᄡᅳ라곰은가온대가락가온대

ᄆᆞ듸로치물사므니首슈經딜와腰요經딜의에오미아

홉치며날곱치의類뉴ㅣ佐ᄀᆞ두니라○菅관屨구ᄂᆞᆫ儀

의禮바註주애菅관屨구ᄂᆞᆫ菲비屨구ㅣ라ᄒᆞ고家가禮

볘애날오ᄃᆡ屨구를굴근삼으로버ᄒᆞ라ᄒᆞ여시니저컨

댄맛당히儀의禮볘를조ᄎᆞ미표정ᄒᆞ요가ᄒᆞ노라○儀의

禮볘애妻쳐ㅣ夫부로為위ᄒᆞ며妾쳡이君군을為위ᄒᆞ

며겨집ᄌᆞ식이室실의이실제父부로為위ᄒᆞ야布포總

총이며대빈혜며髽사ᄒᆞ고衰최ᄅᆞᆯ三삼年년을ᄒᆞ라ᄒᆞ
여시니家가禮례로ᄡᅥ參참예ᄒᆞ야상攷고ᄒᆞ니儀의禮
례앤小쇼斂념애婦부人인이室실애셔髽사ᄒᆞ고귀삼으
로ᄡᅥ髽사ᄅᆞᆯ삼다ᄒᆞ고家가禮례앤小쇼斂념애婦부人
인이삼노ᄒᆞᆫ로ᄡᅥ상토ᄅᆞᆯ주리혀미여髽사ᄅᆞᆯ삼으니그
制제되ᄭᅩ두니라儀의禮례애婦부人인이成셩服복애
布포總총이여ᄉᆞᆺ치라ᄒᆞ니날온紒계뒤희나드리단배
여ᄉᆞᆺ치라箭전笄계ᄂᆞᆫ기릐자히라家가禮례애婦부人
인이成셩服복애뵈頭두須슈ㅣ오대빈혜라ᄒᆞ니날온
바뵈頭두須슈ᄂᆞᆫ곳儀의禮례애布포總총이오날온바

대빈혀논곳儀의禮녜애前젼弁계라믈엇喪상服복을
上샹을끌온衰최오下하를끌은裳샹이라儀의禮녜애
婦부人인을다만衰최를니루고裳샹을니루디아니호
者쟈는婦부人인은裳샹을닷아니호논디라衰최男남
子ᄌᆞ의衰최끈고아래深심衣의곳고帶대下하尺쳑이
업고衽임이업스니라衰최男남子ᄌᆞ의衰최곳톨딘대
논負부版판辟벽領령制졔논ᄀᆞ초며마로믈아디몯호
며아래深심衣의곳톨딘대논裳샹이열두幅복을ᄡᅳ며
마로믈아디몯호리로다엳비록녜文문이可가히발明
명홀거시업스나다만衣의身신이반두시두자두치오

袂몌반ᄃᆞ시幅복애屬쇽ᄒᆞ고裳샹이반ᄃᆞ시우ᄒᆞ로衣
의예屬쇽ᄒᆞ고치마겻두幅복을반ᄃᆞ시서르連련屬쇽
ᄒᆞ니이ᄢᅵ곰衣의예帶ᄃᆡ下하尺쳑을ᄡᅳ디아니ᄒᆞ미오
裳샹겨티衽임을ᄡᅳ디아니ᄒᆞᆫ배로다예제家가禮례
ᄅᆞᆯ샹攷고ᄒᆞᆫ則즉예制제도ᄅᆞᆯᄡᅳ디아니ᄒᆞ야婦부人인
은大대袖슈ㅣ며長댱裙군이며蓋개頭두ᄅᆞᆯᄡᅳ고男남
子ᄌᆞ의衰최服복은오로古고制제ᄅᆞᆯᄡᅳ되婦부人인은
古고制제ᄅᆞᆯᄡᅳ디아니ᄒᆞ니이ᄂᆞᆫ不블備비모로리로다儀의
禮례애婦부人인이經딜과帶ᄃᆡ를잇게ᄒᆞ니經딜은首
슈經딜이오帶ᄃᆡᄂᆞᆫ腰요帶ᄃᆡ라두루믜큼져그미분.

긋칠이업ᄉᆞ니大대강男남子ᄌᆞ로더브러곳도다 초긋
哭곡애丈댱夫부ᄂᆞᆫ麻마帶ᄃᆡ를벗고葛갈帶ᄃᆡ를띄고
首슈經딜은變변티아니ᄒᆞ고婦부人인은葛갈로ᄡᅥ首
슈經딜을ᄒᆞ고麻마帶ᄃᆡ를變변티아니ᄒᆞ고임의練련
ᄒᆞ매男남子ᄌᆞᄂᆞᆫ經딜을벗고婦부人인은帶ᄃᆡ을벗스
니그經딜와帶ᄃᆡ[illegible]變변ᄒᆞ여벗ᄂᆞᆫ節졀목애삼가미이
러ᄐᆞᆺᄒᆞᆫ귀ᄂᆞᆫ家가禮례애[illegible]부人인이다經딜帶ᄃᆡᄒᆞ라
ᄒᆞᆫ文문지업ᄉᆞ니맛당이禮례經경으로ᄡᅥ표졍을삼을
디니라○喪상服복斬참衰최傳뎐애골오ᄃᆡ童동子ᄌᆞ
ㅣ엇디ᄡᅥ杖댱티아니ᄒᆞᆫ뇨能능히病병드디몯ᄒᆞ미

문상은뎨
긔편믿이
라

ᄌᆞᄂᆞᆫ님굼
의덕ᄌᆞ쉬
주ㅣ라
뎨부ᄂᆞᆫ엳
뷔각

라婦부人인은엇디배杖댱티아니ᄒᆞᄂᆞ뇨能능히病병
드디몯ᄒᆞ미라疏소애골오ᄃᆡ童동子ᄌᆞㅣ杖댱티아니
ᄒᆞᄂᆞᆫ다ᄒᆞ니이ᄂᆞᆫ庶셔童동子ᄌᆞㅣ라問문喪상애닐오ᄃᆡ
童동子ᄌᆞㅣ室실애당ᄒᆞ면則즉免문ᄒᆞ고杖댱ᄒᆞ라ᄒᆞ니
適뎍子ᄌᆞ를닐옴이라婦부人인이杖댱티아니ᄒᆞ문ᄯᅩ
ᄒᆞᆫ童동子ᄌᆞ婦부人인을닐옴이라만일成셩人인아ᄂᆞᆫ婦
부人인이면正졍히杖댱ᄒᆞᄂᆞ니라喪상大대記긔애닐
오ᄃᆡ三삼日일애子ᄌᆞ의夫부人인이杖댱ᄒᆞ고五오日
일애大대夫부의世셰婦부ㅣ杖댱ᄒᆞ라ᄒᆞ고모ᄃᆞᆫ녜經
경애다婦부人인의杖댱이잇고ᄯᅩ만일싀어미이셔도

夫부를爲위ᄒᆞ야杖댱ᄒᆞ며母모ㅣ長댱子ᄌᆞ를爲위ᄒᆞ
야杖댱ᄒᆞ라ᄒᆞ고按안ᄒᆞᆫ대喪상服복小쇼記긔애닐오
ᄃᆡ겨집ᄌᆞ식이室실의이실제父부母모를爲위ᄒᆞ야그
主쥬喪상ᄒᆞᆯ者쟈ㅣ杖댱티아니ᄒᆞᆫ則즉子ᄌᆞㅣ一일人
인이杖댱ᄒᆞ라ᄒᆞ니鄭뎡시닐오ᄃᆡ겨집ᄌᆞ식이室실애
이실제ᄯᅩᄒᆞᆫ童동子ᄌᆞㅣ라ᄉᆞ나희昆곤弟뎨업서同동
姓셩으로ᄒᆞ여곰攝셥ᄒᆞ야主쥬를삼으니杖댱티아니ᄒᆞ
則즉子ᄌᆞ一일人인이杖댱타ᄒᆞ믄長댱女녀를닐오미
라嫁가를許허ᄒᆞ니와및二이十십애笄계ᄒᆞ니笄계
ᄒᆞ미成셩人인이되니成셩人인이면正졍히杖댱ᄒᆞᆯ디

최ᄉᆞ긔ᄂᆞᆫ 상복긔예

니이그童동女녀ㅣ라도喪상主쥬ㅣ되면곳ᄯᅩᄒᆞᆫ杖댱
ᄒᆞ리로다나ᄂᆞᆫ按안ᄒᆞ오니家가禮녜ᄂᆞᆫ書셔儀의服복制
졔ᄅᆞᆯ버혀婦부人인을다杖댱티아니케ᄒᆞ여시니問문
喪상과喪상大대記긔와喪상服복小쇼記긔로더브러
ᄀᆞᆺ디아니ᄒᆞ니내시러곰質질正졍티몯ᄒᆞ오믈恨ᄒᆞᆫᄒᆞ노라
○劉뉴氏시璋쟝이ᄀᆞᆯ오ᄃᆡ衰최服복制졔도ᄂᆞᆫ졀말이
임의올ᄇᆡ거니와오직喪상制졔도ᄂᆞᆫ곳ᄌᆞ셰티몯ᄒᆞ니
按안ᄒᆞ오니司ᄉᆞ馬마溫온公공이ᄀᆞᆯ오ᄃᆡ古고者쟈애五
오服복을다뵈ᄅᆞᆯᄡᅳ되升승數수로ᄡᅥ分분別별ᄒᆞ오믈사므
니그여ᄃᆞᆫ오ᄅᆞ로ᄡᅥ一일升승을삼으니라ᄯᅩ衰최裳상記

ᄒᆞ[illegible]로
폭의륙ᄒᆞ
니라
구로쫄음
짜브미라

긔애끋오디믈읫衰최ᄂᆞᆫ밧그로幅복을削삭ᄒᆞ고裳샹
은內ᄂᆡ로幅복글削삭ᄒᆞ고幅복애세袧구를ᄒᆞ라ᄒᆞᆫ跡
소애끋오디衰최外외로幅복을削삭ᄒᆞ다ᄒᆞ오믄닐온ᄒᆞᆫ
솔기박그로向향ᄒᆞ고裳샹이안ᄒᆞ로幅복을削삭ᄒᆞ다
ᄒᆞ오믄닐온ᄒᆞᆫ솔기안ᄒᆞ로向향ᄒᆞ미라닐온幅복애三삼
袧구ᄅᆞᆯᄒᆞ다ᄒᆞ오믄裳샹을의據거ᄒᆞ야닐으건대ᄂᆞᆫ뵈ᄂᆞᆫ
칠幅복을ᄡᅳ니幅복기두자두치니두ᄀᆞ애各각ᄒᆞᆫ치식
업시ᄒᆞ야削삭幅복을삼은則즉두닐곱비열너히니열
녁자히라만일그허리가온대를조롬잡디아니ᄒᆞ면곳
몸의미믈시러곰일오디몯ᄒᆞᆯ거신故고로ᄒᆞᆫ幅복뵈를

믈읫세ᄀᆞ대브티니라또禮례애오직斬참衰최ᄅᆞᆯ닙디
아니ᄒᆞᄂᆞ니믄衰최ᄂᆞᆫ다ᄆᆡ브티디븐기ᄉᆞᆯ반ᄃᆞ시밧고
로向향ᄒᆞ믄벼곰그吉길服복을분別별ᄒᆞ요배니라○또
杖댱과屨구ᄒᆞ는節졀목은按안ᄒᆞ니三삼家가禮례애닐
오ᄃᆡ斬참衰최예苴져杖댱은대라父부ᄅᆞᆯ爲위ᄒᆞ얘니
벼곰杖댱을竹듁을ᄡᅳ는밧者쟈는父부ㅣ이子ᄌᆞ식의
天텬이오竹듁이둘엿ᄒᆞ니또ᄒᆞᆫ天텬을象샹ᄒᆞ미오內
닉外외예節졀이이시니子ᄌᆞㅣ父부ᄅᆞᆯ爲위ᄒᆞ야또ᄒᆞᆫ
內닉외예슬프미이시믈象샹ᄒᆞ미오또四ᄉᆞ時시을
통ᄒᆞ야變변티아니ᄒᆞ니子ᄌᆞㅣ父부ᄅᆞᆯ爲위ᄒᆞ미또ᄒᆞᆫ

목텬은모ᄀᆞ텬이라 漚ᄂᆞᆫ믈에ᄌᆞᆷ가다ᄉᆞ다호미라

塾숙은듀조아ᄃᆞ님얼오ᄆᆞᆷ이라

처ᄋᆞᆷ터우믈다나ᄃᆡ改기티아니ᄒᆞᆫ故고로ᄡᅳ니라菅관
屨구ᄂᆞᆫ닐온菅관草초로ᄆᆡᆫᄃᆞᆫ屨구ㅣ니毛모傳뎐
애닐오ᄃᆡ들ᄒᆡ菅관이니임의漚구ᄒᆞᆫ거시菅관이되다
ᄒᆞ고또닐오ᄃᆡ菅관菲비ᄅᆞᆯ外외納납ᄒᆞ욘周쥬公공時
시애屨구ㅣ라닐오고子ᄌᆞ夏하時시애菲비ㅣ라닐오
니라外외納납이라ᄒᆞᆫ者쟈ᄂᆞᆫ그ᄂᆞ미기ᄅᆞᆯ밧그로ᄒᆞ야
밧글向향ᄒᆞ야삼으미라○黃황氏시瑞셔節졀이ᄀᆞᆯ오
ᄃᆡ先션生ᄉᆡᆼ이長댱子ᄌᆞ不블塾슉이죽거ᄂᆞᆯ體톄ᄅᆞᆯ繼계ᄒᆞᆷ
으로ᄡᅥ斬참衰최ᄅᆞᆯ니브시니禮례문애닐온加가服복
이오셰俗쇽ㅣ닐온報보服복이니라

二이曰왈齊제衰최三삼年년이며○二이ᄂᆞᆫ골은齊제衰최三삼年년이며

齊제ᄂᆞᆫ마모로미니그衣의며裳상이며冠관制제되다斬참衰최ᄭᅳ두되다만次ᄎᆞ等등의麤추生싱布포롤ᄡᅳ고그ᄭᅳ와밋아래기ᄉᆞᆯ글마모로라冠관은뵈로ᄡᅥ武무와밋纓영을ᄒᆞ고首슈絰딜은삐업슨삼오로ᄡᅥᄒᆞ되크미닐곱치남족ᄒᆞ고밋동이右우의잇고그동밋동아래미고뵈로纓영을ᄒᆞ고腰요絰딜은크미다ᄉᆞᆺ치남족ᄒᆞ고絞교帶ᄃᆡᄂᆞᆫ뵈로ᄡᅥᄒᆞ되그右우녁그동자남족구피고상杖댱은머귀나모로ᄡᅥᄒᆞ되우흔두렵고아래ᄂᆞᆫ반ᄃᆞᆺ게ᄒᆞ라婦부人인

服복은斬참衰최과ᄀᆞ투되다만뵈ᄅᆞᆯ次ᄎᆞ等등을ᄡᅳ미다
ᄅᆞ니後후ㅣ다이ᄀᆞ투니라그正졍服복은子ᄌᆞㅣ母모를
爲위ᄒᆞ며士ᄉᆞ의庶셔子ᄌᆞㅣ그母모爲위ᄒᆞ야도ᄀᆞ투되
父부의後후ㅣ되여시면降강등ᄒᆞ라그加가服복은嫡뎍
孫손이父부ㅣ卒졸애祖조母모ㅣ며밋曾증祖조高고祖조
母모承승重듕ᄒᆞ니를爲위ᄒᆞ며母모ㅣ嫡뎍子ᄌᆞㅣ음
當당이後후ㅣ될者자를爲위ᄒᆞ며그義의예服복은婦부ㅣ
싀어미를爲위ᄒᆞ며夫부ㅣ承승重듕ᄒᆞ면조차니브며繼
계母모를爲위ᄒᆞ며慈ᄌᆞ母모를爲위ᄒᆞ예니닐온庶셔子
ᄌᆞㅣ母모ㅣ업ᄉᆞ니를父부ㅣ다른妾쳡의無무子ᄌᆞᄒᆞᆫ者

자ᄅᆞᆯ命명ᄒᆞ여저ᄅᆞᆯ기ᄅᆞ이라繼계母모ㅣ長댱子ᄌᆞᄅᆞᆯ為
위ᄒᆞ며妾쳡이君군의長댱子ᄌᆞᄅᆞᆯ為위ᄒᆞ예라
楊양氏시復복이ᄀᆞᆯ오ᄃᆡ儀의禮톄補보服복條됴애按
안ᄒᆞ건대ᄂᆞᆫ맛당히增증ᄒᆞᆯ거시祖조父부ㅣ주근後후
의祖조母모의後후ㅣ된者자ㅣ며계後후ᄒᆞᆫ바者자의
妻쳐ᄅᆞᆯ為위ᄒᆞ야子ᄌᆞᄀᆞ티ᄒᆞᆷ이니라○劉류氏시璋쟝
이ᄀᆞᆯ오ᄃᆡ齊ᄌᆡ衰최예削삭杖댱은머귀니母모ᄅᆞᆯ為위
ᄒᆡ애라按안ᄒᆞ오니三삼家가禮례애닐온桐동은ᄀᆞᆫ다ᄂᆞᆫ
오미니안ᄆᆞᄋᆞᆷ悲비痛통ᄒᆞ미父부과同동ᄒᆞ믈取취ᄒᆞ
미라밧ᄭᅴ모ᄃᆡ업ᄉᆞ므로ᄇᆡ깁의두尊존이업ᄉᆞ믈象샹

ᄒᆞ야밧그로天텬의屈굴ᄒᆞ고갓가아래로ᄒᆞ야곰方방졍ᄒᆡ호ᄆᆞᆫ母모ㅣ地디예象샹호ᄆᆞᆯ取취ᄒᆞ미라疏소屨구ᄂᆞᆫ粗조屨구ㅣ라疏소ᄂᆞᆫ닐ᄭᆞᄅᆞᆯ니기다아니타ᄒᆞᆫ疏소ᄌᆞᄭᆞᄐᆞ니草초ㅣ라斬참衰최애ᄂᆞᆫ重듕히菅관이라닐러ᄇᆡ곰草초의體톄ᄅᆞᆯ뵈오ᄆᆞᆫ그惡악貌모ᄅᆞᆯ擧거ᄒᆞ미오齊ᄌᆡ衰최애ᄂᆞᆫ輕경히疏소ㅣ라닐러草초의모ᄃᆞᆷ잇ᄭᆞᄅᆞᆷ을擧거ᄒᆞ니라不블杖댱章쟝애麻마屨구을니ᄅᆞ고齊ᄌᆡ衰최삼월이大대功공으로브터ᄒᆞᆫ가지로繩승屨구ㅣ라ᄒᆞ고小쇼功공과緦싀麻마ᄂᆞᆫ輕경ᄒᆞᆫ디라ᄯᅩ그屨구의일호ᄆᆞᆯ업시ᄒᆞ니라麻마屨구註주애닐

오ᄃᆡ草초ᄅᆞᆯᄡᅳ디아니ᄒᆞ다ᄒᆞ니라○믈읫杖댱을닐은者자ᄂᆞᆫ다本본을아래로ᄒᆞ니그性셩을順슌케호미오高고下하ㅣ各각각그心심애ᄆᆞ족게ᄒᆞ고그大대小쇼ᄂᆞᆫ腰요經경을ᄆᆞ티홀디니라

杖댱期긔며○杖댱ᄒᆞᆫᄂᆞᆫ期긔년이며服복制제되우과ᄀᆞᄐᆞ되다만ᄯᅩ次ᄎᆞ等등에生ᄉᆡᆼ布포ᄅᆞᆯᄡᅳ라그正졍服복은嫡뎍孫손이父부卒졸ᄒᆞ고祖조在ᄌᆡ예祖조母모ᄅᆞᆯ爲위ᄒᆞ며그降강服복은ᄀᆡ嫁가ᄒᆞᆫ母모ㅣ며ᄂᆡ티인母모ᄅᆞᆯ爲위ᄒᆞ며그義의服복은父부卒졸애繼계母모ㅣᄀᆡ嫁가ᄒᆞ요ᄃᆡ제조차간ᄂᆞ니ᄅᆞᆯ爲위ᄒᆞ며夫부ㅣ

妻쳐ᄅᆞᆯ爲위ᄒᆞᆫ예라子ᄌᆞㅣ父부後후되여시면出츌母모

와嫁가母모ᄅᆞᆯ爲위ᄒᆞ야服복이업ᄉᆞ니라繼계母모ㅣ내

티이면服복이업스니라

楊양氏시復복이ᄀᆞᆯ오ᄃᆡ按안호니齊ᄌᆡ衰최杖댱그애

젹ᄒᆞᆫ대ᄂᆞᆫ맛당히添텸입ᄒᆞᆯ거시계後후ᄒᆞᆫ바者자의妻

쳐ᄅᆞᆯ爲위ᄒᆞ야子ᄌᆞㅣ끼티ᄒᆞ며祖조父부ㅣ이실제嫡뎍

孫손이祖조母모ᄅᆞᆯ爲위ᄒᆞ미라先션生ᄉᆡᆼ의儀의禮례

經경傳뎐補보服복條됴ᄃᆞᆺ그시믈의據거ᄒᆞ야옷듬ᄒᆞᆫ

條됴건온임의齊ᄌᆡ衰최三삼年년下하의ᄀᆞ초왓ᄂᆞ니

리

안은시
ᄒᆞᆼ마지가
련말이리
ᄇᆡᆨ브ᄂᆞᆫ못
ᄃᆡ조:오
슉복ᄂᆞᆫ와
며상촌이
라
고ᄂᆞᆫ아븨
누의
조노ᄒᆞᆫ수
의
미ᄒᆞ이오

不불杖댱期긔며○杖댱아니ᄒᆞ고期긔년이며
服복制졔되우과ᄀᆞᆮ토되다만杖댱아니ᄒᆞ고任次ᄎᆞ葉을
에生ᄉᆡᆼ布포를ᄡᅳ라그正졍服복은祖조父부母모를爲위
ᄒᆞ니女녀ㅣ비 適뎍人ᅀᅵᆫᄒᆞ여셔도降강티말라庶셔子ᄌᆞ
ᄌᆞ의子ᄌᆞㅣ父부의母모를爲위ᄒᆞ여호되祖조의後후ㅣ
되여시면服복디말라伯ᄇᆡᆨ부와叔슉父부를爲위ᄒᆞ며兄
형이며弟뎨를爲위ᄒᆞ며衆즁子ᄌᆞ의男남이며女녀를爲
위ᄒᆞ며兄형弟뎨의子ᄌᆞ를爲위ᄒᆞ며姑고ㅣ며姊ᄌᆞㅣ며
妹ᄆᆡ며女녀ㅣ室실에인누니와및適뎍人ᅀᅵᆫᄒᆞ여도夫부
ㅣ며다못子ᄌᆞㅣ업ᄉᆞᆫ者쟈ㅣ를위ᄒᆞ며婦부人ᅀᅵᆫ이夫부ㅣ

며다못子ᄌᆞㅣ 업ᄉᆞᆫ者자ㅣ 則즉兄형弟뎨며 姊ᄌᆞ妹ᄆᆡ며 밋

兄형弟뎨의 子ᄌᆞ를 爲위ᄒᆞ며 妾쳡이 제 子ᄌᆞ를 爲위ᄒᆞ며

그 加가服복은 嫡뎍孫손이며 밋 曾증孫손 玄현孫손이 應응當

당이 後후ㅣ 될 者자를 爲위ᄒᆞ며 女녀ㅣ 適뎍人인ᄒᆞᆫ 者자

ㅣ 兄형弟뎨의 父부後후 된 者자를 爲위ᄒᆞ며 그 降강

服복은 미 嫁가ᄒᆞᆫ 母모ㅣ며 내티인 母모ㅣ 제 子ᄌᆞ를 爲위

ᄒᆞ여 ᄒᆞ뒤 子ᄌᆞㅣ 비록 父부後후ㅣ 되여셔도 오히려 니브

라 妾쳡이 제 父부母모를 爲위ᄒᆞ며 그 義의 服복은 繼계母

모ㅣ며 미 嫁가ᄒᆞᆫ 母모ㅣ 前젼夫부의 子ᄌᆞㅣ 제를 조찬 뇨

者자를 爲위ᄒᆞ며 伯ᄇᆡᆨ母모ㅣ며 叔슉母모를 爲위ᄒᆞ며 夫부

숙고도아
ᄀ삼촌숙
모
니균은덕
친ᄒᆞᆫ해라

의兄형弟뎨의子ᄌᆞ를爲위ᄒᆞ며繼계父부와同동居거ᄒᆞ
며父부子ᄌᆞㅣ다大대功공親친이업ᄉᆞ니며妾쳡이女녀
君군을爲위ᄒᆞ며妾쳡이君군의衆즁子ᄌᆞ를爲위ᄒᆞ며舅
구姑고ㅣ嫡뎍婦부를爲위ᄒᆞ예라
楊양氏시復복이ᄀᆞᆯ오ᄃᆡ按안ᄒᆞ니不블杖댱期긔註주
애正졍服복애맛당히ᄒᆞᆯ條됴ㅣ건을ᄃᆡ엄즉ᄒᆞ니姊ᄌᆞ와
妹ᄆᆡ입의嫁가ᄒᆞ매서루爲위ᄒᆞ야服복ᄒᆞ미라○그義
의服복애맛당히ᄒᆞᆯ條됴ㅣ건을ᄃᆡ엄즉ᄒᆞ니父부母모ㅣ
在지ᄒᆞᆫ則즉妻쳐를爲위ᄒᆞ야杖댱티아니ᄒᆞᆷ이라○按
안ᄒᆞ니人인의後후ㅣ되연者쟈ㅣ제父부母모를爲

고 ᄒᆞ야 報보ᄒᆞ며 但ᄌᆞ식이 適뎍人인 ᄒᆞᆫ者쟈ㅣ 제 父부

母모를 爲위ᄒᆞ오미 이 거시 이 不블杖댱期긔예 큰 節절目

목이 어ᄅᆞᆯ엇디 배쓰디 아니ᄒᆞ연ᄂᆞ고 蓋개 이 條됴건이

後후의 을 잇ᄌᆞ나 ᄒᆞᆫ 人인의 後후ㅣ 된 者쟈와 다 뭇 귀집

이 適뎍人인 ᄒᆞᆫ者쟈ㅣ 제 私ᄉᆞ親친을 爲위ᄒᆞ야 다 ᄒᆞᆫ 等

등을 降강ᄒᆞ라 ᄒᆞᆫ 中듕의 잇ᄂᆞᆫ 故고로 이예 낫타나디 아

니ᄒᆞ엿ᄂᆞ니라

五오月월이며 ○ 지최 五오月월이며

服복制제 ᄭᅡ되우과 ᄁᆞ두니라 그 正정服복은 曾증祖조父부

母모를 爲위ᄒᆞᆫ 예라 女녀ㅣ 適뎍人인 ᄒᆞᆫ니도 降강티 말라

三삼月월이오○지최三삼月월이오
服복制제되우과ᄀᆞ두니라그正졍服복은高고祖조父부
母모를爲위ᄒᆞ예니女녀ㅣ適뎍人인ᄒᆞ니도降강티말라
그義의服복은繼계父부과同동居거아니ᄒᆞᆫ者쟈ㅣ나
날은몬져ᄒᆞ오뒤잇다가이제달인ᄂᆞᆫ者쟈ㅣ或혹비록ᄒᆞ오
뒤자라도繼계父부ㅣ子ᄌᆞㅣ잇고제大대功공以이上샹
親친이인ᄂᆞᆫ者쟈ㅣ라그원시ᄒᆞ오뒤사디아니ᄂᆞᆫ者쟈ᄂᆞᆫ服
복디말라
楊양氏시復복이곧오뒤儀의禮녜補보服복條됴를按
안ᄒᆞ니맛당히增증ᄒᆞᆫ거ᄉᆞᆫ繼계後후ᄒᆞ오받者쟈의祖조父

종두형뎨ᄌᆞ미ᄂᆞ소촌형뎨와두의라

부母모를爲위ᄒᆞ야子ᄌᆞᄀᆞᆺᄐᆡ호미니라

三삼曰왈大대功공九구月월이오○三삼은ᄀᆞᆯ온大대功공九구月월이오

服ᄋᆞᆫ制제되우과ᄀᆞ트되다만져기굴근니관뵈를ᄡᅳ고負부版판이며衰최며辟벽領령을업시ᄒᆞ고首슈經질이다솟치남즉ᄒᆞ고腰요經질이네치남즉ᄒᆞ라그正정服복은從종父부兄형弟뎨姊ᄌᆞ妹ᄆᆡ를爲위ᄒᆞ예니ᄂᆞᆫ온伯ᄇᆡᆨ부叔슉父부의子ᄌᆞㅣ라衆즁孫손男남女녀를爲위ᄒᆞ며그義의服복은衆즁子ᄌᆞ의婦부를爲위ᄒᆞ며兄형弟뎨의子ᄌᆞ의婦부를爲위ᄒᆞ며夫부의祖조父부母모와伯ᄇᆡᆨ叔슉

父부母모와兄형弟뎨의子ᄌᆞ의婦부ᄅᆞᆯ爲위ᄒᆞ며夫부ㅣ
누미後후되연ᄂᆞᆫ者쟈ㅣ그妻쳐ㅣ本본生ᄉᆡᆼ舅구姑고ᄅᆞᆯ
爲위ᄒᆞᆫ예리

楊양氏시復복이ᄀᆞᆯ오ᄃᆡ儀의禮녜註주의닐오ᄃᆡ압픠
衰최잇고뒤헤負부版판이잇고左좌右우애辟벽領령
이이숌은孝효子ᄌᆞ의哀ᄋᆡ戚쳑ᄒᆞᆫᄆᆞ옴이잇ᄃᆡ이닐더
업다ᄒᆞᆫ疏소애닐오ᄃᆡ衰최ᄂᆞᆫ孝효子ᄌᆞㅣ哀ᄋᆡ摧최ᄒᆞᆫ
ᄠᅳ도두미오負부ᄂᆞᆫ그悲비哀ᄋᆡ호믈지시미오適뎍은
指지適뎍ᄒᆞ미니父부母모의緣연ᄒᆞ야다ᄅᆞᆫ일을念념
티아니홈이니라○在재按안ᄒᆞ니註주疏소애衰최와負부

부版판과辟벽領녕세거싀義의를새겨시니오직子ᄌᆞ
ㅣ父부母모爲위ᄒᆞ매쓰고旁방親친앤곳쓰디아니ᄒᆞᄂᆞ
마ᄒᆞ엿거늘家가禮례애大대功공애니르러이에衰최
와負부版판과辟벽領녕이업ᄉᆞᆫ者쟈ᄅᆞᆫ蓋개家가禮례
ᄂᆞᆫ이첫ᄒᆡ예本본이라後후의先션生ᄉᆡᆼ의집의行ᄒᆡᇰᄒᆞ
시던바禮례애旁방親친이다衰최와負부版판과辟벽
領녕이업스니이곳토類류ᄂᆞᆫ다後후來ᄂᆡ의議의論논
이定뎡ᄒᆞ신者쟈ᄅᆞᆯ조차正졍호믈삼을디니라○大대
功공九구月월애적컨댄맛당히어미곳고야비다ᄅᆞᆫ昆
곤弟뎨爲위ᄒᆞ며或혹골오ᄃᆡ外외祖조母모爲위ᄒᆞ야

ᄉᆞ유ᄂᆞᆫ공
ᄌᆞ태ᄌᆞㅣ
다
공ᄌᆞ무노
위공숙문
ᄌᆞ의아ᄃᆞᆯ
이라

ᄌᆞ하ᄂᆞᆫ공
ᄌᆞ데ᄌᆞㅣ
라

홈올添텸입ᄒᆞ얌즉ᄒᆞ니先션生ᄉᆡᆼ의儀의禮례經경

傳뎐補보服복條됴修슈ᄒᆞ시믈의據거ᄒᆞ건대ᄂᆞᆫ어미

꼬고아비다ᄅᆞᆫ昆곤弟뎨ᄂᆞᆫ本본문의子ᄌᆞ游유ㅣ公공

叔숙文문의무르들ᄃᆡ답ᄒᆞ오ᄃᆡ배곰父부ㅣ同동ᄒᆞ고母

모ㅣ同동ᄒᆞ면곳期긔년을服복ᄒᆞ올거시어놀이제다만

母모ㅣ同동ᄒᆞ니이ᄂᆞᆫ親친의血혈屬쇽ᄋᆡᆫ故고로一일

等등을降강ᄒᆞ올거시라ᄒᆞ니蓋개恩은아母모의만繼계

ᄒᆞ묘父부의繼계티아니미라子ᄌᆞ夏하ㅣ狄뎍儀의로

ᄃᆡ答답ᄒᆞ오ᄃᆡ배곰齊ᄌᆡ衰최를오올거시라홈인則즉過과

ᄒᆞᆫ故고로註주疏소ᄒᆞ오집들히大대功공오로배을다ᄒᆞ

ᄯᅳᆺ스ᄂᆞᆫ노
단비ᄒᆞ노
사ᄅᆞᆷ의일
홈낙ㅣ계
저예그알
흐려첨병
클자모나

니라外외祖조母모ᄂᆞᆫ다반會보莊장公공이齊제王왕
姬희를爲위ᄒᆞ야大대功공服복ᄒᆞ옴을의據거ᄒᆞᆫᄯᅳᆺ시를
禮단弓궁애或혹이ᄀᆞᆯ오ᄃᆡ外외祖조母모ㅣ라ᄒᆞ나○
제家가禮례애外외祖조母모로ᄡᅥ小쇼功공正졍服복
을삼으니곳맛당히家가禮례로ᄡᅥ正졍을삼을디니라
○劉뉴氏시孩ᄒᆡ孫손이ᄀᆞᆯ오ᄃᆡ沈심存존中듕이닐오
ᄃᆡ喪상服복中듕에曾증祖조ᄂᆞᆫ齊ᄌᆡ衰최服복이라ᄒᆞ
니曾증祖조以이上샹ᄋᆞᆫ다曾증祖조ㅣ라니르미니젹
컨댄이이러ᄐᆞᆺᄒᆞ오가ᄒᆞ노라이러ᄐᆞᆺᄒᆞ오則즉다合합당ᄒᆡ
齊ᄌᆡ衰최三삼月월服복이이실디라보니高고祖조ㅣ

주그매옷디服복을ᄒᆞ디아니ᄒᆞᄂᆞᆫ禮례이시리오모로
미合합당히齊재衰최三삼月월을行ᄒᆡᆼᄒᆞᆯ거시니라伊
이川쳔이ᄀᆞ로ᄃᆡ주음애녀ᄂᆞᆯ오시되祖조父부母모喪상의로
ᄅᆞ미이에赴부擧거티말거시라ᄒᆞ시거ᄂᆞᆯ後후에일즉
行ᄒᆡᆼ티아니ᄒᆞᄂᆞ니이젯法법令령애비록분明명ᄒᆞᆫ글
월이업ᄉᆞ나보니士ᄉᆞㅣ된者쟈ㅣ祖조父부母모를爲
위ᄒᆞ여期긔년ᄒᆞ니服복안히맛당히赴부擧거티아닐
거시니라今금人인이齊재衰최애ᄡᅳᄂᆞᆫ뵈너모ᄀᆞ놀고
伍大대功공小쇼功공애다苧뎌布포를ᄡᅳ니젹권뎐다
禮례아니라大대功공애모로미져제ᄑᆞᆫ바ᄀᆞᆯ근삼으

로나ᄒᆞᆫ뵈여쳐가ᄭᆞᄂᆞᆫ이어나或혹내그삼뵈로ᄡᅳ미任
ᄒᆞ미가ᄒᆞ고小쇼功공은모로미度건布포의뉴ᄅᆞᆯᄡᅳ게
시니라古고者쟈의布포帛ᄇᆡᆨ의精졍粗조ᄅᆞᆯ다升승數
수ᄅᆞᆯᄡᅳᄂᆞᆫ디라ᄲᅢ곰布포帛ᄇᆡᆨ精졍粗조ㅣ數수의맛디
아니면衰최졔ᄶᅩᆨ디못ᄒᆞ다니ᄅᆞ던배러니이제다시이制
졔되엽서ᄇᆡᆨ셩의ᄒᆞᄂᆞᆫ바ᄅᆞᆯᄶᅩᆺᄂᆞᆫ디라ᄲᅢ곰倉창卒졸애
졔度도애마ᄌᆞ니ᄅᆞᆯ엇기어려온배니다만시리곰사와
조ᄎᆞ로ᄡᅳ두로ᄲᅢ끌히여지을디니라
四ᄉᆞ曰왈小쇼功공五오月월이오〇四ᄉᆞᄂᆞᆫ끌온小쇼功공五
오月월이오

종조고 ᄉᆞ촌대부 ㅣ니종조 조ㅡᄉᆞ·촌 다모ㅣ라 형뎨의손 도ᄉᆞ촌은 ᄉᆞㅣ라 종조부ᄂᆞᆫ ᄉᆞ촌족당 ㄴㆎ오종조 ᄇᆞᆫ오촌 족뫼모 형부형뎨 현조ᄂᆞ모 조족하ㅣ

服복制졔되우과ᄀᆞ투되다만져기니긴ᄀᆞ난뵈로ᄡ고緦
판을左좌로ᄒᆞ고着슈經딜이내치납족ᄒᆞ고腰요經딜이
세치납족ᄒᆞ라그正졍服복은從죵祖조祖조父부ㅣ거從
죵祖조祖조姑고ᄅᆞᆯ爲위ᄒᆞ예니닐온祖조의兄형弟뎨姊
ᄌᆞ妹ᄆᆡ라兄형弟뎨의孫손ᄋᆞᆯ爲위ᄒᆞ며從죵祖조父부ㅣ
며從죵祖조姑고ᄅᆞᆯ爲위ᄒᆞ예니닐온從죵祖조祖조父부
의子ᄌᆞㅣ니父부의從죵父부兄형弟뎨姊ᄌᆞ妹ᄆᆡ라從죵
父부兄형弟뎨의子ᄌᆞᄅᆞᆯ爲위ᄒᆞ며從죵祖조兄형弟뎨姊
ᄌᆞ妹ᄆᆡᄅᆞᆯ爲위ᄒᆞ예니닐온從죵祖조父부의子ᄌᆞㅣ니닐
온바再ᄌᆡ從죵兄형弟뎨姊ᄌᆞ妹ᄆᆡ라外외祖조父부母모

를爲위ᄒᆞ예나날온母모의父부母모ㅣ라舅구를爲위ᄒᆞ
예나날온母모의兄형弟뎨라甥싱을爲위ᄒᆞ예나날온姨
ᄌᆞ妹미의子ᄌᆞㅣ라從종母모를爲위ᄒᆞ예나날온母모의
姊ᄌᆞ妹미라同동母모異이父부ㄴ兄형弟뎨姊ᄌᆞ妹미를
爲위ᄒᆞ며그義의의服복은從종祖조祖조母모를爲위ᄒᆞ며
夫부의兄형弟뎨의孫손를爲위ᄒᆞ며從종祖조母모를爲
위ᄒᆞ며夫부의從종兄형弟뎨의子ᄌᆞ를爲위ᄒᆞ며夫부의
姑고ㅣ며姊ᄌᆞ妹미를爲위ᄒᆞ예나適뎍人인ᄒᆞ니도降강
티말라妾쳡녀ㅣ兄형弟뎨며姪딜의妻쳐를爲위ᄒᆞ예나뎨
適뎍人인ᄒᆞ여셔도在降강티말라娣뎨부ㅣ며叔슉婦부

로爲위ᄒᆞ예 나날온兄형弟뎨의妻쳐ㅣ 서ᄅᆞ브ᄅᆞ미니長
댱婦부ㅣ次ᄎᆞ婦부ᄅᆞᆯ날러골오ᄃᆡ娣뎨婦부ㅣ라ᄒᆞ고婦
뎨婦부ㅣ長댱婦부ᄅᆞᆯ날러골오ᄃᆡ姒ᄉᆞ婦부ㅣ라ᄒᆞᄂᆞ니
라庶셔子ᄌᆞㅣ嫡뎍母모의父부母모ㅣ며兄형弟뎨며姊
ᄌᆞ妹매ᄅᆞᆯ爲위ᄒᆞ예 나嫡뎍母모ㅣ 주거시면 닙디 말라 母
모ㅣ 出츌ᄒᆞ여시면 繼계母모의父부母모兄형弟뎨姊ᄌᆞ
妹매ᄅᆞᆯ爲위ᄒᆞ며 庶셔母모ㅣ 저ᄅᆞᆯ기론者자ᄅᆞᆯ爲위ᄒᆞ니
닐온 庶셔母모ㅣ 저ᄅᆞᆯ졋머겨 기론者자ㅣ라 嫡뎍孫손이
며 밋 曾증孫손 玄현孫손의 當당히 後후ㅣ 될者쟈 의 단해
를爲위ᄒᆞ얘 니 그시 어미 이시면 말라 兄형弟뎨의妻쳐ᄅᆞ

爲위ᄒᆞ여夫부의兄형弟뎨로爲위ᄒᆞ예라
楊양氏시復복이ᄀᆞᆯ오ᄃᆡ儀의禮례補보服복條됴로妻
안ᄒᆞ니맛당ᄒᆞ더옥거ᄉᆞ계後후ᄒᆞᆫ바者쟈의妻쳐의父
부母모를爲위ᄒᆞ야ᄒᆞᆷ을ᄀᆞ조ᄭᅵ티ᄒᆞ여姑고ㅣ適뎍婦
부ㅣ舅구의後후ㅣ되디아니ᄒᆞᆫ者쟈를爲위ᄒᆞ며諸제
侯후ㅣ嫡뎍孫손의婦부를爲위ᄒᆞ미니라
五오曰왈緦싀麻마三삼月월이라○五오ᄂᆞᆫ골온緦싀麻마三
삼月월이라
服복制제되우파ᄀᆞ두ᄅᆞ다만縷루ᄒᆞ히고ᄂᆞ니근뵈로ᄡᅳ고
首슈絰딜이세치오腰요絰딜이두치니다繐슈麻마로ᄡᅳ

고繆경도ᄀᆞ디ᄒᆞ라그교정服복은族족曾증祖조父부ㅣ
며族족曾증祖조姑고ᄅᆞᆯ爲위ᄒᆞ니날온曾증祖조의兄형
弟뎨며姊ᄌᆞ妹미라兄형弟뎨의曾증孫손을爲위ᄒᆞ며族
족祖조父부ㅣ며族족祖조姑고ᄅᆞᆯ爲위ᄒᆞ니날온族족曾
증祖조父부의子ᄌᆞㅣ라從죵父부兄형弟뎨의孫손을爲
위ᄒᆞ며族족父부ㅣ며族족姑고ᄅᆞᆯ爲위ᄒᆞ니날온族족祖
조父부의子ᄌᆞㅣ라從죵祖조兄형弟뎨의子ᄌᆞᄅᆞᆯ爲위ᄒᆞ
며族족兄형弟뎨姊ᄌᆞ妹미ᄅᆞᆯ爲위ᄒᆞ여니날온族족父부
의子ᄌᆞㅣ니날온바三삼從죵兄형弟뎨姊ᄌᆞ妹미라曾증
孫손이며玄현孫손을爲위ᄒᆞ며[illegible]孫손이[illegible]爲위ᄒᆞᆫ[illegible]

족형태ᄌᆞ 매ᄂᆞᆫ딸ᄂᆞᆫ 형데머누 쾌 종만형데 ᄌᆞ민ᄂᆞᆫ이 미찬데의 ᄒᆞ이 약형데ᄂᆞᆫ 아뵈누각 ᄌᆞ식 니형데ᄂᆞᆫ 에미오랍 미ᄌᆞ식 족증조모 ᄒᆞ오촌대 부의관해 족조노ᄂᆞᆫ 육손대부 의안해

종母모兄형弟뎨姊ᄌᆞ妹ᄆᆡᄅᆞᆯ爲위ᄒᆞ니날오ᄂᆞᆫ從종母모의子ᄌᆞㅣ라外외의兄형弟뎨ᄅᆞᆯ爲위ᄒᆞ예니날오ᄂᆞᆫ姑고의子ᄌᆞㅣ라內ᄂᆡ兄형弟뎨ᄅᆞᆯ爲위ᄒᆞ예니날오ᄂᆞᆫ舅구의子ᄌᆞㅣ라그降강服복은庶셔子ᄌᆞㅣ父부의後후된ㅣ제母모ᄅᆞᆯ爲위ᄒᆞ예니그母모의父부母모兄형弟뎨姊ᄌᆞ妹ᄆᆡᄅᆞᆯ爲위ᄒᆞ야ᄂᆞᆫ服복이업스니라그義의服복은族족曾증祖조父부母모ᄅᆞᆯ爲위ᄒᆞ며夫부의兄형弟뎨의曾증孫손을爲위ᄒᆞ며族족祖조母모ᄅᆞᆯ爲위ᄒᆞ며夫부의從종兄형弟뎨의孫손을爲위ᄒᆞ며族족母모ᄅᆞᆯ爲위ᄒᆞ며夫부의從종祖조兄형弟뎨의子ᄌᆞᄅᆞᆯ爲위ᄒᆞ며庶셔孫손의婦부ᄅᆞᆯ爲위ᄒᆞ며그

ᄉᆞㅣ 庶셔母모ᄅᆞᆯ 爲위ᄒᆞ예니 닐온 父부의 妾쳡의 有유子
ᄌᆞᄒᆞᆫ 者쟈ㅣ라 乳유母모ᄅᆞᆯ 爲위ᄒᆞ며 壻셔ᄅᆞᆯ 爲위ᄒᆞ며 妻
쳐의 父부母모ᄅᆞᆯ 爲위ᄒᆞ예니 妻쳐ㅣ 주거셔 娶ᄎᆔᄒᆞ여
셔도 ᄯᅩᄒᆞᆫ가지니 곳 妻쳐의 親친母모ㅣ니 비록 嫁가ᄒᆞ
여 내티여셔도 오히려 니ᄅᆞ라 夫부의 曾증祖조 高고祖조
ᄅᆞᆯ 爲위ᄒᆞ며 夫부의 從종祖조 祖조父부母모ᄅᆞᆯ 爲위ᄒᆞ며
兄형弟뎨의 孫손의 婦부ᄅᆞᆯ 爲위ᄒᆞ며 夫부의 兄형弟뎨의
孫손의 婦부ᄅᆞᆯ 爲위ᄒᆞ며 夫부의 從종祖조父부母모ᄅᆞᆯ 爲
위ᄒᆞ며 從종父부 兄형弟뎨의 子ᄌᆞ의 婦부ᄅᆞᆯ 爲위ᄒᆞ며 夫
부의 從종兄형弟뎨의 子ᄌᆞ의 婦부ᄅᆞᆯ 爲위ᄒᆞ며 夫부의 從

ᄂᆞᆫ촌은므 녀이ᄒᆞᆫ가 세라

與여德덕 은셔ᄒᆞᆫ군

죵父부兄형弟뎨의妻쳐를爲위ᄒᆞ며夫부의從죵父부姊ᄌᆞ妹미를爲위ᄒᆞ예니適뎍人인ᄒᆞ야도降강티말라夫부의外외祖조父부母모를爲위ᄒᆞ며夫부의從죵母모와밋舅구를爲위ᄒᆞ며外외孫손의婦부를爲위ᄒᆞ며女녀ㅣ姊ᄌᆞ妹미의子ᄌᆞ의婦부를爲위ᄒᆞ며甥싱의婦부를爲위ᄒᆞ예라.

揚양氏시復복이골오ᄃᆡ맛당히더을거시니同동爨찬을爲위ᄒᆞ며朋붕友우를爲위ᄒᆞ며改ᄀᆡ葬장을爲위ᄒᆞ며大태夫부ㅣ貴귀妾쳡을爲위ᄒᆞ야ᄒᆞ소ㅣ妾쳡이子ᄌᆞ식잇ᄂᆞ니를爲위ᄒᆞ얘라通통典뎐을按안ᄒᆞ니漢한識

션ᄋᆞ니 너뎌비ᄂᆞᆫ 졋뻐

뎌德덕이날오ᄃᆡ朋붕友우ㅣ道도ᄅᆞᆯᄒᆞᆫ가지로ᄒᆞᄂᆞᆫ恩
은이잇ᄂᆞᆫ故고로ᄡᅥ麻마加가ᄒᆞ오믄얻ᄌᆞᆸ이라ᄒᆞ고믈딘
曹조述슐初초ㅣ무로ᄃᆡ仁인人인義의士ᄉᆞㅣ어린이
ᄅᆞᆯ이矜긍히너겨두려다가치기ᄅᆞᆯ積젹年년ᄒᆞ오ᄃᆡ이
시면為위ᄒᆞ야服복을밍ᄀᆞᆯ미맛당히疑의심이업ᄉᆞ나
徐셔邈막이ᄃᆡ答답ᄒᆞ여ᄀᆞᆯ오ᄃᆡ禮례情졍을인緣연ᄒᆞᆯ
ᄲᅮᆫ이니同동爨찬이緦싀ᄒᆞ며朋붕友우ㅣ麻마ᄒᆞᄂᆞ니라
伍오儀의의禮례補보服복條됴ᄅᆞᆯ按안ᄒᆞ오니同동爨찬은ᄀᆞᆯ
온同동居거ᄒᆞ야살모로ᄡᅥ禮례예可가히許허ᄒᆞ란ᄒᆞ
염즈ᄒᆞ오ᄃᆡ라임의同동爨찬ᄒᆞ여食식ᄒᆞ니合합ᄒᆞᆫ히緦

삭麻마ᄒᆞᆯ親친이인ᄂᆞ니라改ᄀᆡ葬장ᄒᆞᆫ날온墳분墓묘
ㅣ다ᄅᆞ면故고로벼를허러將장次ᄎᆞ尸시柩구ᄅᆞᆯ일ᄒᆞᆯ가
ᄒᆞᆷ이니改ᄀᆡ葬장이라닐오ᄂᆞᆫ棺관物믈이毁훼敗패ᄒᆞ
엿거든고텨設셜ᄒᆞ오믈葬장時시ᄀᆞᆺ게ᄒᆞᆷ을볼기미라이
ᄂᆞᆫ臣신이君군을爲위ᄒᆞ며子ᄌᆞㅣ父부ᄅᆞᆯ爲위ᄒᆞ며妻
쳐ㅣ夫부ᄅᆞᆯ爲위ᄒᆞ예오녀나묘이ᄂᆞᆫ服복이업수니라
반ᄃᆞ시緦싀ᄅᆞᆯ服복ᄒᆞᆫ者쟈ᄂᆞᆫ親친히尸시柩구를보
니可가히벼服복을업디몯ᄒᆞᆯ디라緦싀ᄅᆞᆯ三삼月월만
의除뎨ᄒᆞᆷ은닐온葬장時시예服복ᄒᆞᆷ이니라住通통典
뎐을按안ᄒᆞ니戴대德덕이닐오ᄃᆡ緦싀麻마연무ᄅᆞᆯ민

위노나라
히오王광
肅슉은그
젼현비라

두라葬장ᄒᆞ고葬장ᄒᆞ며除뎨ᄒᆞ라ᄒᆞ니닐온子ᄌᆞㅣ父
부ᄅᆞᆯ爲위ᄒᆞ며妻쳐妾쳡이夫부ᄅᆞᆯ爲위ᄒᆞ며臣신이君
군을爲위ᄒᆞ며孫손이祖조의後후되연者쟈ㅣ오그
나ᄆᆞᆫ親친은다弔됴服복을ᄒᆞᄂᆞ니라魏위王왕肅슉이
닐오ᄃᆡ父부母모ㅣ아니면服복이업다ᄒᆞ니服복곳업
스면弔됴服복에麻마ᄅᆞᆯ加가ᄒᆞᄂᆞ니라士ᄉᆞ노妾쳡이
子ᄌᆞㅣ잇거든緦싀ᄅᆞᆯᄒᆞ고子ᄌᆞㅣ업거든곳말디니ᄂᆞᆫ
온士ᄉᆞㅣ卑비ᄒᆞᆫ디라妾쳡이男남女녀곳업스면服복
을이니ᄒᆞᄂᆞ니貴귀賤쳔을分분別별티아녀ᄒᆞ고大대夫부
노貴귀妾쳡이면비록子ᄌᆞㅣ업서도오히려服복을ᄒᆞ

니그런故고로大대夫부ㅣ貴귀妾쳡을爲위ᄒᆞ야緦싀
ᄒᆞᆷ은이ᄂᆞᆫ貴귀妾쳡을분別별ᄒᆞᆷ이니라○劉뉴氏시垓
ᄒᆡ孫손이ᄀᆞᆯ오ᄃᆡ司ᄉᆞ馬마公공書셔儀의애斬참衰최
ᄂᆞᆫ녜制졔되오功공과緦싀ᄂᆞᆫᄯᅩ녯制졔되아니니이믄
득可가ᄒᆡ疑의심되도다蓋개녜ᄂᆞᆫ五오服복이다麻마
ᄅᆞᆯᄡᅳ되ᄃᆡ만뵈差치等등이잇고다冠관과經딜을ᄡᅳ되
다만功공과緦싀의經딜은작던니라이제사ᄅᆞᆷ이吉길
服복은녜대로아니ᄒᆞ고凶흉服복은녜대로ᄒᆞ니ᄯᅩᄒᆞᆫ意
의思ᄉᆞㅣ업ᄉᆞ니라이제셰俗쇽애喪상服복制졔도ᄂᆞᆫ
아래ᄀᆞ로布포ᄅᆞᆯ버셔襴난을作작ᄒᆞ되오직斬참衰최

예ᄂᆞᆫ쓰기를못ᄒᆞ리라
凡범爲위殤샹服복을以이次ᄎᆞ로降강一일等등ᄒᆞ라○믈읫
殤샹의服복을次ᄎᆞ례로빼호ᄒᆞᆫ식누리오라
믈읫나히十십九구로十십六뉵에니르히長댱殤샹이되
고十십五오로十십二이에니르히中듕殤샹이되고十십
一일로八팔歲셰에니르히下하殤샹이되니應응당히期
긔년니블者자ㅣ長댱殤샹이면降강服복大대功공九구
月월ᄒᆞ고中듕殤샹이면七칠月월ᄒᆞ고下하殤샹이면小
쇼功공五오月월ᄒᆞ고應응당히大대功공以이下하니브
리ᄂᆞᆫ次ᄎᆞ례로배降강等등ᄒᆞ라八팔歲셰ᄎᆞ디몯ᄒᆞ면服

복연ᄒᆞᆫ 殤샹이 되니 哭곡ᄒᆞᄂᆞᆫ 날로ᄡᅥ ᄃᆞᆯ을 밧고고 난 디석
ᄃᆞᆯ이 몯ᄒᆞ거든 哭곡디 말라 男남子ᄌᆞㅣ 임의 娶취ᄒᆞ며
女녀子ᄌᆞㅣ 許허嫁가ᄒᆞ면 다 殤샹이 되디 아니ᄒᆞᄂᆞ니라
凡범男남爲위人인後후와 女녀適뎍人인者쟈ㅣ 爲위其기
私ᄉᆞ親친ᄒᆞ야 皆ᄀᆡ降강一일等등ᄒᆞ고 私ᄉᆞ親친之지爲위之지
也야도 亦역然연ᄒᆞ니라 ○ 믈읫 男남이 ᄂᆞᆷ의게 後후되며 女녀
ㅣ 適뎍人인ᄒᆞᆫ 者쟈ㅣ 제 私ᄉᆞ親친을 爲위ᄒᆞ야 다 ᄒᆞᆫ ᄎᆞ를 ᄂᆞ
리오고 私ᄉᆞ親친의 ᄒᆞ기도 ᄯᅩ 그리ᄒᆞ라
女녀ㅣ 適뎍人인ᄒᆞᆫ 者쟈ㅣ 降강服복ᄒᆞ야 ᄎᆞ디 몯ᄒᆞ야셔
내티믈 니브면 그 本본服복을 닙고 김의 버서시면 다시 닙

디말라○믈읫婦부인이夫부의결례복을니벗다가喪상ᄉ當당ᄒ야셔내티이면버ᄉ라○믈읫妾쳡이졔私ᄉ親친을爲위ᄒ야곧衆즁人인ᄀ티ᄒ라

司ᄉ馬마溫온公공이ᄀ로ᄃ喪상服복小쇼記긔애닐오ᄃ父부母모爲위ᄒ야喪상애練련티몯ᄒ야셔出츌ᄒ오則즉三삼年년을ᄒ고임의練련ᄒ여셔出츌ᄒ면則즉말고練련티몯ᄒ여셔返반ᄒ면則즉期긔년을ᄒ고임의練련ᄒ여셔返반ᄒ면則즉ᄃ듸여홀디니라

成셩服복之지日일에主쥬人인及급兄형弟뎨ㅣ始시食식粥쥭ᄒᄂ니○成셩服복ᄒᄂᆞᆫ날의主쥬人인과밋兄형弟뎨비로소

粥죽을머그라

므로주ㅣ粥죽을먹고妻쳐며妾쳡이며밋期긔년과九

구月월복ᄒᆞ니ᄂᆞᆫ사오나온밥과믈을먹고ᄂᆞ몰과실果과

를먹디말며五오月월과三삼月월복ᄒᆞ니ᄂᆞᆫ술로머그며

고기도머그되宴연樂낙ᄒᆞᄂᆞᆫ되ᄂᆞᆫ참예티말라일로브터

연고엽시셔나뎡기디말고린일喪상事ᄉᆞ로베며밋브리

몰ᄒᆞ야나드리ᄒᆞ거든ᄆᆞᆯ을ᄐᆞ고뵈로기ᄅᆞ마ᄡᆞ고흰轎

교ᄌᆞ의뵈로발올ᄒᆞ라

凡범重듕喪상이未미除뎨而이遭조輕경喪상則즉制졔其

기服복而이哭곡之지ᄒᆞ고月월朔삭에設셜位위ᄒᆞ야服복其기

服복而이哭곡之지ᄒᆞ고旣긔畢필에返반重듕服복ᄒᆞ고其기除뎨之지也ᄂᆞᆫ애亦역服복輕경服복ᄒᆞ라若약除뎨重듕喪상而이輕경服복이未미除뎨則즉服복輕경服복ᄒᆞ야以이終죵其기餘여日일ᄒᆞ라○믈읫重듕喪상이벋디몯ᄒᆞ야셔輕경喪상을맛나든그服복을지어哭곡ᄒᆞ고초ᄒᆞᆯ리어든位위롤設셜ᄒᆞ고그服복을닙고哭곡ᄒᆞ고임의ᄆᆞᄎᆞ매重듕服복을도로닙고그비슨제도ᄯᅩ輕경服복을니브라만일重듕喪상을벗고輕경服복을벗디몯ᄒᆞ얏거든輕경服복을니버셔ᄡᅥ그나ᄆᆞᆫ날을ᄆᆞᄎᆞ라

므ᄉᆞᆷ오히려從죵母모의夫부와舅구의妻쳐ㅣ다服복이

업ᄉᆞ른 엇더니잇고 叔슉子ᄌᆞㅣ ᄀᆞᆯᄋᆞ샤ᄃᆡ 先션王왕이
禮례를 制졔ᄒᆞ샤 父부의 族족이 四ᄉᆞㅣ니 故고로 父
부로 말미아마 우희 從종曾증祖조를 爲위ᄒᆞ여 緦싀麻
마를 服복ᄒᆞ고 姑고의 子ᄌᆞ와 姊ᄌᆞ妹ᄆᆡ의 子ᄌᆞ와 女녀
子ᄌᆞ의 子ᄌᆞㅣ 다 服복이 이시니 다 父부로 말미아마 推
츄ᄒᆞ이ᄂᆞᆫ 故고ㅣ라 母모의 族족이 三삼이니 母모의 父
부와 母모의 母모와 母모의 兄형弟뎨니 恩은이 舅구의
그친 故고로 從종母모의 夫부와 舅구의 妻쳐를 다 服복
을ᄒᆞ디 아니ᄒᆞ니 홈은 밀위 가디 몯ᄒᆞ욘 故고ㅣ라 妻쳐 族족
이 二이니 妻쳐의 父부와 妻쳐의 母모ㅣ라 잡ᄯᅡᆫ 불휘

녀여슈ᄅᆞᆫ일호믄大대臨님이니ᄅᆞᆫ사ᄅᆞᆷ이라

雜잡駁박ᄒᆞ여통紀긔업순뭇ᄉᆞᆸ나子ᄌᆞ不細셰히본則즉

다義의ᄒᆞᆫ거시니라丘ᄃᆞ니르샤ᄃᆡ몸녀與여叔슉의姪질가

온대ᄒᆞ고婦부人인의墓묘誌지애믈잇功공과緦싀의喪

상을만나매다疏소음食식으로그돌을못다ᄒᆞ여시니

인育휵ᄒᆞᆫ法법을삼압즉ᄒᆞ니라○뭇ᄌᆞ오ᄃᆡ喪상禮례

애衰최服복의類류ᄅᆞᆯ배ᄒᆞᆯ별와밧고아시니葬장ᄒᆞᆫ後

후애舊구衫삼으로밧고며小소祥샹後후의練련布포

로밧고노類뉴ᄀᆞ투니라이제畢필練련헤가히出출入

압애便편당ᄒᆞ오ᄃᆡ禮례經경애合합當당ᄒᆞᆯ가ᄒᆞᄂᆞ니엿더

ᄒᆞ나잇고ᄀᆞᄅᆞᄉᆞ샤ᄃᆡ만일變변ᄒᆞᄂᆞᆫ므로ᄒᆞ나ᄒᆞ면服복

디아니ᄒᆞᆷ이ᄯᅩ도거니와다만ᄇᆞᆯ고나바길을다스리믈
要요구ᄒᆞ면오직이러곰服복ᄒᆞᆯ거시니라○뭇ᄌᆞ오ᄃᆡ
居거喪상의尊존長댱이되얏ᄂᆞ니酒쥬로ᄡᅥ구티여머
그라커든맛당히엇디ᄒᆞ리잇고골ᄋᆞ샤ᄃᆡ만일辭ᄉᆞ양
ᄒᆞᆷ을얻디몯ᄒᆞ면그ᄠᅳ들勉면강ᄒᆞ여조ᄎᆞ미ᄯᅩᄒᆞᆫ害해
롭디아니ᄒᆞ거니와다만저저醉ᄎᆔᄒᆞᆷ애니로미可가티
아니ᄒᆞ고미고믈그치매처암대로고텨ᄒᆞᆷ이可가ᄒᆞ니
라뭇ᄌᆞ오ᄃᆡ안존손이로래블롤者자ㅣ잇거든엇디ᄒᆞ
리잇고골ᄋᆞ샤ᄃᆡ맛當당히럴어避피ᄒᆞᆯ디니라○楊양
氏시復복이골오ᄃᆡ心심喪상三삼年년을儀의禮례로ᄒᆞ

按안ᄒᆞ니아비이시면어미를爲위ᄒᆞ야期긔년ᄒᆞ라ᄒᆞ고
註주애子ᄌᆞㅣ母모의게비록父부를爲위ᄒᆞ야屈굴ᄒᆞ
여期긔년을ᄒᆞ나心심喪상은오히려三삼年년을ᄒᆞ라
ᄒᆞ고唐당前젼上샹元원元원年년애武무后후ㅣ表표
를올려請청ᄒᆞᄃᆡ父부ㅣ이시매母모를爲위ᄒᆞ야三삼
年년喪상올못게ᄒᆞ여지라ᄒᆞ니라○禮례記긔애師ᄉᆞ
ᄂᆞᆫ心심喪상호믈三삼年년을ᄒᆞᄂᆞ니라○이제服복制
졔令령애庶셔子ᄌᆞㅣ後후ㅣ된者쟈ㅣ그어미를爲위
ᄒᆞ야緦싀ᄒᆞ되任ᄒᆞᆫ벼슬을버이고心심喪상三삼年년
을申신ᄒᆞ라ᄒᆞ니라○母모ㅣ내티이거나밋嫁가ᄒᆞ

대父부의後후ㅣ되엿고者쟈ㅣ비록服복ᄒᆞ디아니나
心심喪상三삼年년을申신ᄒᆞᆯ디니라○사ᄅᆞᆷ의게後후
ㅣ된者쟈ㅣ그父부母모ᄅᆞᆯ爲위ᄒᆞ야杖댱티아니코期
긔년을ᄒᆞ나仕ᄉᆞᄒᆞ며숣을ᄇᆞ이고心심喪상三삼年년을
申신ᄒᆞᆯ디니라○嫡뎍孫손이祖조ㅣ이시매祖조母모
ᄅᆞᆯ爲위ᄒᆞ야齊ᄌᆡ衰최杖댱期긔ᄅᆞᆯᄒᆞ나비록期긔服복을
버스나仍잉ᄒᆞ야心심喪상三삼年년을ᄒᆞᆯ디니라先션
生ᄉᆡᆼ이ᄀᆞᆯᄋᆞ샤ᄃᆡ喪상禮녜ᄅᆞᆯ모로미儀의禮녜ᄅᆞᆯ조초
미正졍다온이라父부ㅣ이시매母모ᄅᆞᆯ爲위ᄒᆞ야期긔
년ᄒᆞᆷᄭᅴ두모이母모의게薄박ᄒᆞ주리아니라다만尊존

ᄒᆞᆫ거시그父부애이시니可가히다시尊존ᄒᆞ거시母모
애잇디몯ᄒᆞ오믈爲위ᄒᆞ예니라그러나ᄯᅩᄒᆞᆫ모로미心심
喪상三삼年년을ᄒᆞᆯ디니잇가지곳돌히다이큰가지일
이라이小쇼節절目목이아니어론後후來ᅵ애다일ᄒᆞᆺ
더니이제國국家가의法법애나ᄒᆞᆫ바父부母모로爲위
ᄒᆞ야다心심喪상三삼年년ᄒᆞ니이ᄠᅳ디甚심히됴ᄒᆞ니
라○ᄯᅩ按안ᄒᆞ니先션生ᄉᆡᆼ의이글이비록儀의禮례가
온대로브터나시나고國국家가의法법애일즉遺유루
티아니ᄒᆞ시니前젼章쟝의의論논ᄒᆞ신바所소生ᄉᆡᆼ父
부母모爲위ᄒᆞ야心심喪상ᄒᆞ라ᄒᆞ오미대강可가히보리

ᄂᆡ뎡격은
즙하ᄒᆞ여
녕신ᄒᆞᄂᆞ
륙이라

로다五오服복年년月월의制졔도롤임의ᄀ초올려신
則측式식儀가ᄒᆞᆫ條됴건을적권댄맛당히補보入입홀
거시라이제喪상葬장儀가營영格격식애벼슬애이셔
喪상을만나니아니어든期긔에ᄂᆞᆫ三삼十십日일이오
大대功공앤二이十십日일이오小쇼功공앤十십五오
日일이오緦싀麻마앤七칠日일이오降강ᄒᆞ야服복이
그츠니ᄂᆞᆫ三삼日일이오無무服복ᄒᆞᆫ殤샹은期긔앤五
오日일이오大대功공앤三삼日일이오小쇼功공앤二
이日일이오緦싀麻마앤一일日일이오除뎨服복애ᄂᆞᆫ
期긔ᄂᆞᆫ三삼日일이오大대功공앤二이日일이오小쇼

功공과緦싀麻마앤一일日일이라○벼솔에이셔喪상을만나매는期긔노七칠日일이오大대功공은五오日일이오小쇼功공과緦싀麻마는二이日일이오降강ᄒᆞ야服복이업슨殤상은一일日일이오本본宗종과밋同동居거ᄒᆞ는服복업슨親친의喪상은一일日일이오改귀葬장애期긔以이下하親친은一일日밀이오私ᄉᆞ忌긔앤벼솔애인ᄂᆞ니과벼솔애잇디아니ᄒᆞ니이도티祖조父부母모와父부母모ᄂᆞ다一일日일이오高고祖조와曾증祖조ᄅᆞᆯ미祭졔事ᄉᆞᄒᆞᄂᆞ니ᄒᆞᆫ가지니라

家가禮례諺언解ᄒᆡ卷권之지六뉵

家禮諺解卷之七

家가禮례諺언解ᄒᆡ卷권之지七칠

喪상禮례三삼

朝됴夕셕哭곡 奠뎐 上샹食식

朝됴奠뎐ᄒᆞ라○아ᄎᆞᆷ의奠뎐ᄒᆞ라

每ᄆᆡ日일에새배닐어主쥬人인以이下하ㅣ다그服복을닙고드러位위예나아가尊존長댱은안자셔울고누ᄌᆞ니는셔셔울라侍시者쟈ㅣ셰슈빗졔具구ᄅᆞᆯ靈령牀상ᄀᆞ의設셜ᄒᆞ엿다가䰟혼帛ᄇᆡᆨ을뫼셔靈령座좌의내여노ᄒᆞᆫ後후에朝됴奠뎐호ᄃᆡ執집事ᄉᆞ者쟈ㅣ 蔬소果과며脯포醢히ᄅᆞᆯ設셜ᄒᆞ고祝츅이손시ᄉᆞ고焚분香향ᄒᆞ고술브어斟

됸合도며 몰ᄭᅬ김으 고블과며 거셕더

쥬人인以이下하ㅣ拜지拜비ᄒᆞ고哭곡호몰盡진哀히ᄒᆞ라

劉뉴氏시璋장이골오ᄃᆡ믈읫奠뎐이脯포醢히를ᄡᅳᄂᆞ者자노盖개古고人인의집의ᄃᆞᆫ뎐시이심이라만일업술딘대묘각別별히饌찬을두어그루술츤미ᄯᅩ可가ᄒᆞ니라朝됴夕셕奠뎐은陰음陽양이서루接졉ᄒᆞᆯ배예그親친을싱각ᄒᆞᆷ을닐음이라朝됴奠뎐이장ᄎᆞᆺ니르게되면後후에夕셕奠뎐을쳘ᄒᆞ고夕셕奠뎐이쟝ᄎᆞᆺ니르게되면發후애朝됴奠뎐을쳘오ᄃᆡ各각각罩묘字ᄌᆞ木목ᄎᆞᆯᄡᅳ라만일몽者자ㅣ月월이면내나敗패ᄒᆞᆯ가저히饌찬믈設셜ᄒᆞ옵을

밥머굴뎐만ᄒᆞ야업시ᄒᆞ고다만茶다과酒쥬와果과들

의뉴를두고仍인ᄒᆞ여뎝풀디니라

食식時시예上샹食ᄉᆞ라ᄒᆞ○밥머글때예밥을올리라

朝됴奠뎐ᄒᆞᆫ눈톄ᄀᆞ티ᄒᆞ라

夕셕奠뎐이라ᄒᆞ○나죄奠뎐ᄒᆞ라

朝됴奠뎐ᄒᆞᆫ눈톄ᄀᆞ티ᄒᆞ고ᄆᆞᄎᆞ며主쥬人인以이下하ㅣ

魂혼帛빅을뫼셔靈령牀상의드려노코哭곡ᄒᆞ믈盡진哀

이ᄒᆞ라

哭곡無무時시라ᄒᆞ○哭곡ᄒᆞ믈때업시ᄒᆞ라

朝됴夕셕ᄉᆞ이예슬프미니르거든喪상次ᄎᆞ의셔哭곡ᄒᆞ

라

朔삭日일則즉於어朝됴奠뎐에設셜饌찬ᄒᆞ라○朔삭ᄃᆞᆫ이어

든朝됴奠뎐의饌찬물을設셜ᄒᆞ라

饌찬ᄋᆞᆫ고기며싱션이며麪면이며편이며羹ᄀᆡᆼ이며뫼

를各각ᄒᆞ고그르ᄉᆞ로ᄢᅦᄒᆞ되禮례朝됴奠뎐ᄒᆞᄂᆞᆫ례ᄀᆞ티ᄒᆞ

라

뭇ᄌᆞ오ᄃᆡ어미喪상ᄉᆞ朔삭祭제애子ᄌᆞㅣ主쥬ㅣ되리

잇가朱쥬子ᄌᆞㅣ골ᄋᆞ샤ᄃᆡ믈읫喪상애父부ㅣ이시면

父부ㅣ主쥬ㅣ되니곰父부ㅣ이시매子ᄌᆞㅣ主쥬喪상

ᄒᆞᄂᆞᆫ禮례업ᄂᆞ니라保결ᄋᆞ샤ᄃᆡ父부ㅣ죽고兄형弟뎨

同동居거ᄒᆞᆷ애 各각기 그 喪상을 主쥬ᄒᆞ라 ᄒᆞ고 註주애 닐오
ᄃᆡ 各각각 夫부妻쳐子ᄌᆞㅣ 그 喪상을 爲위ᄒᆞ여 主쥬ㅣ 되오 바
라 ᄒᆞ여시니 곧 이ᄂᆞᆫ 믈읫 妻쳐의 喪상애 夫부ㅣ 스스로
主쥬ㅣ 되고 다라 이제 子ᄌᆞ로 ᄡᅥ 喪상主쥬를 삼음이 未
미 安안ᄒᆞᆫ 듯ᄒᆞ니라 ○ 高고氏시 ᄀᆞᆯ오ᄃᆡ 만일 朔삭望망
과 節절序셔를 만나면 곧 盛셩饌찬을 ᄀᆞ초ᄋᆡ 그 品품物
믈을 朝됴夕셕奠뎐의 比비컨댄 갑산 만케 ᄒᆞᆯ디니라 禮
네 疏소의 ᄀᆞᆯ오ᄃᆡ 士ᄉᆞᄂᆞᆫ 則즉 月월望망애 盛셩奠뎐을
말고 오직 朔삭奠뎐만 ᄒᆞᆯᄯᆞᄅᆞᆷ이라 ᄒᆞ니라 ○ 楊양氏시
復복이 ᄀᆞᆯ오ᄃᆡ 按안ᄒᆞ오니 初초喪상애 喪상主쥬 세오라

ᄒᆞᆫ條됴애믈읫主쥬人인은닐온長댱子ᄌᆞㅣ오업소면
長댱孫손이承승重듕ᄒᆞ여ᄡᅥ곰饋궤奠뎐을奉봉ᄒᆞ라
ᄒᆞ엿써ᄅᆞᆯ이제닐오ᄃᆡ父부ㅣ在저ᄒᆞ욤애父부ㅣ主쥬ㅣ
되ᄂᆞ니라父부ㅣ在저ᄒᆞ거든子ᄌᆞㅣ主쥬喪상ᄒᆞᄂᆞᆫ禮
녜업다ᄒᆞ시니두말이ᄀᆞᆺ디아니ᄒᆞ니므엇디잇고盖개長댱
子ᄌᆞㅣ喪상을主쥬ᄒᆞ야ᄡᅥ곰饋궤奠뎐을奉봉홈은子
ᄌᆞㅣ母모喪상을ᄒᆞ요매恩은이重듕ᄒᆞ고服복이重듕
ᄒᆞᆫ연故고로ᄡᅦ오朔삭奠뎐인則즉父부ㅣ主쥬ㅣ되ᄂᆞ니
者자ᄂᆞᆫ朔삭은殷은은奠뎐이라尊존者쟈로ᄡᅥ主쥬를삼
므미라喪상服복小쇼記긔애ᄀᆞᆯ오ᄃᆡ婦부의喪상애尊

우졔와卒졸哭곡애 그夫부와밋子ᄌᆞㅣ主쥬ᄒᆞ라ᄒᆞ니
虞우와卒졸哭곡은이다셩ᄒᆞᆫ祭졔라故고로그夫부ㅣ
主쥬ᄒᆞ니佐ᄒᆞ고날온父부ㅣ아ᄃᆞᆯ애父부ㅣ主쥬ㅣ되미
라朔삭祭졔애父부ㅣ主쥬ㅣ되미ᄠᅳ니虞우졔와卒졸
哭곡으로더블어ᄀᆞ두니라
有유新신物믈則즉薦쳔之지라ᄒᆞ니〇새로난거시잇거든薦쳔
신ᄒᆞ라
上샹食ᄉᆞᄒᆞ도비ᄀ려ᄒᆞ라
劉뉴氏시璋쟝이꼴오ᄃᆡ孝효子ᄌᆞ개ᄆᆞ옴이주그니셤
기믈사니셤김ᄀᆞ티ᄒᆞ여져근덧도그어버이를닛디몯

ᄒᆞᄂᆞ니라만일五오穀곡이며百ᄇᆡᆨ果과ㅣ며一일應응
새로나ᄂᆞᆫ거ᄉᆞᆯ만나면반ᄃᆞ시ᄇᆡ곰薦쳔신ᄒᆞᆷ을우희奠
뎐ᄒᆞᄂᆞ데ᄀᆞ티ᄒᆞᆯ디니라믈읫靈령座좌ㅅ이예金금銀
은酒쥬器긔ᄅᆞᆯ런ᄇᆞ리고다素소器긔로ᄡᅳ고金금銀은과
錢젼飾식을ᄡᅳ디아니ᄒᆞᆷ은主쥬人인이哀ᄋᆡ素소ᄒᆞ요ᄆᆞ
ᄋᆞᆷ이인ᄂᆞᆫ연故고로ᄲᅦ니라

吊됴 奠뎐 賻부

凡범吊됴애다ᄆᆞ기素소服복ᄒᆞ라○믈읫吊됴상ᄋᆞᆫ다흰옷ᄉᆞ로
ᄒᆞ라
幞복頭두ㅣ며衫삼이며띄ᄅᆞᆯ다흰성깁으로ᄡᅥᄒᆞ라

뭇ᄌᆞ오ᄃᆡ 祭졔묘상ᄒᆞᄂᆞᆫ 사ᄅᆞᆷ이 橫횡烏오로 拜ᄇᆡᄒᆞᄂᆞᆫ
이 禮례ᄆᆡᆺ더ᄒᆞ니잇고 朱쥬子ᄌᆞㅣ ᄀᆞᆯᄋᆞ샤ᄃᆡ 이 ᄂᆞᆫ 이 玄
현冠관으로 拜ᄇᆡ홈이 올홈이니 또 경히 孔공子ᄌᆞ의 니ᄅᆞ신
바 素소服복과 玄현冠관으로 弔됴티 아니ᄒᆞ신 者쟈
와 ᄃᆡ브러 ᄒᆞ又ᄂᆞ니라

奠뎐用용春향茶다燭쵹酒쥬果과ᄒᆞ고 ○ 티 奠뎐외ᄂᆞᆫ 春향과
차와 燭쵹과 술과 실果과를 ᄡᅳ고
狀장이 이시니 或혹 奠뎐物물을 ᄡᅳ거든 각별이 祭졔文문
을 ᄒᆞ라

賻부用용錢젼帛ᄇᆡᆨ보라ᄒᆞ고 賻부에 錢젼과 帛ᄇᆡᆨ을 ᄡᅳ라

狀장이이시니오직親친ᄒᆞ요븐分분이厚후ᄒᆞ오者쟈의게야
인ᄂᆞ니라
司ᄉᆞ馬마溫온公공이ᄀᆞᆯ오ᄃᆡ東동漢한적循슌吏리每ᄆᆡ
미양諸졔公공의쳔거ᄒᆞᆫ배되매비록ᄂᆞ아가디아니ᄒᆞ
나死ᄉᆞ喪상이잇거든상不블지고가弔됴상ᄒᆞ되일즉
겸외치미리ᄃᆞᆰᄒᆞ오나ᄒᆞᆫ흡고ᄒᆞᆫ兩냥소옴으로ᄡᅥ술가온
대적셔내야몰뇌여배ᄃᆞᆫ늘ᄡᅡ셔조러가ᄂᆞᆫ바家가ᄅᆞᆯ隧슈
밧긔니르러霽뎨로ᄡᅥ소옴울적셔ᄒᆞ여곰술긔운을잇게
ᄒᆞ고米미飯반을ᄡᅡ즙ᄒᆞ고흰ᄢᅴ로ᄡᅡ거ᄉᆞᆯ밍글고ᄃᆞᆰ으
로ᄡᅥ압희두어酹슈을醱헐ᄒᆞ야뭇고명ᄒᆞᆸ을더므러두

효ㅣ라

분ᄒᆞ든데 창고토거 시기 명지뇨명 학ᄒᆞᄂᆞᆫ거 시라

고곤가서喪상主쥬를보디아니ᄒᆞ니그런則즉奠뎐ᄒᆞᆷ
이哀이와誠셩이貴귀ᄒᆞ니라酒쥬食식은반ᄃᆞ시豊풍
후히말디니라

具구刺ᄌᆞ通통名명라ᄒᆞᆫ○명함을ᄀᆞ초아일홈을通통ᄒᆞ라
손이며主쥬인이다벼슬잇거든門문狀장을ᄀᆞᆺ초고너
아니면名명紙지에그陰음面면의ᄡᅥ서몬져사ᄅᆞᆷ으로ᄒᆞ
여通통ᄒᆞ고禮녜物물로더브러ᄒᆞᆷ믜드리리

入입哭곡奠뎐訖흘에乃내弔됴而이退퇴라ᄒᆞᆫ○드러가곡
ᄒᆞ고뎐奠뎐ᄒᆞ고ᄆᆞᄎᆞ매弔됴상ᄒᆞ고믈러나라
씌며일홈을通통ᄒᆞ여든喪상家가ㅣ블깃고秉혀고돗ᄭᆞᆯ

고다哭곡ᄒᆞ여ᄲᅥ기ᄅᆞᆯ오거든護호喪상이나의손을마자
든손이드러聽텽事ᄉᆞ의니르러나아揖읍ᄒᆞ야ᄭᅮᆯ오뒤그
으기ᄃᆞ리니아믜傾경背패ᄒᆞ다ᄒᆞ니不블勝승驚경怛달
ᄒᆞ여ᄒᆞᄂᆞ니敢감히請쳥컨대나드러가酹뇌ᄒᆞ고慰위禮
녜ᄅᆞᆯᄒᆞᆷ셔伸신ᄒᆞ여지라ᄒᆞ여든護호喪상이손을引인ᄒᆞ
야드러오나든靈령座좌前젼의니르러哭곡ᄒᆞ고盡진哀애
위ᄒᆞ고再ᄌᆡ拜ᄇᆡ ᄒᆞ고焚분香향ᄒᆞ고ᄭᅮ러셔차와술을酹
뇌ᄒᆞ고엎데고니러셔護호喪상이우ᄂᆞᆫ者쟈ᄅᆞᆯ그치라ᄒᆞ고
祝츅이ᄭᅮ러祭졔文문이며奠뎐이며賻부ᄒᆞᄂᆞᆫ狀장을ᄂᆞ
의右우의ᄭᅮ러고닐고니러나ᄂᆞ든主쥬人인이다哭곡ᄒᆞᄂᆞ

계고니기로ᄎᆞ회답ᄒᆞ미라

몰盡진哀ᄋᆡᄒᆞ고손이再지拜비ᄒᆞ라主쥬人인이哭곡ᄒᆞ
고나와西셔向향ᄒᆞ야니마ᄅᆞᆯ稽계ᄒᆞ여再지拜비ᄒᆞ여든
손이또哭곡ᄒᆞ고東동向향ᄒᆞ야答답拜비ᄒᆞ고나아가골
오ᄃᆡ不블意의예凶흉變변ᄒᆞ야某모親친某모官관이奄
엄忽홀傾경背패ᄒᆞ시니伏복惟유哀ᄋᆡ慕모ᄒᆞ샤엇디뻐
견ᄃᆡ여겨신고ᄒᆞ여든主쥬人인이對ᄃᆡ답ᄒᆞ야골오ᄃᆡ某
모노罪죄逆역이深심重듕ᄒᆞ여禍화ㅣ某모親친의게마
ᄎᆞ니奠뎐ᄒᆞ야酹뢰쥬ᄒᆞ시고臨님ᄒᆞ야慰위問문조차주시
ᄅᆞᆯ엇더려닙ᄉᆞ오니不블勝승哀ᄋᆡ感감ᄒᆞ여이다ᄒᆞ고또
再지拜비ᄒᆞ여든손이答답拜비ᄒᆞ고또서ᄅᆞ向향ᄒᆞ여哭

곡ᄒᆞ오몸盡진哀의ᄒᆞ고손이몬져그치고主쥬人인은寬관譬비ᄒᆞ여곰오ᄅᆡ명이길며다ᄅᆞ미數수ㅣ이시니痛통毒독ᄒᆞ오ᄃᆞᆯ엇디ᄒᆞ올고願원컨대ᄂᆞᆫ孝효思ᄉᆞ를抑억지ᄒᆞ야구버禮례制제를조차쇼셔ᄒᆞ고이에揖읍ᄒᆞ고나오나든主쥬人인은哭곡ᄒᆞ고드러오라護호喪상이보내여聽텽事ᄉᆞ의니르러차뎌여받ᄌᆞ와도므ᄅᆞ라主쥬人인ᄊᆡ下하ㅣ우롬그치라○만일주근者쟈ㅣ官관尊존ᄒᆞ면곳닐오되薨훙逝서ㅣ라ᄒᆞ고져기尊존ᄒᆞ면곳닐오되捐연館관이라ᄒᆞ고사란ᄂᆞᆫ者쟈ㅣ官관尊존ᄒᆞ면곳닐오되奄엄棄기榮영養양이라ᄒᆞ고사니주그니다벼슬업거든곧닐오

되色식養양이라홈이라만일尊존長댱이拜비賓빈ᄒᆞ기도
禮녜任이ㄲ두니오직그말ᄉᆞᆷ이과각啓계狀장규式식ᄀ
두니卷권末말애나타난ᄂᆞ니라
司ᄉᆞ馬마溫온公공이ᄀᆞᆯ오되믈읫弔됴喪상ᄒᆞᄂᆞᆫ사ᄅᆞᆷ이
반ᄃᆞ시華화盛셩ᄒᆞᆫ服복식을규라업시ᄒᆞ고哀ᄋᆡ戚쳑ᄒᆞᆫ
容용모ᄅᆞᆯ둘디니만일貧빈이亡망者쟈로더브러執집
友우ㅣ된則즉弔러가辭뇌ᄒᆞ고婦부人인의게ᄂᆞᆫ親친
戚쳑이며그子ᄌᆞ로더브러執집友우ㅣ되여일즉堂당
의올라母모의게뵌者쟈ㅣ아니면ᄃᆞ러가辭뇌티아닐
디니라믈읫弔됴ᄒᆞ며밋喪상을보내ᄂᆞᆫ者쟈ㅣ그업서

분은만믈인ᄒᆞᄂᆞᆫ주례라 요습은소쇼히이처쥬발이라 콰은막대[illegible]ᄅᆞᆯ쥬치ᄂᆞᆫ

ᄒᆞ노바ᄅᆞᆯ무러가ᄅᆞ인道도ᄒᆞ야營영辨판ᄒᆞᆯ디니가난
ᄒᆞᄂᆞᆫ者쟈ᄂᆞᆫ爲위ᄒᆞ야綍블을잡으며ᄒᆞᆫ글지ᄂᆞᆫ類뉴ㅣ오
그飮음食식과財지貨화애擾요及급디말오미可가ᄒᆞ
니라○高고氏시ᄀᆞᆯ오ᄃᆡ임의奠뎐이라닐오ᄃᆡ이애香
향을픠오고酒쥬ᄅᆞᆯ酹뇌ᄒᆞᆫ則즉奠뎐이아니니世셰俗
쇽의習습을니옴이오란디라禮녜아니니라○또ᄀᆞᆯ오
ᄃᆡ喪상禮녜애賓빈이答답拜비티아니ᄒᆞᄂᆞᆫ다ᄒᆞ니을ᄆᆞᆺ
弔됴喪상이아니면答답拜비티아닐者쟈ㅣ업스니라
胡호先션生ᄉᆡᆼ書셔儀의애ᄀᆞᆯ오ᄃᆡ만일弔됴ᄒᆞ노사ᄅᆞᆷ
이이平평交교ㅣ면則즉ᄒᆞᆫ무ᄅᆞᆸ골ᄃᆡ위손올펴策칙ᄒᆞ야

버곰반만答답홈을表표ᄒᆞ고만일孝효子ᄌᆞㅣ尊존ᄒᆞᆫ
고弟뎨됴ᄒᆞᆫ사ᄅᆞᆷ이ᄂᆞ존則즉몸을ᄀᆞ우려位위예避피
ᄒᆞ여孝효子ᄌᆞㅣ次ᄎᆞ애업례를기두려卑비者쟈ㅣ卽
즉세ᄅᆞᆯ어두로ᄒᆡ되모로미去거就취를손편날호여ᄒᆞ
여ᄀᆡ어곰ᄅᆞᆯ어엽데물孝효子ᄌᆞ로ᄃᆡ블어ᄀᆞ쥬게말올
디니라○楊양氏시復복이ᄀᆞᆯ오ᄃᆡ程뎡子ᄌᆞ張댱子ᄌᆞ
파다뭇宗종先선生ᄉᆡᆼ의後후졘말ᄉᆞᆷ을按안ᄒᆞ니奠뎐
은편히노ᄒᆞᆷ을닐오미라奠뎐을奠뎐ᄒᆞᆫ則즉神신座좌알
ᄑᆡ安안置티ᄒᆞ고임의獻헌ᄒᆞᆫ則즉서러업시ᄒᆞᆯ디니眞
뎐ᄒᆞᆷ애酹뇌ᄒᆞᆷ이ᄅᆞᆫ者쟈ᄂᆞᆫ처엄술을브어ᄭᅳᆯ죠고배

饗오고사 肆니러루 연ᄯᅡ관례 라

수를茅모사애기오려神신을代대ᄒᆞ여祭제ᄒᆞᆷ이어를
이제사ᄅᆞᆷ이直딕히眞딘으로뻐酹뇌ᄒᆞᆷ을사마다ᄉᆞ해
셔ᄒᆞᄂᆞ니그러다ᄒᆞ고高고氏시의말이ᄯᅩᄒᆞ되그러ᄒᆞ니
이條됴의닐온바ᄃᆞ려가酹뇌ᄒᆞ며ᄯᅡ려酹뇌ᄒᆞ다ᄒᆞᆷ으
로ᄯᅥᄇᆞ러서ᄅᆞ牴뎌牾오ᄒᆞ도소ᄒᆞ더라蓋개家가禮녜ᄂᆞᆫ
이처ᄋᆞᆷ本본이니맛당히後후에외엄의定뎡ᄒᆞᆫ신말ᄉᆞᆷ
으로뻐표뎡을삼을디라不블ᄲᅧ히祭제禮녜降강神신條
됴애나타난ᄂᆞ니라○ᄯᅩᄀᆞᆯ오되按안ᄒᆞ니弔됴禮녜애
主쥬人인이賓빈의게拜ᄇᆡᄒᆞ여든賓빈이答답拜ᄇᆡᄒᆞ
아니ᄒᆞ니이엇딘ᄠᅳᆮ고蓋개弔됴ᄒᆞᆫ다손이오매哭곡

빈ᄒᆞ며或혹莫막ᄒᆞᄂᆞᆫ禮례이시니主쥬人인이賓빈의
계拜빈ᄒᆞ여배謝샤례ᄒᆞᄂᆞᆫ디라이賓빈이ᄲᅧ곰答답拜
빈티아니ᄒᆞᄂᆞᆫ배니故고로高고氏시書셔애半반만答
답ᄒᆞ며ᄯᅥ러도로혀ᄂᆞᆫ禮례이시니믈읫禮례반ᄃᆞ시義
의인ᄂᆞ니라可가히苟구차히믈을거시니라書셔儀의
와家가禮례애셰俗쇽을조차賓빈이答답拜빈ᄒᆞᄂᆞᆫ文
문이이시니ᄯᅩᄒᆞᆫ主쥬人인이賓빈의게拜빈ᄒᆞᆷ애賓
빈이敢감히當당티몯ᄒᆞ야이에答답拜빈ᄒᆞᆷ이니라이
제世셰俗쇽이吊됴ᄒᆞᄂᆞᆫ소이와셔几궤筵연을보고ᄯᅳᆺ
곡拜빈ᄒᆞ거든主쥬人인이ᄯᅩᄒᆞᆫ拜빈ᄒᆞᆷ을ᄂᆞᆫ망者쟈를

代ᄃᆡᄒᆞ여答답拜ᄇᆡᄒᆞ다니ᄅᆞ나니禮녜아니오이옥고
賓빈이主쥬人인을弔됴ᄒᆞ올제ᄯᅩ서ᄅᆞ더브러ᄒᆞ고拜ᄇᆡ
ᄒᆞ니ᄯᅩᄒᆞᆫ禮녜아니니라

聞문喪상 奔분喪상

始시聞문親친喪상ᄒᆞ고哭곡ᄒᆞ라○비로소親친喪상을듯고哭
곡ᄒᆞ라
親친은父부母모를니로미라哭곡ᄒᆞ모로ᄇᆡ브린者쟈ᄅᆞᆯ
뒤答답ᄒᆞ고ᄯᅩ哭곡ᄒᆞ오믈盡진哀ᄋᆡᄒᆞ고그리된연고ᄅᆞᆯ무
ᄅᆞ라
易역服복ᄒᆞ고○오ᄉᆞᆯᄀᆞ라닙고

곡ᄒᆞᆯ뎍호 도모돈치 로ᄆᆞᆯᄂᆞᆯ볼 가ᄒᆞ미라

뵈ᄅᆞᆯᄢᅵ여四ᄉᆞ脚각ᄋᆞᆯ밍ᄀᆞᆯ고흰뵈옷과노ᄂᆞ로삼신을ᄒᆞᆫ
라
遂슈行ᄒᆡᆼᄒᆞ라○드듸여行ᄒᆡᆼᄒᆞ라
ᄒᆞᄅᆞ百ᄇᆡᆨ里리ᄅᆞᆯ行ᄒᆡᆼᄒᆞ오ᄃᆡ밤으로ᄡᅥ行ᄒᆡᆼ티말올디니비
록哀ᄋᆡ戚쳑ᄒᆞᆯ디라도오히려害해ᄅᆞᆯ避피ᄒᆞᆯ거시니라
道도中듕에哀ᄋᆡ至지則즉哭곡ᄒᆞ라○길ᄒᆡ셔슬프미니ᄅᆞ거
든哭곡ᄒᆞ라
哭곡호ᄆᆞᆯ제여곰올히지ᄏᆡ고번거ᄒᆞᆫ뒤ᄅᆞᆯ避피ᄒᆞ라○
司ᄉᆞ馬마溫온公공이ᄀᆞᆯ오ᄃᆡ이제사ᄅᆞᆷ이奔분喪상ᄒᆞ거
나밋상柩구조차가ᄂᆞᆫ者자ㅣ자안히며고올옴만나도哭

곡ᄒᆞ고디나면그치니이ᄂᆞᆫ飾식詐사ᄒᆞᄂᆞᆫ道도ㅣ니라
望망其기州쥐境경其기縣현境경其기城셩其기家가ᄒᆞ고皆
ᄀᆡ哭곡ᄒᆞ라○그州쥐ㅅ디境경과그縣현ㅅ디境경과그城셩
과그집을ᄇᆞ라보고다哭곡ᄒᆞ라
집이城셩의잇디아니ᄒᆞ거든그ᄆᆞ올ᄒᆞᆯᄇᆞ라보고哭곡ᄒᆞ
라
入입門문ᄒᆞ여詣예柩구前젼再ᄌᆡ拜ᄇᆡᄒᆞ고再ᄌᆡ變변服복ᄒᆞ고就
취位위ᄒᆞ야哭곡ᄒᆞ라○門문의드러柩구前젼의니르러再ᄌᆡ拜
ᄇᆡᄒᆞ고두번變변服복ᄒᆞ고位위예나아가哭곡ᄒᆞ라
처엄變변服복ᄒᆞ기ᄂᆞᆫ初초喪상적ᄀᆞ티ᄒᆞ야柩구東동의

혼티말오ᄂᆞᆫ그졍신ᄆᆞ이예잇다아니홈이라

西셔向향ᄒᆞ야안자哭곡호ᄅᆞᆯ盡진哀ᄋᆡᄒᆞ고任変변服복

ᄒᆞ기ᄂᆞᆫ大대小쇼斂렴젹ᄀᆞ티ᄒᆞ라

後후四ᄉᆞ日일에成셩服복ᄒᆞ라○後후ㅅ나흘만의成셩服복

ᄒᆞ라

집사ᄅᆞᆷ들로더브러서ᄅᆞ弔됴問문ᄒᆞ여손이오나ᄃᆞ拜배ᄒᆞ

가ᄅᆞᆯ처엄ᄀᆞ티ᄒᆞ라

若약未미得득行ᄒᆡᆼ則즉為위位위ᄒᆞ고不블奠뎐ᄒᆞ고○만일가

디몯ᄒᆞ거든位위ᄅᆞᆯ호ᄃᆡ奠뎐으란말고

交교椅의와ᄒᆞᆫ나ᄒᆞᆯ設셜ᄒᆞ여뻐尸시柩구ᄅᆞᆯ代ᄃᆡᄒᆞ고左좌右

우ㅣ며前젼後후의設셜位위ᄒᆞ여哭곡호ᄅᆞᆯ녜대로ᄒᆞᄃᆡ

벼복아래
슴흑두주
ㅣ련논가
의심ᄒᆞ노
나그릴의
논ᄀᆞ끄주
되닥

다만說셜奠뎐으란말라만일喪상側측에子ᄌᆞ孫손곧업
거든여긔說셜奠뎐ᄒᆞ기를녜대로ᄒᆞ라
變변服복ᄒᆞ라ᄒᆞᆫ〇오ᄉᆞᆯ變변ᄒᆞ라
在ᄌᆡᄒᆞᆫ드른後후나ᄒᆞᆯ재로ᄇᆡᄒᆞ라
在ᄌᆡ道도ᄒᆞ며至지家가에ᄇᆡᆸ기如여上샹儀의의ᄒᆞᆫ라〇길ᄒᆞᆫ이ᄉᆞ
며집의니루러다웃녜대로ᄒᆞ라
만일喪상側측에子ᄌᆞ孫손이업거든길ᄒᆞᆫ의이실제朝됴夕
셕의位위를ᄒᆞ고說셜奠뎐ᄒᆞ며집의니루러다므變변服
복아니코그서루帛ᄇᆡᆨ으로ᄒᆞ며奠뎐을釋셕ᄒᆞ오믈녜대로ᄒᆞ
라

若약旣긔葬장則즉先션祖조之지墓묘ᄋᆡ哭곡拜배ᄒᆞ라○만일이
ᄆᆡ葬장ᄒᆞ엿거든몬져墓묘소의가哭곡ᄒᆞ고拜배ᄒᆞ라
墓묘소의가ᄂᆞᆫ者쟈ㅣ墓묘ᄅᆞᆯ바라보고哭곡ᄒᆞ고墓묘의
니르러哭곡ᄒᆞ고拜배ᄒᆞ믈집의이실적ᄀᆞ티ᄒᆞ라成셩
服복아닌者쟈ᄂᆞᆫ墓묘의가變변服복ᄒᆞ고집의와靈령
좌前젼의니르러哭곡ᄒᆞ고拜배ᄒᆞ고나ᄒᆞᆯ만의成셩服복
ᄒᆞ믈녜대로ᄒᆞ라이미成셩服복ᄒᆞᆫ者쟈도ᄯᅩ그러ᄒᆞ니라
만變변服복을말라
齊ᄌᆡ衰최以이下하ᄂᆞᆫ聞문喪상ᄒᆞ고爲위位위而이哭곡ᄒᆞ라○
齊ᄌᆡ衰최以이下하ᄂᆞᆫ聞문喪상ᄒᆞ고뎐위ᄅᆞᆯᄒᆞ고哭곡ᄒᆞ라

尊존長댱으란正뎡堂당의ᄒᆞ고卑비幼유란別별室실의
ᄒᆞ라○司ᄉᆞ馬마溫온公공이ᄀᆞᆯ오ᄃᆡ이제사ᄅᆞᆷ이다ᄂᆞᆯ므
히여擧거哀ᄋᆡᄒᆞᄂᆞ니믈읫즐표믜ᄂᆞ르미처엄聞문喪상
ᄒᆞᆯ쩨이시니져제맛당히哭곡ᄒᆞᆯ거시라어ᄂᆡ에여ᄂᆞᆯ을곰
ᄒᆡ리오ᄒᆞ믈며法법令령의쎄쥐縣현귀지비셔擧거哀ᄋᆡᄃᆡ
곤ᄒᆞ게ᄒᆞᆫ文문졔이시니곳在ᄌᆡ官관ᄒᆞᆫ者쟈ᄂᆞᆫ맛당히즁
의지舍사의가哭곡ᄒᆞ고그ᄃᆡ나모이ᄂᆞᆫ다本본家가의셔
哭곡호미가ᄒᆞ니라
若약奔분喪상則즉至지家가成셩服복ᄒᆞ고○만일奔분喪상
ᄒᆞ거든지븨니르러成셩服복ᄒᆞ고

奔분喪상ᄒᆞᄂᆞᆫ者쟈ㅣ華화盛셩ᄒᆞᆫ옷ᄉᆞᆯ벗고짐裝장ᄎᆞ리
며卽즉시行ᄒᆡᆼᄒᆞ라이믜니르러齊ᄌᆡ衰최ᄂᆞᆫᄆᆞ올흘ᄇᆞ라
보고哭곡ᄒᆞ고大대功공은門문을ᄇᆞ라보고哭곡ᄒᆞ고小
功공以이下하ᄂᆞᆫ門문의니르러哭곡ᄒᆞ라門문의ᄃᆞ러
柩구前젼의가哭곡ᄒᆞ고再ᄌᆡ拜ᄇᆡᄒᆞᆯ디니成셩服복ᄒᆞ고
位위예나아가哭곡ᄒᆞ고弔됴ᄒᆞ기를녜대로ᄒᆞ라
若약不블奔분喪상則즉四ᄉᆞ日일成셩服복ᄒᆞᆯ바○만일奔분
喪상티몯ᄒᆞ거든나홀만의成셩服복ᄒᆞ라
奔분喪상티몯ᄒᆞᄂᆞᆫ者쟈ᄂᆞᆫ齊ᄌᆡ衰최ᄂᆞᆫ三삼日일中듕에
朝됴夕셕의位위를ᄒᆞ야모다셔哭곡ᄒᆞ고나흔날아ᄎᆞ미

成셩服복ᄒᆞ기ᄅᆞᆯᄯᅩᄀᆞ티ᄒᆞ며大대功공以이下하ᄂᆞᆫ처엄
聞문喪상ᄒᆞ고位위ᄅᆞᆯᄒᆞ야모다셔哭곡ᄒᆞ고나ᄒᆞᆯ만의成
셩服복ᄒᆞ기ᄅᆞᆯᄯᅩᄀᆞ티ᄒᆞ되다每ᄆᆡ月월초ᄒᆞᄅᆞᆯ位위ᄅᆞᆯᄒᆞ
야모다셔哭곡ᄒᆞ고ᄃᆞᆯ數수ㅣ이믜ᄎᆞ거든비근ᄃᆞᆯ초ᄒᆞᄅᆞ
이에位위ᄅᆞᆯᄒᆞ야모다셔哭곡ᄒᆞ고버스라그ᄉᆞ이예ᄂᆞᆫ
미니르거든哭곡호미可가ᄒᆞ니라

治티葬장

三삼月월而이葬장ᄒᆞ되前젼期긔ᄒᆞ야擇ᄐᆡᆨ地디之지可가葬장
者쟈ㅣ라 ○ 석ᄃᆞᆯ만의영葬장ᄒᆞ오되前젼期긔ᄒᆞ야ᄯᅡ히가히葬
장ᄒᆞᆯᄃᆡᄅᆞᆯᄀᆞᆯᄒᆡ라

[illegible]ᄃᆞ틱논
[illegible]쳐슈교
두니라

司ᄉᆞ馬마溫온公공이ᄀᆞᆯ오ᄃᆡ녜ᄂᆞᆫ天텬子ᄌᆞᄂᆞᆫ七칠月월이오諸졔侯후ᄂᆞᆫ五오月월이오大태夫우ᄂᆞᆫ三삼月월이오士ᄉᆞᄂᆞᆫᄃᆞᆯ이디나며葬장ᄒᆞ더니이제ᄂᆞᆫ五오服복年년月월較틱에王왕公공以이下하ᄅᆞᆯ다석ᄃᆞᆯ의葬장ᄒᆞ게ᄒᆞ나그러나世셰俗쇽이葬장師ᄉᆞ의말을미더이믜ᄒᆞ며ᄃᆞᆯ이며날이며ᄣᆡ를ᄀᆞᆯᄒᆡ고ᄯᅩ뫼히며믈의形형勢셰ᄅᆞᆯᄀᆞᆯᄒᆞ여ᄇᆡᄒᆞ요ᄃᆡ子ᄌᆞ孫손의貧빈ᄒᆞ며富부ᄒᆞ며貴귀ᄒᆞ며賤쳔ᄒᆞ며어딜며어리며댱슈ᄒᆞ며단명호미다이예미엿다ᄒᆞ고그術슐이ᄯᅩ만히ᄀᆞᆫ디아니ᄒᆞ여두토와의論논ᄒᆞ미紛분紜운ᄒᆞ여가히決결ᄒᆞᆯ배업서終죵身신토록葬장티아

니ᄒᆞ며或혹여러ᄃᆡ를葬장티아니ᄒᆞ며或혹子ᄌᆞ孫손이
衰쇠替톄ᄒᆞ여處쳐所소를니저일코드듸여부려葬장티
몯ᄒᆞ리이시매니ᄅᆞ니正졍히ᄒᆡ여곰殯빈葬장ᄒᆞ미진졀
로能능히사ᄅᆞᆷ의禍화福복을닐윌딘댄子ᄌᆞ孫손이되엿
ᄂᆞᆫ者자ㅣᄌᆞᆫ엇디ᄎᆞ마그어버이로ᄒᆡ여내나고서거드려
나게ᄒᆞ고ᄌᆞ스로그利니를求구ᄒᆞ리오禮례예悖패ᄒᆞ고
義의예傷샹ᄒᆞ미이예셔더므니업수니라그러나孝효子
ᄌᆞ의ᄆᆞᄋᆞᆷ이患환을慮려ᄒᆞ기를깁고멀게ᄒᆞᆯ거시니여두
면사ᄅᆞᆷ의ᄑᆞ인배되고기프면濕습潤윤ᄒᆞ야수이서글가
두려ᄒᆞᄂᆞᆫ故고로반ᄃᆞ시土토厚후ᄒᆞ고水슈深심ᄒᆞ요ᄒᆡᆼᄒᆞᆯ

游유노공
子피子ㅣ
곡

廉렴范범
은한젹사
름이라
郭곽平평

求구ᄒᆞ여葬장ᄒᆞᆯᄃᆡ니ᄲᅧ곰ᄒᆞᆫ가히아니ᄀᆞᆯ희디몯ᄒᆞᆯ배라
或혹이무로ᄃᆡ지비가난ᄒᆞ고고鄕향이머러能능히도라
가葬장티몯ᄒᆞ면엇뎔고公공이ᄀᆞᆯ오ᄃᆡ子ᄌᆞ游유ㅣ喪상
具구ᄅᆞᆯ믓ᄌᆞ온대夫부子ᄌᆞㅣᄀᆞᆯᄋᆞ샤ᄃᆡ지븨이시며업ᄉᆞ
몯맛게ᄒᆞᆯ디니라子ᄌᆞ游유ㅣᄀᆞᆯ오ᄃᆡ이시며업ᄉᆞ미엇디
齊제ᄒᆞ리잇고夫부子ᄌᆞㅣᄀᆞᆯᄋᆞ샤ᄃᆡ이실디라도禮례예
넘게말며진실로업거든손발얼굴을斂렴ᄒᆞ여즉제葬장
ᄒᆞ야棺관을ᄃᆞ리워무도ᄃᆡ사ᄅᆞᆷ이엇디외다ᄒᆞ리이시리
오ᄒᆞ시고비廉렴范범이千쳔里리예喪상구를져오고郭
곽平평이ᄌᆞᄉᆞ로플리여墳분墓묘를ᄆᆡᆼᄀᆞ[illegible]ᄉᆞ디豐풍富부

ᄒᆞ몰기도록後후에야그親친을葬장ᄒᆞ리오禮례예이쇼
디葬장디몯ᄒᆞ야셔ᄂᆞᆫ變변服복디말고粥쥭을먹으며居
거廬려ᄒᆞ며거적의자며ᄒᆞᆰ평이를베게ᄒᆞ여시니蓋개어
버의갈ᄲᅢ잇디아니믈민망이너긴故고로좀이며머그믈
편安안티몯ᄒᆞ오미니엇디모로ᄇᆞ리고나가놀며니밥머그
며비단옷니브리오아니몯게라그엇디ᄲᅧ구올ᄒᆞᄂᆞ뇨
世세상사ᄅᆞᆷ이逸일遊유宦환ᄒᆞ다가遠원方방의가죽거든
子ᄌᆞ孫손이그喪상柩구를들에ᄉᆞ라셔져만가져도라와葬
장ᄒᆞᄂᆞᆫ者쟈ㅣ이시니夫부孝효子ᄌᆞㅣ어버의肌긔體톄를
愛ᄋᆡᄒᆞᄂᆞᆫ故고로斂념ᄒᆞ야葬장ᄒᆞᄂᆞᆯ거시니ᄆᆞ며조[illegible]

흥호논뇌
라.
등혀오ᄂᆞ
국기라
침염은저
저므들미
라.
념연은편
히텨기미
라
연능계ᄌᆞ
논명은礼
찰이니오
남굼의아
두리라
영박은제

찬歎휘ᄒᆞ옴도律눌믄에이셔오히려畧없ᄒᆞ거든ᄒᆞ믈며
子ᄌᆞ孫손이悖패謬류ᄒᆞ미이러틋ᄒᆞᆯ것가그始시작이盖
개羌강胡호의풍俗속으로나셔中듕華화의浸침淫음ᄒᆞ,
야行힝ᄒᆞ매이미오라매나거ᄂᆡ常샹ᄉᆞ되야보ᄂᆞᆫ者자도
恬념然연ᄒᆞ야일즉怪괴이히너기디아니ᄒᆞᄂᆞ니엇디슬프
디아니ᄒᆞ리오延연陵능季계子ᄌᆞㅣ齊졔예가다가그子ᄌᆞ
ᄌᆞㅣ죽거늘贏영博박之지間간의葬장ᄒᆞ여늘孔공子ᄌᆞ
ㅣ禮례예合합ᄒᆞ다ᄒᆞ시니반ᄃᆞ시能능히도라와葬
장타몯ᄒᆞ모로ᄂᆞ고그사희葬장ᄒᆞ미可가ᄒᆞ니엇디오히려
븐의술기도곤낫디아니ᄒᆞ리오○程뎡子ᄌᆞㅣ곧ᄋᆞ샤ᄃᆡ

ᄯᅥ두고올일홈이라

그宅틱兆됴를졈卜복ᄒᆞ요문그ᄯᅡ희됴ᄒᆞ며사오나오믈졈卜복호미니陰음陽양家가의닐온바禍화福복이아니라ᄯᅡ곳됴ᄒᆞ면그神신靈령이편安안ᄒᆞ고그子ᄌᆞ孫손이盛셩ᄒᆞ야그불희를븟도도와든枝지葉엽이茂무셩ᄒᆞ며ᄭᅳ두니理리예진실로그러코ᄯᅡ히사오나온귀눈이예산反반ᄒᆞᄂᆞ니그러ᄒᆞ면則즉엇디닐온ᄯᅡ희됴홈과ᄒᆞ리비치빗나고潤윤택홈과草초木목의茂무盛셩호미이그ᄒᆞ고驗험ㅣ라父부祖조ㅣ며子ᄌᆞ孫손이氣긔운이ᄒᆞᆫ가지니태편安안ᄒᆞ면이편安안ᄒᆞ고태危위티ᄒᆞ면이危위티호미住ᄒᆞᄂᆞᆫ理리니어로拘구忌긔ᄒᆞᄂᆞᆫ者자ㅣᄯᅡ희方방位위를擇

뎍ᄒᆞ며 날의 吉길凶흉을 決결ᄒᆞ옴오로ᄡᅥ 惑혹ᄒᆞᄂᆞ니 任임ᄒᆞᆫ 泥
닐톄티 아니ᄒᆞᄂᆞ니 甚심ᄒᆞᆫ 者쟈ᄂᆞᆫ 奉봉先션ᄒᆞ기로ᄡᅥ 計계
교ᄒᆞ디 아니코 厚후혀 後후人인 不손利리ᄒᆞ모로ᄡᅥ 慮려
ᄅᆞᆯᄒᆞᄂᆞ니 뎌 옥 孝효子ᄌᆞ의 安안厝조ᄒᆞᄂᆞᆫ 用용心심이 아니
라 오직 다ᄉᆞᆺ 기지 患환을 시러곰 삼가디 아니티 몯ᄒᆞᆯ거시
니 모로미 ᄒᆞ여곰 他타日일의 道도路로ㅣ 되디 아닐뒤며
城셩郭곽이 되디 아닐뒤며 溝구池디 되디 아닐뒤며 貴귀
勢셰의 아일배 되디 아닐뒤며 耕경犁녀의 밋 出출배 되디 아
닐뒤ᄅᆞᆯ ᄒᆞ란ㅣ 길 本본애 云운닐온바 五오患환은
길히며 ᄆᆞ올ᄒᆞᆯ 避피ᄒᆞ며 우믈이며 와窯요ᄅᆞᆯ 멀리ᄒᆞ라○

按안호시데난葬장ᄒᆞᆯ식히여葬장ᄒᆞᄂᆞᆫ날을다卜복筮셔애
決결ᄒᆞ더니이제사ᄅᆞᆷ은占졈法법을아디몯ᄒᆞᄂᆞ니안俗
속을조차擇ᄐᆡᆨᄒᆞ옴이可가ᄒᆞ니라

擇ᄐᆡᆨ日일ᄒᆞ야開개塋영域역ᄒᆞ고祠ᄉᆞ后후土토ᄒᆞ라○날을골ᄒᆞ
여塋영域역을열고后후土토의제ᄒᆞ라

主쥬人인이이믜朝됴뎐곡ᄒᆞ고執집事ᄉᆞ者쟈를거ᄂᆞ려
어든바샥히ᄒᆞᆰ을ᄑᆞ되네모호란ᄀᆞ온ᄃᆡᄒᆞᆰ을밧그로내고가온
대ᄑᆞᆫ거스란ᄀᆞᄒᆞᆰ을南남그로내여각각호標표를세고ᄀᆞ
南남門문의當당ᄒᆞ야두標표를세오라면권당이나或혹
손이나ᄒᆞᆫ나흘골히여后후土토氏시싀츰고ᄒᆞ오ᄃᆡ祝츅이

跪 집事ᄉᆞ者쟈ᄅᆞᆯ거ᄂᆞ리고位위ᄅᆞᆯ中즁ᄒᆞᆫ標표左좌의設셜
ᄒᆞ야南남向향ᄒᆞ고盞잔이며注쥬ㅣ며酒쥬果과ㅣ며脯
포醯혜ᄅᆞᆯ그아래펴設셜ᄒᆞ고洗세슈소래며슈巾건ᄃᆞᆯ을그
東동南남의設셜ᄒᆞ고그東동의臺ᄃᆡ槃반가인ᄂᆞ니ᄂᆞᆫ告고
者자ㅣ 盥관ᄒᆞᆯ배오그西셔의업ᄉᆞ니ᄂᆞᆫ執집事ᄉᆞ者쟈의
盥관ᄒᆞᆯ배라告고者쟈ㅣ吉길服복ᄒᆞ고드러가神신位위
앏퓌셔北븍向향ᄒᆞ고執집事ᄉᆞ者쟈ㅣ그뒤헤이셔東
동上샹ᄒᆞ야다再지拜비ᄒᆞ고告고者쟈ㅣ執집事ᄉᆞ者쟈
로더브러다셰슈ᄒᆞ고스서ᄂᆞᆫ執집事ᄉᆞ者쟈ᄒᆞ나히酒쥬
注주ᄅᆞᆯ가져西셔向향ᄒᆞ야跪궤ᄒᆞ고ᄒᆞ나ᄒᆞᆫ盞잔을가져

東동向향ᄒᆞ야跪궤ᄒᆞ거든告고者자ㅣ술붓고쥬注주ᄀᆞᆯ
도로주고盞잔을가져神신位위前젼의酹뢰ᄒᆞ고엽ᄃᆡ고
닐어셔기믈러셔거든祝츅이版판을자바告고者자左
좌의셔셔東동向향ᄒᆞ야跪궤ᄒᆞ야닑거ᄀᆞᆯ오ᄃᆡ維유某모
年년歲세月월朔삭日일子ᄌᆞ의某모官관姓셩名명은敢
ᄇᆞᆰ告고于우后후土토氏시之지神신今금為위某모官관
姓셩名명ᄒᆞ야營영建건宅ᄐᆡᆨ兆됴ᄒᆞ니神신其기保보佑
우ᄒᆞ야俾비無무後후艱간ᄒᆞ라謹근以이淸쳥酌쟉脯포
醢ᄒᆡ로祗지薦쳔于우神신ᄒᆞ노니尚샹饗향ᄒᆞ라ᄒᆞ고믓
고位위예오나든告고者자ㅣ再ᄌᆡ拜ᄇᆡᄒᆞ고祝츅과믓執

복본ᄃᄂ복 으로ᄒᄂᆫ 텹의은 쉬ᄒ시ᄂ 르ᄒᄂᆫ ᄃ라

집事ᄉ者자ㅣ다辭쉬拜비ᄒ고셔러나오라主쥬人인이

만일도라오나든靈령座좌前젼의哭곡ᄒ고辭ᄉ拜배ᄒ,

라後후ㅣ이ᄀ트니라

司ᄉ馬마温온公공이골오ᄃ가복을從죵ᄒ며或혹遂

셔를命명ᄒ온者자를면권당이어나或혹손을금ᄒ여ᄒ,

고밋祝츅과執집事ᄉ者쟈ㅣ다吉길冠관과素소服복

ᄒ라ᄒ오注주애닐오ᄃ으로흠길이아니며오ᄂ凶흉이

아니미니素소服복이라홈은다만빗난ᄎ식과揉슈

金금의복飾식을거리업시홀ᄯᄅ미니라

遂슈穿쳔擴광라ᄒ고○드듸여굳을ᄑ라

家禮諺解卷之[illegible]

홈은두ᄃᆡ
텸샹ᄒᆞ미
근

司ᄉᆞ馬마溫온公공이ᄀᆞᆯ오ᄃᆡ이제사ᄅᆞᆷ이葬장ᄒᆞ기두法
법이이시니ᄯᅡᄒᆞᆯ파바ᄅᆞᆫᄂᆞ리와구들ᄒᆞ고棺관을드리워
배窆폄ᄒᆞ리잇고隧슈道도ᄅᆞᆯ파셔겨ᄐᆡᄯᅡᆺ지블파ᄆᆡᆼ글고
柩구ᄅᆞᆯ그가온ᄃᆡ미러드리리잇거니와按안ᄒᆞ니베눈오
직天텬子ᄌᆞㅣ야시러곰隧슈道도ᄅᆞᆯᄒᆞ고그ᄐᆞᆫ근다바로
ᄂᆞ리와구들ᄒᆞ고棺관을드리워ᄡᅥ窆폄ᄒᆞ나이제當당당
이일로ᄡᅥ法법을사ᄆᆞᆯ디니라그ᄯᅡ푸기ᄅᆞᆯ맛당히좁고깁
게ᄒᆞᆯ디니조보건ᄅᆞᆯ혀디디아니코기프면盜도적이갓갑
기어려우니라
夫부妻쳐ᄅᆞᆯ合합葬장ᄒᆞᆯ시믜ᄅᆞᆯᄀᆞᆺᄉᆞ온대秦규子ᄌᆞㅣ

골ᄋᆞ샤ᄃᆡ내쳐암ᄂᆞᆫ망室실을무로ᄃᆡ지그다만東동ᄐᆡᆨ곳
ᄒᆞ요位위ᄅᆞᆯ두고또ᄒᆞ요일즉禮례야이엇디홈을샹考고티
아닛ᄐᆞ니隙극安안卿경이닐오ᄃᆡ地디道도ᄂᆞᆫ올호ᄃᆡ
ᄒᆞ로ᄡᅥ尊존ᄒᆞ옴을삼으니ᄌᆞ권ᄃᆡ소나히맛당히右우애
居거ᄒᆞ옴가ᄒᆞ뇌이다골ᄋᆞ샤ᄃᆡ祭제ᄒᆞᆯ제西셔로ᄡᅥ上샹
을삼은則즉영葬장ᄒᆞᆯ제도또ᄒᆞ요맛당히이ᄀᆞᆺ티ᄒᆞ여사뵈
야ᄒᆞ로올ᄒᆞ리로다○人인家가의분墓묘壙광듕과棺
관槨곽을일切절히可가히너모크게말고맛당히ᄒᆞ여
곰壙광듕이계요能능히槨곽을容용납게ᄒᆞ고槨곽이
계요能능히棺관을容용납게ᄒᆞ여사이에븜ᄐᆡᆫᄒᆞ니라

니건히여긔陳딘시家가의墳분墓묘ㅣ파내믈만나기
ᄂᆞᆫ다壙광中듕이크고ᄇᆡ롬을인緣연ᄒᆞ옴이라그能능히
픗ᄃᆡ룰ᄒᆞᄂᆞᆫ者쟈ᄂᆞᆫ대이壙광中듕이좁고쟈가바손을
보텰고ᄃᆡ업ᄉᆞ미니이ᄀᆞ가히아ᄃᆡ아니티몯ᄒᆞᆯ거시니
라여긔墳분墓묘ᄃᆞᆯ히몃놀히나자편ᄒᆞᆫ故고로盜도적
이주이ᄃᆞ누니라몯ᄌᆞ오뒤墳분과다몯墓묘ㅣ엇디다
루ㅣ잇고골ᄋᆞ샤ᄃᆡ墓묘ᄂᆞᆫ슴치건대ᄂᆞ이분묘엥것시
오墳분은곳封봉ᄒᆞ요옴긔놉피니러난者쟈ㅣ라光광武
무紀긔예날오뒤墳분을밍글믈다만그잠ᄭᆞᆫ노ᄑᆞ믈取
취ᄒᆞ여네ᄭᅵ애能능히믈을ᄆᆞᆺ게ᄒᆞ옴이足죡ᄒᆞ다ᄒᆞ니뎟

사ᄅᆞᆷ의墳분墓묘ㅣ極극히놉고커擴광中듕애사ᄅᆞᆷ도니
ᄅᆞᆯ容용納납게ᄒᆞ니意의思ᄉᆞㅣ업더니이제法법令령애
一일品품以이上샹은墳분墓묘노픠ᄒᆞᆫ丈댱두자ᄒᆞᆯᄒᆞ게
ᄒᆞ니ᄯᅩᄒᆞᆫ조ᄎᆞᆯ디로다李니守슈約약이닐오ᄃᆡ墳
분墓묘ㅣ베ᄂᆞᆷ파내ᄆᆞᆯ만나노바ᄂᆞᆫᄯᅩᄒᆞᆫ陰음陽양家가
의말이ᄲᅧ여러범이이시니蓋개믈읫파내기ᄂᆞᆫ다믈기
ᄅᆞᆯ엿티ᄒᆞ요연故고로禮례라만일깁기一일二이丈댱이면
즈스로ᄒᆞᆫ이患환이업ᄉᆞ리니라古고禮례예葬장ᄒᆞ믈ᄯᅩ
ᄒᆞ기ᄭᅮᆷ을許허ᄒᆞ엿다ᄒᆞ야노ᄑᆞᆯ오샤되그러티아니ᄒᆞ
다기피葬장ᄒᆞ면믈이이시니일즉보니興흥化화漳쟝

泉쳔ᄉᆞ이예墳분墓묘ㅣ甚심히놉거ᄂᆞᆯ무ᄅᆞᆫ則즉ᄀᆞᆯ오
뒤棺관이다만ᄲᅧᄒᆞᆯ우히인ᄂᆞ디라기픈者쟈ᄂᆞᆫ계요ᄒᆞ
半반이ᄯᅡ히들고半반ᄂᆞᆫᄯᅡ우히이시니ᄲᅧ시려곰二封
봉을노피아니티몯ᄒᆞ다ᄒᆞ더니後후에福복州쥬사ᄅᆞᆷ
이다텃墳분墓묘ᄅᆞᆯ미믈보니지기기픈者쟈ㅣ믈이잇더
아니니엽슨디라뵈야ᄒᆞ로아ᄂᆞ니變변化화ᄒᆞ야葬장泉쳔
의엳게葬장ᄒᆞ고[illegible]쟈고蓋개믈을防방비ᄒᆞ미라北븍方
방은ᄯᅡ흘이기퍼두터오니기피葬장ᄒᆞ미妨방해롭디
이니ᄒᆞ니엿ᄌᆞ디마가이ᄭᅳᆫ티ᄒᆞ리오
作작灰회와隔격ᄒᆞ라○灰회隔격기분지오리

굼푸기ᄅᆞᆯ 이의ᄆᆞᆺ고 몬져 ᄉᆞᆺ골ᄅᆞᆯ 擴광底뎌의 ᄭᆞᆯ고 ᄭᅵ다
아두틔 두세치만ᄒᆞ고 後후에 石셕灰회와 細셰沙사와 黃황
土토와 섯고ᄅᆞᆫ이로 그우희 펴셔 灰회셔 분의무 가치 각
ᄒᆞ고 분식이 미가ᄒᆞ니라 ᄒᆞᆫ게다아 두틔두서자만ᄒᆞ고 곽별
리 薄박板판을ᄡᅥ 灰회隔격을 ᄆᆡᆼ그로ᄃᆡ 槨곽의 형狀상ᄀᆞᆮ
게ᄒᆞ고 안희 瀝력靑쳥으로 ᄇᆞᆯ라 두ᄃᆡ 세치맛감ᄒᆞ야 가
온ᄃᆡ 棺관이 容용납홀만ᄒᆞ고 牆장이 棺관의셔 놉기ᄅᆞᆯ 네
치맛감ᄒᆞ야 灰회와 우희노코 이에 네녁ᄭᅴ 네가지ᄉᆞᆯ거ᄉᆞᆯ 두
로 누리오ᄃᆡ ᄯᅩ 薄박板판으로ᄡᅥ 隔격ᄌᆞᄒᆞ야 ᄉᆞᆺ골리 받ᄉᆞ괴
잇고 三삼物믈이 안ᄂᆡ 잇게ᄒᆞ야 미틔두틔ᄀᆞᆺ게ᄒᆞ라ᄃᆡ아

이믜 굳거든 두로고 벌을 도도와 올리고 다시 손과 灰회를
누리와다 아 섭피미처 平평홀만ᄒᆞ고 그치라 盖개 이믜 磚
곽글 밧디 아니ᄒᆞ면 배곰 瀝력青쳥을 容용납홀디 업ᄉᆞᆫ 故
고로 이 制제도를 ᄒᆞ엿ᄂᆞ니라 또 숫근나 모븐희를 마고 더
믈이며 개야미를 치오고 石석灰회ᄂᆞᆫ 몰래를 ᄯᅥ러셔 굳고
ᄒᆞᆰ을 어더셔 플지니히 곳 오라면 엉긔여 金금石석이 되어
螘야미며 盜도賊적이 다 나아 오디 몯ᄒᆞ리라 ○ 程뎡子ᄌᆞ
ㅣ ᄀᆞᆯᄋᆞ샤ᄃᆡ 녯사ᄅᆞᆷ이 葬쟝ᄒᆞ기ᄂᆞᆫ 숙ᄀᆞ니를 위ᄒᆞ야 ᄒᆞ여
곰 ᄉᆞᄅᆞᆷ으로 ᄉᆞᆯ히 다케 아닌 거시니 이졔 흙리 玩완 잇것도 오
히려 保보藏장ᄒᆞ오믈 圖도ᄒᆞ고 密밀케 ᄒᆞ야 배곰 損손汚오ᄒᆞ믈

막거든ᄒᆞ믈며어버의遺유骨골을맛당히엇디ᄒᆞ[illegible]
[illegible]세俗쇽이엇게아라오직뵈디아니케만ᄒᆞ고져ᄒᆞ고
任수이셕으를求구ᄒᆞᄂᆞᆫ말이이시니이엇디반ᄃᆞ시誠셩
ᄒᆞ며반ᄃᆞ시信신ᄒᆞᄂᆞᆫ義의로알리오또그셕디아니믈求
구코져ᄒᆞᄂᆞᆫ주리아니라셕디아녀신ᄉᆞ이예保보藏장호
몰맛당히이러두시홀디니라
뭇ᄌᆞ오ᄃᆡ槨곽ᄡᅳᆺ괴可가히灰회예모래와ᄒᆞ리섯근거슬
ᄡᅳ리잇가말리잇가朱쥬子ᄌᆞㅣ골ᄋᆞ샤ᄃᆡ다만오로炭
탄末말을ᄡᅥ槨곽ᄡᅳᆺ괴두고槨곽안ᄒᆡ노모래섯근石
셕灰회로ᄡᅥ메올거시니라或혹이글오ᄃᆡ可가히오로

[illegible]

灰회ᄅᆞᆯ ᄇᆞ리잇사가말리잇가 ᄀᆞᆯᄋᆞ샤ᄃᆡ 온灰회ᄂᆞᆫ지권대
ᄂᆞᆫ틴實실티몯ᄒᆞ리라 모로미이리미로ᄂᆞᆫ細세沙사로
배서ᄉᆞᆯ디니 오라면 灰회와 모래서르乳유入입ᄒᆞ여ᄀᆞ
ᄀᆞᆫ기둥ᄀᆞ투리라 槨곽밧ᄀᆞ니ᄂᆞᆫ데 우리와上샹下하ᄅᆞᆯᄒᆞᆫ
골ᄀᆞ티炭탄末말로배ᄆᆞᆯ고 되대강두티ᄂᆞᆫ칠八팔ᄎᆞᆫ
맛감ᄋᆞᆫ면업의濕습氣긔를믈리며 水슈患환을免면ᄒᆞ
고ᄯᅩ나모블휘ᄅᆞᆯ마가ᄃᆞ디몯게ᄒᆞᄂᆞ니라 나모블휘ᄉᆞ
글만나면다ᄃᆞ로더갈을生ᄉᆡᆼᄒᆞᄂᆞ니 일로뻐炭탄灰회
의妙묘ᄒᆞᆷ을보니 蓋개炭탄은이死ᄉᆞᄒᆞᆫ物믈이라 情졍이
ᄀᆞᆸ소說셜고로 나모블휘ᄃᆞ디몯ᄒᆞᄂᆞ니 [illegible]

ㅣ 곧오ᄃᆡ 炭탄이 ᄒᆞᆫ드러 手슈者쟈ㅣ 受슈티 아니ᄒᆞ
다ᄒᆞ니라 못ᄌᆞ오ᄃᆡ 範범ᄉᆞ의 집이 누르ᄃᆞᆯ 을ᄃᆞ ㅣ 石셕
ᄭᅥᆺ회에 ᄉᆞᆺ거 槨곽 밧그메 오니 엇디ᄒᆞ니잇고 곧ᄋᆞ샤ᄃᆡ
ᄒᆡᆼ가티 아니ᄒᆞ다 누른 ᄒᆞᆰ이오라 면 ᄯᅩ 能능히 므를
ᄀᆞ를 ᄃᆞᆫᄒᆞᄂᆞ니라 ᄯᅩ 못ᄌᆞ오ᄃᆡ 古고人ᅀᅵᆫ 이 瀝력靑쳥을
ᄡᅳ니 젹권 地디의 氣긔과 蒸증熱열ᄒᆞ면 瀝력靑쳥이 ᄂᆞ가
棺관이 기우러 ᄇᆡ디 ... 므르 便편당티 아닐가
ᄒᆞ뇌이다 곧ᄋᆞ샤ᄃᆡ 일 ᄌᆞ 親친히 瀝력靑쳥 ᄡᅳᆷ ᄂᆞᆫ 害해
ᄅᆞᆯ 보ᄃᆡ 몯ᄒᆞ엿거니와 다만 書셔傳뎐 間간의 만히 ᄡᅳᆫ 者
쟈를 닐러시니 엇디 ᄒᆞ논디 아디 몯ᄒᆞ리로다 ○ 禮례에 ᄂᆡᆼ

광中듕애牲싱體톄의뉴ᄅᆞᆯᄡᅡ라ᄒᆞ여시니오라면반ᄃᆞ
시潰궤爛란ᄒᆞ여믄득蟲튱蟻의ᄅᆞᆯ引인ᄒᆞᆯ리라ᄇᆡ곰ᄂᆞᆫ
망者쟈ᄅᆞᆯ爲위ᄒᆞ야久구遠원을념慮녀ᄒᆞᄂᆞᆫ배아니라
古고人인이擴광中듕의物믈두기ᄅᆞᆯ甚심히만케ᄒᆞ나
날로ᄡᅧ보건대ᄂᆞᆫ禮녜文문ᄠᅳ디크게ᄭᅳᆫ則즉患환을
막ᄂᆞᆫᄠᅳ디도로혀不블足죡ᄒᆞ니要요구컨대ᄂᆞᆫ다ᄒᆞ야
당히久구遠원을防방비ᄒᆞ며념慮녀ᄒᆞ여홈으로ᄒᆞ여
솔히親친케말올ᄯᆞᄅᆞᆷ이오그디ᄅᆞᆫ禮녜文문은다可가
히덜거시니라但단古고者자애棺관애몸바디아니ᄒᆞ며
漆칠포브티ᄅᆞᆯᄡᅳ디아니ᄒᆞ니이제灰회와漆칠이이긔

두ㅣ쏜견竅규믈ᄒᆞ이ᄂᆞ모ᄒᆡᄂᆞ조스로가얌이ᄃᆞ더가ᄂᆡ
됴잇디ᄒᆞ믈며ᄒᆞ여곰골과ᄀᆞᆺ칠을아니ᄒᆞ의다마ᄂᆞᆫ
行ᄒᆡᆼ티몯ᄒᆞ얼거ᄉᆞㅣ니라○楊양氏시饅복이골오ᄃᆡ疮ᄂᆞ
生ᄉᆡᆼ이廖료子ᄌᆞ晦회를答답ᄒᆞ여골오ᄃᆡ뒤돌런비葬
장法법을後후제講강논ᄒᆞ여궁究구ᄒᆞ니ᄎᆞ목槨곽이
며瀝력青청이ᄯᅩ無무益익ᄒᆞ오ᄃᆞᆺᄒᆞ디라다만굳미티ᄂᆞᆫ
져炭탄ᄀᆞᆯ놀ᄭᅡ라다ᄋᆞ기롤두텁호치맛ᄀᆞᆺ고그우희
곳모래와灰회룰섯고네겨뒤곳炭탄곤ᄒᆞᆫ배셔ᄀᆞᆺ두티
호치맛ᄀᆞᆺᄒᆞ야아래로몬져긴바와뎡브러서ᄅᆞ다게ᄒᆞ
야다아셔임의平평ᄒᆞᆫ後후에石셕槨곽을ᄒᆞ고우희ᄒᆞᆫ면

卷之五 二十六

계의 쟝
병은 혐호
憲헌이니
春주 슌옥
호신사룸
이라

호고 비겨티 또 三삼物믈 루리홈을 前[illegible] 호고 擣[illegible]
미티며 밋 棺관 네 겻티며 上샹面면에다 시 모래와 灰회
를 ᄲᅧ메 우고 도 흙을 기드려 蓋개로 덥고 다시 모래와 灰
회롤 펴고 炭탄 골ᄂᆞᆯ 그우희 더은 後후애 흙으로 ᄡᅧ다아
구데 ᄎᆞ게 ᄒᆞ여 그 칠 더니 蓋개 紗사와 灰회 ᄡᅥ곰 [illegible]
의 조음 티 ᄂᆞᆫ 디라 더 옥 구 덥으미 더 옥 도 ᄒᆞ니 라 려 조음
쉬 일즉 籍적 溪계 先션生ᄉᆡᆼ을 보[illegible] 일즉 灰회
물 ᄡᅥ 葬쟝ᄒᆞᆫ 者자를 보앗더니 後후에 遷쳔葬쟝ᄒᆞᆫ[illegible]
인ᄒᆞ여 곰 灰회로 [illegible] 되 었더라
탄 곰 [illegible] 니 르 ᄂᆞᆫ 者[illegible]

초뎍부ᄇᆞᆫ 셕각ᄊᆞ히 뎍아ᄂᆞᄒᆞ 라라

ᅀᆞ본여某 그官관상 여셜요ᄌᆞ

죠을ᄃᆡ게ᄒᆞ오미니任ᄒᆞ므올사ᄅᆞᆷ의改ᄀᆡ葬장ᄒᆞ올졔親친
ᄒᆡ뵘ᄇᆡᄅᆞᆯ故고로ᄆᆡᄒᆡ야곰당常샹모레와交ᄒᆞᆫ벗
괴인게ᄒᆞ여四ᄉᆞ面면이周쥬密밀ᄒᆞ야다어우론틈이
업게ᄒᆞ여사그런後후의可가히ᄲᅢ구드리니라다만法
법가온대石셕槨곽ᄡᅳ믈許허티아니ᄒᆞ니그런故고로
이예敢감히온들흘ᄡᅳ디몰ᄒᆞᆯ디라오직두어片편으로
ᄲᅢ어오러일우도거의法법ᄯᅳᆮ의셔어긔디아니ᄒᆞ니라
刻각誌지石셕略략ᄒᆞ○誌지石셕을刻각ᄒᆞ라
돌二이片편을ᄡᅥ그ᄒᆞ나ᄒᆞᆫ두에ᄒᆞ야刻각ᄒᆞ야닐오ᄃᆡ某
모官관某모公공의墓모ㅣ라ᄒᆞ고ᄡᅥ숄곧업거든그字ᄌᆞ

會이卒ㅣ 몃다

氏시不부 휘당ᄒᆞ이 某모조인 노라ᄒᆞ노 附

를써골오ᄃᆡ某모君군某모甫보ㅣ라ᄒᆞ라고호나ᄒᆞᄂᆞ니돌
ᄒᆞ야刻각ᄒᆞ야닐오ᄃᆡ某모官관某모公공의諱휘ᄂᆞᆫ某모
ㅣ오字ᄌᆞᄂᆞᆫ某모ㅣ오某모州쥬某모縣현사ᄅᆞᆷ이니考고
의諱휘ᄂᆞᆫ某모ㅣ니某모官관이오母모氏시ᄂᆞᆫ某모封봉
이오某모年년月월日일에生ᄉᆡᆼᄒᆞ다ᄒᆞ고디낸벼슬遷쳔
次ᄎᆞᄂᆞᆯ펴고某모年년月월日일의죽거ᄂᆞᆯ某모年년月월
日일에某모鄕향某모里리某모處쳐의葬장ᄒᆞ다ᄒᆞ고某
모氏시를娶취ᄒᆞ니某모人인의女녀ㅣ오子ᄌᆞㅣ男남몃
모ᄂᆞᆫ某모官관이오女녀ᄂᆞᆫ某모官관某모人인의게適뎍
ᄒᆞ엿다ᄒᆞ라婦부人인이夫부ㅣ잇거든두에예닐그ᄃᆡ某

모官관姓셩名명某모封봉某모氏시의墓묘ㅣ라ᄒᆞ고無
무封봉ᄒᆞᆫ거든닐오ᄃᆡ妻쳐ㅣ라ᄒᆞ고夫부ㅣ無무官관ᄒᆞᆫ
거든夫부의姓셩名명을ᄡᅳ라夫부ㅣ주것거든닐오ᄃᆡ某
모官관某모公공某모封봉某모氏시라ᄒᆞ고夫부ㅣ無무
官관ᄒᆞᆫ거든닐오ᄃᆡ某모君군某모甫보의妻쳐某모氏시
라ᄒᆞ고그믿티ᄯᅩ나히아므만이오某모氏시의계適뎍ᄒᆞᆫ
여夫부ㅣ나子ᄌᆞㅣ나因인ᄒᆞ야封봉號호ᄒᆞᆫ날인줄을ᄡᅳ고
업거든말라葬장ᄒᆞᆫ날의二이石셕으로ᄡᅥ字ᄌᆞ面면이
서루向향케ᄒᆞ야쇠밋기로ᄡᅥ뭇거壙광앏피무두되ᄯᅡ우
히갓가이ᄒᆞ믈서너자수이만ᄒᆞᆯ디니盖개다ᄅᆞᆫ時시절의

陵능谷곡이變변遷쳔ᄒᆞ거나或혹그르사ᄅᆞᆷ의動동ᄒᆞ배 되여셔이돌히몬져뵈면사ᄅᆞᆷ이그姓셩名명을알者쟈ㅣ 거의能능히爲위ᄒᆞ야더브리이실가혜아린거시라

造조明명器긔와○明명器긔와 남글사겨술의며돌이며그從종이며侍시女녀ᄅᆞᆯ밍그라 各각각奉봉養양ᄒᆞᆯ거ᄉᆞᆯ자바사라실저글象샹ᄒᆞ되작게 ᄒᆞ라准쥰令령컨댄五오品품六뉵品품은셜흔이오칠 品품八팔品품은스믈히오朝됴官관의오ᄅᆞ디아니면열 다ᄉᆞ출ᄒᆞ게ᄒᆞ엿ᄂᆞ니라

下하帳댱과○下하帳댱과

겨ᄅᆡ히오
의니편명
ᄒᆡ라

날온祥상이너陳딘ᄒᆞ이어오ᄅᆞ며둣기ᄂᆞ며교嬌의며ᄐᆞᆯ탁ᄒᆞ
ᄉᆞ類류ㅣ나任임샤라일커ᄅᆞᆯ家가상ᄒᆞ오디쟝비ᄒᆞ나니

苞포와○苞포와

대로겨ᄅᆞᆫ것ᄒᆞᆫ나히니遣견奠뎐의나묘脯포육을담ᄂᆞᆫ
거시라

劉류氏시璋장이ᄀᆞᆯ오ᄃᆡ旣긔夕셕禮례애苞포ᄂᆞᆯᄒᆞ되
奠뎐앳ᄭᅩᆯ양豕시의고기ᄅᆞᆯ싼ᄂᆞᆫ배라ᄒᆞ고註주애닐오ᄃᆡ
便편易이ᄒᆞ오者자ᄅᆞᆯ뱜이라ᄒᆞ니날근ᄠᅥᆨ기리뱜이어려
올시셕ᄒᆞᆫ길裁재取취ᄒᆞ여호놀히ᄋᆞᆫ그미라

筲소와○筲소와

약、은글ᄂᆞ
ᄂᆞᆯ의둠가
내미라

대그릇다ᄉᆞ시니뼈五오穀곡을담ᄂᆞᆫ거시라

司ᄉᆞ馬마溫온公공이골오뒤이제다만자근甕옹대로

뼈五오穀곡各각각닷되롤다ᄆᆞ미可가ᄒᆞ니라○劉뉴氏

시璋장이골오뒤既긔夕석禮례애筲쇼세히容용입이

簋게로더브러ᄁᆞ투니黍셔와稷직과麥ᄆᆡᆨ을담ᄂᆞ니그

實실을다瀹약ᄒᆞ라ᄒᆞᆫ注주애ᄂᆞᆯ오뒤다湯탕슈로ᄲᅢ두

무기ᄂᆞᆫ神신의享향ᄒᆞᄂᆞᆫ배라食식道도롤ᄡᅳ디아니홈

은뼈공敬경ᄒᆞᄂᆞᆫ배니라

罌잉과○罌잉과

罌不器긔로ᄒᆞᆫ거시세히니뼈술이며초며젓술담ᄂᆞᆫ거시

라○司ᄉᆞ馬마溫온公공이ᄀᆞᆯ오ᄃᆡ明명器긔로브터ᄡᅥ아

래ᄂᆞᆫ흙다ᄋᆞ기ᄅᆞᆯ꾸반의미ᄎᆞᆯ기들위이에그ᄁ의便편

房방을파서ᄲᅢ간슈ᄒᆞ라○按안ᄒᆞ노니이비록녯사ᄅᆞᆷ의그

어버이ᄅᆞᆯᄎᆞ마죽근가아니ᄒᆞᄂᆞᆫᄯᅳ디나그리나實실로ᄡᅳᆯ

뒤잇ᄂᆞᆫ거시아니오ᄯᅩ脯포肉육은ᄡᅥ거벌리나며개야미

모ᄃᆞᆯ거시니더옥非비便편ᄒᆞ니비록ᄡᅳ디아니ᄒᆞ야도ᄃᆡ

가ᄒᆞ니라

大대轝여와○大대轝여와

녯柳뉴車거ㅅ制졔되甚심히ᄌᆞ세ᄒᆞ나이제ᄂᆞᆫ能능히그

리티몯ᄒᆞ니다만俗쇽을조차민그라그窣뇌圅고ᄒᆞ고平

복슈슌문
태라

평穩온호믈取취홀作구미라그法법이두長댱紅강을버
셔당紅강呆희伏복兔토ᄅᆞᆯ加가ᄒᆞ고댱紅강브튼고뒤두
렷ᄒᆞ구무ᄅᆞᆯ밍ᄀᆞᆯ고각별히小쇼方방床상을밍ᄀᆞ라버관
을ᄊᆡ게ᄒᆞ고발노뀌두치오겨티兩냥柱쥬ᄅᆞᆯ세고柱쥬밧
긔두렷ᄒᆞ효댱을ᄒᆞ야히여곰됴구무가온되드레기리그
밧ᄭᅴ내돈게ᄒᆞ오뎌효댱과구무ᄉᆞ이ᄅᆞᆯ極극ᄒᆞᆫ圓원滑활케
ᄒᆞ야기름으로버블라히여곰그오루누릴제관이댱常샹
平평ᄒᆞ엿게ᄒᆞ고兩냥柱쥬읏녀마ᄌᆞ다시方방ᄒᆞ고구무ᄒᆞ
야ᄀᆞ로ᄢᅦ드리고ᄢᅦ두큰뒤柱쥬밧긔내두로뒤다시쟈근
ᄢᅦᄅᆞᆯ박고댱紅강두머리에横횡紅강을드리고横횡紅강

言솔명은 됴명이라

우희短단杠강을드리고短단杠강우희或혹다시小쇼杠
강을박고인ᄒᆞ야새숙麻마大대索삭을맛ᄋᆡ밍ᄀᆞ라ᄇᆡ얼
거ᄉᆞᆼ이믈예備비ᄒᆞ라이다切졀要요ᄒᆞᆫ實실用용에기시
니가히闕궐티몯ᄒᆞᆯ거시라다만이制졔도ᄀᆞ티ᄒᆞ고구ᄋᆞᆫ
의로ᄇᆡ板판을더ᄑᆞ미ᄯᅩ足족히ᄇᆡ저기道도路로의ᄇᆞᆺ나
게ᄒᆞ리라或혹다시ᄉᆞ마기로ᄆᆡ더으고쟈ᄒᆞ거든대로ᄭᅢ搭
격을밍ᄀᆞ라綵채로ᄡᅵ미자셔우희撮촬蕉초亭뎡ᄀᆞ티ᄒᆞ
고帷유幔만을두로고네ᄉᆡᆯ의流류蘇소미ᄌᆞᆸ을드리울ᄯᅵᆫ
쿠미라그러나ᄯᅩ可가히너모놉게말디니거릴티만ᄒᆞᆯ가
저프니구티여너모빈나게ᄒᆞ야ᄒᆞ오갓보기예됴케말라만

황은虛뎐
이라、
연평의、
명은뜻、
侗통이니
수조ᄉᆞ등
이라

일골히멀면決결연히이런虛허飾식을호미可가티아니
ᄒᆞ니다만油유單단을만히ᄲᅧ관을ᄲᅡ셔ᄲᅧ雨우水슈를마
글ᄯᆞ름미라
朱쥬子ᄌᆞㅣ끔ᄋᆞ샤ᄃᆡ내뎨先션人인을爲위ᄒᆞ여棺관
을飾식ᄒᆞ되制졔度도를상考고ᄒᆞ여帷유幌황을밍그
니延연平평先션生ᄉᆡᆼ이ᄇᆡ곰不불切졀타ᄒᆞ더시니이
제禮례文문이繁번多다ᄒᆞ은ᄃᆞᆺᄒᆞ여사ᄅᆞᆷ으로ᄒᆞ여곰行
함호미어려오니後후에聖셩인이닐어나리이시면반
두시이에裁지졔ᄒᆞ여더러사보아호로비로소行ᄒᆡᆼᄒᆞ
리니라

翣삽라ᄒᆞᆫ○翣삽션은畵화라

남그로ᄲᅧ틀을밍ᄀᆞ라扇션ᄌᆞ고ᄅᆞ두되반독게ᄒᆞ고두실이놉게ᄒᆞ고너븨두자히오노퓌두자네치니白ᄇᆡᆨ布포로ᄡᅢ니피고ᄌᆞᄅᆞ길의다ᄉᆞᆺ자히라黼보翣삽의黼보ᄅᆞᆯ그리고黻블翣삽의黻블을그리고畵화翣삽의雲운氣긔ᄅᆞᆯ그리되그ᄀᆞ의란다雲운氣긔ᄅᆞᆯᄒᆞ고다紫ᄌᆞ식으로ᄡᅦ그려格격식의곤게ᄒᆞ라

作작主쥬라ᄒᆞᆫ○신主쥬ᄅᆞᆯ밍ᄀᆞᆯ라

程뎡子ᄌᆞㅣᄀᆞᆯᄋᆞ샤ᄃᆡ신主쥬밍ᄀᆞ기를밤남글ᄡᅥ趺부ㅣ方방네치오두틔치두푼이니파셔미톄ᄉᆞ못게ᄒᆞ여ᄇᆞᆨ

신主쥬몸을들게ᄒᆞ고몸노ᄑᆡ자두치오너비세치오두퇴
치두푼이니운을다ᄉᆞᆺ푼을갓가두렷게머리를ᄒᆞ고ᄒᆞᆫ치
아래압흘사겨톡을밍글고깨혀네푼이압피잇고八팔分
분이뒤헤잇게ᄒᆞ고톡아래陷함中듕은기리여ᄉᆞᆺ치오너
븨ᄒᆞᆫ치오기픠네푼을ᄒᆞ고마초와趺부의퇴혀셔우아래
끼조통케ᄒᆞ고그것틀구무뚤워ᄡᅥ中듕을通통케ᄒᆞ되圓
원徑경이너푼이오세치엳푼아래잇게ᄒᆞ니아래로趺부
面면의샹ᄃᆞ거ㅣ닐곱치두푼이라粉분으로ᄡᅥ그前젼面
피을부르라○司ᄉᆞ馬마温온公공이골오ᄃᆡ府부君군과
夫부人인을다ᄒᆞᆫ櫝독의ᄒᆞ라○按안ᄒᆞ니뵛虞우제신主

쥬ᄂᆞᆫ ᄲᅩᆼ남그로ᄡᅥᆺ다가 장ᄎᆞᆺ練련ᄒᆞᆫ後후에야 밤남그로ᄡᅥ
밧고더니 이제 여긔 믄득 밤남오신主쥬를 밍ᄀᆞᆯ아 벼簡간
便편ᄒᆞ오믈 좃ᄎᆞ로라 或혹 밤나모 곳 업거든 다만 남긔 구드니
로ᄡᅳ라 櫝독ᄋᆞᆫ 거모 柒칠을ᄡᅳ고 안ᄌᆞᆨᄒᆞᆫ主쥬만 容용납
ᄒᆞ게ᄒᆞ엿다가 夫부쳐ㅣ 다 祠ᄉᆞ堂당의 들게야 이에 司ᄉᆞ
馬마氏시의 制제도ᄀᆞᆺ게ᄒᆞ라

程뎡子ᄌᆞㅣ ᄀᆞᆯᄋᆞ샤ᄃᆡ 庶셔母모ᄅᆞᆯ ᄯᅩᄒᆞᆫ 맛당히 신主쥬
ᄅᆞᆯ 밍ᄀᆞᆯ거시어니와 다만 可가히 가廟묘애 드리디 몯ᄒᆞ
리라 子ᄌᆞㅣ 맛당히 私ᄉᆞ室실애 졔祀ᄉᆞᄒᆞᆯ디니라 신主
쥬 制졔度도ᄂᆞᆫ ᄒᆞᆫ가지니 蓋개 法법象샹이 인ᄂᆞᆫ디라 可

가히더디몯ᄒᆞᆯ거시니더뎐則즉이디몯ᄒᆞ리니라○
孝효子ᄌᆞㅣ골ᄋᆞ샤ᄃᆡ伊이川쳔이制졔ᄒᆞ시되士ᄉᆞ庶
셔ᄂᆞᆫ신主쥬ᄅᆞᆯᄡᅳ디아니ᄒᆞ고오직牌패子ᄌᆞᄅᆞᆯᄡᅳᆯ거시
라ᄒᆞ시니보건댄牌패子ᄌᆞᄅᆞᆯ맛당히古고制졔ᄀᆞᆫ티ᄒᆞᆯ
거시어니와오직두片편을서르合합ᄒᆞ며믿그텨구
모ᄠᅳ러ᄡᅧ곰中듕을通통티말올디니라ᄯᅩᄒᆞᆫ今금人인
이벼솔몯ᄒᆞ야실제다만牌패子ᄌᆞᄅᆞᆯᄡᅳ다가任임ᄒᆞᆫ後
후의니루러中듕간의밧고디몯ᄒᆞᆯ거시라만일이士ᄉᆞ
人인이면오직신主쥬ᄅᆞᆯᄡᅳᆯ디라도ᄯᅩᄒᆞᆫᄅᆞᆫ취ᄂᆞ害해업
ᄂᆞ니라신主쥬式식은곧伊이川쳔先션生ᄉᆡᆼ의ᄆᆡᆼ

두신배라처음의朝됴廷뎡의立닙法법이아니니진실
로버슴品픔의限ᄒᆞᆫ이업ᄉᆞ니萬만一일근년이나
슴이업슴더라도ᄯᅩᄒᆞᆫ근득발표기어려오니다만이를
너워핫당히밍그디아닐디니라牌패子ᄌᆞ는ᄯᅩᄒᆞᆫ定뎡
ᄒᆞᆫ制졔되업ᄉᆞ니그으기뜻ᄒᆞ건대는ᄯᅩᄒᆞᆫ모로미신主
쥬의大대小쇼高고下하ᄀᆞᆺ티ᄒᆞᆯ거시어니와다만ᄲᅢ혀
合합ᄒᆞ며陷함中듕을ᄒᆞ디아니호미뎌가ᄒᆞ니라믈읫
이거시다이後후賢현의義의起긔ᄒᆞᆫ制졔되어놉이제
다시ᄯᅳ두로ᄲᅥ斟짐酌작ᄒᆞ니녯禮녜애상考고ᄒᆞᆷ이잇
디아니ᄒᆞ니라이제伊이川쳔의신主쥬규式식을詳상

칭ᄒᆞ니屬쇽稱칭을쓰ᄂᆞᆫ本본註주애屬쇽은닐온高고
조曾증조와祖조조와考고ㅣ오稱칭은닐온벼ᄉᆞᆯ이오或
혹號호와行항이니處쳐士ᄉᆞㅣ며秀슈才ᄌᆡ며현재郞
낭이며현재公공이라ᄒᆞ옴ᄀᆞᄐᆞᆫ類뉴ㅣ라ᄒᆞ니이ᄀᆞᄐᆞᆫ則
즉士ᄉᆞ庶셔ㅣ可가히通통用용ᄒᆞ리로다周쥬尺쳑이
省셩尺쳑을當당ᄒᆞ옴애七칠寸촌五오分분이모ᄎᆞᆷᄒᆞ거
ᄂᆞᆯ程뎡集집과書셔儀의애그릇五오寸촌五오分분이
모[illegible]타註주나녀시니溫온公공의圖도애ᄡᅥ곰닐오ᄃᆡ
三삼司ᄉᆞ애布포帛ᄇᆡᆨ尺쳑은곧省셩尺쳑이라ᄒᆞ고[illegible]
뎡沙사隨슈의자ᄒᆞ고곧布포帛ᄇᆡᆨ尺쳑이니[illegible]

ᄂᆞᆫ ᄒᆞ시
諸이라
셩놉ᄂᆞᆫ
침시이ᄂᆞᆫ
미리

쳑오로버혀布포帛ᄇᆡᆨ尺쳑애마초견ᄃᆡ노正졍히이七칠ᄂᆞᆫ

寸촌五오分분모촘ᄒᆞ요디라그러나聲셩律뉼高고下하

의그루미잇디아니ᄒᆞ니ᄯᅩᄒᆞᆫ반ᄃᆞ시屑셜屑셜히아닐

거시라ᄒᆞᆫ글월을어더의據거ᄉᆞ모미足족ᄒᆞ니리

家禮諺解卷之八

[illegible]卷之八

喪상禮녜四ᄉᆞ

遷쳔柩구 朝됴祖조 奠뎐 賻부 陳딘器긔 祖조奠뎐

發발引인前젼一일日일에因인朝됴奠뎐ᄒᆞ야以이遷쳔柩구로告고라ᄒᆞ○發발引인前젼一일日일에朝됴奠뎐을因인ᄒᆞ야遷쳔柩구ᄒᆞ오모로ᄡᅥ告고ᄒᆞ라

設셜饌찬ᄒᆞ믈朝됴奠뎐ᄀᆞ티ᄒᆞ고祝츅이술븟기ᄆᆞᆺ고北북面면ᄒᆞ야ᄭᅮ러告고ᄒᆞ야ᄀᆞᆯ오ᄃᆡ수금以이吉길辰신에遷쳔柩구敢감告고ᄒᆞ노라ᄒᆞ고 업데고닐거든主주人인以이

下하ㅣ哭곡ᄒᆞ믈盡진哀애ᄒᆞ고拜ᄇᆡᄒᆞ리蓋개녜ᄂᆞᆫ
啓계殯빈ᄒᆞᄂᆞᆫ奠뎐이잇더니이제ᄂᆞᆫ임의殯빈소ᄅᆞᆯᄒᆞ여ᄇᆞ
ᄅᆞ디아니ᄒᆞᆫ則즉그禮녜ᄡᅳᆯ디업소ᄃᆡ또可가히아조節졀
文문이업디몯ᄒᆞᆯ거시모로이禮녜ᄅᆞᆯᄒᆞ니라

楊양氏시復부ㅣᄀᆞᆯ오ᄃᆡ녯禮녜애啓계殯빈ᄒᆞ므로브
터卒졸哭곡애니르러다시두번變변服복ᄒᆞᄂᆞᆫ節졀목
이이시니啓계殯빈애斬참衰최ᄒᆞᆫ男남子ᄌᆞᄂᆞᆫ髮발을
括괄ᄒᆞ고婦부人인은髽좌ᄒᆞ니蓋개小쇼斂렴애括괄
髮발ᄒᆞ며髽좌ᄒᆞ니이제啓계殯빈ᄃᆡ또ᄒᆞᆫ尸시柩구
ᄅᆞᆯ보ᄂᆞᆫ故고로變변복ᄒᆞ미小쇼斂렴節졀목과ᄀᆞᆺ투니이

샹포건은 계ㅣ슈포제도ㅣ라 박은비리털을슈렴ᄒᆞ미라

ᄒᆞᆫ節졀목이라이제임의殯빈을ᄒᆞᆫ부루디아닌ᄂᆞᆫ디라
곧또ᄒᆞᆫ啓계티아니니비록變변服복디아니ᄒᆞᆯ디라도
可가ᄒᆞ니라古고禮녜애啓계殯빈ᄒᆞᆫ後후애斬참衰최
ᄒᆞᆫ男남子ᄌᆞㅣ免문ᄒᆞ고虞우졔와卒졸哭곡애니르러
다免문ᄒᆞ니이또ᄒᆞᆫ節졀목이라開ᄀᆡ元원禮녜애主쥬
人인과밋諸졔子ᄌᆞㅣ다冠관과絰질을업시ᄒᆞ고邪샤
布포巾건으로ᄲᅥ머리예帕박ᄒᆞ라ᄒᆞ니또ᄒᆞᆫ녯ᄠᅳ들의
放방ᄒᆞ야거ᄂᆞᆯ家가禮녜애이제다ᄡᅳ디아니ᄒᆞ믄엇디
오직ᄉᆞ馬마公공이ᄀᆞᆯ오ᄃᆡ啓계殯빈으로브터卒졸哭
곡애니르히日일數수ㅣ甚심히만ᄒᆞ니만일五오服복

읫親친으로ᄒᆡ여곰다冠관티아니ᄒᆞ고袒단ᄒᆞ며免문

ᄒᆞ면적컨댄그俗쇽을롤래가ᄒᆞᆫ故고로다만各각그

服복을니블作룸이니라

奉봉柩구ᄒᆞ야朝됴于우祖조라ᄒᆞ○柩구를뫼와祖조의朝됴ᄒᆞ

라

장交遷쳔柩구ᄒᆞᆯ제役역者자ㅣ들거든婦부人인이클너

避피ᄒᆞ라主쥬人인과밋모도主쥬人인이샹杖댱을거두

어들고셔셔보거든祝츅이箱샹ᄌᆞ로베魂혼帛빅을뫼와

압피行ᄒᆡᆼᄒᆞ야祠ᄉᆞ堂당압피나아가거든執집事ᄉᆞ者자

ㅣ奠뎐과밋교倚의와卓탁ᄌᆞ를받ᄃᆞ리버거셔고請쳥殯

졍기버거셔고僕역者자ㅣ柩구를들어버거셔거든主쥬人인以이下하ㅣ조차가며哭곡ᄒᆞ되男남子ᄌᆞᄂᆞᆫ右우로由유ᄒᆞ고婦부人인은左좌로由유ᄒᆞ며重즁服복은압ᄒᆡ잇고輕경服복은뒤헤이셔服복으로各각ᄎᆞ례ᄒᆞ고侍시者자ᄂᆞᆫ근티잇고服복업ᄉᆞᆫ친당은男남은男남ᄌᆞ우에잇고女녀ᄂᆞᆫ女녀左좌의이셔다主쥬人인主쥬婦부의뒤헤버거셔고婦부人인은다녀ᄅᆞᆯᄯᆞ라祠ᄉᆞ堂당압ᄒᆡ니르리執집事ᄉᆞ者자ㅣ몬져ᄌᆞ글가라든後역者자ㅣ柩구를그우회닐위여北북으로머리ᄒᆞ고나오나든婦부人인이ᄃᆞ[illegible]버ᄉᆞ라祝츅이執집事ᄉᆞ者자를거ᄂᆞ려靈령座좌와

밋奠뎐을柩구西셔의設셜ᄒᆞ야東동向향ᄒᆞ야든主쥬人
인以이下하ㅣ位위예나아가셔哭곡ᄒᆞ믈盡진哀이ᄒᆞ
고그치라이禮녜ᄂᆞᆫ蓋개사라실제장ᄎᆞᆺ나갈제반ᄃᆞ시尊
존者쟈의게하딕ᄒᆞ믈象샹ᄒᆞ미시라

楊양氏시復복이골오ᄃᆡ儀의禮녜를按안ᄒᆞ니祖조애
朝됴ᄒᆞ고柩구를正졍ᄒᆞᆫ後후애遂슈인과匠쟝인이비
로소柩구시를車거를썸수이예드리니곳家가禮녜애
닐온바大대轝여ㅣ라보야ᄒᆞ오로그祖조애朝됴ᄒᆞᆯ時시
애또각別별히輁공軸튝을두라ᄒᆞᆫ註주애닐오ᄃᆡ輁공
軸튝은形형狀상이長댱牀상ᄀᆞᆺ다ᄒᆞ니그輁공이形형狀샹

슈인은목
쟈간ᄒᆞᄂᆞᆫ
쥬ᄒᆞᄂᆞ니
고
장인은관
ᄆᆞᆫ기와믓
가ᄆᆞᆯᄒᆞ
ᄂᆞᆫ이라

이長댱樣샹ᄀᆞᆺ트則즉계요可가히棺관을바다軸튝으
로배구울니고사ᄅᆞᆷ으로배도온故고로시러곰배祖조
애朝됴ᄒᆞᄂᆞᆫ디라임의柩구를正졍ᄒᆞᆫ則즉夷이樣샹을
쓰니蓋개祖조애朝됴ᄒᆞᆯ時시애柩구를載ᄌᆡᄒᆞᆫ則즉輴
공輴튝이잇고柩구를正졍ᄒᆞᆫ則즉夷이樣샹이잇더니
後후世세애다업시ᄒᆞ니이제다만役역者쟈로ᄒᆡ여곰
柩구를드ᄂᆞᆫ디라柩구ㅣ임의重듕大대ᄒᆞ니엇디可가
히들리오직컨대ᄂᆞᆫ삼가며重듕히ᄒᆞᄂᆞᆫ배디아니라만
일다만魂혼帛ᄇᆡᆨ이祖조애朝됴ᄒᆞᆯ디라도伭柩구를
遣견奠뎐ᄒᆞ여祖조애朝됴ᄒᆞᄂᆞᆫ本본ᄠᅳ돌일ᄒᆞ니저컨대ᄂᆞᆫ

맛당히儀의禮녜를조차각別별히輯공軸튝을밍그라
배祖조애朝됴호야祠ᄉ堂당아퀴니르러柩구正졍호
믈夷이牀상을배셔北븍으로마리두고祝츅이執집事
ᄉ를거ᄂ려靈령座좌와밋奠뎐을柩구西셔에비設셜
호되東동向향호야든主쥬人인以이下하ㅣ位위예나
아가쉬여哭곡호야盡진哀ᄋᆡ호고止지홀시실가호노
라○輯즙은斂념호미니드러배곰伶해挂규티아니을
닐오미라○旣긔夕셕禮녜애祖조애遷쳔호야柩구를
兩냥楹영ᄉ이예正졍호고席셕을升승호야柩구西셔
의셜고奠뎐設셜호믈치압구티호라호고註주애奠뎐設

[illegible]명동ㅣ 아니다ᄎ 은팔의갓 [illegible]이실뎐 [illegible]티머라

실호믈初초ㅅ다호믄東동으로面면호미라柩구애統
통티아니홈은神신이西서로面면티아니미오柩구東
동애비設셜아니홈은東동녁키神신位위아니미니라
遂슈遷쳔于우廳텽事ᄉ라ᄒ〇드듸여廳텽事ᄉ의옴기라
執집事ᄉ者쟈ㅣ廳텽事ᄉ의당을設셜ᄒ고役역者쟈ㅣ
드러오나든婦부人인이믈러避피ᄒ라祝츅이魂혼帛백
을뫼와柩구를인道도ᄒ야右우로돌거든主쥬人인以이
下하男남女녀ㅣ울고조차오가롤前전기티ᄒ야廳텽事
ᄉ의나아가執집事ᄉ者쟈ㅣ돗글仰라든役역者쟈ㅣ柩
구를돗우희ᄒ호南남首슈ᄒ고나오나든祝츅이靈녕座

좌와 밋 奠뎐을 柩구 앏ᄑᆡ 設셜ᄒᆞ야 南남向향ᄒᆞ라 主쥬人

인 以이下하ㅣ 位위예 나아와 안자셔 울고 薦쳔席셕으로

ᄡᅥ 얼라

乃내代ᄃᆡ 哭곡ᄒᆞ라 ○ 이에 교代ᄃᆡᄒᆞ여 哭곡ᄒᆞ라

대斂렴 아닌 前젼 ᄀᆞ티ᄒᆞ야 ᄢᅢ 發발리 안의 나르히 ᄒᆞ라

親친賓빈이 致티奠뎐賻부라ᄒᆞ ○ 권당이며 손이 致티奠뎐ᄒᆞ

며 티賻부ᄒᆞ라

初초喪상국녜 ᄀᆞ티ᄒᆞ라

陳딘器긔라ᄒᆞ ○ 器긔구ᄅᆞᆯ 陳딘ᄒᆞ라

方방相상시 압피이시니 미친ᄃᆞᆯ로ᄒᆞ고 冠관服복을 道

두ᄂᆞᆫ 소 ᄀᆞ티ᄒᆞ고 幌황을 ᄉᆞᆸ고 방패ᄅᆞᆯ 두르라 四ᄉᆞ品품 以이
上상은 네 눈이니 方방相상이라 ᄒᆞ고 以이下하ᄂᆞᆫ 두 눈이
니 魌긔頭두ㅣ라 ᄒᆞᄂᆞ니라 버거ᄂᆞᆫ 明명器긔와 下하帳댱
과 苞포와 筲쇼와 罌ᄋᆡᆼ을 牀상으로 ᄡᅥ 메고 버거ᄂᆞᆫ 銘명旌
졍을 ᄆᆞᆯ 업시 코 잡고 버거ᄂᆞᆫ 靈령車거ㅣ니 ᄡᅥ 魂혼帛ᄇᆡᆨ이
며 香향火화ᄅᆞᆯ 奉봉ᄒᆞ고 버거ᄂᆞᆫ 大대轝여ㅣ니 대轝여 겨
틔 翣삽 션이 이시니 사ᄅᆞᆷ으로 ᄒᆞ여 자피라

劉류氏시 璋쟝이 ᄀᆞᆯ오ᄃᆡ 司ᄉᆞ馬마 溫온公공 喪상禮녜
陳딘器긔과 篇편 內ᄂᆡ예 下하帳댱 아래 ᄀᆞᆯ온 上상服복 三
이 字ᄌᆞㅣ 이시니 註주예 닐오ᄃᆡ 벼슬이 이신 則즉 公공

服복과靴화와笏홀과幞복頭두ㅣ오며술이업손則즉

襴난衫삼과鞋혜와履니의類뉴ㅣ라ᄒᆞ고任大대擧여

겨튀翣삽션을두되貴귀ᄒᆞ며賤쳔호이數수ㅣ잇고庶

셔人인ᄂᆞᆫ업거놀이제書셔애비록일즉載재록디아니

ᄒᆞ나아직이예브터ᄯᅩᄒᆞ오리引인用용홈을ᄀᆞ초로라

日일晡포時시예設셜祖조奠뎐ᄒᆞ라○날이신시ㅣ때예祖조奠

뎐을設셜ᄒᆞ라

饌찬물을朝됴奠뎐ᄀᆞᆺ티ᄒᆞ라祝츅이술붓기ᄆᆞᆺ고北븍向

향ᄒᆞ야ᄭᅮ러告고ᄒᆞ야ᄀᆞᆯ오ᄃᆡ永영遷쳔之지禮례靈령辰

신이不블留류ᄒᆞ니今금奉봉柩구車거ᄒᆞ야式식遵준祖

조道도ㅣ라ᄒᆞ고엽테고닐라녀나븐거ᄉᆞᆫ朝됴夕셕奠뎐

적톄ᄀᆞ투니라○司ᄉᆞ馬마溫온公공이골오ᄃᆡ만일柩구

ㅣ다ᄅᆞᆫᄃᆡ로셔오라와葬장ᄒᆞ거든行ᄒᆡᆼᄒᆞᄂᆞᆫ날다만朝됴

奠뎐을設셜ᄒᆞ고哭곡ᄒᆞ고行ᄒᆡᆼᄒᆞ엿다가葬장ᄒᆞᆯ제니ᄅᆞ

러이와및아래遣견奠뎐禮례ᄅᆞᆯᄀᆞ초라

遣견奠뎐

厥궐明명에遷쳔柩구就츄轝여ᄒᆞ라○그이튼날柩구ᄅᆞᆯ遷쳔

ᄒᆞ야대轝여의나아가라

轝여夫부ㅣ大대轝여ᄅᆞᆯᄯᅴ희드려와帷유우희ᄀᆞ티세빗

셔든執집事ᄉᆞ者쟈ㅣ祖조奠뎐을설고祝츅이北븍向향

ᄒᆞ야ᄭᅮ러告고ᄒᆞ야ᄀᆞᆯ오ᄃᆡ수즉에遷쳔柩구就취轝여ᄒᆞ
니敢감告고ㅣ라ᄒᆞ고드듸여靈령座좌ᄅᆞᆯ옴겨겨티노코
婦부人인이믈러避피ᄒᆞ여든役역夫부ᄅᆞᆯ블러柩구ᄅᆞᆯ옴
겨대轝여의나아와이에실고ᄭᅳᄅᆞ예드려쇠야기박고바
로ᄲᅧ얼거ᄒᆡ여곰極극히牢뢰實실케ᄒᆞ고主쥬人인이柩
구ᄅᆞᆯ조차哭곡ᄒᆞ고ᄂᆞ려산노양보고婦부人인은당소긔
셔哭곡ᄒᆞ라신기ᄅᆞᆯᄆᆞ차든祝츅이執집事ᄉᆞ者쟈ᄅᆞᆯ거ᄂᆞ
려靈령座좌ᄅᆞᆯ柩구압픠옴겨南남向향ᄒᆞ라
司ᄉᆞ馬마溫온公공이ᄀᆞᆯ오ᄃᆡ啓계殯빈ᄒᆞ노나래뵈셕
자ᄒᆞᆫᄭᅡ초되시셔지토다ᄉᆞ린뵈로베ᄒᆞ야祝츅이柩구

믈御어호매이를자비배곰後역者쟈를鞁지麾휘ᄒᆞᄂᆞ

니라○劉뉴氏시璋쟝이ᄀᆞ로ᄃᆡ儀의禮례애닐오ᄃᆡ商

샹祝츅아柩구ᄲᅧᆯ티믈功공布포로배ᄒᆞ고幠무ᄒᆞᄂᆞᆫ使

이衾금으로ᄡᅳ라ᄒᆞ고註주에ᄀᆞᆯ오ᄃᆡ商샹祝츅은祝츅이

商샹祝쥭禮례ᄅᆞᆯ니ᄀᆞᆫ者쟈ㅣ라商샹祝쥭사ᄅᆞᆷ이ᄀᆞᄅᆞ쳐배

곰神신을接졉호매敬경ᄒᆞᄂᆞ니라功공布포ᄂᆞᆫ棺관우희

믈衾올이며ᄒᆞᆫ갈ᄀᆞᆺ빌뎌업시ᄒᆞ고幠무ᄂᆞᆫ덥프미니그얼구

리ᄃᆞ리나믈爲위ᄒᆞᆫ미라使이란말ᄋᆞᆫ尸시산이니使이

衾금은尸시신을덥ᄂᆞ니블이라

乃내設셜遣견奠뎐라ᄒᆞ○이에遣견奠뎐을設셜ᄒᆞ라

饌찬믈을朝됴奠뎐ᄀᆞ티호ᄃᆡ脯포ㅣ잇고오직婦부人인
은잇디발라奠뎐을ᄆᆞ차ᄂᆞᆫ執집事ᄉᆞ者쟈ㅣ脯포ᄅᆞᆯ서러
苞포中듕의ㅣ허메여가노牀상우희두고드듸여奠뎐을
실라
楊양氏시復복이ᄀᆞᆯ오ᄃᆡ高고氏시禮례애祝츅이仵러
告고ᄒᆞ야ᄀᆞᆯ오ᄃᆡ靈령輀이既긔駕가ᄒᆞ니往왕即즉幽
유宅ᄐᆡᆨ이라載지陳딘遣견禮녜ᄒᆞ야永영訣결終죵天
텬이라ᄒᆞ라○載지ᄂᆞᆫ닐온柩구ᄅᆞᆯ轝여의올리미라새
넛긴으로ᄡᅥ左좌右우애柩구ᄅᆞᆯ轝여에ᄆᆡ고이에橫횡
木목으로ᄡᅥ柩구의발두거ᄅᆞᆯ楔설ᄒᆞ야히여곰動동搖

요티아니케홀디니라

祝츅이奉봉魂혼帛ᄇᆡᆨᄒᆞ야升승卓탁ᄒᆞ고焚분香향ᄒᆞ라○祝츅이

魂혼帛ᄇᆡᆨ을모셔듸卓탁의올리고焚분香향ᄒᆞ라

각별히箱상ᄌᆞ로ᄲᅧ신초쥬ᄅᆞᆯ다마혼帛ᄇᆡᆨ뒤헤두라이게

니ᄅᆞ러婦부人인이너울쓰고당의나階계예누려셔셔哭

곡ᄒᆞ고집디킈ᄒᆞᆫ者쟈ᄂᆞᆫ哭곡ᄒᆞ고하딕기ᄅᆞᆯ盡진哀ᄋᆡᄒᆞ고

一持지拜비ᄒᆞ고도라가되尊존長댱이어든拜비티말라

發발引인

柩구行ᄒᆡᆼᄒᆞᄃᆡ○柩구ㅣ行ᄒᆡᆼᄒᆞ라

方방相샹시等동히아래퍼인道도롬을陳딘器긔ᄎᆞ례ᄒᆞ티

ᄒᆞ라

主쥬人인以이下하男남女녀ㅣ哭곡ᄒᆞ고步보從죵ᄒᆞ고○主쥬人인以이下하男남女녀ㅣ哭곡ᄒᆞ고거러조차가고朝됴祖조ᄒᆞ올적禮례ᄀᆞ티ᄒᆞ라門문의나거든흰댱幕막으로ᄡᅥᄢᅢ구리오라

尊존長댱이次ᄎᆞ之지ᄒᆞ고無무服복之지親친이又우次ᄎᆞ之지ᄒᆞ고賓빈客ᄀᆡᆨ이又우次ᄎᆞ之지ᄒᆞ라○尊존長댱이버거셔고服복업슨권당이ᄯᅩ버거셔고손ᄂᆞᆯ히ᄯᅩ버거셔라

다車거馬마ᄅᆞᆯ두라권당이며손이或혹몬져墓묘所소의가ᄀᆞ두로며或혹셩밧긔나가셔哭곡ᄒᆞ며拜ᄇᆡᄒᆞ야하

ᄒᆞ고도라오라

親친賓빈이設셜幄악於어郭곽外외道도旁방ᄒᆞ야駐듀柩구而이奠뎐ᄒᆞ라 ○ 친당이며손이셩밧길ᄀᆡ의幄악次ᄎᆞ를設셜ᄒᆞ야柩구를駐듀ᄒᆞ고奠뎐ᄒᆞ라

집의이실적ᄀᆞ티ᄒᆞ라

途도中듕에遇우哀ᄋᆡ則즉哭곡ᄒᆞ라 ○ 길희셔슬프믈만나거든哭곡ᄒᆞ라

만일墓묘쇠멀거든每ᄆᆡ즘게마다靈령座좌를柩구前젼의設셜ᄒᆞ고朝됴夕셕의哭곡奠뎐ᄒᆞ며밥ᄢᅢ예上상食ᄉᆡᆨᄒᆞ라밤이어든主쥬人인兄형弟뎨다柩구겨티자고親친

戚쳑이ᄒᆞ가지로守슈衛위ᄒᆞ라

及급墓묘 下하棺관 祠ᄉᆞ后후土토 題뎨木목主쥬

成셩墳분

未미至지ᄒᆞ여執집事ᄉᆞ者쟈ㅣ先션設셜靈령幄악과○골미

쳐니드러셔執집事ᄉᆞ者쟈ㅣ몬져靈령幄악과

墓묘道도西셔의이시니南남向향ᄒᆞ고교倚의의며卓탁子

ᄅᆞᆯ두라

親친賓빈次ᄎᆞ와○권당이며손의막次ᄎᆞ와

靈령幄악알ᄑᆡ十십數수步보의이시니男남은東동의ᄒᆞ고

女녀ᄂᆞᆫ西셔의ᄒᆞ여막次ᄎᆞㅣ北북으로靈령幄악과서ᄅᆞ

뒤케ᄒᆞ야다南남向향ᄒᆞ라

婦부人인幄악라ᄒᆞᆫ○婦부人인幄악ᄎᆞᆯ設셜ᄒᆞ라

靈령幄악뒤壙광西셔의인ᄂᆞ니라

方방相샹이至지며ᄒᆞᆫ○方방相샹시니ᄅᆞ며

戈과로ᄡᅥ壙광듕네모ᄒᆞᆯ티라

明명器긔等등이至지ᄒᆞ면○明명器긔들히니ᄅᆞ며

壙광東동南남의陳딘ᄒᆞ여北븍上샹ᄒᆞ라

靈령車거ㅣ至지어든○靈령車거ㅣ니ᄅᆞ거든

祝츅이魂혼帛ᄇᆡᆨ을뫼셔령幄악座좌의나아가고산ᄂᆞᆫ卓

箱상ᄋᆞ로魂혼帛ᄇᆡᆨ뒤헤두라

遂슈設셜奠뎐而이退퇴라ᄒᆞ〇드듸여奠뎐을設셜ᄒᆞ고믈러나라

酒쥬果과와脯포醢ᄒᆡ로ᄒᆞ라

柩구ㅣ至지든어〇柩구ㅣ니르거든執집事ᄉᆞ者쟈ㅣ몬져돗글廣광牀상의펴고柩구ㅣ니르거든시로거ᄉᆞᆯ벗겨돗우희노하北븍首슈ᄒᆞ고執집事ᄉᆞ者쟈ㅣ銘명旌졍을가져대ᄅᆞᆯ업시ᄒᆞ고柩구우희노ᄒᆞ라

主쥬人인男남女녀ㅣ各각就취位위哭곡라ᄒᆞ〇主쥬人인男남女녀ㅣ 각각位위예나아가哭곡ᄒᆞ라

主쥬人인과諸졔親친交교ᄒᆞᄂᆞᆫ夫부ㅣ壙광東동의셔西셔向향

ᄒᆞ고主쥬婦부와諸졔婦부女녀ᄂᆞᆫ壙광西셔幄악內ᄂᆡ에
셔셔東동向향ᄒᆞ오ᄃᆡ다北븍上샹ᄒᆞ야길희이실적네ᄀᆞ티
ᄒᆞ라
賓빈客ᄀᆡᆨ이拜ᄇᆡ辭ᄉᆞ而이歸귀라ᄒᆞᆫ○손ᄃᆞᆯ히절ᄒᆞ고하ᄃᆡᆨᄒᆞ
고도라가라
主쥬人인이拜ᄇᆡᄒᆞ여든손이答답拜ᄇᆡᄒᆞ라
乃내窆폄라ᄒᆞᆫ○이에무두라
몬져단당남ᄀᆞᆯᄡᅥ灰회隔격우희ᄀᆞᄅᆞ노코이에바녜올을
ᄡᅥ관밋ᄭᅳᆯ희예세여미디아니코누리와탄당다모우희니
루거든바란ᄲᆡ여업시ᄒᆞ고곽ᄲᅧ리ᄀᆞᄂᆞᆫ뵈어나샹갑이어

나뎌펴셔관미틀에워누리오고다시ᄢᅢ여내디말고다만
그나모거ᄉᆞᆯ버혀ᄇᆞ리라만일관애골회업거든곳바로ᄢᅢ
관미틀에워두머리로노하누리와단당우희나ᄅᆞ거든바
로ᄢᅢ고뵈ᄡᅳ기를前젼ᄀᆞ티ᄒᆞ라대강관누리올제ᄭᆞ장로
로미詳샹審심ᄒᆞ야험을버혀ᄒᆞᆯ디라그르기우리뎌누려뎌
動동搖요ᄒᆞ옴을잇게ᄒᆞ미可가티아니ᄒᆞ니主쥬人인의兄형
弟뎨맛당히울옴을그치고親친히臨님ᄒᆞ여보라이믜ᄂᆞ
리거든다시柩구衣의며銘명旌졍을整졍ᄒᆞ야히여곰平
평正졍케ᄒᆞ라
主쥬人인이贈증ᄒᆞ라〇主쥬人인이贈증ᄒᆞ라

ᄒᆞᆫ은귀ᄅᆞᆯ
버히고
혼ᄋᆞᆯᄂᆞ혼
거시라

玄현이여ᄉᆞㅣ오纁훈이네히니各각長댱이丈댱八팔尺
쳑이니主쥬人인이밧ᄌᆞ와柩구에노코再ᄌᆡ拜ᄇᆡᄒᆞ고니
마ᄅᆞᆯ조ᄋᆞ고位위예인ᄂᆞᆫ者쟈ㅣ다ᄯᅩᄒᆞᆫ盡진哀ᄋᆡᄒᆞ라
지비가난ᄒᆞ야或혹能ᄂᆞᆼ히이ᄅᆞᆯ수혼ᄀᆞ초디몯ᄒᆞ거든玄
현纁훈各각ᄀᆞᆨ ᄒᆞ나식ᄒᆞ미ᄯᅩᄒᆞᆫᄒᆞ니라그러나모로미金금玉옥이
며寶보玩완의거ᄉᆞ당ᄃᆡ히거곰귀ᄇᆡ허ᄲᅥᄂᆞᆫ망者쟈의
累누ㅣ되게말라
加가灰회隔격內ᄂᆡ外외蓋개ᄒᆞ란○灰회隔격의內ᄂᆡ개와外
의蓋개ᄅᆞᆯ加가ᄒᆞ라
몬져灰회隔격의므며ᄉᆞ으믈자혀薄박板판호ᄯᅡ글밍글

오뒤ᄭ오로ᄇᆡ녁벽의니ᄅ러ᄒᆡ여곰膠ᄂᆞᆫ合합ᄒᆡ게ᄒᆞ엿다
가이에니ᄅ러관우회노코다시油유灰회로ᄇᆡ틈을메온
후에두로두로작작瀝력青청을그우희노겨브어ᄒᆡ여곰
수이엉긔게ᄒᆞ면곧블의ᄉᆞ모ᄎᆞ디아닌ᄂᆞ니대강블셔두ᄃᆡ
세치맛ᄀᆞᆺ거든이에務외盖개ᄅᆞᆯ加가ᄒᆞ라
實실然이灰회라ᄒᆞᆫ○灰회로ᄡᅥ實실ᄒᆞ라
三삼物믈을섯거고ᄅᆞᆫ거시아래잇고숫골리우희잇게ᄒᆞ오ᄃᆡ
각각미티ᄇᆡ빗네ᄭ의두티예셔倍비케ᄒᆞ고술로ᄡᅥ브려
블와實실케ᄒᆞ라柩구中듕이震진동ᄒᆞ올가저흔故고로敢
감히다으리믈ᄒᆞ고다만만히ᄡᅥ서ᄡᅥ곰그實실홈을기ᄃᆞ

을거시라
乃내實실土토而이漸점築축之지라ᄒᆞ〇이에ᄒᆞᆰ으로實실ᄒᆞ
고졈졈다ᄋᆞ라
ᄒᆞᆰ누리오몸미양ᄒᆞ오자맛ᄀᆡᄒᆞ고손을가ᄇᆡ아이놀려다아히
여곰柩구中듕을震진動동케말라
祠ᄉᆞ后후土토於어墓묘左좌라ᄒᆞ〇后후土토를墓묘左좌의
셔졔ᄒᆞ라
前젼의뎨곤고祝츅版판이前젼과ᄀᆞ트되다만닐오ᄃᆡ今
금爲위某모官관封봉謚시ᄒᆞ야窆폄玆ᄌᆞ幽유宅ᄐᆡᆨ이라
ᄒᆞ고神신其기後후ᄂᆞᆫᄀᆞ트니라

劉류氏시璋장이골오ᄃᆡ父부母모의形형體톄여긔이
쇼믈爲위ᄒᆞ욘연故고로그神신靈녕을禮녜ᄒᆞ여ᄡᅥ곰편安
안케ᄒᆞ미니라

藏장明명器긔等등라ᄒᆞᆫ○明명器긔等등을藏장ᄒᆞ라
實실土토ᄒᆞ욤을半반만ᄒᆞ매미ᄎᆡ이에明명器긔며下하帳
댱이며苞포ㅣ며筲쇼ㅣ며甖잉을便편房방의藏장ᄒᆞ고
닐로ᄡᅥ그門문을마그라

下하誌지石셕라ᄒᆞᆫ○誌지石셕을누리오라
墳분墓묘ㅣ平평地디예잇거든壙광內ᄂᆡ예南남녁가조기
몬져벽ᄒᆞ욘ᄭᅮᆯ플셜고지石셕을그우희노코塼벽으로ᄡᅥ四

ᄉᆞ면의두르고그우희더브러만일분墓묘ㅣ뭇되퍼ᄂᆞᆫ곳
뒤잇거든壙광南남두어자ᄉᆞ이예새흘파기픠너덧자만
ᄒᆞ고이法법대로무ᄃᆞᆯ라
復부實실以이土토而이堅견築축之지라ᄒᆞ○다시ᄒᆞᆰ으로ᄡᅥ
實실ᄒᆞ고굳게다오라
ᄒᆞᆰ누리오믈ᄎᆞᆫ자남즉으로ᄡᅥ규식ᄒᆞ고다만모로미달고
ᄅᆞᆯ춍춍늘려굳게다오라
題뎨主쥬라ᄒᆞᆫ○신主쥬ᄡᅳ라
執집事ᄉᆞ者자ㅣ卓탁子ᄌᆞ를靈령座좌東동南남의設셜
ᄒᆞ야西셔向향ᄒᆞ야벼로며붇이며먹을노코卓탁子ᄌᆞ를對

됴본애蔽고ᄉᆞ샹애着유宋송어ᄌᆞㅣ잇다

뎌ᄒᆞ야셰슈소래며슈巾건노호믈前젼ᄀᆞ티ᄒᆞ라主쥬人인이그압피셔셔北븍向향ᄒᆞ얏거든祝츅이손싯고神신主쥬롤내여卓탁ᄌᆞ우희누여노코글잘쓰ᄂᆞ니로ᄒᆡ여손싯고西셔向향ᄒᆞ야셔셔몬져陷함中듕을쓰되父부ㅣ어든곧오ᄃᆡ故고某모官관某모公공諱휘某모字ᄌᆞ某모第뎨幾긔神신主쥬ㅣ라ᄒᆞ고粉분面면의곧오ᄃᆡ考고某모官관封봉諡시府부君군神신主쥬ㅣ라ᄒᆞ고그아래左좌녁ᄀᆞ이곧오ᄃᆡ孝효子ᄌᆞ某모奉봉祀ᄉᆞㅣ라ᄒᆞ며母모ㅣ어든곧오ᄃᆡ故고某모封봉某모氏시諱휘某모字ᄌᆞ某모第뎨幾긔神신主쥬ㅣ라ᄒᆞ고粉분面면의곧오ᄃᆡ妣비某

모封봉某모氏시神신主쥬ㅣ라ᄒᆞ고거뒤ᄉᆞ기도ᄯᅩᄀᆞᆮ게
ᄒᆞ라벼ᄉᆞᆯ이며封봉ᄒᆞ오미업거든生ᄉᆡᆼ時시예일ᄏᆞᆺ던바로
ᄲᅢ일홈ᄒᆞ라ᄉᆞ기다ᄒᆞ여든祝츅이되어靈령座좌의노코
魂혼帛ᄇᆡᆨ으란箱샹中듕의관슈ᄒᆞ야ᄲᅢ그뒤헤노코香향
피오고술븟고츅版판자바主쥬人인右우이나셔ᄭᅮ러닐
그라日일子ᄌᆞ는前젼과ᄀᆞᆮ고다만닐오ᄃᆡ孫손子ᄌᆞ某모
는敢감昭쇼告고于우考고某모官관封봉諡시府부君군
形형歸귀窀둔穸석이오神신返반室실堂당이라神신主
쥬ㅣ既긔成셩ᄒᆞ니伏복惟유尊존靈령은舍사舊구從죵
新신ᄒᆞ야是시憑빙是시依의라ᄒᆞ고곳고품고니러나位

위에도라오나든主쥬人인이拜비ᄒᆞ고哭곡ᄒᆞ몰盡
진哀ᄋᆡᄒᆞ고그치라母모喪상이어든哀ᄋᆡ子ᄌᆞㅣ라稱칭
ᄒᆞᆯ디니後후ᄒᆞ도어끈고므롯封봉諡시잇거든다일ᄀᆞ롤디
니後후ᄒᆞ도다이ᄀᆞ두니라

무ᄌᆞ오ᄃᆡ夫부ㅣ이妹매妻쳐의神신主쥬를맛당히어
너사ᄅᆞᆷ미奉봉祀ᄉᆞㅣ라ᄒᆞᆯ리잇고朱쥬子ᄌᆞㅣ끌ᄋᆞ샤
뒤가티註주를尊존ᄒᆞᆫ바의베플디라此ᄎᆞ이下하則즉반
두시쓰디아닐거시니라○高고氏시끌오ᄃᆡ木목主쥬
의制제도로보니겨티主쥬祀ᄉᆞᄒᆞ고의ᄆᆞᄋᆞᆷ을쓰게ᄒᆞ
니宗종子ᄌᆞㅣ法법을可가히廢폐티몯ᄒᆞᆯ줄을알리로

샹식은양
ᄎᆞᄡᅳ믈닐
모미라

다宗종子ᄌᆞㅣ집을니어祭졔를主쥬ᄒᆞ니君군의道도
ㅣ인ᄂᆞᆫ디라諸졔子ᄌᆞㅣ시러곰抗항톄티몯ᄒᆞᄂᆞᆫ故고
로禮례애支지子ᄌᆞㅣ祭졔티몯ᄒᆞ고祭졔ᄒᆞ매반ᄃᆞ시
宗종子ᄌᆞ의게告고ᄒᆞ며宗종子ᄌᆞㅣ士ᄉᆞㅣ되고庶셔
子ᄌᆞㅣ大태夫우ㅣ된則즉上샹牲싱으로ᄡᅥ宗종子ᄌᆞ
의집의가祭졔ᄒᆞ되그祝츅詞ᄉᆞ를ᄀᆞᆯ오ᄃᆡ孝효子ᄌᆞ某
모ㅣ為위介개子ᄌᆞ某모ᄒᆞ야薦쳔其기常샹事ᄉᆞㅣ라
ᄒᆞ고만일宗종子ᄌᆞㅣ他타國국에살면庶셔子ᄌᆞㅣ가
廟묘ㅣ업ᄉᆞ니곳분墓묘를ᄇᆞ라壇단을ᄆᆡᆼᄀᆞ라ᄡᅥ祭졔
ᄒᆞ되그祝츅詞ᄉᆞ를ᄀᆞᆯ오ᄃᆡ孝효子ᄌᆞ某모ㅣ使ᄉᆞ介개

子ᄌᆞ其모로執집其기常샹事ᄉᆞㅣ라ᄒᆞ고만일宗종子
ᄌᆞㅣ주근則즉일ᄒᆞ옴을稱칭ᄒᆞ고孝효ㅣ라稱칭티아니
ᄒᆞ니盖개古고人인의宗종을重듕히너기미이러ᄐᆞᆺᄒᆞ
더니宗종子ᄌᆞ法법이믈허디모로브터사ᄅᆞᆷ이브터온
바ᄅᆞᆯ아디몯ᄒᆞ야ᄢᅢ곰四ᄉᆞ方방의流뉴轉뎐ᄒᆞ야므듸
므듸親친이굿다아녀서서ᄅᆞ아디몯ᄒᆞᆯ者쟈ㅣ이쇼매
니르니이엇디사ᄅᆞᆷ을祖조샹을尊존ᄒᆞ여겨레ᄐᆞᆯ거두
믈ᄀᆞᄅᆞ치ᄂᆞᆫ道도ㅣ리오、
祝츅이奉봉神신主쥬여ᄒᆞ升승車거라ᄒᆞ○祝츅이神신主쥬를
되ᅀᅧ빙車거의올리라、

魂혼帛백箱상子ᄌᆞㅣ 그 뒤헤 잇게 ᄒᆞ라 執집事ᄉᆞ者쟈ㅣ 徹텰靈령座좌ᄒᆞ고 遂슈行ᄒᆡᆼᄒᆞ라 ○ 執집事ᄉᆞ者쟈ㅣ 靈령座좌를 설고 드듸여 行ᄒᆡᆼᄒᆞ라 主쥬人인 以이下하ㅣ 哭곡ᄒᆞ고 조차가믈 올적톄곤게 ᄒᆞ라 墓묘門문에 나셔 尊존長댱은 車거馬마를 ᄐᆞ고 墓묘소 百빅步보 맛간ᄠᅥ나셔 卑비幼유도 ᄯᅩᄒᆞᆫ 車거馬마를 ᄐᆞ라 다만 子ᄌᆞ弟뎨 ᄒᆞᆫ나ᄒᆞᆯ 留뉴ᄒᆞ야 實실土토ᄒᆞ기를 보와ᄒᆞ야 ᄡᅥ 成셩墳분ᄒᆞ매 니르게 ᄒᆞ라 墳분高고ㅣ 四ᄉᆞ尺쳑이오 立닙小쇼石셕碑비於이其기前젼ᄒᆞ귀 亦역高고ㅣ 四ᄉᆞ尺쳑이오 趺부高고ㅣ 尺쳑許허ᄒᆞ라 ○ 무덤

노ᄑᆡ넉자히오쟈근石셕碑비ᄅᆞᆯ그압ᄑᆡ셰오ᄃᆡᄯᅩ노ᄑᆡ넉자
히오ᄃᆡ셕노ᄑᆡᄒᆞᆫ자맛감ᄒᆞ라

司ᄉᆞ馬마溫온公공이ᄀᆞᆯ오ᄃᆡ令녕式식을按안ᄒᆞ니墳분
이며碑비며石셕獸슈의크며ᄌᆞ그며하며져그미비록각
각品품數수ㅣ이시나그러나葬장ᄒᆞ요믄맛당히無무窮
궁ᄒᆞᆫ親친규ᄅᆞᆯᄒᆞᆯ거시니後후世세예이례엣거슬보면엇디
其기中듕에金금玉옥을만히藏장티아닌ᄂᆞᆫ주ᄅᆞᆯ알리오
이다ᄅᆞᆫ亡망者쟈의게無무益익ᄒᆞ고도로혀害해이실거신
故고로令령式식에ᄯᅩ貴귀ᄒᆞᆫ니ᄂᆞᆫ賤쳔ᄒᆞᆫ니과ᄀᆞᆮ게ᄒᆞ여
도賤쳔ᄒᆞᆫ니ᄂᆞᆫ貴귀ᄒᆞᆫ니과ᄀᆞᆮ티몯ᄒᆞ게ᄒᆞᆫ文문젼이시니

그런則즉ᄡᅳ디아녀야나옴만끈디몯ᄒᆞ니라○이제按안
ᄒᆞ니孔공子ᄌᆞㅣ防방墓묘의封봉ᄒᆞ시몰그노ᄑᆡ넉자ᄒᆞ고
ᄒᆞ신故고로取츄ᄒᆞ야ᄡᅥ法법을삼고司ᄉᆞ馬마公공의마
련ᄒᆞᆫ배各각別별이자근碑비를셰게ᄒᆞ니라다만돌ᄒᆞᆯᄃᆞ론ᄃᆡ
너븨ᄒᆞ고자以시上샹을ᄒᆞ고그두틔三삼分분之지二이에
잇게ᄒᆞ고圭규首슈ᄒᆞ고그面면의刻ᄀᆞᆨᄒᆞ곤誌지셕두데
끈티ᄒᆞ고이에잠ᄭᅡᆫ그世셰系계와일홈과字ᄌᆞ와行ᄒᆡᆼ實
실을지어그左좌ㅅ녀킈刻ᄀᆞᆨᄒᆞ야도라後후와右우ㅅ녁
ᄒᆡ미처周쥬편케ᄒᆞ라婦부人인이어든夫부의葬장ᄒᆞ몰
기ᄃᆞᆯ위이에셰오ᄃᆡ面면이夫부ㅣ亡망ᄒᆞᆫ誌지셕두어刻

풍비ᄂᆞᆫ ᄌᆞ네듀ㅣ라
돌묘ᄂᆞᆫ고 무덕이라

극홈ᄀᆞ티ᄒᆞ라
司ᄉᆞ馬마溫온公공이ᄀᆞᆯ오ᄃᆡ古고人인이큰공勳훈과
德덕이이시면鍾죵이며鼎뎡애勒늑銘명ᄒᆞ야宗종廟
묘애藏장ᄒᆞ고그영葬장에곳豐풍碑비ᄅᆞᆯ두어ᄡᅥ棺관
을ᄂᆞ리오더니秦진漢한으로ᄡᅵ오므로비로소文문士
ᄉᆞ로命명ᄒᆞ야功공과德덕을기려돌헤사기믈任ᄒᆞ碑
비라니ᄅᆞ고ᄂᆞ려南남朝됴애미쳐ᄂᆞᆫ다시銘명誌지
ᄅᆞᆯ두어墓묘中듕애무드니그사ᄅᆞᆷ으로ᄒᆡ여곰果과연
大대賢현인댄곳名명聞문이足가顯현달ᄒᆞ야모ᄅᆡ稱
칭頌송ᄒᆞ논배라終종古고토록흘려傳뎐播파ᄒᆞ야可가

녀망은 낫
ᄂᆞᆫ 尙샹이
:강태공
이라
ᄂᆞᆫ ᄒᆞᄂᆞ니 노공
ᄌᆞ의 조ㅣ
라

히捨샹歆흠饗향티 몯ᄒᆞ리니 잇디 碑비와 誌지 ᄀᆞ초기 ᄃᆞ려 비
로소 사ᄅᆞᆷ의 아ᄅᆞ미 되리오 만일 그어디 ᄂᆞᆯᄒᆞ면 비록
공巧교ᄒᆞᆫ 말과 고ᄋᆞᆫ 글ᄅᆞ 배구ᄐᆡ여 粲찬飾식을 더어 功
공이 呂녀望망과 ᄀᆞᆺ고 德덕이 仲듕尼니 긱比비ᄒᆞ야도
ᄒᆞᆫ갓 譏긔와 笑쇼ᄅᆞᆯ 取츄ᄒᆞ리니 그 뉘 즐겨 미ᄃᆞ리오 碑비
ᄂᆞᆫ 오히려 墓묘道도애 셰오니 사ᄅᆞᆷ이 시러곰 보려니와
誌지ᄂᆞᆫ 이에 壙광中듕애 곰초니 ᄉᆞ스로 여러 내디 아니
ᄒᆞᆫ 보디 몯ᄒᆞᄂᆞ니라 隋슈文문帝뎨의 아ᄃᆞᆯ 秦진王왕 俊
쥰이 죽거ᄂᆞᆯ 맛올 僚료屬쇽이 碑비 셰오믈 請쳥ᄒᆞᆫ대 帝뎨
골ᄋᆞ샤ᄃᆡ 일훔을 求구코쟈 ᄒᆞᆯ딘댄 ᄒᆞᆫ 卷권 史ᄉᆞ긔 글이 足

宋費孝羊悅之 二二

단셕으방 빕븟·야뎐 약ᄒᆞ도뭇 히다

계ᄇᆞᆫ그ᄂᆞᆫ 국ᄇᆞᆷ곳의 아두리나 어던사ᄅᆞᆷ 시카

쪽ᄒᆞ니엇디碑비를ᄒᆞ리오ᄒᆞ믈며갓사ᄅᆞᆷ을위ᄒᆞ야褒편
石셕을삼으리라ᄒᆞ니이實실ᄒᆞ요마리라이제임의能능
히免면티못ᄒᆞᆯ딘댄그誌지文문을依의거ᄒᆞ야다만可
가히鄕향里리와世세家가와官관簿부와始시와終종
을直딕녁히펼作작ᄒᆞᆷ이라季계札찰의墳분墓묘알ᄑᆡ石셕이
이시니世세俗속이稱칭ᄒᆞ되孔공子ᄌᆞ의篆뎐ᄒᆞ신ᄇᆡ라
ᄒᆞ니嗚오呼호ㅣ라有유吳오延연陵능季계子ᄌᆞ之지
墓묘ㅣ라ᄒᆞ시니엇디多다言언ᄒᆞ오매이신然연後후에
야사ᄅᆞᆷ이그어딘블알리오이제다만姓셩名명을墳분墓
묘알ᄑᆡ사기면사ᄅᆞᆷ이조스로알리라

反반哭곡

主쥬人인以이下하ㅣ奉봉靈령車거ᄒᆞ야在지途도徐셔行힝ᄒᆞ야哭곡ᄒᆞ라○主쥬人인以이下하ㅣ靈령車거ᄅᆞᆯ뫼셔길희이셔날회여行힝ᄒᆞ야哭곡ᄒᆞ라

그도라오매疑의심ᄃᆞᆺ호믄어버이뎌겨신가爲위호미라슯프미니루거든哭곡ᄒᆞ라

至지家가ᄒᆞ야哭곡ᄒᆞ라○지븨니루러哭곡ᄒᆞ라

門문을ᄇᆞ라며즉제哭곡ᄒᆞ라

祝츅이奉봉神신主쥬ᄒᆞ야入입置티于우靈령座좌ᄒᆞ라○祝츅이神신主쥬ᄅᆞᆯ뫼셔드러와靈령座좌의노ᄒᆞ라

執집事ᄉᆞ者쟈ㅣ몬져靈령座좌를뫼고뒤設셜ᄒᆞ얏거든
祝츅이神신主쥬를뫼서드러와位위예나아가櫝독을닫
고魂혼帛ᄇᆡᆨ箱상ᄌᆞ아오로내여神신主쥬뒤헤노ᄒᆞ라
主쥬人인以이下하ㅣ哭곡于우廳텽事ᄉᆞ라ᄒᆞ○主쥬人인以
이下하ㅣ廳텽事ᄉᆞ의셔哭곡ᄒᆞ라
主쥬人인以이下하ㅣ門문의미처哭곡ᄒᆞ고드러와西셔
階계로브터올라廳텽事ᄉᆞ의셔哭곡ᄒᆞ고婦부人인은몬
져드러와堂당의셔哭곡ᄒᆞ라
朱쥬子ᄌᆞㅣ골ᄋᆞ샤ᄃᆡ反반哭곡ᄒᆞ야堂당의오ᄅᆞᄂᆞᆫ그
作작ᄒᆞ시던바애反반ᄒᆞ미오主쥬婦부ㅣ室실애入입

호믄그養양ᄒᆞ시던바애反반호미라ᄒᆞ니모로미이意
의思ᄉᆞ를알리라곳닐온바그位위를踐쳔ᄒᆞ야그禮례
를行ᄒᆡᆼᄒᆞ노等등事ᄉᆞ를行ᄒᆡᆼ호믈自ᄌᆞ安안홀이니뵈
야호로志지를繼계ᄒᆞ며事ᄉᆞ를述ᄉᆞᆯᄒᆞ노일을보리니
라○楊양氏시復복이ᄀᆞᆯ오ᄃᆡ先션生ᄉᆡᆼ의말ᄉᆞᆷ을按안
혼ᄃᆡ蓋개닐온古고者쟈애가廟묘애反반哭곡ᄒᆞ니그
作작ᄒᆞ사던바애反반홈이니닐온親친이禮례를行ᄒᆡᆼ
ᄒᆞ시던바고돌닐오미오그養양ᄒᆞ시던바애反반홈은
親친이饋궤食ᄉᆞᄒᆞ시던바고돌닐오미니다가廟묘애
反반哭곡호믈指지향ᄒᆞ야닐오미라先션生ᄉᆡᆼ家가禮

녜예 ᄂᆞᆫ 聽텽事ᄉᆞ매 叉반 哭곡ᄒᆞ고 婦부人인은 몬져 드러 堂당의셔 哭곡ᄒᆞ라 ᄒᆞ여시니 또 古고로 ᄃᆡ브러 다ᄅᆞᆫ 者쟈ᄂᆞᆫ 後후世셰애 廟묘制졔ᄒᆞ디 아닛고 祠ᄉᆞ堂당이 조ᄇᆞ니 닐온바 聽텽事ᄉᆞᄂᆞᆫ 이에 祭졔祀ᄉᆞᄒᆞᄂᆞᆫ ᄯᅡ히오 主쥬婦부ㅣ 饋궤食ᄉᆞᄒᆞ오ᄆᆞᆯ 또ᄒᆞᆫ 이 堂당애 이실시니라

遂슈詣예靈령座좌前젼ᄒᆞ야 哭곡ᄒᆞ라 (ㄴ) 드듸여 靈령座좌前젼의 가 哭곡ᄒᆞ라

盡진哀의ᄒᆞ고 그치라

有유弔됴者쟈ㅣ어든 拜비之지 如여初초ᄒᆞ라 ○ 弔됴ᄒᆞᆯ 者쟈ㅣ 잇

거든拜ᄇᆡ홈을처엄ᄀᆞ티ᄒᆞ라

ᄂᆞ닐온賓빈客ᄀᆡᆨ의親친密밀ᄒᆞ욘者쟈ㅣ 이믜도라갓다가反반哭곡을기들워다시弔됴홈이라檀단弓궁의골오ᄃᆡ反반哭곡의弔됴호ᄆᆞᆫ哀ᄋᆡ홈이極극ᄒᆞᆫ디라도라오매업서시니일헌ᄂᆞᆫ디라이에甚심ᄒᆞ니라

期긔九구月월之지喪상者쟈ᄂᆞᆫ飮음酒쥬食식肉육ᄒᆞ고不블與여宴연樂낙ᄒᆞ며小쇼功공以이下하와大대功공異이居거者쟈ᄂᆞᆫ可가以이歸귀라ᄂᆞ니○期긔년과九구月월엣喪상은술을머그며고기ᄅᆞᆯ먹고宴연樂낙의란參참與예티말며小쇼功공以이下하와大대功공이ᄃᆞᆺ사ᄂᆞ니ᄂᆞᆫ가히베도라갈디니

라

家가禮례諺언解해卷권之지八팔

家禮諺解

貞

家禮諺解卷之九

家가禮례諺언解해卷권之지九구

喪상禮례之지三삼

虞우祭졔

葬장ᄒᆞᆫ날의ᄒᆞᆫ낫만ᄒᆞ여셔虞우졔호ᄃᆡ或혹墓묘ㅣ멀기든다반이날의나디아니미可가ᄒᆞ니라만일집의샹去거ㅣ사고디낼以이上샹이어ᄃᆞᆫ初초虞우란하쳐ᄒᆞ연ᄃᆞᆫ뒤셔行힝ᄒᆞ라鄭뎡氏시ᄀᆞᆯ오ᄃᆡ骨골肉육은ᄯᅡ희도라가고魂혼氣긔와ᄃᆞᆫ아니갈ᄃᆡ업스니孝효子ᄌᆞㅣ그彷방徨황ᄒᆞ시ᄃᆞᆫ가為위ᄒᆞ여세번祭졔ᄒᆞ여ᄡᅥ편安안케ᄒᆞ니라

朱쥬子ᄌᆞ ㅣ 골ᄋᆞ샤ᄃᆡ葬장티아니ᄒᆞ얏ᄂᆞᆫ時시예ᄂᆞᆫ

奠뎐ᄒᆞ고祭졔티아니ᄂᆞ니라다만酒쥬와ᄅᆞᆯ븟고饌찬

을陳딘ᄒᆞ고跪궤拜ᄇᆡ홀디니虞우애비로소祭졔禮

네를ᄡᅳ고卒졸哭곡은날온ᄒᆞᆷ갈祭졔니라

主쥬人인以이下하ㅣ皆ᄀᆡ沐목浴욕ᄒᆞ라○主쥬人인以이下

하ㅣ다沐목ᄒᆞ며浴욕ᄒᆞ라

或혹임의늘거길을업거든잠ᄭᅡᆫᄌᆞ스로시시조케ᄒᆞ미可

가ᄒᆞ니라

執집事ᄉᆞ者쟈ㅣ陳딘器긔具구饌찬ᄒᆞ라○執집事ᄉᆞ者쟈ㅣ

器긔皿명陳딘ᄒᆞ고饌찬믈을ᄀᆞ초라

1

盥관은관
뒤압한기
라하동

盥관盆분이며帨세巾건各각둘흘西셔階계西셔의南남上상ᄒᆞ고東동의치논盆분의臺ᄃᆡ이시며巾건의架가ㅣ잇고西셔의치논입수니믈의잇喪상禮례다이ᄀᆞᄐᆞ니라酒쥬甁병을架가조차호나흘靈령座좌東동南남의ᄒᆞ고卓탁子ᄌᆞ를그東동의노하注주子ᄌᆞ와밋盤반盞잔을그우희設설ᄒᆞ고火화爐노와湯탕甁병을靈령座좌西셔南남의ᄒᆞ고卓탁子ᄌᆞ를그西셔의노하祝츅版판을그우희設설ᄒᆞ고蔬소果과ㅣ며盤반盞잔을靈령座좌前젼卓탁上상의設설ᄒᆞ고수져노안주례이셔當당中듕케ᄒᆞ고酒쥬盞잔은그西셔의이시며醋조楪뎝은그東동의잇고果과

ᄂᆞᆫ밧즐의잇고蔬소ᄂᆞᆫ果과안희잇고酒쥬ᄅᆞᆯ瓶병의담고
香향案안을堂당中듕의設셜ᄒᆞ고香향爐노의블깃고香
향案안알피뻬뭇거몰래뫼ᄒᆞ고饌찬믈ᄀᆞ초기를朝됴奠
뎐ᄀᆞ티ᄒᆞ야堂당門문밧東동의陳딘ᄒᆞ라

祝츅이出츌神신主쥬于우座좌ᄒᆞ고主쥬人인以이下하ㅣ皆
ᄀᆡ入입哭곡ᄒᆞ라○祝츅이神신主쥬를座좌의내여노코主쥬
人인以이下하ㅣ다드러哭곡ᄒᆞ라

主쥬人인과밋兄형弟뎨室실外외예校뎡을치허두고祭
졔예참與예ᄒᆞᆫ者쟈로밋다드러와靈령座좌前젼의哭곡
ᄒᆞ되그位위를다北븍面면ᄒᆞ야服복으로ᄇᆡ항列녈ᄒᆞ야

重듕ᄒᆞᆫ者쟈ㅣ 압피잇고 輕경ᄒᆞᆫ者쟈ㅣ 뒤헤이시며 尊존
長댱은 안ᄒᆡ在 卑비幼유ᄂᆞᆫ셔되 丈댱夫부ᄂᆞᆫ東동의이셔西
셔上샹ᄒᆞ고 婦부人인은 西셔의이셔東동上샹ᄒᆞ고 行항
렬마다각각長댱幼유로ᄡᅥ 次ᄎᆞ序셔ᄒᆞ고 [illegible]시者쟈ᄂᆞᆫ두헤
이시라

降강神신ᄒᆞᆷ 神신을降강ᄒᆞ라

祝츅이우ᄂᆞᆫ者쟈를그치라ᄒᆞ고主쥬人인이西셔階계로브
터ᄂᆞ려손시셔손숫고靈녕座좌前젼의가焚분香향ᄒᆞ고
再재拜비ᄒᆞ야든執집事ᄉᆞ者쟈ㅣ다손시셔숫고ᄒᆞᆫ나히
술을여러注쥬의담아西셔面면ᄒᆞ야仔러注주로베[illegible]

三

쥬人인을주어三主쥬人인이슈러밧고ᄒᆞ나히卓탁上샹
의盤반盞잔을밧ᄌᆞ와東동面면ᄒᆞ야主쥬人인의左좌의
슈러든主쥬人인이술을盞잔의븟고注주로뼈執집事ᄉᆞ
者쟈ᄅᆞᆯ주고左좌手슈로盤반을잡고右우手슈로盞잔을
자바茅모沙사우희븟고盤반盞잔으로뼈執집事ᄉᆞ者쟈ᄅᆞᆯ
주고업데고닐어저기ᄅᆞᆯ려再재拜배ᄒᆞ고位위예도라오
라
祝츅이進진饌찬갸흠○祝츅이饌찬믈을進진ᄒᆞ라
執집事ᄉᆞ者쟈ㅣ 도와ᄒᆞ되그設셜ᄒᆞᆫ次ᄎᆞ례ᄅᆞᆯ朝됴奠뎐ᄀᆞ
티ᄒᆞ라

初초獻헌라홈 최엳獻ᄒᆞᆫ작ᄒᆞ라

主쥬人인이注주子ᄌᆞ卓탁前젼의나아가注주ᄅᆞᆯ잡고北북向향ᄒᆞ야셧거든執집事ᄉᆞ者자ᄒᆞᆫ나히靈령座좌前젼의盤반盞잔을가져主쥬人인의左좌의셔거든主쥬人인이술을븟고注주子ᄌᆞ卓탁子ᄌᆞ우희도로노코執집事ᄉᆞ者자로더브러홈ᄭᅴ靈령座좌前젼의가北북向향ᄒᆞ야셔셔主쥬人인이ᄭᅮ러든執집事ᄉᆞ者자ㅣ또ᄭᅮ러盤반盞잔을進진ᄒᆞ야든主쥬人인이盞잔을바다세번茅모사우희祭졔ᄒᆞ고업데고닐거든執집事ᄉᆞ者자ㅣ盞잔을바다奉봉ᄒᆞ야靈령座좌前젼의가녯고뒤奠뎐ᄒᆞ야든祝츅이츅版

용모ᄂᆞᆫ양ᄌᆡ오不블勝승은ᄡᅳᆷ이오녀제ᄂᆞᆫ도盡진이라

西을잡고主쥬人인의右우의나서西셔向향ᄒᆞ야佇뎌러날그라前젼과ᄀᆞᆫ고다만날오ᄃᆡ日일月월不블居거ᄒᆞ야奄엄及급初초虞우ᄒᆞ니夙슉興흥夜야處쳐ᄒᆞ야哀ᄋᆡ慕모不블寧녕이라謹근以이潔결牲싱柔유毛모와粢ᄌᆞ盛셩醴례齊제로哀ᄋᆡ薦쳔祫합事ᄉᆞᄒᆞ니尚샹饗향이라ᄒᆞ라祝츅이나려나거든主쥬人인이哭곡ᄒᆞ고再ᄌᆡ拜ᄇᆡᄒᆞ고位위예도라와우롬그치라牲싱을들틀ᄡᅳ면ᄀᆞᆯ오ᄃᆡ剛강鬣렵이라ᄒᆞ고牲싱을ᄡᅳ디아니면ᄀᆞᆯ오ᄃᆡ淸청酌쟉庶셔羞슈ㅣ라ᄒᆞ라祫합은合합ᄒᆞ미니그先션祖조ᄭᅴ合합과다ᄒᆞ미라

되야獻헌라ᄒᆞ○버거獻헌쟉ㅣ

主쥬婦부ㅣᄒᆞ라揖읍ㅣ初초헌ᄀᆞ트되다만祝츅문닑디

말고四ᄉᆞ拜배ᄒᆞ라

終종獻헌라ᄒᆞ○ᄆᆞᄌᆞ막獻헌쟉ᄒᆞ라

권당이나손이나ᄒᆞᆫ나히或혹男남이어나或혹女녀ㅣ어

나ᄒᆞ다禮례ᄂᆞᆫ亞아獻헌ᄀᆞ트니라

侑유食식라ᄒᆞ○食식을侑유ᄒᆞ라

執집事ᄉᆞ者쟈ㅣ注주를ᄌᆡ바나아가盞잔中듕酒쥬를添

텸ᄒᆞ라

主쥬人인以이下하ㅣ[illegible]出츌ᄒᆞ고祝츅이闔합門문라ᄒᆞ○主

ᄉᆞ구례ᄂᆞᆫ
의례편명
이라
셔겁숨ᄎᆔ
ᄂᆞᆫ손조착
ᄇᆞᆯ이가히
히여곰홀
쟈ㅣ업ᄉᆞ

쥬人인ᄒᆞᆫᄢᅴ이下하ㅣ다나오고祝츅이門문을다두라

主쥬人인이門문東동의셔西셔向향ᄒᆞ고卑비幼유丈

댱夫부ᄂᆞᆫ그뒤헤이셔여러行항별ᄒᆞ야北북上상ᄒᆞ고主

쥬婦부ㅣ門문西셔의셔東동向향ᄒᆞ고卑비幼유婦부

女녀ᄂᆞᆫ또ᄀᆞ티ᄒᆞ고尊존長댱은다른ᄃᆡ가쉬되밥머글ᄉᆞ

이만ᄒᆞ라

楊양氏시復복이골오ᄃᆡ士ᄉᆞ虞우禮례예尸시업ᄉᆞᆫ者

쟈ᄂᆞᆫ祝츅이牖유戶호다두믈밥머글ᄉᆞ이만ᄒᆞ니後후

이四ᄉᆞ時시祭졔禮례예조셰나타낫ᄂᆞ니라

祝츅이啓계門문ᄒᆞ거든主쥬人인以이下하ㅣ入입ᄒᆞ야哭곡ᄒᆞ고辭

나라

내셩은처 ᄂᆞᆫ네곳다 逕교미라

ᄉᆞ神신ᄒᆞ라○祝츅이門문을여러든主쥬人인以이下하ㅣ드
러哭곡ᄒᆞ고辭ᄉᆞ神신ᄒᆞ라
祝츅이나아가門문의當당ᄒᆞ야北북向향ᄒᆞ야기춤ᄒᆞ고
門문여ᄂᆞ이다告고ᄒᆞᆷ을세번ᄒᆞ고이에門문을여러든主
쥬人인以이下하ㅣ드리位위예나아가라執집事ᄉᆞ者쟈
ㅣ茶다ᄅᆞᆯ點뎜ᄒᆞ야든祝츅이主쥬人인의右우에셔西
셔向향ᄒᆞ야利리成셩이라告고ᄒᆞ고신主쥬를斂렴ᄒᆞ거
匣갑을닫가덥고뒤두고主쥬人인以이下하ㅣ哭곡ᄒᆞ며
再ᄌᆡ拜비ᄒᆞ고盡진哀ᄋᆡᄒᆞ고止지ᄒᆞ라나와상次ᄎᆞ의오
나도執집事ᄉᆞ者쟈ㅣ설라

祝축이埋매魂혼帛백ᄒᆞ라○祝축이魂혼帛백을무드라

祝축이魂혼帛백을가져執집事ᄉᆞ者자ᄅᆞᆯ거ᄂᆞ리고길ᄒᆞ
고조ᄒᆞ야히우드리

罷파朝됴夕셕奠뎐ᄒᆞ라○朝됴夕셕奠뎐을罷파ᄒᆞ라

朝됴夕셕에哭곡ᄒᆞ기와哀ᄋᆡ至지어든哭곡호ᄆᆞᆯ처엄구
티ᄒᆞ라

遇우柔유日일ᄒᆞ야再재虞우ᄒᆞ라○柔유日일을만나再재虞우
ᄒᆞ라

乙을丁뎡己긔辛신癸계ㅣ柔유日일이되ᄂᆞ니라그禮례네
ㅣ初초虞우ᄀᆞᆺᄐᆞ되오직前젼期긔一일日일에祭졔器긔ᄅᆞᆯ

불싱은졍
하본가갈
졔가하뭉

隮단ᄒᆞ며饌찬믈을기초고그이ᄐᆞ날일니러疏소果과와
酒쥬饌찬을設셜ᄒᆞ고質질明명에行ᄒᆡᆼ事ᄉᆞᄒᆞ야祝츅이
神신主쥬를座좌의내고祝츅詞ᄉᆞ애初초虞우를고텨再
재虞우ㅣ라ᄒᆞ고祫합事ᄉᆞ를虞우事ᄉᆞㅣ라호미다ᄅᆞ니
라만일墓묘ᄡᅴ머러길ᄒᆡᆼ셔柔유日일을만나거든ᄯᅩ하祔
ᄒᆞᆫ뒤셔行ᄒᆡᆼᄒᆞ라
遇우剛강日일아ᄒᆞ三삼虞우라ᄒᆞ○剛강日일을만나三삼虞우
ᄒᆞ라
甲갑丙병戊우庚경壬임이剛강日일이되ᄂᆞ니라그禮례
ㅣ再재虞우ᄀᆞᄐᆞ되오직再재虞우를고텨三삼虞우ㅣ라

ᄒᆞ고虞우事ᄉᆞ를成셩事ᄉᆞㅣ라ᄒᆞ라만일墓묘ㅣ머러ᄯᅩ
길히셔剛강日일을만나거든안ᄌᆞ闕궐ᄒᆞ엿다가지븨니
르믈기들워이에可가히이祭졔를行ᄒᆡᆼᄒᆞᆯ거시니라

卒졸哭곡

檀단弓궁의ᄀᆞᆯ오ᄃᆡ卒졸哭곡을ᄀᆞᆯ오ᄃᆡ成셩事ᄉᆞㅣ라
ᄒᆞ니이날의吉길祭졔로ᄡᅥ喪상祭졔를밧곤故고로이
祭졔ᄂᆞᆫ漸졈吉길禮례를ᄡᅳᄂᆞ니라
三삼虞우後후에遇우剛강日일ᄒᆞ야卒졸哭곡ᄒᆞᄂᆞ니前젼期긔一
일日일ᄒᆞ야陳딘器긔具구饌찬ᄒᆞ라○三삼虞우졔後후의剛강
日일을만나卒졸哭곡호ᄃᆡ前젼期긔一일日일ᄒᆞ야器긔를

陳딘ᄒᆞ고饌찬ᄋᆞᆯ올ᄀᆞ소라

다虞우祭졔ᄀᆞ티호ᄃᆡ오직다시玄현酒쥬瓶병ᄒᆞ나ᄅᆞᆯ酒

쥬瓶병西셔의設셜ᄒᆞ라

厥궐明명에夙슉興흥ᄒᆞ야設셜蔬소果과酒쥬饌찬ᄒᆞ야◐그이

튼날일니러蔬소果과와酒쥬饌찬을設셜ᄒᆞ라

다虞우祭졔ᄀᆞ티호ᄃᆡ오직다시井경花화水슈ᄅᆞᆯ가져玄

현酒쥬ᄅᆞᆯ기ᄋᆞ라

質질明명에祝츅이出츌主쥬ᄒᆞ고◯質질明명애祝츅이친초

쥬ᄅᆞᆯ내고

再ᄌᆡ虞우졔ᄀᆞ티ᄒᆞ라

主쥬人인ᄭᅴ이下하ㅣ皆개入입哭곡ᄒᆞ고降강神신ᄒᆞ라○主쥬
人인ᄭᅴ이下하ㅣ다ᄃᆞ려哭곡ᄒᆞ고降강神신ᄒᆞ라
다虞우祭졔ᄀᆞ티ᄒᆞ라
主쥬人인主쥬婦부ㅣ進진饌찬ᄒᆞ라○主쥬人인과主쥬婦부

饌찬물을進진ᄒᆞ라

主쥬人인이魚어과肉육을奉봉ᄒᆞ고主쥬婦부ㅣ손시서
숫고麪면과편을奉봉ᄒᆞ며主쥬人인이羹깅을奉봉ᄒᆞ고
主쥬婦부ㅣ뫼ᄅᆞᆯ奉봉ᄒᆞ야베進진ᄒᆞ야虞우祭졔設셜홈
ᄀᆞ티ᄒᆞ라

初초獻헌ᄒᆞ

처엄獻헌작ᄒᆞ라

다虞우祭졔ᄀᆞ티ᄒᆞ되오직祝츅이츅版판을자바主쥬人
인의左좌의나셔東동向향ᄒᆞ야우러닐그미라ᄒᆞ니라츅
詞ᄉᆞㅣ다虞우祭졔ᄀᆞᄐᆞ되다만三삼虞우ᄅᆞᆯ고텨卒졸
哭곡이라ᄒᆞ고哀ᄋᆡ薦쳔成셩事ᄉᆞ아래닐오ᄃᆡ來ᄅᆡ日일
데隮졔祔부于우祖조考고某모官관府부君군ᄒᆞ니尙샹
饗향이라ᄒᆞ라○按안ᄒᆞ니이닐온祖조考고ᄂᆞᆫ亡망者쟈
의祖조考고ᄅᆞᆯ닐오미라
朱쥬子ᄌᆞㅣ골ᄋᆞ샤ᄃᆡ溫온公공이虞우祭졔로배祝츅
문을主쥬人인右우의셔니ᄅᆞ고卒졸哭곡으로祝츅문
을主쥬人인左좌의셔니ᄅᆞ게ᄒᆞ니盖개禮례문ᄡᅳ들어

드미니라 ○ 楊양氏시 復복이 ᄀᆞᆯ오ᄃᆡ 高고氏시 禮례예 祝츅이 나아가 祝츅文문을 닐거 ᄀᆞ로ᄃᆡ 日일月월이 不블居거ᄒᆞ야 奄엄及급 卒졸哭곡ᄒᆞ니 叩고地디 號호天텬ᄒᆞ야 五오 情졍이 糜미潰궤라 謹근 以이 淸쳥酌쟉 庶셔羞슈로 哀ᄋᆡ薦쳔 成셩事ᄉᆞᄒᆞ노니 尙샹饗향이라 ᄒᆞ니라

亞아獻헌ᄒᆞ며 終종獻헌ᄒᆞ고 侑유食식ᄒᆞ며 闔합門문ᄒᆞ며 啓계門문ᄒᆞ며 辭ᄉᆞ神신라ᄒᆞ니 ○ 버거 獻헌작ᄒᆞ며 ᄆᆞᄌᆞ막 獻헌작ᄒᆞ며 食식侑유ᄒᆞ며 門문을 다ᄃᆞ며 門문을 열며 神신의 辭ᄉᆞᄒᆞ라 다 虞우祭제ᄀᆞ티ᄒᆞ오ᄃᆡ 오직 祝츅이 西셔階계上샹의셔 東

롱面면ᄒᆞ야剃니成셩을ᄉᆞᆷ고ᄒᆞ라
自ᄌᆞ是시로朝됴夕셕之지間간에哀애至지不블哭곡ᄒᆞ라◯
길로브터朝됴夕셕ᄉᆞ이예哀애ᄒᆞ미니르러도哭곡디말라
오히려朝됴夕셕哭곡으란ᄒᆞ라
主쥬人인兄형弟뎨ㅣ疏소食ᄉᆞ水슈飮음ᄒᆞ고不블食식菜ᄎᆡ
果과ᄒᆞ고寢침席셕枕침木목ᄒᆞ라◯主쥬人인兄형弟뎨ㅣ사오
나온밥이며믈을마시고나몸과실果과를먹디말고둣그자
며남글베라
楊양氏시復복이곰오디按안ᄒᆞ오니古고者쟈애님의處
우ㅣ며卒졸哭곡애服복을受슈ᄒᆞ오미잇고練련애며祥

사애며禫담개다服복을受수홈이이시니蓋개服복은
버衰최로表표호거시라衰최며漸졈졈갓殺쇄호오則측服
복이漸졈졈輕경호니라그러나服복受슈홈을조초
티니文문이繁번다홈애갓가온이라이제世셰俗쇽은
受슈服복홈이업서최암주그모로브터大대祥샹의니
르히그衰최變변홈이업스니뎨일이아니라書셔儀의
와家가禮례눈給[illegible]을좃고古고애걸리디아니호니
버簡간략을조촌배니라

祔부

禮례檀단弓궁의골오뒤殷은은애미練련호고셔祔부호고

周쥬ᄂᆞᆫ 卒졸哭곡ᄒᆞ고셔 祔부ᄒᆞ니 孔공子ᄌᆞㅣ 殷은을 善션타ᄒᆞ시니 註주에 골오ᄃᆡ 期긔년만의 神신으로 호믄 人인情졍이라ᄒᆞ여시나 그러나 殷은적 禮녜이믜 업서시니 그 本본末말을 可가히 샹考고티 몯ᄒᆞᆯ거시오 이제 三삼虞우ㅣ며 卒졸哭곡을 다 周쥬적 禮녜 次ᄎᆞ례로 ᄒᆞᆫ則즉 이만 홈자 殷은적 禮녜를 從죵티 몯ᄒᆞᆯ디니라

卒졸哭곡明명日일而이祔부니 卒졸哭곡之지祭제既긔徹텰에 即즉陳딘器긔具구饌찬ᄒᆞ라 ○卒졸哭곡ᄒᆞᆫ 이ᄐᆞᆫ날 祔부졔ᄒᆞᄂᆞ니 卒졸哭곡祭제 이믜 설며 즉제 器긔를 陳딘ᄒᆞ고 饌찬을 ᄀᆞ초라

器긔 쉬 卒졸哭곡ᄭᆞ지 두되 오직 祠ᄉᆞ堂당의 陳진ᄒᆞ고 ᄉᆞ堂
당 끝 좁거든 廳텽事ᄉᆞ에가 隨슈便편ᄒᆞ야 ᄒᆞ라 亡망者쟈
의 祖조考고妣비 位위ᄅᆞᆯ 가온대 設셜ᄒᆞ되 南남向향ᄒᆞ야
西셔上상ᄒᆞ고 亡망者쟈의 位위ᄅᆞᆯ 그 東동南남의 設셜ᄒᆞ
되 西셔向향ᄒᆞ고 母모喪상이어든 祖조考고 位위ᄅᆞᆯ 設셜
티 말라 酒쥬甁병이며 玄현酒쥬甁병을 阼조階계上상의
ᄒᆞ고 火화爐로ㅣ며 湯탕甁병을 西셔階계上상의 ᄒᆞ고 饌
한 믈ᄭᆞ 초기ᄅᆞᆯ 卒졸哭곡ᄭᆞ디 ᄒᆞ되 세 분ᄭᅴ ᄒᆞ고 母모喪상
이어든 두 분ᄭᅴ ᄒᆞ라 祖조妣비 二이人인 以이上상이어든
親친ᄒᆞ니로 配배ᄒᆞ라 ○ 雜잡記긔예 ᄀᆞᆯ오ᄃᆡ 男남子ᄌᆞㅣ 王

祔ᄒᆞᆫ남읜 [illegible]

옴 父부의계祔부ᄒᆞ면配비ᄒᆞ고女녀子ᄌᆞㅣ王왕母모의
계祔부ᄒᆞ면配비티말라ᄒᆞ니註주에尊존者쟈의계有유
事ᄉᆞᄒᆞ면可가히베卑비호의계미치려니와卑비者쟈의
계有유事ᄉᆞᄒᆞ면敢감히尊존ᄒᆞ니ᄅᆞᆯ援원티몯ᄒᆞᆯ거시니
라

高고氏시골오ᄃᆡ만일妣비ᄅᆞᆯ祔부ᄒᆞᆫ則즉祖조妣비와
ᄆᆞᆺ妣비의位위ᄅᆞᆯ設셜ᄒᆞ고다시祖조考고位위ᄅᆞᆯ設셜
티아닐디니라만일父부ㅣ이셔셔妣비ᄅᆞᆯ祔부ᄒᆞᆫ則즉
可가히祖조妣비ᄅᆞᆯ適뎍遷쳔티몯ᄒᆞᆯ거시라맛당히각
別별히室실을예위베그신主쥬ᄅᆞᆯ藏장ᄒᆞ얏다가考고

를기ᄃᆞ려ᄒᆞᆷᄭᅴ祔부ᄒᆞ라만일考고妣비를ᄒᆞᆷᄭᅴ祔부호則즉祖조考고와밋祖조妣비의位위를다設셜ᄒᆞ더니라○胡호氏시泳영이ᄀᆞᆯ오ᄃᆡ高고氏시의別별室실애主쥬를藏장ᄒᆞ라ᄒᆞᆫ말이젹컨댄그러티아닌가ᄒᆞ노라先션生ᄉᆡᆼ이內ᄂᆡ子ᄌᆞ의喪상애신主쥬를오직祖조妣비의겨ᄐᆡ祔부ᄒᆞ야두시니이맛당이의據거를삼암즉ᄒᆞ니라楊양復복이ᄀᆞᆯ오ᄃᆡ父부ㅣ이시매妣비를祔부ᄒᆞᆫ則즉父부ㅣ主쥬ㅣ되니곰이夫부ㅣ妻쳐를祖조妣비애祔부ᄒᆞ노니라三삼年년喪상의畢필ᄒᆞ올디라도還쳔티몯ᄒᆞ고오히려祖조妣비애祔부ᄒᆞ엿다가父부의位

타日일에三삼年년喪상畢필호믈기두려셔祖조考고
妣비를遞톄遷쳔ᄒᆞ야사비로소考고妣비ᄒᆞᆷ의遷쳔ᄒᆞ믈
거시니高고氏시의父부ㅣ이시매可가히祖조妣비를
遞톄遷쳔티몯ᄒᆞ리라ᄒᆞᆫ말이ᄯᅩᄒᆞᆫ올토다다만別별室
실애산主쥬를藏장ᄒᆞ라ᄒᆞᆫ말인則즉그루니라
厥궐明명에夙슉興흥ᄒᆞ야設셜蔬소果과酒쥬饌찬ᄒᆞ라○그이
ᄐᆞᆫ날일어蔬소果과와酒쥬饌찬을設셜ᄒᆞ라
다卒졸哭곡ᄁᆞ티ᄒᆞ라
質질明명에主쥬人인以이下하ㅣ哭곡於어靈령座좌前젼
ᄒᆞ락○質질明명에主쥬人인以이下하ㅣ靈령座좌前젼의哭

곡ᄒᆞ라

主쥬人인兄형弟뎨ㅣ다階계下하의堂당을지혀두고ᄃᆞ려가哭곡호ᄅᆞᆯ盡진哀ᄋᆡᄒᆞ고그치라○按안호니이ᄂᆞᆫ繼계祖조ᄒᆞᄂᆞᆫ宗종子ᄌᆞ의喪상을닐오미니그世세適뎍댱이응當당이後후ㅣ될者자ㅣ主쥬喪상ᄒᆞ여야이어이禮례ᄅᆞᆯ쓰고만일喪상主쥬ㅣ宗종子ᄌᆞㅣ아니어든다ᄅᆞᆫ망者자의繼계祖조之지宗종으로ᄡᅥ이祔부祭졔ᄅᆞᆯ主쥬ᄒᆞ라○禮녜註주에닐오ᄃᆡ祖조廟묘애祔부ᄒᆞ기ᄅᆞᆯ맛당이尊존者쟈로ᄒᆞ여主쥬ᄒᆞ라ᄒᆞ니라

詣예祠ᄉᆞ堂당ᄒᆞ야奉봉神신主쥬ᄒᆞ야出츌ᄒᆞ야置티于우座좌ᄒᆞ라○

뇌집ᄉᆞᄂᆞᆫ
부인내집
ᄉᆞᄒᆞᄂᆞ니
라

祠ᄉᆞ堂당의가神신主쥬를뫼셔座좌의내여노ᄒᆞ라
祝츅이발을걷고櫝독을열고祔부ᄒᆞᆯ바祖조考고ㅅ신主
쥬를뫼셔座좌의노코內내執집事ᄉᆞ者쟈ㅣ祖조妣비ㅅ
신主쥬를뫼셔座좌의노호되西셔上샹ᄒᆞ라만일다른뒤
잇거든西셔階계上샹卓탁子ᄌᆞ우희노흔後후에櫝독을
열라○만일喪상主쥬ㅣ宗종子ᄌᆞㅣ아니오繼계祖조之지
宗종으로더브러달리살거든宗종子ᄌᆞㅣ爲위ᄒᆞ야祖조ᄭᅦ
告고ᄒᆞ고虛허位위를設셜ᄒᆞ야베祭제ᄒᆞ고祭제ᄆᆞᄎᆞ며
업시ᄒᆞ라
還환奉봉新신主쥬ᄒᆞ야入입祠ᄉᆞ堂당ᄒᆞ야置티于우座좌ᄒᆞ라○

도라가새신主쥬를뫼셔祠ᄉᆞ堂당의드려座좌의노ᄒᆞ라
主쥬人인以이下하ㅣ도라와靈령座좌所소의가哭곡ᄒᆞ
고祝츅이신主쥬櫝독을뫼셔祠ᄉᆞ堂당西셔階계上상卓
탁子ᄌᆞ우희가거든主쥬人인以이下하ㅣ哭곡ᄒᆞ고조차
가몸柩구를조차갈젹礼례ᄀᆞ티ᄒᆞ라門문의니ᄅᆞ러哭곡
을그치고祝츅이櫝독을여러신主쥬내여노키를前젼ᄀᆞ티
ᄀᆞ티ᄒᆞ라만일喪상主쥬ㅣ宗종子ᄌᆞ아니어든오직喪상
主쥬와主쥬婦부以이下하ㅣ도라와마조라
敍셔立닙ᄒᆞ고○펴셔고
만일宗종子ᄌᆞㅣ졔喪상主쥬ㅣ되면펴셔기를虞우祭졔

젹태곧타ᄒᆞ고단일喪상主쥬ㅣ宗종子ᄌᆞ아니면宗종子ᄌᆞ와主쥬婦부ㅣᄂᆞᆫ화兩냥階계아래셔거든喪상主쥬ᄂᆞᆫ宗종子ᄌᆞ의右우의잇고喪상主쥬婦부ᄂᆞᆫ宗종子ᄌᆞ婦부의左좌의이쇼뒤무디어드압픠잇고졈거든뒤헤이시라

녀나모거ᄉᆞᆫ또虞우祭제적녜ᄀᆞ투니라

叅참神신라ᄒᆞ○神신거叅참ᄒᆞ라

位위예인ᄂᆞᆫ者자ㅣ다再ᄌᆡ拜ᄇᆡᄒᆞ야祖조考고妣비ᄭᅴ叅참ᄒᆞ라

降강神신라ᄒᆞ○神신을降강ᄒᆞ라

만일宗종子ᄌᆞㅣ제喪상主쥬ㅣ되면喪상主쥬ㅣ行ᄒᆡᆼᄒᆞ

고 만일 喪상主쥬ㅣ 宗종子ᄌᆞㅣ 아니면 宗종子ᄌᆞㅣ 行ᄒᆡᆼ
ᄒᆞ라 다 卒졸哭곡ᄀᆞ티 ᄒᆞ라

祝츅이 進진饌찬ᄒᆞ라○祝츅이 饌찬믈을 進진ᄒᆞ라

다 虞우祭졔ᄀᆞ티 ᄒᆞ라

初초獻헌ᄒᆞ라○처엄 獻헌爵쟉ᄒᆞ라

만일 宗종子ᄌᆞㅣ 稱喪상主쥬ㅣ 되면 喪상主쥬ㅣ 行ᄒᆡᆼᄒᆞ
고 만일 喪상主쥬ㅣ 宗종子ᄌᆞㅣ 아니면 宗종子ᄌᆞㅣ 行ᄒᆡᆼ
ᄒᆞ라 다 卒졸哭곡ᄀᆞ티 호ᄃᆡ 다만 酌작獻헌호믈 제 몬져 祖조
考고妣비 前젼의 가 ᄒᆞ라 日일子ᄌᆞ 亡前젼의 卒졸哭곡과
ᄀᆞᆮ고 祝츅版판의 다만 닐오ᄃᆡ 孝효子ᄌᆞ 某모는 謹근 以이

[illegible]성宗유[illegible]로와子ᄌᆞ盛셩體톄齊졔로適뎍子ᄌᆞ우某
모考고某모官관府부君군ᄒᆞ야隮졔祔부孫손某모官관
ᄒᆞ니尙샹饗향이라ᄒᆞ고다哭곡디말라內내喪상이어든
날오디某모妣비某모封봉某모氏시隮졔祔부孫손婦부
某모封봉某모氏시라ᄒᆞ라버거亡망者쟈ㅣ前젼의가라단
일宗종子ᄌᆞㅣ祧喪상主쥬ㅣ되면祝츅版판이前젼과곤
고다만날오디爲위祔부事ᄉᆞ于우先션考고某모官관府
부君군ᄒᆞ야適뎍子ᄌᆞ우某모考고某모官관府부君군ᄒᆞ니
尙샹饗향이라ᄒᆞ라만일喪상主쥬ㅣ宗종子ᄌᆞㅣ아니면
宗종子ᄌᆞ의稱칭호ᄒᆞ나바를조차ᄒᆞ고만일亡망者쟈ㅣ

宗종子ᄌᆞ의게畀비幼유ᄒᆞ니어든宗종子ᄌᆞㅣ拜비티말
라
亞아獻헌ᄒᆞ며終종獻헌ᄒᆞ라○떠거獻헌쟉ᄒᆞ며모조락獻헌쟉ᄒᆞ라
만일宗종子ᄌᆞㅣ제喪상主쥬ㅣ되면主쥬婦부ㅣ亞아獻
헌ᄒᆞ고권당이나손이나終종獻헌ᄒᆞ며만일喪상主쥬ㅣ
宗종子ᄌᆞㅣ아니면喪상主쥬ㅣ亞아獻헌ᄒᆞ고主쥬婦부
ㅣ終종獻헌ᄒᆞ라다卒졸哭곡파ᄆᆞᆺ初초獻헌네ᄭᅡ티ᄒᆞ오ᄃᆡ
오직讀독祝츅아니ᄂᆞ니라
侑유食식ᄒᆞ며闔합門문ᄒᆞ며啓계門문ᄒᆞ며辭ᄉᆞ神신ᄒᆞ라○食식을
侑유ᄒᆞᄂᆞᆫᄯᅢ예門문을다ᄃᆞ며門문을열며神신ᄭᅴ辭ᄉᆞᄒᆞ라

다卒졸哭곡ᄀᆞ티호ᄃᆡ다만哭곡디말라
祝츅이奉봉主쥬ᄒᆞ야各각還환故고處쳐ᄒᆞ라○祝츅이신主쥬
를뫼셔各각각뎟고ᄃᆡ도라오라
祝츅이몬뎌祖조考고妣비神신主쥬를龕감실가온대녀
허匣갑을닫고버거亡망者쟈의神신主쥬를西셔階계卓
탁子ᄌᆞ우희셔녀허匣갑올닫아뫼셔靈령座좌의도라오
뒤門문의나셔主쥬人인以이下하ㅣ哭곡ᄒᆞ고조차가몰
올젹비ᄀᆞ티ᄒᆞ야盡진ᄒᆞᆫ哀ᄋᆡᄒᆞ고그치라만일喪상主쥬ㅣ
宗종子ᄌᆞㅣ아니면哭곡ᄒᆞ고몬져行ᄒᆡᆼᄒᆞ거든宗종子ᄌᆞ
ㅣ또哭곡ᄒᆞ고보내여盡진ᄒᆞᆫ哀ᄋᆡᄒᆞ고그치라만일다른ᄃᆡ

기祭졔ᄒᆞ거든祖조考고ㅣ妣비신主쥬ᄅᆞᆯ任새신主쥬ᄭᅴ티
드리라

程뎡子ᄌᆞㅣᄀᆞᆯᄋᆞ샤ᄃᆡ喪상ᄋᆞᆯ三삼年년을기ᄃᆞ려셔祔
부ᄒᆞᆯ디니만일卒졸哭곡애祔부ᄒᆞ면則즉三삼年년을은
득다이리업ᄉᆞ리라禮녜애卒졸哭곡애오히려朝됴ᄉᆞ
셕哭곡이이시니신主쥬ㅣ寢침애잇디아니ᄒᆞ면어늬
고ᄃᆡ가哭곡ᄒᆞ리오○宗죵子ᄌᆞㅣᄀᆞᆯᄋᆞ샤ᄃᆡ古고者쟈
애가廟묘애昭쇼穆목次ᄎᆞ셰이시니昭쇼ᄂᆞᆫ뎟더디昭
쇼ㅣ되고穆목은뎟더디穆목이되ᄂᆞ故고로새로주근
者쟈ᄅᆞᆫ그祖조父부廟묘애祔부ᄒᆞ면則즉爲위ᄒᆞ여그祖

조父부ᄭᅴ當당당히다ᄅᆞᆫ廟묘애遷쳔홈으로뻐告고ᄒᆞ
고새로주근者쟈ᄅᆞᆯ當당당히이廟묘애들漸졈으로뻐
告고ᄒᆞ니라이제公공私ᄉᆞ의廟묘ㅣ다堂당이同동ᄒᆞ
고室실이異이ᄒᆞ여西셔로뻐上샹을삼ᄂᆞᆫ制졔을밍글
고다시左좌昭쇼右우穆목ᄒᆞᄂᆞᆫ次ᄎᆞ셰업ᄉᆞ니라ᄒᆞᆫ번
適뎍遷쳔홈이이신則즉모ᄃᆞᆫ室실이다遷쳔ᄒᆞ고새로
주ᄂᆞᆫ者쟈ㅣ當당당히그禰녜약故고室실애드니이곤
禮녜의큰節절목이뎨로더브러곤디아니호되禮녜ᄅᆞᆯ
ᄒᆞᄂᆞᆫ者쟈ㅣ오히려祖조父부의祔부ᄒᆞ라ᄒᆞᆫ文문ᄌᆞᄅᆞᆯ
자바ᄒᆞ니意의義의업소ᄃᆞᆺᄒᆞ도다그러나드틔여變변

ᄒᆞ여禰녜廟묘애祔부코져ᄒᆞᆫ則즉ᄯᅩᄒᆞᆫ禮녜를앗겨ᄆᆞᆯ
양을두노ᄠᅳ디아니니라○楊양氏시復복이ᄀᆞᆯ오ᄃᆡ司
ᄉᆞ馬마공의禮녜와家가禮녜애다임의祔부ᄒᆞᆫ後후애
主쥬를寢침의復복ᄒᆞᆷ을올타ᄒᆞ니닐온바神신主쥬를뫼
셔各각각故고處쳐애還환ᄒᆞᆷ이라

小쇼祥샹

鄭뎡氏시닐오ᄃᆡ祥샹은吉길타호미라

朞긔而이小쇼祥샹ᄒᆞ라○돌셔小쇼祥샹ᄒᆞ라
喪상ᄉᆞ나모로브터이에니르히閏윤ᄃᆞᆯ은혜디말고므롯
열석ᄃᆞᆯ이라비로소날을졈卜복ᄒᆞ야祭졔ᄒᆞ더니이제다만

祔忌긔일을배셔簡간易이홈을조ᄎᆞ니大대祥샹이이과
ᄀᆞᄐᆞ니라
前젼期긔一일日일ᄒᆞ야主쥬人인以이下하ㅣ沐목浴욕ᄒᆞ고陳
뎐器긔具구饌찬ᄒᆞ라○ᄒᆞᄅᆞ前젼期긔ᄒᆞ야主쥬人인以이下
하沐목ᄒᆞ며浴욕ᄒᆞ고器긔ᄅᆞᆯ陳뎐ᄒᆞ며饌찬을ᄀᆞ초라
主쥬人인이모든丈댱夫부ᄅᆞᆯ거ᄂᆞᆯ이고믈ᄲᅳ려ᄡᅳᆯ며싯가
서고主쥬婦부ㅣ모든婦부女녀ᄅᆞᆯ거ᄂᆞᆯ이고가마와솟ᄅᆞᆯ
시ᄉᆞ며祭졔饌찬을ᄀᆞ초라다ᄅᆞᆫ거ᄉᆞᆫ다卒졸哭곡적禮례
파ᄀᆞᄐᆞ니라
設셜次ᄎᆞᄒᆞ고陳뎐練련服복ᄒᆞ라○막次ᄎᆞᄅᆞᆯ設셜ᄒᆞ고練련服

복을陳딘ᄒᆞ라
丈댱夫부ㅣ며婦부人인을各각다론ᄃᆡ設셜次ᄎᆞᄒᆞ고
練련服복을그가온ᄃᆡ두라男남子ᄌᆞᄂᆞᆫ누은바로ᄇᆡ冠관
을밍글고首슈經딜과負부版판과辟벽領령과衰최ᄅᆞᆯ엽
시ᄒᆞ고婦부人인은간쵸마ᄅᆞᆯ버혀ᄒᆡ여곰ᄡᅡ회ᄉᆞ이디아
니케ᄒᆞ라應응당이期긔년복니브니ᄂᆞᆫ吉길服복을ᄭᅳ라
니브되그리나오히려그돌盡진ᄒᆞ도록金금이며珠쥬
ㅣ며錦금繡슈ㅣ며다紅홍이며紫ᄌᆞ디거ᄉᆞᆯ닙디말고오
직妻쳐ᄅᆞᆯ爲위ᄒᆞᆫ者쟈ᄂᆞᆫ오히려禫담복을닙어ᄡᅡ가열다
ᄉᆞᆷ돌이盡진커든버ᄉᆞ라

揚양氏시復복이ᄀᆞᆯ오ᄃᆡ按안ᄒᆞ니儀의禮례喪상服복
記긔애衰최와負부版판과辟벽領령制제도載지로ᄒᆞᆷ
을甚심히ᄌᆞ셰호ᄃᆡ다만闕궐ᄒᆞᆫ文문이이셔衰최와負
부版판과辟벽領령을어ᄂᆡ時시예더ᄅᆞᆷ을닐ᄋᆞ디아니
ᄒᆞ엿거ᄂᆞᆯ司ᄉᆞ馬마公공書셔儀의애닐오ᄃᆡ임의練련
ᄒᆞᆷ애男남子ᄌᆞㅣ首슈經딜과負부版판과辟벽領령과
衰최ᄅᆞᆯ업시ᄒᆞ라ᄒᆞᆫ故고로家가禮례ᄂᆞᆫ書셔儀의ᄅᆞᆯ의
據거ᄒᆞ여닐오ᄃᆡ小쇼祥상애首슈經딜과負부版판과
辟벽領령과衰최ᄅᆞᆯ업시ᄒᆞ라ᄒᆞ니라다만禮례經경에
임의練련ᄒᆞᆷ애男남子ᄌᆞᄂᆞᆫ首슈經딜올덜고婦부人인

ᄂᆞᆫ腰요帶ᄃᆡ를덜라ᄒᆞ엿거ᄂᆞᆯ家가禮녜애ᄂᆞᆫ婦부人인

成셩服복ᄒᆞᆯ時시애도婦부人인이經딜帶ᄃᆡᄒᆞ라ᄒᆞᆫ文

문이다업소니이疎소略냑ᄒᆞ더라故고로임의練련홈

애在ᄒᆞᆫ婦부人인이帶ᄃᆡ더름을니루디아니ᄒᆞ여시니

맛당히禮녜經경으로써正졍을삼을디니라

厥궐明명에夙슉興흥ᄒᆞ야設셜蔬소果과酒쥬饌찬ᄒᆞ라○그이

ᄐᆞᆫ날일닐어蔬소果과와酒쥬饌찬을設셜ᄒᆞ라

다卒졸哭곡ᄀᆞ티ᄒᆞ라

質질明명에祝츅이出츌主쥬ᄒᆞ고主쥬人인以이下하ㅣ入입

哭곡라ᄒᆞ○質질明명에祝츅이신主쥬를내고主쥬人인以이

下하ㅣ드러가哭곡ᄒᆞ라

다卒졸哭곡고듸되다만主쥬人인이門문外외예杖댱을
지허두고期긔已ᄅᆞᆫ親친으로브터各각각그服복을닙고
드러가라만일이믜服복을버슨者자ㅣ의祭제롤참預예
ᄒᆞ거든쪼華화盛셩ᄒᆞᆫ옷슬버서업시코다哭곡ᄒᆞ믈盡진
哀의ᄒᆞ고그치라

乃내出츌就취次ᄎᆞ야易역服복ᄒᆞ고復부入입哭곡ᄒᆞ라○이에
나와막次ᄎᆞ의나아가服복을ᄲᅡ라닙고다시드러가哭곡ᄒᆞ
라

祝츅이止지곡ᄒᆞ라

降강神신라ᄒᆞ、○神신을降강ᄒᆞ라、

卒졸哭곡ᄀᆞ티ᄒᆞ라

三삼獻헌라ᄒᆞ○셰번獻헌ᄒᆞ약ᄒᆞ라

卒졸哭곡졔네ᄀᆞ티ᄒᆞ라祝츅版판이前젼과ᄀᆞ트되다만
골오ᄃᆡ日일月월不블居거ᄒᆞ야奄엄及급小쇼祥샹ᄒᆞ니
夙슉興흥夜야處쳐ᄒᆞ야小쇼心심畏외忌긔ᄒᆞ며不블惰
타其기身신ᄒᆞ야哀ᄋᆡ慕모不블寧녕이라敢감用용潔결
牲ᄉᆡᆼ柔유毛모ᄒᆞ야粢ᄌᆞ盛셩醴례齊졔ᄒᆞ야薦쳔此ᄎᆞ常샹
事ᄉᆞᄒᆞ니尙샹饗향이라ᄒᆞ라

侑유食식라ᄒᆞ、闔합門문라ᄒᆞ、啓계門문라ᄒᆞ、辭ᄉᆞ神신라ᄒᆞ、○食식을

揖유ᄒᆞ니門문은나ᄃᆞ며門문ᄋᆡ·엘며 辭ᄉᆞᄒᆞ라

다卒졸哭곡젹테ᄀᆞ티ᄒᆞ라

止지朝됴夕셕哭곡라ᄒᆞᆫ○朝됴夕셕哭곡을그치리

오직朔삭望망애除뎨服복몯ᄒᆞ온者쟈ㅣ모다셔哭곡ᄒᆞ라

그喪상소맛난후의親친戚쳑이일즉서르보디몯ᄒᆞ엿던

者쟈ㅣ서르보와든비록블셔服복을버서셔도오히려哭

곡ᄒᆞ올盡진哀ᄋᆡᄒᆞᆫ後후에敘셔拜ᄇᆡᄒᆞ라

始시食식菜ᄎᆡ果과라ᄒᆞᆫ○비로소ᄂᆞ몰히며실果과ᄅᆞᆯ머그라

妻쳐喪상애期긔ᄂᆞᆫ녀머셔主쥬祭졔ᄒᆞ옴을못ᄉᆞᆸ뇌이다

朱쥬子ᄌᆞㅣ골ᄋᆞ샤ᄃᆡ이상考고티몯ᄒᆞ엿거니와다만

司ᄉᆞ馬마氏시大대小쇼祥샹祭제애임의服복을버쇼
者쟈도다祭제애참與예케ᄒᆞ고則즉主쥬祭제ᄒᆞ는者쟈
ㅣ비록임의服복을버ᄉᆞ나ᄯᅩ엇디祭제예참與예홈이
害해로오리오다만可가히오로吉길服복을ᄡᅳ디몯ᄒᆞᆯ
거시니모로미弔됴服복과ᄀᆞᆺ忌긔日일의服복ᄀᆞᆮ티홈
이可가ᄒᆞ니라

大대祥샹

再재朞긔而ᅀᅵ大대祥샹라ᄒᆞ○두돌시大대祥샹ᄒᆞ라
喪상ᄉᆞ나모로브터이에니르히閏윤ᄃᆞᆯ은혜디말고므릇
ᄉᆞ믈다ᄉᆞᆺᄃᆞᆯ이라ᄯᅩ다만ᄃᆞᆯ재忌긔日일을배祭제ᄒᆞ리

前젼期긔一일日일ᄒᆞ야沐목浴욕ᄒᆞ고陳딘器긔具구饌찬ᄒᆞ라○ᄒᆞᄅᆞ前젼期긔ᄒᆞ야沐목ᄒᆞ며浴욕ᄒᆞ고器긔ᄅᆞᆯ陳딘ᄒᆞ고饌찬믈을ᄀᆞ초라

다小쇼祥샹ᄀᆞ티ᄒᆞ라

設셜次ᄎᆞᄒᆞ고陳딘禫담服복ᄒᆞ라○막次ᄎᆞᄅᆞᆯ設셜ᄒᆞ고禫담服복을陳딘ᄒᆞ라

司ᄉᆞ馬마溫온公공이ᄀᆞᆯ오ᄃᆡ丈댱夫부ᄂᆞᆫ앱이ᄃᆞ리던거ᄉᆞᆫ紗사로ᄒᆞᆫ幞복頭두ㅣ머거믄뵈옷시며뵈로角각帶ᄃᆡᄅᆞᆯᄠᆞᆯ디니大대祥샹몯디난ᄉᆞ이예닙고ᄡᅥ나가놈뵈ᄂᆞ거시라婦부人인은冠관梳소ᄒᆞ고ᄇᆞᆫ머리ᄒᆞ고鵝아黃황비

치며靑쳥확이며碧벽셕이며皂조셕이며白ᄇᆡᆨ셕으로비
옷과신을ᄒᆞ고그金금이며진珠쥬ㅣ며다紅홍이며금繡
슈ᄂᆞᆫ다可가히ᄡᅳ디몯ᄒᆞᆯ거시니라
뭇ᄌᆞ오ᄃᆡ子ᄌᆞㅣ母모ᄅᆞᆯ爲위ᄒᆞ여大대祥샹과밋禫담
제애夫부ㅣ임의服복이업서시니그祭제ᄅᆞᆯ맛당히엇
디ᄒᆞ리잇고冢쥬子ᄌᆞㅣᄀᆞᆯᄋᆞ샤ᄃᆡ이젼禮례애几궤筵
연을반ᄃᆞ시三삼年년만의ᄃᆞᆫ則즉小쇼祥샹大대祥샹
祭제도다夫부ㅣ主쥬ᄒᆞᆯ거시어니와다만小쇼祥샹後
후애夫부ㅣ即즉제服복을버ᄉᆞ니大대祥샹祭제애夫
부ㅣ佐좌호저컨대ᄂᆞᆫ모로미素소服복은帛뵈服복곤디

홈이可가ᄒᆞ니라다만그祝츅詞ᄉᆞ롤고텨ᄀᆞ티여ᄌᆞ

ㅣ되예祭제홈을니ᄅᆞ디말올디니라

告고遷쳔于우祠ᄉᆞ堂당ᄒᆞᆫ○데遷쳔ᄒᆞ올祠ᄉᆞ堂당의告고

ᄒᆞ라

술이며실果과로뻐告고ᄒᆞ오ᄃᆡ朔삭日일의네ᄭᅴ티ᄒᆞ라만

일親친盡진ᄒᆞ오祖조ㅣ엽거든祝츅版판의云운云윤ᄒᆞ고

告고ᄒᆞ오몰모고神신主쥬롤고텨ᄊᆞ되加가贈증ᄒᆞᆯ제녜곤

게ᄒᆞ고遞데遷쳔ᄒᆞ야西셔로올려東동벽ᄒᆞ오龕감실으로

위뻐새신主쥬롤기들오고만일親친盡진ᄒᆞ오祖조ㅣ잇고

그別별子ᄌᆞㅣ어든祝츅版판의云운云운ᄒᆞ고告고ᄒᆞ올

못고墓묘所소의옴겨묻디말며그支지子ᄌᆞㅣ오族족人
인이親친未미盡진ᄒᆞ니잇거든祝츅版판의云운云운ᄒᆞ
고告고ᄒᆞ올못ᄒᆞ고ᄀᆞ장몬의지비옴겨ᄒᆡ여곰그祭제를主
쥬ᄒᆞ게ᄒᆞ고그나무니ᄂᆞᆫ改ᄀᆡ題뎨ᄒᆞ여遞톄遷쳔ᄒᆞ올前
젼ᄭᆞ디ᄒᆞ라만일親친이다블셔盡진ᄒᆞ엿거든祝츅版판
의云운云운ᄒᆞ고告고ᄒᆞ올못ᄒᆞ고兩냥階계ᄉᆞ이예무ᄃᆞ라
그나무니ᄂᆞᆫ改ᄀᆡ題뎨ᄒᆞ여遞톄遷쳔ᄒᆞ올前젼ᄭᆡ디ᄒᆞ라
厥궐明명에行ᄒᆡᆼ事ᄉᆞᄒᆞ되皆ᄀᆡ如여小쇼祥샹之지儀의ᄒᆞ라○
그이튼날行ᄒᆡᆼ事ᄉᆞᄒᆞ되다小쇼祥샹적ᄀᆞᆺ티ᄒᆞ라
오직祝츅版판의小쇼祥샹을고텨ᄀᆞᆯ오되大대祥샹이라

ᄒᆞ고[illegible]事ᄉᆞᄅᆞᆯ골오ᄃᆡ祥샹事ᄉᆞㅣ라ᄒᆞ라
畢필에祝츅이奉봉神신主쥬ᄒᆞ야入입于우祠ᄉᆞ堂당ᄒᆞ라○무
ᄎᆞ매祝츅이神신主쥬ᄅᆞᆯ뫼셔祠ᄉᆞ堂당의드리라
主쥬人인以이下하ㅣ哭곡ᄒᆞ고조차가몬祔부제젹ᄎᆞ례
기티ᄒᆞ고祠ᄉᆞ堂당前젼의니르러哭곡을그치라
徹텰靈령座좌ᄒᆞ고斷단杖댱ᄒᆞ야棄기之지屛병處쳐ᄒᆞ고奉봉遷
쳔主쥬ᄒᆞ야埋ᄆᆡ于우墓묘側측ᄒᆞ고始시飮음酒쥬食식肉육而
이復복寢침ᄒᆞ라○靈령座좌ᄅᆞᆯ설고상杖댱을그처길친뒤ㅣ브
리고뎨遷쳔ᄒᆞᆫ신主쥬ᄅᆞᆯ뫼셔墓묘소겨ᄐᆡ묻고비로소술을
머그며고기ᄅᆞᆯ먹고寢침실의復복ᄒᆞ라

ᄯᅩ比超됴
ᄌᆞᄂᆞᆫ다니
우ᄒᆞ로뛰
여ᄒᆞᆫ닷말
이리

ᄂᆞ겨선의
믈옴은述
슐이라

副篇필드의
명은訣결로

祧됴쳔ᄒᆞ신主쥬ᄅᆞᆯ묻ᄌᆞ온대朱쥬子ᄌᆞㅣ골ᄋᆞ샤ᄃᆡ天
텬子ᄌᆞ와諸졔侯후ᄂᆞᆫ大태廟묘애夾협室실이이신則
즉祧됴主쥬ᄅᆞᆯ그가온대藏장ᄒᆞ려니와이제士ᄉᆞ人인
의집은이업ᄉᆞ니祧됴主쥬ᄅᆞᆯ可가히둘고ᄃᆡ업ᄉᆞᆫ디라
禮례記긔애두셤ᄉᆞ이예藏장ᄒᆞ라닐럳거니와이제ᄂᆞᆫ
마ᄅᆞᆷ을得득디몯ᄒᆞ여오직墓묘所소애묻ᄂᆞ니라○李
니繼계善션이묻ᄌᆞ와골오ᄃᆡ納납主쥬ᄒᆞᄂᆞᆫ禮례ᄅᆞᆯ禮례
經경애나타나디아닛고書셔儀의애다만닐오ᄃᆡ祠ᄉᆞ
版판을옴겨影영堂당애匣갑ᄒᆞ라ᄒᆞ고각別별히祭졔
ᄒᆞ여告고ᄒᆞᄂᆞᆫ禮례업ᄉᆞ니周쥬舜슌弼필이ᄇᆡ혀ᄒᆞ오ᄃᆡ

昧매然연히匣갑의歸귀ᄒᆞ니저컨댄得득홈이아닌가

ᄒᆞ노라ᄒᆞ고先션生ᄉᆡᆼ이前젼의니루시되諸졔侯후ㅣ

三삼年년喪상을畢필ᄒᆞᆷ애다祭졔잇다ᄒᆞ되다만그禮

녜업ᄉᆞ고大태夫우以이下하ᄂᆞᆫ또可가히考고티몯ᄒᆞ

리로다ᄒᆞ시니그러ᄒᆞᆫ則즉이제맛당히어ᄂᆡ바의의議

거ᄒᆞ리잇고ᄀᆞᆯ오사ᄃᆡ橫횡渠거ㅣ닐오ᄃᆡ三삼年년後

후애太태廟묘애祫합祭졔ᄒᆞ고그告고祭졔畢필ᄒᆞ옴을

因인ᄒᆞ여신主쥬ᄅᆞᆯ還환안ᄒᆞᆯᄣᅢ예드듸여祧됴ᄒᆞᆯ主쥬

ᄅᆞᆯ奉봉ᄒᆞ여夾협室실애歸귀ᄒᆞ고遷쳔ᄒᆞᆯ主쥬와새主

쥬란다그廟묘개歸귀ᄒᆞ라ᄒᆞ시니이禮례ᄅᆞᆯ得득ᄒᆞ욘듯

ᄒᆞ도다鄭뎡氏시周쥬禮례註주애大대宗종伯뵉이先
션王왕이享향ᄒᆞᄂᆞᆫ處쳐애ᄯᅩᄒᆞᆫ이ᄠᅳ디인ᄂᆞᆫ듯ᄒᆞ고舜
益弼필의疑의심ᄒᆞᄂᆞᆫ배니의닐온바三삼年년喪상이
畢필ᄒᆞᆷ애祭졔이시리라ᄒᆞᄂᆞᆫ者쟈ㅣ로되보려ᄯᅩᄒᆞᆫ瞰감
合합ᄒᆞ욘듯ᄒᆞ다다만임의祥샹ᄒᆞᆷ애几계遂연을일연그
主쥬를아직맛당히祖조父부人廟묘의祔부ᄒᆞ엿다가
祫합졔畢필ᄒᆞᆷ을기ᄃᆞ린然연後후애遷쳔ᄒᆞᆯ디니라○
楊양氏시復복이골오ᄃᆡ家가禮례애祔부와다ᄆᆞᆺ遷쳔
ᄒᆞᆷ이다祥샹祭졔一일時시의이리라一일日일을前젼
期긔ᄒᆞ여酒쥬果과로ᄡᅥ告고ᄒᆞ믈ᄆᆞᆺ고改ᄀᆡ題뎨ᄒᆞ고

請ᄒᆞ여西셔向ᄒᆞ고東동뎍ᄒᆞ고合龕감신ᄒᆞ을비워배
ᄉᆡ主쥬ᄅᆞᆯ기ᄃᆞ리다가고이튼날祥상祭졔ᄅᆞᆯ畢필ᄒᆞ고
神신主쥬ᄅᆞᆯ뫼셔祠ᄉᆞ堂당의드리라ᄒᆞ고또先션生ᄉᆡᆼ
의學ᄒᆞᆨ者쟈주신書셔ᄅᆞᆯ按안ᄒᆞᆫ則즉祔부와다못遷쳔
이이두가지일이ᄂᆞ임의祥상ᄒᆞᆷ에几궤筵연을徹텰ᄒᆞ
ᄂᆞ니그主쥬ᄅᆞᆯ아직맛당히祖조父부ㅅ廟묘에祔부ᄒᆞ야
三삼年년喪상을畢필ᄒᆞ고合합祭졔ᄒᆞ믈기ᄃᆞ린後후
에遷쳔ᄒᆞ라ᄒᆞ시니蓋개世셰次ᄎᆞㅣ골ᄆᆞ다려遷쳔ᄒᆞᆷ
과昭쇼穆목이나여序셔ᄒᆞᆷ이그길이至지重듕ᄒᆞ니엇
디可가히祭졔ᄒᆞ야告고ᄒᆞᆷ禮례업시다만酒쥬果과

로ᄡᅥ告고ᄒᆞ고믈득ᄀᆞᆯ모ᄃᆞ려遷쳔ᄒᆞ옴을行ᄒᆡᆼᄒᆞ리오禮
녜애이셔喪상三삼年년을祭졔티몯ᄒᆞᆫ故고로橫ᄒᆡᆼ渠
거ㅣ닐오ᄃᆡ三삼年년喪상을畢필ᄒᆞ옴애大대廟묘애祫
합祭졔ᄒᆞ고그祭졔畢필ᄒᆞ매主쥬ᄅᆞᆯ還환ᄒᆞᆯ時시ᄅᆞᆯ因
인ᄒᆞ야神신主쥬ᄅᆞᆯᄀᆞᆯ모ᄃᆞ려遷쳔ᄒᆞᆯ거시라ᄒᆞ니ᄠᅳᆺ브
미婉완轉뎐ᄒᆞᆫ디라이禮례ᄅᆞᆯ得득ᄒᆞ옴이니先션生ᄉᆡᆼ이
조ᄎᆞ시니라或혹者쟈ㅣ在大대祥상애喪상을除뎨ᄒᆞ
고새主쥬ㅣ시러곰廟묘애祔부티몯ᄒᆞ모로ᄡᅥ疑의심
ᄒᆞᄂᆞ니그으기일즉ᄉᆡᆼ각건대새主쥬ㅣᄡᅥ곰廟묘애遷
쳔티몯ᄒᆞᆫ바ᄂᆞᆫ正뎡히亡망者쟈의祖조考고尊[illegible]

경ᄒᆞᄂᆞᆫᄠᅳ들體톄득ᄒᆞ옴ᄋᆞᆯ爲위ᄒᆞ오미라祖조考고로祭졔
告고ᄒᆞ오미잇디아니ᄒᆞ고엇디敢감히믄득遷쳔ᄒᆞ리오
ᄒᆞ믈며禮녜애昭쇼穆목을분辨변ᄒᆞ니孫손이반ᄃᆞ시
祖조애祔부ᄒᆞᄂᆞᆫ디라믈읫合합祭졔ᄒᆞᆯ제孫손이더러
디祖조애祔부ᄒᆞᄂᆞ니이제새主쥬로ᄡᅥ아직祖조父부
ㅅ廟묘애祔부ᄒᆞ오미므슴疑의심ᄒᆞ올배이시리오맛당히
告고祭졔ᄒᆞᆯ前젼一일夕셕을기ᄃᆞ려薦쳔으로ᄡᅥ主쥬
遷쳔ᄒᆞ옴을告고ᄒᆞ야뭇고이에神신主쥬를題뎨ᄒᆞ고
그이튼날合합祭졔ᄒᆞ옴을畢필ᄒᆞ옴애祧됴ᄒᆞᆫ主쥬를뫼셔
墓묘所소애뭇고遷쳔ᄒᆞᆫ主쥬와새主쥬를뫼셔각각廟

事ㅣ닌ᄒᆞ 야네예지 ᄒᆞ다ᄒᆞ믈 이마

묘애 도라 갈 디니 그런 故고로 그 말ᄉᆞᆷ홀다 述술ᄒᆞ야 ᄡᅥ
叅참考고ᄒᆞᄋᆞᆸ을 기드리노라 ○ 高고氏ㅅ 祔부와 遷쳔을
告고ᄒᆞᄂᆞᆫ 祝츅文문애 ᄀᆞᆯ오ᄃᆡ 年년月월日일애 孝효曾
증孫손某모ᄂᆞᆫ 罪죄積젹不블滅멸ᄒᆞ니 歲셰及급免면
喪상이라 世셰次ᄎᆞㅣ 迭뎔遷쳔ᄒᆞ야 昭쇼穆목이 繼계
序셔ᄒᆞ니 先션王왕 制졔禮례라 不블敢감不블至지라ᄒᆞ
니라

禫담

鄭뎡氏시 ᄀᆞᆯ오ᄃᆡ 澹담澹담히 平평安안ᄒᆞᆫ ᄠᅳ디라

大대祥샹之지 後후에 中듕月월而이 禫담라ᄒᆞ ○ 大대祥샹後

ᄒᆞ예 祥ᄒᆞᆫ 달ᄉᆞ이 두어 禫담졔ᄒᆞ니

ᄒᆞᆫ ᄃᆞᆯ을 ᄉᆞ이 두미라 喪상ᄉᆞ나모로브터 이에 니르히 閏균

[回]은 혜디 말고 믈읫 스믈닐굽ᄃᆞᆯ이라

司ᄉᆞ馬마温온公공이 ᄀᆞᆯ오ᄃᆡ 士ᄉᆞ虞우禮례애 ᄃᆞᆯ을 中

듕ᄒᆞ야 禫담ᄒᆞ라 ᄒᆞ고 鄭뎡시 註주애 닐오ᄃᆡ 中듕은 間간

이라 ᄒᆞᆷ ᄭᅳᆫ고 禫담은 祭졔 일홈이니 初초喪상으로브터 이

예 닐옴이 믈읫 스믈닐굽ᄃᆞᆯ이라 ᄒᆞ니라 按안호니 魯로

사ᄅᆞᆷ이 아져긔 祥상ᄒᆞ고 나조ᄒᆡ 歌가ᄒᆞᆯ 者쟈ㅣ 잇거ᄅᆞᆯ

子ᄌᆞ路로ㅣ 우ᅀᅮᆫ대 夫부子ᄌᆞㅣ ᄀᆞᆯᄋᆞ샤ᄃᆡ 너믄 則

즉 그 흠번타 ᄒᆞ시고 孔공子ᄌᆞㅣ 임의 祥상ᄒᆞ시고 닷쇄

ᄒᆞᆫᄃᆞ성길
니오
소ᄂᆞᆫ슉갑
이라
비노관ᄁᆡ
애ᄉᆞᆯ기라
잠년ᄆᆞᆫ은
최기편녁
이라
높타은ᄂᆞᆫ
온명불이
오탁부유
도ㅣ라

면의거믄고ᄅᆞᆯᄠᆞ시되소리ᄅᆞᆯ일오디아니ᄒᆞ시고열ᄒᆞᆯ

만의뎌와놀애ᄅᆞᆯ일오시고檀단弓궁애ᄀᆞᆯ오ᄃᆡ祥샹ᄒᆞᆫ

고縞호ᄒᆞ라ᄒᆞ고註주애縞호冠관과素소紕비라ᄒᆞ고佐

ᄀᆞᆯ오ᄃᆡ禫담ᄒᆞ고ᄃᆞᆯ이올무매樂낙ᄒᆞ라ᄒᆞ고三삼年년

問문애ᄀᆞᆯ오ᄃᆡ三삼年년喪상을ᄉᆞ므다ᄉᆞᆺᄃᆞᆯ만의畢필

ᄒᆞ다ᄒᆞ시니그런則즉닐온바ᄃᆞᆯ을中듕ᄒᆞ야禫담ᄒᆞ라

ᄒᆞ몬蓋개禫담祭제대祥샹들가온대잇거ᄅᆞᆯ歷력代ᄃᆡ

만히鄭뎡시말ᄉᆞᆷ을조ᄎᆞ고이제律률勅틱에논三삼年년喪

상을다스믈닐곱ᄃᆞᆯ애버스니可가히어그릇디듣ᄒᆞᆯ거

시니라○朱쥬子ᄌᆞㅣᄀᆞᆯᄋᆞ샤ᄃᆡ스믈다ᄉᆞᆺᄃᆞᆯ애대祥샹

비끠노래
로두라

ᄒᆞ기노
훌
싱고
랴

호後후에믄득禫담흠을보건대노맛당히王왕肅숙의
말ᄀᆞ두아사이ᄃᆞᆯ애禫담ᄒᆞ고ᄃᆞᆯ이올마셔樂락ᄒᆞ라호
말애順슌ᄒᆞ도다이졔鄭뎡氏시의말을조ᄎᆞ니비록이
禮례맛당이厚후홈을從종홀거시나그러나合합當당티아
니ᄒᆞ도다

前젼一일月월下하旬슌에卜복日일ᄒᆞ라 ○호ᄃᆞᆯ은前젼긔ᄒᆞ야
下하旬슌에날흘졈卜복ᄒᆞ라
下하旬슌처엄의오ᄂᆞᆫᄃᆞᆯ三삼旬슌에各각ᄒᆞ올를끌히되或
혹丁뎡일이어나或혹亥헤일이어나ᄒᆞ라卓탁子ᄌᆞ를祠
ᄉᆞ堂당門문밧긔設셜ᄒᆞ고香향爐노와香향合합과珓비

졀복ᄒᆞ고
가지라

珓교ㅅ盤반子ᄌᆞ를그우희노하西셔向향ᄒᆞ고主쥬人인
이禫담服복닙고西셔向향ᄒᆞ고모든主쥬人인은버거져
기를리北븍上샹ᄒᆞ고子ᄌᆞ孫손은그뒤헤이셔여러行항
녈ᄒᆞ야北븍上샹ᄒᆞ고執집事ᄉᆞ者쟈ㅣ北븍向향ᄒᆞ야東
둥上샹ᄒᆞ얏거든主쥬人인이香향을픠오고珓교를ᄯᅥ여
上샹旬슌날로ᄲᅵ命명ᄒᆞ야ᄀᆞᆯ오ᄃᆡ某모ㅣ將쟝以이來ᄂᆡ
月월某모日일에祗지薦쳔禫담事ᄉᆞ于우先션考고某모
官관府부君군ᄒᆞ니尙샹饗향ᄒᆞ실가ᄒᆞ고즉제珓교로ᄲᅵ
盤반의더뎌셔ᄒᆞ나흔업더디고ᄒᆞ나흔졋바디모로ᄲᅵ吉
길ᄒᆞ모믈삼아得득티아니ᄒᆞ거든다시中듕旬슌에날로

命명ᄒᆞ고또吉길티아니ᄒᆞᆫ든下하旬슌에날을ᄲᅳ라主
쥬人인이이에祠ᄉᆞ堂당의드러가本본龕감앏前젼의再
지拜비ᄒᆞ고在지位위者쟈ㅣ다再지拜비ᄒᆞ라主쥬人인
이焚분香향ᄒᆞ여든祝축이祝辭ᄉᆞ를자바主쥬人인의左
좌의셔셔ᄭᅮ러告고ᄒᆞ야ᄀᆞᆯ오ᄃᆡ孝효子ᄌᆞ某모ㅣ將쟝以
이來ᄂᆡ月월某모日일에祗지薦쳔禫담事ᄉᆞ于우先션考
고某모官관府부君군ᄒᆞ니卜복旣긔得득吉길이라敢감
告고ㅣ라ᄒᆞ고主쥬人인이再지拜비ᄒᆞ고ᄂᆞ려와在지位
위者쟈로더브러다再지拜비ᄒᆞ고祝축이門문을닷고믈
러나다만一일吉길을得득디몯ᄒᆞ거든卜복旣긔得득吉길

一일句구를ᄡᅳ디말라

前젼期긔一일日일에沐목浴욕ᄒᆞ고設셜位위ᄒᆞ고陳딘器긔具
구饌찬ᄒᆞ라○ᄒᆞᆫ前젼期긔ᄒᆞ야沐무ᄒᆞ며浴욕ᄒᆞ고位위ᄅᆞᆯ
設셜ᄒᆞ고器긔ᄅᆞᆯ陳딘ᄒᆞ고饌찬을ᄀᆞ초라

神신位위ᄅᆞᆯ靈령座좌뎃고ᄃᆡ設셜ᄒᆞ라다ᄅᆞᆫ거ᄉᆞᆫ大대祥
상적례ᄀᆞ티ᄒᆞ라

厥궐明명에行ᄒᆡᆼ事ᄉᆞᄒᆞ되皆기知여大대祥상之지儀의라ᄒᆞᆫ○
그이튼날行ᄒᆡᆼ事ᄉᆞ、오디다大대祥상적례ᄀᆞ티ᄒᆞ라

다만主쥬人인以이下하ㅣ祠ᄉᆞ堂당의나거든祝축이신
主쥬櫝독을뫼셔西셔階계卓탁子ᄌᆞ上샹의노코신主쥬

론나여座좌의노하ᄂᆞᆫ主쥬人인以이下하ㅣ다哭곡ᄒᆞ고
盡진哀의ᄒᆞ고三삼獻헌ᄒᆞᆯ제ᄂᆞᆫ哭곡디말긔祝츅版판의
大대祥상을고텨禫담祭제라ᄒᆞ고祥상事ᄉᆞ를禫담事ᄉᆞ
ㅣ라ᄒᆞ고辭ᄉᆞ神신ᄒᆞᆯ제니르러이예哭곡ᄒᆞ믈盡진哀의
ᄒᆞ고神신主쥬를보내여祠ᄉᆞ堂당의니르러ᄂᆞᆫ哭곡디말
라

朱쥬子ᄌᆞㅣ골ᄋᆞ샤ᄃᆡ新신을薦쳔ᄒᆞ며朔삭을告고ᄒᆞ
믈은吉길凶흉이셔르襲습ᄒᆞ야可가히行ᄒᆡᆼ티몯ᄒᆞᆯ거ᄉᆞᆫ
디라祭졔티몯ᄒᆞ여셔ᄂᆞᆫ可가히廢폐ᄒᆞ고임의葬장ᄒᆞᆫ
則즉輕경服복ᄒᆞ니나或혹임의除뎨ᄒᆞᆫ者쟈로ᄒᆡ여곰

廟묘애드리禮례를行힝호미可가ᄒᆞ니라四ᄉᆞ時시큰
祭졔ᄂᆞᆫ님의葬장홀지라도또ᄒᆞᆫ可가히行힝티몯ᄒᆞ려
시니韓한魏위公공의닐온바節졀祠ᄉᆞᄀᆞᄐᆞᆫ者쟈ᄂᆞᆫ곳
薦쳔新신홈ᄀᆞ티行힝홈이可가ᄒᆞ니라또골ᄋᆞ샤ᄃᆡ家
가間간애더특히예居거喪상ᄒᆞᆯ제四ᄉᆞ時시正졍祭졔
ᄂᆞᆫ을敢감히擧거힝티몯ᄒᆞ고俗쇽節졀의薦쳔享향인
則즉墨믁衰최로써行힝ᄒᆞ니蓋개正졍祭졔ᄂᆞᆫ三삼獻
헌ᄒᆞ고受슈胙조ᄒᆞ니居거喪상애可가히行힝홈배아
니어니와俗쇽節졀인則즉詩ᄀ젹다ᄒᆞᆫ가지로一일獻헌
ᄒᆞ고讀독祝츅아니ᄒᆞ며受슈胙조아니ᄒᆞᄂᆞ니라○또

ᄀᆞᆯᄋᆞ샤ᄃᆡ 喪상 三삼年년에 祭졔티 아니홈은 古고人인
이 居거喪상애 衰최麻마의 오ᄉᆞᆯ 몸애 벗디 아니ᄒᆞ며 哭
곡泣읍ᄒᆞᄂᆞᆫ 소리 입의 긋디 아니ᄒᆞ고 그 出츌入입과 居
거處쳐와 言언語어와 飮음食식이 다 平평日일로 더브
러 ᄐᆞᆫ絶졀히 다ᄅᆞᆫ 故고로 宗종廟묘ㅅ 祭졔ᄅᆞᆯ 비록 廢폐
ᄒᆞ나 幽유明명ᄉᆞ이 예 ᄃᆞᆯ다 ᄒᆞ이 업거니와 이제 사ᄅᆞᆷ의
居거喪상홈은 古고人인으로 더브러 달라 卒졸哭곡 後
후에 드듸여 그 衰최ᄅᆞᆯ 墨묵ᄉᆡᆨᄒᆞ여 믈읫 出츌入입 居거
處쳐 言언語어ㅣ 飮음食식과 다 몯 平평日일ᄒᆞ던 바ᄅᆞᆯ 다
廢폐티 아니ᄒᆞᄃᆡ ᄒᆞ올로 이 ᄒᆞᆫ 일ᄋᆞᆯ 廢폐ᄒᆞ니 젹권댄 ᄯᅩ

호未미安안ᄒᆞᆫ배잇ᄂᆞᆫ가ᄒᆞ노니그으기너기되이義의
예慶취코져ᄒᆞ노ᄂᆞᆫ者쟈ᄂᆞᆫ다만맛당히조스로뻐居거喪
상ᄒᆞᄂᆞᆫ바禮례ᄅᆞᆯ솔펴果과연能능히처암이며내죵이
一일一일히曲곡禮녜애合합ᄒᆞ면곳祭제ᄅᆞᆯ廢폐홈이
可가히疑의심이업ᄉᆞ려니와만일他타時시에ᄂᆞᆫ墨묵
衰최로出츌入입홈ᄋᆞᆯ免면티몯ᄒᆞ며或혹그다ᄅᆞᆫ일도
合합디몯ᄒᆞᆫ바者자ㅣ이ᄒᆞ려ᄒᆞ면곳卒졸哭곡前젼의
말오믈得득디몯ᄒᆞ야禮녜대로아직廢폐ᄒᆞ려니와卒
졸哭곡後후에ᄂᆞᆫ可가히벼잡仙션坐좌傳뎐程후시註주
ㅅ말ᄉᆞᆷ을의倣방ᄒᆞ야四ᄉᆞ時시祭제홀날을만나衰최服

ᄒᆞᆫ도면은預예이관직사ᄅᆞᆷ이라

복으로뻐特특별이凡범의祭제祀ᄉᆞᄒᆞ고墨묵衰최
로뻐셔뎟더니家가廟묘애祭제祀ᄉᆞ홈이可가ᄒᆞ니라○
楊양氏시復복이골오되先션生싱이아ᄃᆞᆯ의喪상으로
뻐盛셩祭제를擧거티아니ᄒᆞ시고祠ᄉᆞ堂당안히나아
가薦쳔홈올닐위샤뒤深심衣의와幅복巾건을ᄡᅳ시고
祭제를畢필ᄒᆞ시매喪상服복올도로ᄒᆞ샤子ᄌᆞ의게哭
곡奠뎐ᄒᆞ신則즉至지극히慟통ᄒᆞ더시다

居거喪상雜잡儀의

檀단弓궁에日왈始시死ᄉᆞ애充츙充츙如여有유窮궁ᄒᆞ며旣
긔殯빈에瞿구瞿구如여有유求구而이弗블得득ᄒᆞ며旣긔葬

츙츙은굿극ᄒᆞᆫᄆᆡᆨ가라 구구ᄂᆞᆫ홈ᄂᆞᆫ양이라 황황은헤ᄇᆞ논양이라 하동개연은기미라 확연은졸ᄒᆞᆸ디이니

장애皇황皇황如ᄒᆞ며有유望망而이弗블至지ᄒᆞ며練련而이慨
개然연ᄒᆞ며祥샹而이廓확然연ᄒᆞ더니라 ○檀단弓궁에ᄀᆞᆯ오ᄃᆡ ᄀᆞᆺ
죽어실제ᄂᆞᆫ充츙充츙히窮궁진ᄒᆞ미잇ᄂᆞᆫᄃᆞᆺᄒᆞ며이믜殯빈
ᄒᆞ매瞿구瞿구히求구ᄒᆞ미이쇼ᄃᆡ엇디몯ᄒᆞᆫᄃᆞᆺᄒᆞ며이믜
葬장ᄒᆞ매皇황皇황히ᄇᆞ라미이쇼ᄃᆡ몯와겨신ᄃᆞᆺᄒᆞ고練련
ᄒᆞ매慨개然연ᄒᆞ며祥샹ᄒᆞ매廓확然연ᄒᆞ더니라
顔안丁뎡이善션居거喪상ᄒᆞ야始시死ᄉᆞ애皇황皇황如여有
유求구而이弗블得득ᄒᆞ며及급殯빈에望망望망焉언如여有
유從죵而이弗블及급ᄒᆞ며旣긔葬장애慨개然연如여不블及
급其기反반而이息식ᄒᆞ더라 ○顔안丁뎡이居거喪상ᄒᆞ기ᄅᆞᆯ

망각ᄒᆞ다 함ᄂᆞᆫ ᄅᆞ교 양이라

잘ᄒᆞ야곰죽어실제ᄂᆞᆫ皇황皇황히求구호미이쇼ᄃᆡ얻디몯
ᄒᆞᄂᆞᆫ돗ᄒᆞ며이믜殯빈호매望망望망히조차가미이쇼ᄃᆡ밋
디몯ᄒᆞᄂᆞᆫ돗ᄒᆞ며이믜葬장호매ᄂᆞᆫ겨그로라오시믈밋디몯
ᄒᆞ여기돌우ᄂᆞᆫ돗ᄒᆞ더라

雜잡記긔예孔공子ᄌᆞㅣ曰왈少쇼連련大대連련이善선居
거喪상ᄒᆞ야三삼日일不블怠틔ᄒᆞ며三삼月월不블解ᄒᆡᄒᆞ며期긔
悲비哀ᄋᆡᄒᆞ며三삼年년憂우ᄒᆞ니라 ○雜잡記긔예孔공子ᄌᆞㅣ
ᄀᆞᆯᄋᆞ샤ᄃᆡ少쇼連련과大대連련이居거喪상ᄒᆞ기ᄅᆞᆯ잘ᄒᆞ여
사ᄒᆞᆯ을게으ᄅᆞ디아니ᄒᆞ며석ᄃᆞᆯ을프러디디아니ᄒᆞ며ᄒᆡ돌솔
悲비哀ᄋᆡᄒᆞ며三삼年년을근심ᄒᆞ니라

喪상服복四ᄉᆞ制졔예曰왈仁인者쟈ᄂᆞᆫ可가以이觀관其기愛ᄋᆡ焉언이며知디者쟈ᄂᆞᆫ可가以이觀관其기理니焉언이며彊강者쟈ᄂᆞᆫ可가以이觀관其기志지焉언이며禮례ᄅᆞᆯ以이治티之지ᄒᆞ며義의以이正졍之지면孝효子ᄌᆞ弟뎨弟뎨貞뎡婦부ᄅᆞᆯ皆ᄀᆡ可가得득而이察찰焉언이니라 ○喪상服복四ᄉᆞ制졔예닐오ᄃᆡ仁인ᄒᆞᆫ者쟈ᄂᆞᆫ可가히ᄡᅥ그愛ᄋᆡᄒᆞ욤을보며知디ᄒᆞᆫ者쟈ᄂᆞᆫ可가히ᄡᅥ그理니ᄅᆞᆯ보며彊강ᄒᆞᆫ者쟈ᄂᆞᆫ可가히ᄡᅥ그ᄠᅳᆮ을볼디니禮례로ᄡᅥ治티ᄒᆞ며義의로ᄡᅥ正졍케ᄒᆞ면孝효ᄒᆞᆫ子ᄌᆞㅣ며弟뎨ᄒᆞᆫ弟뎨며貞뎡ᄒᆞᆫ婦부ᄅᆞᆯ다可가히시러곰ᄉᆞᆯ피리라

曲곡禮례예 曰왈 居거喪상 未미葬장 앤 讀독喪상禮례ᄒᆞ고 旣
긔葬장 앤 讀독祭졔禮례ᄒᆞ고 喪상復복常상 앤 讀독樂악章장
라이니 ○曲곡禮례예 닐오ᄃᆡ 居거喪상ᄒᆞ여 葬장티 아녀셔ᄂᆞᆫ
喪상禮례ᄅᆞᆯ 닑고 이믜 葬장ᄒᆞ오매ᄂᆞᆫ 祭졔禮례ᄅᆞᆯ 닑고 喪상이
常상애 復복ᄒᆞ오매ᄂᆞᆫ 樂악章장을 닐글디니라
檀단弓궁에 曰왈 大대功공 앤 廢폐業업이니 或혹曰왈 大대功
공 앤 誦송이 可가也야ㅣ라 니 ○檀단弓궁의 ᄀᆞᆯ오ᄃᆡ 大대功공
에ᄂᆞᆫ 業업을 廢폐ᄒᆞᆯ디니 或혹 닐오ᄃᆡ 大대功공애ᄂᆞᆫ 외오며
可가ᄒᆞ니라
이제 居거喪상ᄒᆞᆯ제 다만 樂악章장을 닑디 마로미 可가ᄒᆞ

니라

雜잡記긔예三삼年년之지喪상애言언而이不블語어ᄒᆞ며對

ᄃᆡ而이不블問문이니라 ○雜잡記긔예三삼年년喪상애言언

ᄒᆞ고語어티말며對ᄃᆡᄒᆞ고問문티마롤디니라

言언은제일을닐오미오ᄂᆞᆷ을爲위ᄒᆞ야닐옴語어ㅣ라

喪상大대記긔예父부母모之지喪상애非비喪상事ᄉᆞ不블

言언ᄒᆞ며既긔葬장ᄒᆞ고與여人인立닙ᄒᆞ며君군言언王왕事ᄉᆞᄒᆞ고

不블言언國국事ᄉᆞᄒᆞ며大대夫우士ᄉᆞㅣ言언公공事ᄉᆞᄒᆞ고不

블言언家가事ᄉᆞㅣ니라 ○喪상大대記긔예父부母모ㅅ喪상

애喪상事ᄉᆞ아니어든니ᄅᆞ디말며이믜葬장ᄒᆞ고야사ᄅᆞᆷ과

송효그면은業니곤不폐不ㅣ라

소쳐눈지혜라

디브러셔머님금이王왕事ᄉ로니루道國국事ᄉ로니루디

말며大태夫우士ᄉㅣ公공事ᄉ로니루고家가事ᄉ로니루

디마롤디니라

檀단弓궁에高고子ᄌ皐고ㅣ執잡親친之지喪상아ᄒ야未미嘗

샹見현齒치라ᄒ니○檀단弓궁에高고子ᄌ皐고ㅣ어버의喪

상ᄉ롤執집ᄒ야일즉니롤뵈디아녀ᄒ니라

닐온우소를잡산호미라

雜잡記긔에踊소衰최之지喪상애旣긔葬장ᄒ야人인이請청

見견之지則즉見견ᄒ고不불請청見견人인ᄒ니小소功공엔請

청見견人인이可가也야ㅣ니라ᄂ니又ᄌ凡범喪상의小소功공以

이上상엔 非비虞우祔부練련祥상이어든 無무沐목浴욕이니라

○雜잡記긔예 疏소衰최ㅅ喪상ᄉᆞ애 이믜葬장ᄒᆞ야ᄂᆞᆫ 사ᄅᆞᆷ이 請쳥ᄒᆞ여 보려ᄒᆞ거든 보고 사ᄅᆞᆷ을 請쳥ᄒᆞ여다가 보디 말디니 小쇼功공애ᄂᆞᆫ 사ᄅᆞᆷ올 請쳥ᄒᆞ여 보미 可가ᄒᆞ니라 ᄯᅩ 므릇 喪상ᄉᆞ의 小쇼功공以이上상애ᄂᆞᆫ 虞우제며 祔부제며 練련제며 祥상제ᄒᆞᆯ적 아니어든 沐목浴욕이 업ᄂᆞ니라

曲곡禮례예 頭두有유創창則즉沐목ᄒᆞ고 身신有유瘍양則즉浴욕이니라 ○曲곡禮례예 머리예 헌ᄃᆡ 이시면 머리 ᄀᆞᆷ고 몸애 헌ᄃᆡ 이시면 浴욕ᄒᆞᆯ디니라

喪상服복四ᄉᆞ制졔예 百ᄇᆡᆨ官관이 備비ᄒᆞ며 百ᄇᆡᆨ物믈이 具구

ᄒᆞᆫ不블言언而이事ᄉᆞ行ᄒᆡᆼ者쟈ᄂᆞᆫ扶부而이起긔ᄒᆞ고言언而이後후에事ᄉᆞ行ᄒᆡᆼ者쟈ᄂᆞᆫ杖댱而이起긔ᄒᆞ고身신自ᄌᆞ執집事ᄉᆞ而이後후에行ᄒᆡᆼ者쟈ᄂᆞᆫ面면垢구而이已이라ᄂᆞ니○喪상服복四ᄉᆞ制제예百ᄇᆡᆨ官관이ᄀᆞᄌᆞ며百ᄇᆡᆨ物믈이ᄀᆞᄌᆞ니ᄅᆞ디아녀도일이行ᄒᆡᆼᄒᆞᆫ者쟈ᄂᆞᆫ븓들려닐고니ᄅᆞᆫ後후에일이行ᄒᆡᆼᄒᆞᄂᆞᆫ者쟈ᄂᆞᆫ막대딥고닐고몸소제일을자분後후에行ᄒᆡᆼᄒᆞᄂᆞᆫ者쟈ᄂᆞᆫᄂᆞᆺ치ᄣᅵ이실만ᄒᆞᆯ디니라

凡범此ᄎᆞㅣ皆ᄀᆡ古고禮례ㅣ니今금之지賢현孝효君군子ᄌᆞㅣ必필有유能능盡진之지者쟈ㅣ라自ᄌᆞ餘여ᄂᆞᆫ相샹時시量냥力녁而이行ᄒᆡᆼ之지可가也야ㅣ라니○므릇이다녯禮례니

이제賢현孝효君군子ᄌㅣ반ᄃ시能능히곡盡진히ᄒ리이시리리터나믄이ᄂ배를보며힘을혜아려行힝ᄒ미可가ᄒ니라

致티賻부奠뎐狀장

致티賻부ㅣ며티奠뎐ᄒᄂ狀장이라

具구位위姓셩某모

某모物믈若약干간

右우謹근專젼送송上샹 某모人인靈령筵연聊료備비

賻부儀의(香향茶다酒쥬食식云운奠뎐儀의)伏복惟유 歆흠納납謹근狀장

年년月월日일具구位위姓셩某모狀장封봉皮피狀장上샹

면홀은류
부부쉬브
ᄒᆞ쇼ᄲᅢ라

보官관靈령筵연 具구位위姓셩某모謹근封봉

劉뉴氏시璋장이 글오ᄃᆡ司ᄉ馬마公공書셔儀의애 닐

오ᄃᆡ 亡망者자ㅣ 官관이 尊존ᄒᆞ면 그네이에 이ᄭᅳᆫ두려

니와 간얼平평交교와 밋 층이 ᄂᆞ주니면 곳 狀장 안ᄒᆡ 두

년 월을 업시ᄒᆞ고 封봉ᄒᆞ호 겁질우희 面면簽쳠을 ᄡᅥ셔 ᄡᅥ

골오ᄃᆡ 某모人인 靈령筵연이라ᄒᆞ고 아래 닐오ᄃᆡ 狀장

謹근封봉이라ᄒᆞ라

謝샤狀장

티謝샤ᄒᆞ노 답狀장이라

三삼年년喪상의 卒졸哭곡이 몸ᄒᆞ여 ᄭᅥ노다 만ᄌᆞ조

姪딜로ᄒᆞ여곰謝샤書셔ᄅᆞᆯ發발ᄒᆞ라

具구位위姓셩某모

某모物믈若약干간

右우伏복蒙몽 尊존慈ᄌᆞ以이某모發발書셔者자名명某모親친遣견

特특賜ᄉᆞ賻부儀의隨슈緣연事ᄉᆞ奠뎐下하識식

귀世셰大대官관은覽후後몰二

不블任임哀ᄋᆡ感감之지至지謹근具구 平평交교不블用용二이字ᄌᆞ下하

狀장上샹謝샤謹근狀장 餘여並병同동前젼但단封봉狀장 피不블用용靈령筵연二이字ᄌᆞ

劉뉴氏시璋장이ᄀᆞᆯ오ᄃᆡ司ᄉᆞ馬마公공이닐오ᄃᆡ이노

尊존敬경ᄒᆞᆫ바로ᄃᆡ브려ᄒᆞ노뎨라만일平평交교ㅣ어

든狀장안희尊존慈ᄌᆞᄅᆞᆯ고텨仁인私ᄉᆞㅣ라ᄒᆞ고賜ᄉᆞ

香奩향이라ᄒᆞ고下하識지字ᄌᆞ를업시ᄒᆞ고後후의

닐오ᄃᆡ謹근奉봉狀장陳딘謝사謹근狀장이라ᄒᆞ고年

년월업시ᄒᆞ고封봉皮피우희面면簽쳠을바ᄃᆡ써닐오

ᄃᆡ某모人인이라ᄒᆞ고아래닐오ᄃᆡ狀장謹근封봉이라

ᄒᆞ라

慰위人인父부母모亡망疏소

ᄂᆞᆷ의父부母모주근ᄃᆡ慰위ᄒᆞᄂᆞᆫ이뮈라

嫡뎍孫손이承승重듕ᄒᆞᆫ자慰위홈도ᄒᆞᆫ가지라

某모頓돈首슈再재拜비言언 降강等등止지云운頓돈首슈 平평交교但단云운頓돈首슈

언言不블意의凶흉變변ᄂᆞᆫ 망者자官관尊존卽즉云운[illegible] 國국不블幸ᄒᆡᆼ後후皆ᄀᆡ[illegible] 先

섭某모位위 無무官관即즉云운先선府부君군有유契계即 즉幾기丈장於어某모位위府부君군之지

上상○母모云운先선則즉某모封봉無무封봉即즉云운先선夫 부人인○承승重중則즉云운尊존祖조考고某모位위祖조

妣비某모封봉 餘어並병同동 奄엄棄기榮영養양 亡망者자官관尊존即즉 云운奄엄捐연館관舍사

或혹云운奄엄忽홀薨훙逝서母모封봉至지夫부入인者자 亦역云운薨훙逝서若약生생者자無무官관即즉云운奄엄

[illegible] 訃부驚경怛달不불能능已이已이伏복惟유平평

[illegible] 云운恭공惟유降 等등云운經경惟유 孝효心심純순至지思사慕모號호絕

절何하可가堪감居거日일月월流유邁매遽거踰유旬순朔

삭 經경時시即즉云운已이忽홀經경時시已이葬장即즉云운 운遽거經경襄양奉봉卒졸哭곡小소祥상大대祥상禫담

[illegible] 유其기詩시 哀애痛통奈내何하罔망極극奈내何하不불審

심食不罹리荼도毒독 父부在재母모亡망 即즉云운憂우苦고 氣기力력何하如

어윤(平평交교 何하以이) 伏복乞걸(平평交교云운伏복願원 降강等등云운惟유冀기) 一 強강加가

饘전粥죽(已기葬장則즉 云운疏소食사) 俯부從종禮례制제 某모役역事사

所소縻미(在재官관即즉云운 職직業업有유守수) 末말由유奔분告고 慰위其기於어

憂우戀련無무任임 下하誠성(平평交교巳이下하但단云운 末말由유奉봉慰위悲비係계)

增증深심 謹근奉봉疏소(平평交교 云운狀장) 伏복惟유鑑감察찰(平평交교 以이)

(下하去거此 本四사字자) 不불備비 謹근疏소(平평交교云운不 불宣선謹근狀장) 月월日일

具구位위(降강等등用 용郡군望망) 姓성某모 疏소上상(平평交교 云운狀장) 某모官관

관大대孝효(苫점前전母모亡망即즉云운至지 孝효平평交교以이下하苫점次차) 封봉皮피疏소

소上상 某모官관大대孝효(苫점 前전) 具구位위姓성某모謹근

封봉(降강等등即즉用용面면簽첨云운某모官관大대孝효 苫점次차郡군望망姓성名명狀장謹근封봉若약慰위)

ㅣ외뜬별 샤셔의략

뉴위도뉴 치셔의라

人인母모亡망卽즉尹윤至지孝효

劉뉴氏시 璋장이 ᄀᆞᆯ오ᄃᆡ 裴비儀의애 닐오ᄃᆡ 父부母모ㅣ 亡망ᄒᆞ매 日일月월이 멀거든 닐오ᄃᆡ 哀애前젼이라ᄒᆞ고 平평交교ㅣ 已이下하애ᄂᆞᆫ 닐오ᄃᆡ 哀애次ᄎᆞㅣ라ᄒᆞ고 劉뉴儀의애 닐오ᄃᆡ 百ᄇᆡᆨ日일 안ᄒᆡᄂᆞᆫ 닐오ᄃᆡ 苫졈次ᄎᆞㅣ라ᄒᆞ고 百ᄇᆡᆨ日일 밧긔ᄂᆞᆫ 服복次ᄎᆞㅣ라ᄒᆞ고 만일 尊존ᄒᆞ면 則즉 苫졈前젼 服복前젼이라 잇ᄀᆞ로라ᄒᆞ니이제 劉뉴儀의를 조ᄎᆞᆯ디니라

重듕封봉 疏소上상 平평交교 尹윤狀쟝 某모官관 具구位위姓셩

某모謹근封봉

父부母모亡망答답人인慰위疏소

父부母모ㅣ주거실제ᄂᆞ므慰위문이ᄒᆞ答답狀쟝이라

嫡뎍孫손承승重듕ᄒᆞᆫ니도ᄒᆞᆫ가지라

某모稽계顙상再지拜비言언[illegible]망等등ᄒᆞ운매고 猶유ᄒᆞ거言언字ᄌᆞ不

劉뉴氏시狀장이끈오뒤劉뉴儀의애慕모ᄂᆞᆫ맏고頭두

泣읍血혈言언이라ᄒᆞ니按안ᄒᆞ오니稽계顙상ᄒᆞᆫ後후의

拜비ᄒᆞᆷ은머리로배付ᄒᆞ다티믄골온稽계顙상이니三

삼年년의ᄉ禮례라비록平평交교와ᄎᆞᆼ이ᄂᆞ린者자애도

在ᄒᆞ오이끈믜ᄒᆞ고다만言언字ᄌᆞ를업시ᄒᆞᆯ거시니엇디

오古고禮례애弔됴를受슈ᄒᆞᆯ제반ᄃᆞ시拜비ᄒᆞᆷ을졉으

며賤쳔효이로몯디아닌노연故고ㅣ니라

罪죄逆역深심重듕不블自ᄌᆞ死ᄉᆞ滅멸禍화延연先션考고

母모允윤先션妣비承승重듕則즉祖조父부允윤 윤先션祖조考고祖조母모允윤先션祖조妣비 攀반號호擗

벽踊용五오內ᄂᆡ分분崩붕叩고地디叫규天텬無무所소逮

톄及급日일月월不블居거奄엄踰유旬슌朔삭隨슈時시 同동前젼 酷

혹罰벌罪죄苦고 父부在ᄌᆡ母모亡망則즉允윤偏편罰벌罪 죄深심父부先션亡망則즉母모與여父부

同동 無무望망生ᄉᆡᆼ全젼即즉日일蒙몽 恩은 平평交교以이 下하去거此ᄎᆞ

四ᄉᆞ字ᄌᆞ 祗지奉봉几궤筵연苟구存존視시息식伏복蒙몽尊

존慈ᄌᆞ俯부賜ᄉᆞ慰위問문哀ᄋᆡ感감之지至지無무任임下

하誠셩 平평交교云운仰앙承승仁인恩은俯부垂슈慰위問 윤其기爲위哀ᄋᆡ感감但단切절下하懷회降강等등

云운特특敎교慰위問문哀의感감良냥深심이司ᄉ馬마溫
온公공이 곧오디므릿父부母모의喪상소로만나실제벗이
며권당이미모로배吊됴問문티아닌노이면이ᄂᆞᆫ서로恤휼
ᄒᆞᄂᆞᆫ뿐이업슨차이니禮녜에맛당이몬져이무홀배아니어
이와不블得득已이ᄒᆞ여모ᄅᆞ미모져
발게니르거든이네句구ㅣ룰에우라
發末말由유號호訴소
不블勝승隕운絶졀謹근奉봉疏소降강等등荒황迷미不블
云운狀장
次ᄎᆞ謹근疏소降강等등
云운狀장
月월日일孤고子ᄌᆞ不
母모喪상稱칭
哀의子ᄌᆞ俱구
已即즉稱칭孤고哀의子ᄌᆞ不承승重등者
쟈稱칭孤고孫손哀의孫손孤고哀의孫손
姓셩名명疏소上
상
慕모位위
座좌前젼謹근空공○平평交교
以이下하去거此ᄎᆞ二이字ᄌᆞ不
弔죠子ᄌᆞㅣ곧ᄋᆞ샤디父부喪상애孤고子ᄌᆞㅣ라稱칭
ᄒᆞ고母모喪상애哀의子ᄌᆞㅣ라稱칭ᄒᆞ믄溫온公공의
ᄒᆞ
稱칭ᄒᆞ논배니盖개이제世셰俗쇽이父부母모를分분別별

ᄒᆞ야 混혼잡히 ᄒᆞᆫ가지로 말고 져흠을 因인ᄒᆞ미니 아작

조ᄎᆞ미 任ᄒᆞᆫ 害해 업ᄉᆞ니라

封봉皮피 重등封봉 並병 同동 前젼 但단改ᄀᆡ具구位 위爲위孤고子ᄌᆞ

慰위人인 祖조父부母모 亡망 啓계狀장

늬 祖조父부母모 주거실제 慰위問문ᄒᆞᄂᆞᆫ 啓계狀장이

라

承승重등 아니ᄒᆞᄂᆞᆫ 쟈ᄅᆞᆯ 닐오미니 伯ᄇᆡᆨ叔슉父부母

모ㅣ며 姑고ㅣ며 兄형이며 姊ᄌᆞㅣ며 弟뎨며 妹ᄆᆡ며

妻쳐ㅣ며 子ᄌᆞㅣ며 姪딜이며 孫손이 ᄒᆞᆫ가지라

某모 啓계 不블意의 凶흉變변 子ᄌᆞ孫손不블 用용此ᄎᆞ句구 尊존祖조考고

墓모位위奄엄忽홀違위世세 祖조母모曰왈尊존祖조妣비 墓모封봉無무官관封봉有유

契계已이見현上상○伯백叔숙父부母모姑고卽즉加가尊 존字자兄형姊자弟제妹매加가令령字자降강等등皆개加가

가賢현字자若약彼피一일等등之지親친有유數수人인卽 즉加가行항第제云운幾긔墓모位위無무官관云운君군幾긔府

부君군有유契계卽즉加가幾긔堂당幾긔兄형於어墓모位 위府부君군之지上상姑고姊자妹매則즉稱칭以이夫부姓

성云운墓모宅택墓모姑고令령姊자妹매○妻처則즉云운 賢현閤합墓모封봉無무封봉則즉但단云운賢현閤합○子

자卽즉云운伏복承승令령子자幾긔墓모位위姪질孫손華 칭同동降강等등則즉曰왈賢현無무官관者자稱칭秀슈才

지 承승 訃부驚경怛달不불能능已이已이 妻처段기但달 爲위[illegible]子

孫손但단云운 불勝승驚경怛달 伏복 惟유恭공惟유緬면 惟유見현前전 孝효心심絶절

지 哀이慟통摧최裂렬何하可가勝승任임 伯백叔숙父부母 모姑고云운親친

愛이加가隆융哀이慟통沉침痛통何하可가堪감勝승○兄 형姊자弟제妹매則즉云운友우愛이加가隆융○妻처則즉

云운伉항儷니義의重듕悲비悼도況황痛통○子ᄌ下姪딜孫
손則즉云운慈ᄌ愛ᄋ隆늉深심悲▸慟통況황痛통餘여與

어伯빅叔숙父부
母모姑고同동
孟ᄆᆡᆼ春壵猶유寒한(寒한溫온 / 隨슈時시)不블審심

尊존體톄何하似ᄉ(稍쵸尊존云운動동止지何하如여 / 降강等등云운所소履니何하似ᄉ)伏부

乞걸(平평交교以이 / 下하如여前젼)深심自不寬관抑억以이慰위慈ᄌ念

념(其기人인無무父부母모則즉但단云 / 윤遠원識식連련書셔不블上샹平평)某모事ᄉ役역所소

察미(在ᄌᆡ官관 / 如여前젼)末말由유遂추慰위其기於어憂우想샹無무

任임下하誠셩(平평交교以이 / 下하如여前젼)謹근奉봉狀장伏복惟유鑑

감察찰(平평交교 / 如여前젼)不블備비(平평交교 / 如여前젼)謹근狀장 月월日일

具구位위姓셩名명狀장上샹 某모位위(服복前젼平평交 / 교云운服복次ᄎ)

封봉皮피重듕封봉同동前젼

祖조父부母모亡망答답人인啓계狀장

祖조父부母모주거실제나의啓계狀장ᄃᆡ答답ᄒᆞᆫ이뮈라

承승重듕아닌자ᄅᆞᆯ닐오미니伯ᄇᆡᆨ叔슉父부母모ㅣ

며姑고ㅣ며兄형이며姉ᄌᆞㅣ며弟뎨며妹ᄆᆡ며妻쳐

ㅣ며子ᄌᆞㅣ며姪딜이며孫손이ᄒᆞᆫ가지라

某모啓계家가門문凶흉禍화伯ᄇᆡᆨ叔슉父부母모姑고兄형姉ᄌᆞ弟뎨妹ᄆᆡ云운家가門문

不블幸힝○妻쳐云운私ᄉᆞ家가不블幸힝先션祖조考고祖조

ㄴㄱ不之上孫손云은私ᄉᆞ門문不블幸힝

母모太운先션祖조妣비○伯ᄇᆡᆨ叔슉父부母모云운幾긔他

빅叔슉父부母모○姑고云운幾긔家가姑고○兄형姊ᄌᆞ云

오幾ᄂᆡ家가兄형幾긔家가姉ᄌᆞ○弟뎨妹ᄆᆡ云운幾긔舍사

弟뎨幾긔舍사妹ᄆᆡ○妻쳐云운室실人인○子不云운小쇼

子不某모 姪질 從종孫손子不 某모孫손曰왈幼유孫손某모 奄엄忽홀棄기背패 리모以경帝기
下하六육云운喪상逝서ㅇ于우不부姪질 孫손太태遷천거爾이夭요折절 痛통苦고摧최裂렬不불自자
不불勝승堪감 伯백叔숙父부母모姑고兄형姊자弟제悌비ㅇ妻 운排배최痛통酸산苦고不불自자不불堪감忍ㅇ妻처
서改ㄱ摧최痛통爲위悲비悼도ㅇ子不 孫손改개悲비悼도ㄷ爲위悲비念념 伏복蒙몽 尊존慈자
特특賜사慰위問문哀의感감之지至지不불任임下하誠
前전降강 孟맹春춘猶유寒한 隨時시 伏복惟유恭공
惟유緬면惟 如여前전 某모位위尊존體례起기居거萬만福복 平 不별
단 云운 動동止지萬만福복 某모卽즉日일侍시奉봉 無무父母모
卽즉 不불 此 不 幸헌免면他타苦고宗말由유面면訴소徒도增
更경寒색謹 奉봉狀장上상 平 云운 陳진 謝사不불備비평

交뎐예 前뎐 謹근狀장 月월日일 某모郡군姓셩名명狀장上

샹 某모位위 座좌前뎐謹근封봉 平평交교如여前뎐 封봉皮피重즁封봉如여

前젼

劉뉴氏시璋쟝이곰오미祖衣馬마公공이넘오며伯빅

叔슉父부母모로브터以이下하ᄂᆞᆫ이제사ᄅᆞᆷ이만히다

만平평時시예往왕來ᄂᆡᄒᆞ던啓계狀장을ᄇᆡ셔죠고만

유무가온대言언ᄒᆞ욘만ᄒᆞ니비록佐ᄒᆞ요可가히行ᄒᆡᆼ홈ᄒᆞᆯ귀

셔나다만裴비儀의애녜이규式식이이시니古고人인

의風풍義의도탑고篤독실홈이맛당히이ᄭᅳᆯ거시라

敢감히ᄆᆞ득刪산ᄒᆞ거티아니ᄒᆞ노리

家가禮례諺언解해卷권之지九구

家禮諺解卷之十

家가禮례諺언解ᄒᆡ卷권之지十십

祭졔禮례

四ᄉᆞ時시祭졔

司ᄉᆞ馬마溫온公공이ᄀᆞᆯ오ᄃᆡ王왕制졔애大태夫부와士ᄉᆞㅣ田뎐이이시면祭졔ᄒᆞ고田뎐이업스면薦쳔ᄒᆞ라ᄒᆞ고註주애祭졔ᄒᆞᆷ을首슈時시로ᄡᅥᄒᆞ고薦쳔ᄒᆞᆷ을仲듕月월로ᄡᅥᄒᆞ라ᄒᆞ니라○高고氏시ᄀᆞᆯ오ᄃᆡ何하休휴ㅣ닐오ᄃᆡ牲ᄉᆡᆼ이이슘을ᄀᆞᆯ온祭졔오牲ᄉᆡᆼ이업슴을ᄀᆞᆯ온薦쳔이라ᄒᆞ니大태夫부ᄂᆞᆫ牲ᄉᆡᆼ을羔고로ᄡᅥ고士ᄉᆞᄂᆞᆫ牲ᄉᆡᆼ을特특豚돈을ᄒᆞ고庶셔人인

노ᄅᆞᆫᄃᆞᆫᄒᆞᆫ 牲ᄉᆡᆼ이 업순디라 봄의ᄂᆞᆫ 韭구ᄅᆞᆯ 薦쳔ᄒᆞ고
녀ᄅᆞᆷ의ᄂᆞᆫ 麥ᄆᆡᆨ을 薦쳔ᄒᆞ고 ᄀᆞ올ᄒᆡᆫ 黍셔ᄅᆞᆯ 薦쳔ᄒᆞ고
겨울ᄒᆡᆫ 稻도ᄅᆞᆯ 薦쳔ᄒᆞ올디니 韭구ᄂᆞᆫ 卵란으로ᄡᅥ ᄒᆞ고
麥ᄆᆡᆨ의ᄂᆞᆫ 魚어로ᄡᅥ ᄒᆞ고 黍셔ᄂᆞᆫ 豚돈으로ᄡᅥ ᄒᆞ고 稻도
ᄂᆞᆫ 鴈안으로ᄡᅥ ᄒᆞᄂᆞ니 그 新신物믈을 이ᄅᆞ러 맛당ᄒᆞᆷ을 取
취ᄒᆞ미니 ᄯᅩ 믈읫 庶셔羞슈ᄅᆞᆯ 牲ᄉᆡᆼ애 겸구디 아니ᄒᆞᆯ
디니 祭졔ᄅᆞᆯ 주양으로ᄡᅥ ᄒᆞ올 則즉 ᄯᅩ 우로ᄡᅥ 羞슈ᄅᆞᆯ 나
디 아니ᄒᆞᆷ ᄀᆞᄐᆞ니라 이 졔사ᄅᆞᆷ은 牲ᄉᆡᆼ 빔을 져기 ᄒᆞ고
오직 庶셔羞슈ᄅᆞᆯ 設셜ᄒᆞ올ᄯᆞᄅᆞᆷ이니라
時시祭졔ᄅᆞᆯ 用용仲듕月월ᄒᆞ누 前젼旬순야 ᄒᆞ나 卜복日일ᄒᆞ라 ○

時시祭제를仲듕月월로ᄡᅳᄂᆞ니열흘前젼긔ᄒᆞ야날을졈
복ᄒᆞ라
孟ᄆᆡᆼ春츈下하旬슌처엄의仲듕月월三삼旬슌의各각ᄒᆞᆯ
를골희되或혹丁뎡일이나或혹亥ᄒᆡ일이나ᄒᆞ라主쥬人
인이盛셩服복ᄒᆞ고祠ᄉᆞ堂당中듕門문밧긔셔西셔向
향ᄒᆞ고兄형弟뎨ᄂᆞᆫ主쥬人인南남의셔되져기믈러北북
上샹ᄒᆞ고子ᄌᆞ孫손은主쥬人인뒤희셔되여러行ᄒᆡᆼ렬ᄒᆞ
야西셔向향ᄒᆞ야北북上샹ᄒᆞ고卓탁子ᄌᆞ를主쥬人인앏
퓌노하香향爐노香향合합과杯비珓교와밋盤반을그우
희設셜ᄒᆞ고主쥬人인이搢진笏홀ᄒᆞ고焚분香향ᄒᆞ야珓

교ᄅᆞᆯ향位이며上샹旬슌날로ᄡᅥ命명ᄒᆞ야골오ᄃᆡ某모ㅣ
將쟝以이來ᄅᆡ月월某모日일에諏츄此ᄎᆞ歲셰事ᄉᆞᄒᆞ야
適뎍其기祖조考고ᄒᆞ노니尙샹饗향ᄒᆞ실가ᄒᆞ고即즉[illegible]
珓교로ᄡᅥ盤반의더디호ᄃᆡ나히업디고호나히졋바디모
로ᄡᅥ吉길ᄒᆞ옴삽으라吉길니아니ᄒᆞ거든다시中듕旬슌
날을졈ᄒᆞ복ᄒᆞ고또吉길티아니ᄒᆞ거든다시톰나복디말
고바로下하旬슌날로ᄡᅳ라이믜날을어더든祝츅이中듕
門문을열고主쥬人인以이下하ㅣ北븍向향ᄒᆞ야서기ᄅᆞᆯ
朔삭望망位위ᄀᆞ티ᄒᆞ야다再지拜ᄇᆡᄒᆞ고主쥬人인이올
라焚분香향ᄒᆞ고再ᄌᆡ拜ᄇᆡᄒᆞ여든祝츅者ᄌᆞ이辭詞ᄉᆞᄅᆞᆯ자바

主쥬人인의左좌의ᄭᅮ러닐거든오ᄃᆡ孝효孫손某모ㅣ將
장以이來ᄅᆡ月월某모日일에祗지薦쳔歲셰事ᄉᆞ于우祖
조考고ᄒᆞ나卜복旣긔得득吉길이라敢감告고ㅣ라ᄒᆞ고
下하旬슌날로ᄡᅳ거든卜복旣긔得득吉길이라니ᄅᆞ디말라主쥬人인이再지拜비ᄒᆞ고
ᄂᆞ려位위예도로와位위예인ᄂᆞ니로더브러다再지拜비
ᄒᆞ고祝츅이門문을다다든主쥬人인以이下하ㅣ西셔向
향ᄒᆞ고位위예도로오고執집事ᄉᆞ者쟈ᄂᆞᆫ門문西셔의셔셔
다東동面면ᄒᆞ야北븍上샹ᄒᆞ엿거든祝츅이主쥬人인의
右우의셔셔執집事ᄉᆞ者쟈是命명ᄒᆞ야ᄀᆞᆯ오ᄃᆡ孝효孫손
某모ㅣ將장以이來ᄅᆡ月월某모日일에祗지薦쳔歲셰事

ᄉ子ᄌ祖조考고ᄒ고 녀有유司ᄉㅣ具구備비ᄒ리라ᄒ야
든執집事ᄉ者쟈ㅣ 뒤답ᄒ야 골오ᄃ 諸뎨다ᄒ고 이애 믈
러나라

司ᄉ馬마溫온公공이 골오ᄃ 孟밍詵션의 집祭졔儀의
애 二이至지와 二이分분 놀ᄡ게 ᄒ엿거니와 그러나 이
제 벼슬ᄒᄂ 者쟈ㅣ 職직業업이 임의 繁번다ᄒ니 다만
時시ᄉ니르고 일이 에나 可가히 ᄡ 祭졔ᄒ면 則즉 ㅏ복 筮셔
ᄒ고 또ᄒ 반ᄃ시 亥히日일과 ᄀ이 分분이 至지로 아닐
디니라 만일 날 졈ㅏ복홈을 에ᄒ디 몯ᄒ면 則즉 다만 孟밍
儀의와 ᄀ티 依의거ᄒ어 分분이며 至지ㅣ ᄡ미 일에 ᄒ요

편당ᄒᆞ니라○뭇ᄌᆞ오ᄃᆡ녜일즉先션生ᄉᆡᆼ의一일종본
祭졔儀의를收슈得득ᄒᆞ니時시祭졔례를다졈卜복ᄒᆞᆫ날
을ᄡᅳ게ᄒᆞ엿티니이제드ᄅᆞ니믄득二이至지와二이分
분을ᄲᅢ祭졔ᄒᆞ시니이엇디미니잇고朱쥬子ᄌᆞㅣᄀᆞᆯᄋᆞ
샤ᄃᆡ졈卜복ᄒᆞᆫ날은定뎡홈이업ᄉᆞ니념慮녀컨댄공경
티아니홈이인ᄂᆞᆫ디라司ᄉᆞ馬마公공이닐오ᄃᆡ오직分
분과至지를ᄡᅳᆯ거시라ᄒᆞ니ᄯᅩᄒᆞᆫ可가ᄒᆞ니라
前젼期긔三삼日일ᄒᆞ야齊ᄌᆡ戒계ᄒᆞ라○ᄉᆞ흘前젼期긔ᄒᆞ야齊
지戒계ᄒᆞ라
시ᄒᆞᆯ前젼期긔ᄒᆞ야主쥬人인이모ᄃᆞᆫ丈댱夫부를거ᄂᆞ려

밧긔셔致티齊져ᄒᆞ고主쥬婦부ᄂᆞᆫ모ᄃᆞᆫ婦부女녀ᄅᆞᆯ거ᄂᆞ
려안희셔致티齊지ᄒᆞ야沐목ᄒᆞ며浴욕ᄒᆞ고옷ᄀᆞ라닙고
술을머거도시러곰미亂란호매니르게말며고기ᄅᆞᆯ머거
도시러곰마ᄂᆞᆯ파먹디말며吊됴도喪상말며풍뉴듯디말며
므릇ᄯᅥᆫ흉ᄒᆞ고더러운일을다시러곰預예티말라
司ᄉᆞ馬마溫온公공이ᄀᆞᆯ오ᄃᆡ主쥬婦부ᄂᆞᆫ主쥬人인의
妻쳐ㅣ라禮례애舅구ㅣ沒몰ᄒᆞ면則즉姑고ㅣ老로ᄒᆞ여
祭졔애참與예티몯ᄒᆞᄂᆞ니主쥬人인와主쥬婦부ᄅᆞᆯ반ᄃᆞ시
長댱男남長댱婦부로ᄒᆞ여곰삼으니라만일[illegible]ᄒᆞᆫᄃᆞᆺ스
로祭졔예참與예코쟈ᄒᆞᆫ則즉特특별히主쥬婦부앙녀

位위ᄒᆞ여參참神신을무춤애울라屛병北북틱ᄒᆞ셔
셔禮례儀의를보숣피고或혹늙고병드러能능히오래
셧디몯ᄒᆞ면則즉다룬고대가쉬다가受슈胙조홈을기ᄃᆞ
려다시와셔受슈胙조ᄒᆞ고辭ᄉᆞ神신ᄒᆞᆯᄯᆞᄅᆞᆷ이니라○
劉뉴氏시璋쟝이골오ᄃᆡ祭재義의애닐오ᄃᆡ齋재ᄒᆞᄂᆞᆫ
날애그居거處쳐를思ᄉᆞᄒᆞ며그笑쇼語어를思ᄉᆞᄒᆞ며
그志지意의를思ᄉᆞᄒᆞ며그樂요ᄒᆞ시던바를思ᄉᆞᄒᆞ며
그嗜기ᄒᆞ시던바를思ᄉᆞᄒᆞᆯ디니齋재ᄒᆞᆫ三삼日일애이
에그ᄡᅧ齋재ᄒᆞᆫ바를보ᄂᆞᆫ오로思ᄉᆞ를祭제祀ᄉᆞ애닐
외미니라

前젼一일日일야ᄒᆞ設셜位위陳딘器긔라ᄒᆞ○ᄒᆞᄅᆞ前젼긔ᄒᆞ야
位위ㅣ를設셜ᄒᆞ고器긔를陳딘ᄒᆞ라
〈主쥬人인이모도丈댱夫부ᄅᆞᆯ거ᄂᆞ려深심衣의ᄅᆞᆯ닙고執집
事ᄉᆞ로ᄆᆡᆺ正졍寢침을灑쇄掃소ᄒᆞ고交교倚의의며卓탁子ᄌᆞ를
시서佐서힘써ᄒᆞ야ᄀᆞᆷ조케ᄒᆞ고高고祖조考고妣비位위
ᄅᆞᆯ堂당西셔北븍壁벽下하의設셜ᄒᆞ오ᄃᆡ南남向향ᄒᆞ야考
고ᄂᆞᆫ西셔의ᄒᆞ고妣비ᄂᆞᆫ東동의ᄒᆞ고各각ᄒᆞᆫ交교倚의의ᄀᆞᆺ호
卓탁子ᄌᆞ를配ᄇᆡ合합ᄒᆞ고曾증祖조考고妣비와祖조考고妣
비와考고妣비를次ᄎᆞ례로ᄇᆡ東동다히로ᄒᆞ야다高고祖
조의位위ᄀᆞ티ᄒᆞ되뒤마다各각각位위를ᄒᆞ야ᄐᆞᄃᆡ아니

계ᄒᆞ고祔부位위란다東동序셔의西셔向향ᄒᆞ야北븍上
샹ᄒᆞ고或혹두ᄃᆡ序셔의서루向향ᄒᆞ야그尊존ᄒᆞᆫ者쟈ᄂᆞᆫ
西셔의잇게ᄒᆞ고妻쳐以이下하ᄂᆞᆫ階계下하의ᄒᆞ라香향
案안을堂당中듕의設셜ᄒᆞ야香향爐노香향合합을그우
희ᄂᆞ코ᄠᅴ뭇고몰래뫼호기ᄅᆞᆯ香향案안前젼과밋位위미
다앏피ᄯᅡ우희ᄒᆞ고酒쥬架가ᄅᆞᆯ東동階계우희設셜ᄒᆞ고
卓탁子ᄌᆞᄅᆞᆯ그東동의ᄠᅩ로노하酒쥬注주ᄒᆞᆫ나과爵쟉酒
쥬ᄒᆞᆫ盞잔ᄒᆞᆫ나과盤반ᄒᆞᆫ나과受슈胙조ᄒᆞᆫ盤반ᄒᆞᆫ나
과盒ᄒᆞᆫ나과巾건ᄒᆞᆫ나과茶다合합과茶다筅션과茶다盞
잔이며시托탁과鹽염楪뎝과醋조瓶병을그우희設셜ᄒᆞᆷ은

고火화爐로와湯탕甁병과香향盒합과火화筯뎌란西셔階계우희ᄒᆞ고卓탁子ᄌᆞ를그西셔의ᄯᅩ로노하祝츅版판을그우희設셜ᄒᆞ고셰슈소라와슈巾건各각臺ᄃᆡ를阼조階계下하東동의設셜호ᄃᆡ그西셔의ᄎᆡ란臺ᄃᆡ와架가를두라

또饌찬믈버릴큰牀상을그東동의設셜ᄒᆞ라

믓ᄌᆞ오ᄃᆡ今금人인이高고祖조를祭졔티아니ᄒᆞᄂᆞ니엳더ᄒᆞ니잇고程뎡子ᄌᆞㅣᄀᆞᄅᆞ샤ᄃᆡ高고祖조ㅣᄌᆞ스로服복이이시니祭졔티아니홈이甚심히그르니ᄂᆡ집은高고祖조를祭졔ᄒᆞ노라또ᄀᆞᄅᆞ샤ᄃᆡ天텬子ᄌᆞ로브터庶셔人인의니르히五오服복이일즉다ᄅᆞᆷ이잇디아니

ᄒᆞ여다 高고祖조ᄭᅴ 니르니 服복이 업슴의 이ᄀᆞᄐᆞᆫ디라ᄒᆞ
게ᄂᆞᆫ 分ᄅᆞᆯ 任ᄒᆞᆫ 모로미 이ᄀᆞᄐᆞᆯ디니라 ○ 程뎡子ᄌᆞㅣ ᄀᆞᄅᆞ
ᄋᆞ샤ᄃᆡ 程뎡子ᄌᆞ 말ᄉᆞᆷ을 考고ᄒᆞᆫ 禮례 배홈에 오ᄃᆡ 高
고祖조ㅣ 服복이 이시니 可가히 祭제티 아니티 몯ᄒᆞ리
라 비록 七칠廟묘ㅣ며 五오廟묘ㅣ라도 任ᄒᆞᆫ 高고祖조
에 그치고 비록 三삼廟묘와 一일廟묘로 ᄡᅥ 寢침에 祭졔
홈에 니르러도 任ᄒᆞᆫ 반ᄃᆞ시 高고祖조에 미칠디니다 만
드믈며 ᄌᆞᄌᆞ미 ᄀᆞᆮ디 아니홈이 이시리라 ᄒᆞ니 의심컨댄
이 ᄀᆞᆺ 祭제祀ᄉᆞ애 本본ᄇᆞ림이 도가ᄒᆞ노라 이 禘祭졔
法법으로 ᄡᅥ 상考고ᄒᆞ니 비록 祭제를 반ᄃᆞ시 高고祖조

격권명이
禮례으로셔
許허
合합을ᄒᆞ야
室실은이니
ᄒᆞᆫ主쥬ㅣ조
웨의제몸
宗종ᄒᆞ고교
家가ᄒᆞᆫ이라
다

애미치라ᄒᆞᆫ글을보디몯ᄒᆞ나그러나몸로祭졔ᄒᆞᆷ과享향嘗샹ᄒᆞᆫ分분別별이이신則즉古고者쟈애祭졔祀ᄉᆞᄅᆞᆯ遠원近근으로ᄡᅥ드믈며ᄌᆞᆷ삽음을ᄯᅩᄒᆞᆫ可가히보리로다禮례家가애ᄯᅩ닐오ᄃᆡ大태夫우ㅣ일이잇거든그君군의게省셩問문ᄒᆞ여干간祫협을그高고祖조애미치다ᄒᆞ니이則즉可가히三삼廟묘ᄅᆞᆯ세워祭졔ᄒᆞᆷ이高고祖조의미치ᄂᆞᆫ驗험이되리로다○古고人인ᄂᆞᆫ宗종子ᄌᆞㅣ집을니어祭졔ᄅᆞᆯ主쥬ᄒᆞ며벼슬ᄒᆞ여도鄕향의出츌티아니ᄒᆞᆫ故고로廟묘애虛허主쥬ㅣ업서祭졔ᄅᆞᆯ반ᄃᆞ시廟묘애ᄒᆞ고오직宗종子ᄌᆞㅣ과遠원ᄒᆞ여[illegible]

國국애 이싀리 삼祭졔티 몯ᄒᆞ거든 庶셔子ᄌᆞ 居거ᄒᆞᆫ者쟈ㅣ 代ᄃᆡᄒᆞ여 호ᄃᆡ 祝츅문애 ᄀᆞᆯ오ᄃᆡ 孝효子ᄌᆞ 某모ㅣ 使ᄉᆞ介개子ᄌᆞ 某모로 執집其기 常샹事ᄉᆞㅣ라 ᄒᆞ고 그러나 오히려 敢감히 廟묘에 드디 몯ᄒᆞ여 特특별히 墓묘를 보아 壇단을 밍그라 ᄡᅧ 祭졔ᄒᆞ니 蓋개 그 祖조를 尊존ᄒᆞ며 宗종을 敬경ᄒᆞᄂᆞᆫ 嚴엄홈이 이 ᄀᆞᄐᆞᆫ디라 今금人인 ᄂᆞᆫ 主쥬祭졔ᄒᆞᄂᆞᆫ 者쟈ㅣ 四ᄉᆞ方방의 遊유宦환ᄒᆞ고 或혹 朝도팅애 貴귀히 벼솔ᄒᆞᄂᆞ니 古고人인의 他타國국에 越월在지ᄒᆞᆫ 比비 아닌 則즉 그 田뎐祿록으로 ᄡᅥ 그 薦쳔享향 닷그믈 더옥 可가히 闕궐티 몯ᄒᆞᆯ리라 시

러곰몸이나라히ᄇᆞ리나모로ᄡᅥ支지子ᄌᆞ로ᄒᆞ여곰代ᄃᆡ
ᄒᆞ디몯ᄒᆞ리니古고애거리신則즉事ᄉᆞ情졍의所소關관
ᄒᆞ고俗쇽을조ᄎᆞᆫ則즉品품節졀홀배업ᄉᆞ니반ᄃᆞ시그
뎍中듕ᄒᆞᆫ制졔도를짐酌쟉ᄒᆞ여古고今금애맛당호믈맛
게코자ᄒᆞᆫ則즉宗종子ᄌᆞ인ᄂᆞᆫ바애二이主쥬를뫼셔ᄡᅥ
조ᄎᆞ미일애맛당ᄒᆞ니라盖개우호로ᄂᆞᆫ祖조考고의精
졍神신을모토ᄂᆞᆫᄯᅳ들일티아니ᄒᆞ고二이主쥬ㅣ뎐ᄃᆡ
디서르조ᄎᆞᆫ則즉精졍神신이分분산티아니ᄒᆞ고아래
로ᄂᆞᆫ宗종子ᄌᆞ로ᄒᆞ여곰田뎐祿록으로ᄡᅥ祖조宗종爲
ᄉᆞ享향홈을일케ᄒᆞ리니禮례뎨의變변애處쳐ᄒᆞ여그ᄆᆞᆺ

혹은劉유平평甫보ㅣ라

는을알티아니홈이라날온바禮례비록先션王왕이두

디아니ᄒᆞ시나可가히써義의起긔ᄒᆞᆫ者쟈ㅣ蓋개이러

ᄐᆞᆺᄒᆞ니라다만支지子ᄌᆞ의ᄉᆞ려곰스ᄉᆞ로主쥬ᄒᆞ올바祭

졔則즉맛당히머무러써奉봉祀ᄉᆞ케ᄒᆞᆯ디라ᄉᆞ려곰宗

종子ᄌᆞ로조차遷쳔徙ᄉᆞ티못ᄒᆞ올거시니라或혹이날오ᄃᆡ

影영子ᄌᆞ롤집의留뉴ᄒᆞ고祠ᄉᆞ版판롤뫼셔行ᄒᆡᆼᄒᆞᆯ거시

라ᄒᆞ니저컨대精졍神신이分분散산ᄒᆞ올이라思ᄉᆞ건대神신

의편安안ᄒᆞ올배아니오支지子ᄌᆞㅣ私ᄉᆞᄉᆞ祭졔롤우ᄒᆞ

로高고曾증애미침이또배곰大대宗종을嚴엄히ᄒᆞᄂᆞᆫ

바ㅣ正졍ᄒᆞᆷ이아니니라○兄형弟뎨다티사나廟묘ᄂᆞᆫ취

암의다ᄅᆞ디아니ᄒᆞ더라다만兄형이祭졔ᄒᆞᆷ애弟뎨執
집事ᄉᆞ의參참與예ᄒᆞᆷ이合합당ᄒᆞ고或혹物믈로ᄡᅥ도음
이맛당ᄒᆞ거니와相상去거ㅣ먼者자則즉兄형의집의
主쥬ᄅᆞᆯ設셜ᄒᆞ니弟뎨ᄂᆞᆫ主쥬ᄅᆞᆯᄌᆞ님디아니ᄒᆞᄂᆞ니라
다만祭졔ᄒᆞᆯ時시예즉시혀位위ᄅᆞᆯ設셜ᄒᆞ고紙지榜방
으로ᄡᅥ位위마다標표記긔ᄒᆞ고祭졔ᄅᆞᆯᄆᆞᄎᆞ매ᄉᆞᄅᆞᆯ디
니이곤티ᄒᆞ면ᄯᅩᄒᆞᆫ禮례의變변을得득ᄒᆞᆫᄃᆞᆺᄒᆞ니라
省셩牲싱ᄒᆞ고滌텩器긔ᄒᆞ고具구饌찬ᄒᆞ라○牲싱을ᄉᆞᆯ펴보고器
긔명을싯고饌찬믈을ᄀᆞ초라
主쥬人인이모든丈댱夫부ᄅᆞᆯ거ᄂᆞ려深심衣의닙고省싱

을 숨긔셔 보아 주이고 主주婦부ㅣ 모로 婦부女녀를 거느
려 宮궁에 주 납고 祭제器긔를 옷 ᄀᆞ마 술을 조케 ᄒᆞ며 祭
제饌찬을 ᄀᆞ초라 ... 位위에 ... ᄒᆞ되 ㅣ 여ᄉᆞᆺ가지오 饌
菜채며 ᄆᆞᆺ 脯포ㅣ 더 ... ᄒᆞ 각각 세가지오 며 국이며 魚어며
여 饅만頭두ㅣ며 糕고ㅣ 각각 ᄒᆞᆫ 楪뎝이오 羹갱이며 飯반
이 각각 ᄒᆞᆫ 椀완 져오 肝간이 각각 ᄒᆞᆫ고지오 고기 각각 두곳
식 ᄒᆞ되 힘써 ᄒᆞ야 곰 精정潔결케 ᄒᆞ고 祭제 아니 신 前젼의
사ᄅᆞᆷ으로 ᄒᆞ여 몬져 머그며 밋 괴나 개나 벌어지나 더럽
힌배 되게 말라
祭휴구ᄒᆞᆫ 일주셔셔아ᄅᆞᆯ 衆중을 경戒계ᄒᆞ야 ᄀᆞᆯᄋᆞᄃᆡ

뒤내不블孝효ᄒᆞ야先션公공의볼이시미되여ᄆᆞᆺ쳐供
공養양티몯ᄒᆞ고先션妣비ᄅᆞᆯ四ᄉᆞ十십年년을셤기되
곤ᄅᆞ나얼여知디識식이업서베곰ᄂᆞᆺ출밧조오먹[illegible]젹
을顚뎐沛패ᄒᆞ고ᄂᆞ배甚심히乖괴戾려ᄒᆞ오미이시나이제ᄂᆞᆫ
허셩각ᄒᆞ야댱常상ᄇᆡ終죵天텬痛통을삼아ᄇᆡ조스로
贖쇽죄ᄒᆞ오미업서ᄒᆞᄂᆞ니오직歲셰時시享향祀ᄉᆞᄒᆞᆷ애
그삼가고조히ᄒᆞ오ᄆᆞᆯ닐외미오히려이미가히着착力력
ᄒᆞ올고디인ᄂᆞ니더라너히물이며믓新신婦부等등은ᄆᆞᆯ切졀
졀히맛당히삼가경戒계ᄒᆞ야믈읫祭졔肉육비허나므
것과믓가속필외뉴ᄅᆞᆯ다맛당히간슈ᄒᆞ야힘. 言殘한

穢예ᄒᆞ며褻셜慢만케ᄒᆞ야배내의不블孝효를重듕케
말라○劉뉴氏시璋쟝이ᄀᆞᆯ오ᄃᆡᄅᆡ丕음셔士ᄉᆞ大태夫
우家가애婦부女녀ㅣ다親친히祭졔器긔를시스며祭
졔饌찬을ᄆᆡᆼ그라ᄡᅥ곰祭졔祀ᄉᆞ를供공ᄒᆞ더니요ᄉᆞ이
ᄂᆞᆫ婦부女녀ㅣ驕교倨거ᄒᆞ야즐겨親친히庖포廚듀애
드디아니ᄒᆞᄂᆞ니비록집의블일사ᄅᆞᆷ이이셔役역ᄉᆞ를
ᄒᆞ나ᄯᅩᄒᆞᆫ모로미몸소親친히臨님ᄒᆞ야보와힘ᄡᅥᄒᆞ여
곰精정潔결케ᄒᆞᆯ디라古고禮녜를按안ᄒᆞ니牲ᄉᆡᆼ을보
ᄉᆞᆯ피며祭졔器긔를陳딘셜ᄒᆞᄂᆞᆫ等등녜잇더니이제사
ᄅᆞᆷ은그先션祖조애祭졔ᄒᆞᆯ제구티여牲ᄉᆡᆼ을殺살티아

ᄒᆞᄂᆞᆫ 주ᄒᆞ고 ᄆᆞᄅᆞᆫ 고기 ᄒᆞᄂᆞᆫ 것고 ᄒᆞ니 고ᄒᆞᄂᆞᆫ 고ᄅᆞ되 니 ᄂᆞᆫ 날 ᄐᆞ 고 이 ᄒᆞᆫ ᄂᆞᆫ 밥 ᄒᆞ 면 ᄀᆞ 음 덕 ᄆᆞ 두 ᅵ 라 이 ᄂᆞᆨ 음 로 과 ᄒᆞ 눈. 졔 ᄌᆞᄂᆞᆫ

니ᄒᆞ고司ᄉᆞ馬마公공祭졔儀의애時시졀치蔬소와時
시졀果과실ᄡᅳᆯ各각다ᄉᆞᆺ가지ᄅᆞᆯᄒᆞ고膾회와炙젹과
羹ᄀᆡᆼ과殽효와軒헌과脯포와醢ᄒᆡ들희모도차반珍딘
異이ᄒᆞᆫ맛과麵면食식과米미食식의類류ㅣ대되열다
ᄉᆞᆺ가지예넘디아니ᄒᆞ더니이제先션生ᄉᆡᆼ의饌찬을品
품뎡ᄒᆞ오미다루락구두락ᄒᆞᄂᆞᆫ者쟈ᄂᆞᆫ蓋개적컨댄一일時
시애能능히辦판集집디몯ᄒᆞ거나或혹集집이가난ᄒᆞ면
鄕향土토의인ᄂᆞᆫ바ᄅᆞᆯ조차오직蔬소와果과와肉육과
麵면식과米미食식두어그ᄅᆞ시라도또ᄒᆞᆫ可가ᄒᆞ니라
祭제器긔애簠보와簋궤와籩변과豆두와鼎뎡과俎二

와器긔와皿명의類류ㅣ엇디私ᄉᆞ家가ᄋᆡ의이실배리오
다만平평日일에飮음食식ᄒᆞ노그르ᄉᆞᆯ배ᄉᆞᆺ기ᄅᆞᆯ嚴엄
ᄒᆡ조츌이ᄒᆞ야그孝효敬경ᄒᆞᆫ마ᄋᆞᆷ을竭갈진ᄒᆞ미宜의ᄒᆞ니
足족ᄒᆞ니라

厥궐明명에夙숙興흥ᄒᆞ야設셜蔬소果과酒쥬饌찬ᄒᆞ라○그
ᄒᆞᆫ날이날에蔬소果과와酒쥬饌찬을設셜ᄒᆞ라
主쥬人인以이下하ㅣ深심衣의닙고밋執집事ᄉᆞ者쟈ㅣ다
다祭졔所소의가손싯고果과楪뎝을位위미나ᄒᆞᆫᄃᆡ
南남端단의設셜ᄒᆞ고蔬소菜ᄎᆡ며脯포醢ᄒᆡ를그間간
ᄒᆞ야버거버리고盞잔盤반과醋조楪뎝을毋부端단ᄒᆞ니其

딜ᄒᆞ되盞잔은西셔의ᄒᆞ며楪뎝은東동의ᄒᆞ고ᄉᆞ[illegible]ᄂᆞᆫ
ᄀᆞ운듕ᄒᆞ라玄현酒쥬와밋祭졔酒쥬各각一일甁병을ᄂᆞᆺ
가부희設셜ᄒᆞ고玄현酒쥬ᄂᆞᆫ그날의井졍花화水수를기
러다가ᄂᆡ허슬西셔려녁킈두라화爐로의ᄉᆞᆺ피오고洗셰식의
들남고主쥬婦부ㅣ背비子ᄌᆞ를닙고祭졔饌찬블더티ᄏᆡ이
다ᄂᆞᆫ여곰極극히덥게ᄒᆞ야合합으로뻐다마ᄂᆡ여ᄂᆞᆫ등잽
게ᄒᆞ야대ᄏᆞᆫ牀상우희노ᄒᆞ라
釁흔ᄒᆞ明명ᄒᆞ에奉봉主쥬ᄒᆞ야就취位위라ᄒᆞ○평明명에主쥬ᄂᆞᆫ큰
모ᄒᆞ와位위예ᄂᆞ아오라
主쥬人인以이下하ㅣ各각가盛셩服복ᄒᆞ고ᄂᆞᆫ[illegible]ᄌᆞ

祠ᄉᆞ堂당前젼의 니루러 모ᄃᆞ 丈댱夫부ㅣ 뎌셔기를 ᄂᆞᆫᄒᆞᆸ고ᄒᆞᄂᆞᆫ데 ᄀᆞ티ᄒᆞᆫ고 主쥬婦부ᄂᆞᆫ 西셔階계아래 北븍向향ᄒᆞ야 셔고 主쥬人인이 母모ㅣ 잇거든 ᄯᅩ로 主쥬婦부 앏퓌 位위ᄒᆞ고 모도 伯ᄇᆡᆨ叔슉母모와 모ᄃᆞᆫ 姑고ㅣ 니위셔고 嫂수와 밋 弟뎨婦부와 姊ᄌᆞ妹ᄆᆡᄂᆞᆫ 主쥬婦부 左좌의 잇고 그 主쥬母모 主쥬婦부의게셔 몬이어든 다 ᄎᆔ기나아셔고 子ᄌᆞ孫손婦부女녀와 內ᄂᆡ執집事ᄉᆞᄂᆞᆫ 主쥬婦부의 뒤헤 이셔 여러 行항렬ᄒᆞ야 다 北븍向향ᄒᆞ야 東동上샹ᄒᆞ라 셔기 定뎡ᄒᆞ여든 主쥬人인이 阼조階계로브터 올라셔 搢진笏홀ᄒᆞ고 焚분香향ᄒᆞ고 出츌笏홀ᄒᆞ고 告고ᄒᆞ야 골오ᄃᆡ 孝

孝孫손某모ㅣ今금以이仲듕春츈之지月월의有유事ᄉ
于우高고祖조考고某모官관府부君군高고祖조妣비某
모封봉某모氏시曾증祖조考고某모官관府부君군曾증
祖조妣비某모封봉某모氏시祖조考고某모官관府부君
군祖조妣비某모封봉某모氏시考고某모官관府부君군
妣비某ㅡ封봉某모氏시ᄒᆞ니以이某모親친某모官관府
부君군某고親친某모封봉某모氏서로祔부食식ᄒᆞ노니
敢감請쳥神신主쥬ᄒᆞ야出츌就취正졍寢침ᄒᆞ야恭공伸
신奠뎐獻헌이라ᄒᆞ고告고辭ᄉ애仲듕夏하秋츄冬동을
各각各각그ᄣᅢ로조차ᄒᆞ고祖조ㅣ며
考고ㅣ의官관品품封봉諡시이심업슴을다題뎨主쥬ᄒᆞᆫ文
문ㅣ예도ᄒᆞ라祔부食식은님은종방親친의無무後후ᄒᆞᆫ者

종노ᄒᆞ는奔
당ᄒᆞ고뭇
시라

야와밋일죽거낙ᄒᆞᆫ쳐주근者자ㅣ나업거든니ᄅᆞᆫ대답라告고ᄒᆞ고뫼ᄉ고搢진笏홀ᄒᆞ
고櫝독을斂렴ᄒᆞ야正뎡位위와祔부位위를各각ᄒᆞᆫ笥ᄉᆞ
의노하各각執집事ᄉᆞ者자ᄒᆞ나ᄒᆞ로ᄡᅥ받들고主쥬人
인이出츌笏홀ᄒᆞ야갑피引인導도ᄒᆞ고主쥬婦부ㅣ뒤헤조
차가고卑비幼유ᄂᆞᆫ뒤헤이셔正뎡寢침의니루러西서階
계卓탁子ᄌᆞ上상의노하든主쥬人인이搢진笏홀ᄒᆞ고櫝
독을여러모도考고神신主쥬를뫼와내여位위예就취ᄒᆞ
고主쥬婦부ㅣ손시서숏고올라가모도妣비神신主쥬뫼
옵기를ᄯᅩᄀᆞ티ᄒᆞ고그祔부位위는子ᄌᆞ弟뎨ᄒᆞ나ᄒᆞ뫼오
라이의뫼고主쥬人인以이下하ㅣ다누려位위예도로오

家禮諺解卷之十 十四

라

祭참神신ᄒᆞ라 ○ 神신서 祭참ᄒᆞ라

主쥬人인ᄊᆡ이下하ㅣ 폐[illegible]기를 祠ᄉᆞ堂당데 ᄭᅵ티ᄒᆞ야처

기定뎡ᄒᆞ거든 尋지稞비ᄒᆞ라 만일 尊존長댱이 늘거 병든

者자ㅣ어든 다로고 뒤가 쉬라

司ᄉᆞ馬마溫온公공이 ᄀᆞᆯ오ᄃᆡ 녜 祭제ᄒᆞᄂᆞᆫ 者쟈ㅣ 神신

명의 인ᄂᆞᆫ 바ᄅᆞᆯ 아디 몯ᄒᆞᆫ 故고로 灌관ᄒᆞᆯ제 鬱울鬯챵을

베ᄡᅥ 내옴이 陰음의 淵연泉쳔애 達달케ᄒᆞ고 蕭쇼애 黍

셔稷직을 合합ᄒᆞ야 내옴이 陽양의 墻쟝屋옥애 達달케

ᄒᆞ믄 ᄯᅢ디비 神신明명을 求구ᄒᆞᄂᆞᆫ 배라 이제 이 禮례ᄅᆞᆯ 임의

君영
오연이
ᄒᆞᆫ석신
곰이라

主쥬民민의집의行ᄒᆡᆼᄒᆞ기어려온故고로다만倉창을
픠오고술을爵쟉ᄒᆞ야세곱代ᄃᆡᄒᆞ올디니라○北븍溪계
陳딘氏시ᄀᆞᆯ오ᄃᆡ廖료子ᄌᆞ晦회의廣광州쥬사긴바李
본애降강神신이參참神신前젼의이시니臨림漳쟝傳
뎐ᄒᆞ本본애降강神신이參참神신後후애이시미得득
ᄒᆞᆷ만ᄀᆞᆺ디몯ᄒᆞ니라蓋개임의신主쥬ᄅᆞᆯ그位위애뫼신
則즉可가히그主쥬ᄅᆞᆯ심드러이보디몯ᄒᆞᆯ디라반ᄃᆞ시
절ᄒᆞ야공경ᄒᆞᆯ거신故고로參참神신이맛당히前젼의
이실거시오灌관ᄒᆞ매니ᄅᆞᆫ則즉ᄯᅩ세곱將쟝獻헌ᄒᆞ
야親친히그神신을饗향ᄒᆞᄂᆞᆫ처엄이된배라故고로降

강神신이맛당히後후에이실디니라그러나始시祖조
와先션祖조祭졔ㅣ오직虛허位위를設셜ᄒᆞ고主쥬
ㅣ업ᄉᆞ니곳ᄯᅩᄒᆞᆫ맛당히몬져降강신ᄒᆞ고後후에叅참
신ᄒᆞᆯ디라ᄯᅩᄒᆞᆫ일로ᄡᅥ거리ᄭᅵ믈삼디몯ᄒᆞᆯ거시니라
降강神신라ᄒᆞᆫ○神신을降강ᄒᆞ라
主쥬人인이올라搢진笏홀ᄒᆞ고焚분香향ᄒᆞ고出츌笏홀을
ᄒᆞ야저기믈러셔거든執집事ᄉᆞ者쟈ᄒᆞ나히술을열고巾
건을가져甁병부리씻고술을注쥬의다마든ᄒᆞ나히東
동階계卓탁子ᄌᆞ우희盤반盞잔을가져主쥬人인의左좌
의셔고ᄒᆞ나히注쥬를자바主쥬人인右우의셔거든主

모사ㅣ보 오민백여 뫼디지힌

쥬人인이搢진笏홀ᄒᆞ고ᄭᅮ러든盤반盞잔ᄂᆞᆫ者쟈ㅣ또ᄭᅮ러盤반盞잔을進진ᄒᆞ여든主쥬人인이받고注쥬자븐者쟈ㅣ또ᄭᅮ러술을盞잔의브어든主쥬人인이左좌手슈로盞잔盤반잡고右우手슈로盞잔을자바뼈우희븟고盤반盞잔으로ᄡᅥ執집事ᄉᆞ者쟈를주고出츌笏홀ᄒᆞ야엽데고니러再ᄌᆡ拜비ᄒᆞ고ᄂᆞ려位위예도로오라

뭇ᄌᆞ오ᄃᆡ임의奠뎐ᄒᆞᆫ술을엇디ᄲᅵ텨置티홀고程뎡子ᄌᆞㅣ골ᄋᆞ샤ᄃᆡ古고者쟈애灌관ᄒᆞ야ᄡᅥ곰降강神신ᄒᆞᆫ故고로茅모사로ᄡᅥ酌작을縮츅ᄒᆞᆫ니닐온神신령을陰음陽양有유無무不블이예求구ᄒᆞᆫ故고로酒쥬를반ᄃᆞ시

ᄯᅡ희灌관ᄒᆞ노다라만일ᄅᆞᆯ奠뎐ᄒᆞ고슈노편安안이오
하이에둘거시어늘今금人인이ᄇᆡ盞잔ᄒᆞ우희ᄇᆞ으니善
심히글으니라임의獻헌ᄒᆞ고則즉셜어업시ᄒᆞ미미ᄒᆞᆫ
니라○張댱子ᄌᆞㅣ골오ᄃᆡ奠뎐酒쥬ㅣ라ᄒᆞᆷ애奠뎐은
편히노타ᄒᆞ미니奠뎐贄지奠뎐枕침이라닐음ᄀᆞᄐᆞ니
이라ᄯᅡ희붓다닐오믄그르니라○朱쥬子ᄌᆞㅣ골ᄋᆞ샤
ᄃᆡ酒쥬로酹뢰ᄒᆞ미두가지말이이시니ᄒᆞ나ᄒᆞᆫ酹뢰ᄂᆞᆫ
탕을배셔ᄯᅡ히브어ᄲᅮᆷ降강神신ᄒᆞᆷ이니오직天텬子ᄌᆞ
ᄌᆞ와諸제侯후ㅣ두고ᄒᆞ나ᄒᆞᆫ이酒쥬를祭졔ᄒᆞ미니盖
개古고者자애飮음食식ᄒᆞᆯ제반ᄃᆞ시祭졔ᄒᆞ나이制졔...

神신ㅂ上샹 氣의脫탈 考고ᄆᆞ즈

귀神신이ᄌᆞ스로能능히祭졔티몯ᄒᆞᆯ연故고로배代ᄃᆡ
ᄒᆞ야祭졔ᄒᆞ미니라舍샤人인은비록그禮례ᄅᆞᆯ두나그
義의ᄅᆞᆯ일흐니可가히아디아니티몯ᄒᆞᆯ거시니라○듯
ᄌᆞ오ᄃᆡ酒쥬酹뢰ᄒᆞᆷ을이러기거ᄒᆞ롤가이다거ᄒᆞ롤가
ᄀᆞᆯᄋᆞ샤ᄃᆡ降강神신에뇨이다거ᄒᆞ롤디니라○楊양氏
시復복이ᄀᆞᆯ오ᄃᆡ이비條됴건에降강神신ᄒᆞᆯ제酒쥬ᄅᆞᆯ
酹뇌ᄒᆞ믄이다거ᄒᆞ로고三삼獻헌에酒쥬奠뎐ᄒᆞ믄맛
당히ᄯᅡ히붓디말올디라家가禮례애初초獻헌ᄒᆞᆯ제酒
고祖조妣비의盞잔을가지다가ᄠᅴ우희祭졔ᄒᆞ고뇨者쟈
뇨神신을代ᄃᆡᄒᆞ야祭졔ᄒᆞ미라禮례비에酒쥬祭졔ᄒᆞ믈

十二

졔기싸히거호로고食식을변豆두ᄉᆞ이예祭제ᄒᆞ다ᄒᆞ
니다神신을代ᄃᆡᄒᆞ야祭제ᄒᆞ미니라
進진饌찬ᄒᆞ라○饌찬을進진ᄒᆞ라
主쥬人인이오ᄅᆞ고主쥬婦부조차올라ᄂᆞᆫ執집事ᄉᆞ者쟈
ᄒᆞ나ᄒᆞᆫ盤반으로ᄡᅢ魚어와肉육을받들고ᄒᆞ나ᄒᆞᆫ盤반으
로ᄡᅢ米미식과麪면食식을받들고ᄒᆞ오나ᄒᆞᆫ盤반으로ᄡᅢ그羹
갱과뫼ᄅᆞᆯ받들어조차올라高고祖조位위前젼의ᄂᆞ려
든主쥬人인이搢진笏홀ᄒᆞ고肉육을받ᄌᆞ와盤반盞잔南
남의奠뎐ᄒᆞ고主쥬婦부ᄂᆞᆫ麪면食식을받ᄌᆞ와肉육西셔
의奠뎐ᄒᆞ고主쥬人인이魚어ᄅᆞᆯ받ᄌᆞ와醋초楪뎝南남의

奠뎐ᄒᆞ고主쥬婦부ㅣ米미食식을받ᄌᆞ와魚어ㅣ東동의奠
뎐ᄒᆞ고主쥬人인이羹깅을받ᄌᆞ와醋조楪뎝東동의奠뎐
ᄒᆞ고主쥬婦부ᄂᆞᆫ뫼롤받ᄌᆞ와盤반盞잔西셔의奠뎐ᄒᆞ고
主쥬人인이出츌笏홀ᄒᆞ야次ᄎᆞ례로뻐모도正졍位위에
設셜ᄒᆞ고모ᄃᆞᆫ子ᄌᆞ弟뎨며婦부女녀로ᄒᆞ여各각祔부
位위예設셜ᄒᆞ고다ᄆᆞ차ᄂᆞᆫ主쥬人인以이下하ㅣ다ᄂᆞ려
位위에도로오라
初초獻헌ᄒᆞ라○쳐엄獻헌작ᄒᆞ라
主쥬人인이올라高고祖조位위前젼의나ᄅᆞ거든執집事
ᄉᆞ者쟈ᄒᆞ나히酒쥬注주롤자바그右우의셔거든면뎌을문히겨

집이 主쥬人인이搢진笏홀ᄒᆞ고高고祖조考고盤반盞잔
을받드와位위前젼의東동向향ᄒᆞ야셔거든執집事ᄉᆞ者
자ㅣ西셔向향ᄒᆞ야盞잔의술브어든主쥬人인이받ᄌᆞ와
뫼고되奠뎐ᄒᆞ고버거高고祖조妣비盤반盞잔을받드와
ᄯᅩᄀᆞ티ᄒᆞ고出츌笏홀ᄒᆞ야位위前젼의北북向향ᄒᆞ야셔
거든執집事ᄉᆞ者자들히高고祖조考고妣비盤반盞잔을
받드와主쥬人인의左좌右우에셔거든主쥬人인이搢진
笏홀ᄒᆞ고ᄭᅮᆯ고執집事ᄉᆞ者자ㅣᄯᅩᄀᆞ러든主쥬人인이高
고祖조考고盤반盞잔을바다右우手슈로盞잔을자바뫼
우히祭졔ᄒᆞ고盤반盞잔으로배執집事ᄉᆞ者자를주어뫼

고ᄃᆡ도로노코高고祖조妣비盤반盞잔을바다任고티ᄒᆞ
고出츌笏홀ᄒᆞ야업데고니러ᄎᆔ기를ᄆᆞᆺ거든執집事ᄉᆞ
者쟈ㅣ셰관작을ᄒᆞᆫ爐로의구어櫝독으로배다마兄형弟
뎨의무두로ᄒᆞ나히받ᄌᆞ와高고祖조考고妣비前젼수ᄌᆞ
南남의奠뎐ᄒᆞ여든祝츅이츅版판을가져主쥬人인의左
좌외녀ᄭᅳ러가ᄭᅮ러닐거ᄀᆞᆯ오ᄃᆡ維유年년歲셰月월朔삭日
일子ᄌᆞ애孝효玄현孫손某모官관某모ᄂᆞᆫ敢감昭쇼告고
于우高고祖조考고某모官관府부君군高고祖조妣비某
오封봉某모氏시氣긔序셔流뉴易역에時시維유仲듕春
츈이라追튜感감歲셰時시에不블勝승永영慕모ᄒᆞ야敢

古以이潔결牲성柔유毛모 牲성을도ᄃᆞᆯ브면 되剛강鬣렵이라ᄒᆞ라 골오粢자盛

셩醴례齊제로祗지薦쳔歲셰事ᄉᆞᄒᆞ고以이某모親친某

모官관府부君군某모親친某모封봉某모氏시로祔부食

식ᄒᆞ니尚샹饗향이라ᄒᆞ라ᄆᆞᆺ고닐거든主쥬人인이再ᄌᆡ

拜ᄇᆡᄒᆞ고믈러도位위예나ᄅᆞ려獻헌ᄒᆞ며祝츅ᄒᆞ믈쳐

엄기티ᄒᆞ라每ᄆᆡ位위마다讀독祝츅ᄒᆞ오미무ᄎᆞ든곳ᄀᆞ든

爲리나衆즁男남의亞아헌終종獻헌아니ᄒᆞᆫ者쟈ᄂᆞᆫ人

[illegible]례로배노향ᄒᆞ고位위예祔부ᄒᆞ고바位위예나ᄂᆞ려酌쟉

獻헌ᄒᆞ믈[illegible]데로ᄒᆞ되다만讀독祝츅을말라獻헌ᄒᆞᆫ者ᄉᆞ

고ᄅᆞ나[illegible]위예도로오ᄅᆞ[illegible]ᄒᆞᄂᆞᆫ者쟈ᄂᆞᆫ다ᄅᆞ[illegible]

로배술과밋肝간젹을쓸고盞잔을뵈고ᄃᆡ로ᄒᆞ라○曾증
祖조前젼의ᄂᆞᆫ孝효曾증孫손이라稱칭ᄒᆞ고考고前젼의
ᄂᆞᆫ孝효子ᄌᆞㅣ라稱칭ᄒᆞ고不블勝승永영慕모ᄒᆞ고ᄃᆡ
호天텬罔망極극이라ᄒᆞ라○믈읫祔부ᄒᆞᄂᆞᆫ者쟈ㅣ伯ᄇᆡᆨ
叔슉祖조父부ᄂᆞᆫ高고祖조의祔부ᄒᆞ고伯ᄇᆡᆨ叔슉父부ᄂᆞᆫ
曾증祖조의祔부ᄒᆞ고兄형弟뎨ᄂᆞᆫ祖조의祔부ᄒᆞ고子ᄌᆞ
孫손은考고의祔부ᄒᆞᄂᆞ니녀나무니다이ᄀᆞ투니만일당
본位위에업거든以이書셔로觀관祔부食식이라니르디말
라○祖조考고ㅣ無무官관ᄒᆞ니며밋處쳐士ᄉᆞ敎교授슈등ᄒᆞᆫ
고티가ᄆᆡ야ᄇᆡ우희見현ᄒᆞ니라

楊양氏시復복이끌오뒤司ᄉᆞ馬마公공書셔儀의애主
쥬人인이阼조階계로브터올라酒쥬注주고대가西셔
向향ᄒᆞ야서거든執집事ᄉᆞᄒᆞᆫ나ᄒᆞᆫ左좌手슈로曾증祖
조考고의酒쥬盞잔을받들고右우手슈로曾증祖조妣
비의酒쥬盞잔을받들며ᄒᆞᆫ나ᄒᆞᆫ祖조考고妣비의酒쥬
盞잔을받들고ᄒᆞᆫ나ᄒᆞᆫ考고妣비의酒쥬盞잔받들믈다
ᄒᆞ고祖조考고妣비위次ᄎᆞ애ᄀᆞ티ᄒᆞ야主쥬人인의곳
에나아오나ᄂᆞᆫ主쥬人인이搢진笏홀ᄒᆞ고注주ᄒᆞ믈자
바ᄎᆞ례로ᄡᅥ盒보어三執집事ᄉᆞ者자ㅣ 받ᄌᆞ와날회여
行ᄒᆡᇰᄒᆞ여도로믜ᄃᆡ고ᄒᆡ 노코主쥬人인이出츌笏홀ᄒᆞ야

曾증祖조考고妣비神신座좌앏픠가北븍向향ᄒᆞ여든
執집事ᄉᆞ者자ᄒᆞ나ᄒᆞᆫ曾증祖조考고의酒쥬盞잔을밧
들어主쥬人인의左좌애셔고ᄒᆞ나ᄒᆞᆫ曾증祖조妣비의
酒쥬盞잔을밧들어主쥬人인의右우에셔거든主쥬人
인이搢진笏홀ᄒᆞ고ᄭᅮ러曾증祖조考고妣비의술을갸
ᄯᅱ와酹뇌ᄒᆞ고執집事ᄉᆞ者자를盞잔을주어뎃고대로
로노코이에祝츅문을닐그니이그禮녜虞우祭졔禮녜로
더브러곳투니라家가禮녜의논主쥬人인이올라神신
位위압픠가主쥬人인은祖조考고妣비의盤반盞잔을
밧들고ᄒᆞ나ᄒᆞᆫ酒쥬注주를자바그右우애셔셔술을브으

니이ᄂᆞᆫ虞우祭졔禮톄로티브려다ᄅᆞ니라그으기詳샹察찰
ᄒᆞ니虞우祭졔禮톄애ᄂᆞᆫ神신位위오직ᄒᆞ나히오時시祭
졔예ᄂᆞᆫ神신位위하니家가禮톄애主쥬人인이올라神
고位위압ᄑᆡ가盤반盞잔을받들어位위압ᄑᆡ東동向향
ᄒᆞ야셔고執집事ᄉᆞ者쟈ㅣ술브어든主쥬人인이받ᄌᆞ믈
어녯고대노코버거祖조妣비의盤반盞잔을받ᄌᆞ믈이신
ᄭᅵ디ᄒᆞ니이ᄭᅴ티요則즉禮톄嚴엄ᄒᆞ고ᄠᅳ디專젼일ᄒᆞ모
니라書셔儀의의ᄭᅳ든則즉時시祭졔虞우祭졔로ᄃᆡ ᄆᆡ리
ᄭᅳ두야主쥬人인이酒쥬注주卓탁子ᄌᆞ알ᄑᆡ가ᄂᆞᆫ執집
事ᄉᆞ者쟈ㅣ左좌右우手슈로두盤반盞잔을받ᄌᆞ든則즉

그禮톄嚴엄티아니ᄒᆞ고主쥬人인이쥬注주ᄅᆞᆯ자바다
모도神신位위예술을브은則즉그ᄠᅳ디尊존일티아니
ᄒᆞ니이家가禮톄ᄇᆡ言언儀의예禮톄ᄅᆞᆯᄡᅳ디아니ᄒᆞ고
但義의로ᄇᆡ起긔ᄒᆞᆫᄇᆡ니라
亞아獻헌ᄒᆞ라○ᄇᆡ거獻헌작ᄒᆞ라
主쥬婦부ㅣᄒᆞ고모도婦부女녀ㅣ炙젹肉육을밧ᄃᆞ오며
밋노화獻헌작ᄒᆞ믈初초獻헌톄ᄀᆞ티ᄒᆞ되다만讀독祝축
말라
朱쥬子ᄌᆞㅣ골ᄋᆞ샤ᄃᆡ祭졔禮톄애主쥬人인이初초獻
헌을ᄒᆞ고主쥬婦부ㅣ잇디아니ᄒᆞᆫ則즉弟뎨ㅣ시러곰亞

외然연산
천사학오
수의뉴구
닫기히리
소서계솟
혁노의넉

가獻헌을ᄒᆞ고弟뎨婦부ㅣ終죵獻헌을ᄒᆞᄂᆞ니라○錫
얌氏시復복이골오ᄃᆡ按안ᄒᆞ니亞아獻헌을처음ᄢᅢ
톨거시어ᄅᆞᆯ潮됴ᄲᅢ祭졔예사긴바家가禮례예닐오ᄃᆡ요
직酒쥬ᄅᆞᆯ茅모사애祭졔티말라ᄒᆞ니潮됴本본애닐온
바술을茅모사애祭졔티아니ᄒᆞ미올ᄒᆞ냐골오ᄃᆡ사긔볼
온비酒쥬ᄅᆞᆯ茅모사에祭졔ᄒᆞᄂᆞᆫ者쟈ᄂᆞᆫ神신을爲위ᄒᆞ
야祭졔ᄒᆞ미라古고者쟈애飮음食식ᄒᆞᆯ제반ᄃᆞ시[illegible]
ᄒᆞ고밋祖조考고애祭졔ᄒᆞ거나外외神신애祭졔ᄒᆞᆯ제
位위ᄒᆞᆫ神신을爲위ᄒᆞ야祭졔ᄒᆞ고必필主주의餕쥰食[illegible]
녜애主쥬人인이尸시동의게利리奉봉獻헌ᄒᆞ며尸시[illegible]

ᄒᆞ샤대샤
노다의니
뎐빙이랴
헌ᄀᆞ노맛
쳔자ㅣ라
후에보ᄒᆞ
은후로뻐
ᄒᆞᆫ을사므

이술을祭졔ᄒᆞᆫ後후에술을啐쵀ᄒᆞ야爵쟉을다ᄒᆞ고主
주婦부ㅣ尸시드릐게亞아獻헌ᄒᆞ여든尸시동이술을
祭졔ᄒᆞᆫ後후에主주부ㅣ드다ᄒᆞ고賓빈長댱이尸시동의게
三삼獻헌ᄒᆞ여든尸시동이술을祭졔ᄒᆞᆫ後후애爵쟉을
다ᄒᆞ다ᄒᆞ고士ᄉᆞ虞우와特특牲ᄉᆡᆼ禮례예도그러ᄒᆞ야
물읫세번尸시동애獻헌ᄒᆞᆷ애다술을祭졔ᄒᆞ논神신을
爲위ᄒᆞ야祭졔ᄒᆞ미라鄕향射샤大대射샤애獲획者쟈ㅣ
ㅣ候후우에獻헌ᄒᆞ디右우箇개를몬져ᄒᆞ고버거中듕이
오버거左좌箇개를ᄒᆞ디다술을祭졔ᄒᆞ니侯후를爲위
ᄒᆞ야祭졔ᄒᆞ미라일로뻐보건대ᄂᆞᆫ三삼獻헌애다맛당

미약
무게도ᄅᆞᆷ
ᄒᆞᆼ이나삽
ᄒᆞ올비ᄅᆞᆯ
오고로좌
우혀연도
하리

히솔을弟모사의祭졔ᄒᆞᆫ다라潮됴本본은蓋개或혹者
쟈ㅣ쁟으로배改기ᄒᆞᆫ故고로다ᄅᆞᆫ本본으로더브러ᄀᆞᆺ
디아니ᄒᆞ니글오도다

終죵獻헌라ᄒᆞᆫ○무ᄌᆞ막獻헌ᄒᆞᆫ작ᄒᆞ라
兄형弟뎨의長댱이나或혹長댱男남이나或혹親친賓빈
이나ᄒᆞ고모도子ᄌᆞ弟뎨炙젹肉육을받드으며ᄃᆞᆺ도화獻
헌작ᄒᆞ오ᄆᆞᆯ亞아獻헌테ᄀᆞ티ᄒᆞ라

侑유食식라ᄒᆞᆫ○食식을侑유ᄒᆞ라
主쥬人인이을라搢진笏홀ᄒᆞ고注주ᄅᆞᆯ자바나아가므
도位위에酒쥬ᄅᆞᆯ브어다ᄀᆞ득게ᄒᆞ고香향案안東동南남

마시기는主쥬婦부ㅣ잔술을뫼가온ᄃᆡ고조되西셔로
조ᄅᆞ가게ᄒᆞ고저로교졍케ᄒᆞ고香향案안西셔南남의셔
셔다北북向향ᄒᆞ야再ᄌᆡ拜비ᄒᆞ고ᄂᆞ려位위예도로오라

闔합門문ᄒᆞᆫ다○門문을다두라

主쥬人인及급이下하ㅣ다나오나든祝츅이門문을닫고門
문엽ᄒᆡ어든곳발을디우미可가ᄒᆞ니라主쥬人인이門
문東동의셔셔西셔向향ᄒᆞ여든모든丈댱夫부ᄂᆞᆫ그뒤헤
잇고主쥬婦부ᄂᆞᆫ門문西셔의셔셔東동向향ᄒᆞ여든모든
婦부女녀ᄂᆞᆫ그뒤헤잇고만일尊존長댱이잇거든져근덧
다ᄒᆞᆫ고뒤가쉴디니이날온바厭염이니라

揚양氏시復복이ᄀᆞᆯ오ᄃᆡ士ᄉᆞ虞우禮례애尸시동이업

슨者쟈ᄂᆞᆫ祝츅이믄다드믈밥머글ᄃᆞᆺᄒᆞ다ᄒᆞᆫ註주에尸

시동이一일食식九구飯반ᄒᆞᄂᆞᆫ조음ᄀᆞᆺ다ᄒᆞ고ᄯᅩᄀᆞᆯ오ᄃᆡ

祝츅이소릐ᄅᆞᆯ세번ᄒᆞ야믄을열라ᄒᆞᆫ註주에소릐ᄂᆞᆫ기

츰이니이제祭졔에임의尸시동이업슨故고로모로미

이禮례ᄅᆞᆯ設셜ᄒᆞᆯᄲᅮᆫ이니라

啓계門문ᄒᆞ라○門문을열라

祝츅이소릐ᄒᆞ야세번기츰ᄒᆞ고이에門문을여러든主쥬

人인ᄃᆞᆯ이下하ᄒᆞ야다ᄃᆞᆮ고그宗종長댱이문뒤다ᄃᆞᆮ고[illegible]

취ᄒᆞᆫ者쟈ㅣ位위ᄃᆞ러의位위예ᄒᆞ야오라ᄒᆞ主쥬人인[illegible]

祭쥬 ᄂᆞᆫ 슬
[illegible] 모
[illegible] 지 미
구 쥬 눈 술
을 쳐 기 며

婦부ㅣ茶다를받드와考고妣ㆍ前젼의노화進진ᄒᆞ고祔
부位위예노모ᄃᆞᆫ子ᄌᆞ弟뎨며婦부女녀로ᄒᆡ여進진ᄒᆞ라
受슈胙조라ᄒᆞ○胙조를受슈ᄒᆞ라
執집事ᄉᆞ者쟈ㅣ香향案안앏피돗仰라든主쥬人인이돗
긔나아가北븍面면ᄒᆞ엿ᄌᆡ든祝츅이高고祖조考고薦쳔
의가酒쥬盤반盞잔을들어主쥬人인의右우의니ᄅᆞ거든
主쥬人인이ᄭᅮᆯ고祝츅이ᄯᅩᄭᅮᆯ어든主쥬人인이搢진笏흘ᄒᆞ
ᄒᆞ고盤반盞잔을바다祭제酒쥬ᄒᆞ고啐쵀酒쥬ᄒᆞ여든祝
축이술과盤반을가져모ᄃᆞᆫ位위예뫼를各각酌쟉ᄒᆞ여[illegible]
밧드러ᄇᆡ主쥬人인의左좌의니ᄅᆞ러主쥬人인의게醆잔ᄒᆞ

그미라 가ᄂᆞᆫ부운 숣ᄒᆞᄂᆞᆫ말 어라

연은게리 혀미가

ᄒᆞ야 ᄀᆞᆯ오ᄃᆡ 祖조考고ㅣ 命명ᄒᆞ샤 工공祝츅ᄒᆞ야 承승致티 多
다福복于우汝여孝효孫손ᄒᆞ노니 來ᄅᆡ汝여孝효孫손아
使ᄉᆞ汝여로 受슈祿록于우天텬ᄒᆞ며 宜의稼가于우田뎐
ᄒᆞ야 眉미壽슈永영年년ᄒᆞ여 勿믈替톄引인之지ᄒᆞ라ᄒᆞ
여든 主쥬人인이 酒쥬를 돗알ᄑᆡ노코 出츌笏홀ᄒᆞ야 엽ᄃᆡ
고 ᄭᅮᆯ어 再ᄌᆡ拜ᄇᆡᄒᆞ고 搢진笏홀ᄒᆞ고 仔더 뫼롤 바다 갓보
고 왼녁 소매예 녀허 소매로 샷기손가락의 걸고 [illegible]츄를 가
져다가 머거든 執집事ᄉᆞ者쟈ㅣ 盞잔 받기를 右우로브터 ᄒᆞ
야 쥬注주 겨ᄐᆡ노코 뫼밧기를 左좌로브터 ᄒᆞ야 ᄯᅩ 그ᄀᆞ티
ᄒᆞ라 主쥬人인이 執집笏홀ᄒᆞ고 ᄇᆡ데 고 ᄭᅮᆯ어 東동階계ᄅᆞ

ᄂᆡ셤은
앙ᄒᆞ노
못다ᄒᆞᄂᆞ니

쟝의셔셔西셔向향ᄒᆞ여든祝츅이西셔階계上샹의셔셔東동向향ᄒᆞ야利니成셩이라告고ᄒᆞ고ᄂᆞ려位위예도로와位위예인ᄂᆞᆫ者쟈로더브러다再ᄌᆡ拜비ᄒᆞ여든主쥬人인은拜비티말고ᄂᆞ려位위예도로오라

劉뉴氏시璋쟝이골오ᄃᆡ韓ᄒᆞᆫ魏위公공집祭제애닐오ᄃᆡ믈읫祭제애飮음福복受슈胙조ᄒᆞᄂᆞᆫ禮녜ᄅᆞᆯ오래임의行ᄒᆡᆼ티아니ᄒᆞ니이제다만祭제ᄒᆞ고나모酒쥬饌찬으로ᄡᅥ親친屬쇽의얼운이며져므니ᄅᆞᆯ命명ᄒᆞ야ᄂᆞᆫ화머기미可가ᄒᆞ니라

辭ᄉᆞ神신ᄒᆞ라○神신ᄭᅴ辭ᄉᆞᄒᆞ라

家禮諺解卷之十

主쥬人인以이下하ㅣ다拜ᄇᆡᄒᆞ라、

納납主쥬라ᄒᆞᆫ○主쥬ᄅᆞᆯ納납ᄒᆞ라

主쥬人인主쥬婦부ㅣ다올라各각각신主쥬ᄅᆞᆯ뫼셔櫝독의녀코主쥬人인이笥ᄉᆞ로ᄡᅥ櫝독을斂렴ᄒᆞ야뫼셔祠ᄉᆞ堂당의도라오믈올제베ᄁ티ᄒᆞ라

徹텰라ᄒᆞᆫ○실라

主쥬婦부ㅣ드라와보아설어술이盞잔의며注주의며다ᄅᆞᆫ그릇ᄉᆡ가온대잇던거ᄉᆞᆯ다瓶병의녀허封봉ᄒᆞᆯ니닐온바福복酒쥬ㅣ라果과蔬소와肉육食식을다상해그르ᄉᆡ옮기고主쥬婦부ㅣ祭졔器긔ᄅᆞᆯ보아ᄉᆡ셔간슈ᄒᆞ라

盒은나모
음식ᄃᆡ그
릇각

餞뎐라ᄒᆞ○餞뎐ᄒᆞ라
이날의主쥬人인이보아祭졔예脤조육을난화品품마다
삭작合합의다마술조차다封봉ᄒᆞ야좁을보내여이무가
利脤조를권당이며버듸게보내고드듸여席셕을設셜
호듸男남女녀를處쳐소다루게ᄒᆞ야尊존行항이호줄되
여南남面면ᄒᆞ듸堂당가온대로브터東동西셔로分분ᄒᆞ
아머리짓고만일다만ᄒᆞᆫ나히어든當당中듕ᄒᆞ여안ᄌᆞ라
그나ᄆᆞ니ᄂᆞᆫ次ᄎᆞ례로버서로對듸ᄒᆞ야東동西셔를分분
ᄒᆞ야向향ᄒᆞ라尊존者쟈ᄒᆞ오나히몬져就ᄎᆔ坐좌ᄒᆞ여든衆
즁男남이펴서되뒤수로ᄒᆞᆫ줄지어東동으로버우흘사미

다再재拜배ᄒᆞ고子ᄌᆞ弟뎨등의長댱者자ᄒᆞᆫ나히져기나아셔거든執집事ᄉᆞ者자ᄒᆞᆫ나히酒쥬注주ᄅᆞᆯ자바그右우의셔고ᄒᆞᆫ나히盤반盞잔을자바그左좌의셔거든獻헌ᄒᆞᆯ者자ㅣ搢진笏홀ᄒᆞ고ᄭᅮ러아ᄋᆡ獻헌ᄒᆞ면尊존者자ㅣ니러셔고子ᄌᆞ姪딜이어든안자셔ᄃᆞ리酒쥬注주ᄅᆞᆯ바다술을븟고酒쥬注주ᄅᆞᆯ도로주고盞잔을바다祝츅ᄒᆞ야ᄀᆞᆯ오ᄃᆡ祀ᄉᆞ事ᄉᆞㅣ旣긔成셩ᄒᆞ야祖조考고ㅣ嘉가饗향ᄒᆞ시니伏복願원某모親친은備비膺응五오福부ᄒᆞ샤保보族족宜의家가ᄒᆞ쇼셔ᄒᆞ고盞잔자밧ᄃᆞᆫ者자ᄅᆞᆯ주어尊존者자압피노하든長댱者자ㅣ出츌笏홀ᄒᆞ라尊존者자ㅣ술을들어다머거든長댱者자ㅣ업데고니러

믈러位위에모로와衆즁男남으로더브러다再재拜배ᄒᆞ
리尊존者쟈ㅣ命명ᄒᆞ야쥬注주와밋長댱者쟈의盞잔을
가져다가왼녁픠느코ᄌᆞᄉᆞ로브어祝츅ᄒᆞ야ᄀᆞ로ᄃᆡ祀ᄉᆞ事
ᄉᆞㅣ既긔成셩ᄒᆞ니五오福복之지慶경을與여汝여曹조
로共공之지라ᄒᆞ고執집事ᄉᆞ者쟈ᄅᆞᆯ命명ᄒᆞ야次ᄎᆞ례로
ᄡᅥ位위의예나아가술븟기ᄅᆞᆯ다쥬徧편히ᄒᆞ며長댱者쟈
ㅣ나아가쥬ᄅᆞᆯ바다머그믈ᄆᆞᆺ고엽데고니러믈러셔거든
衆즁男남이나아가揖읍ᄒᆞ고믈러셔셔먹고長댱者쟈ㅣ
衆즁男남으로더브러다再재拜배ᄒᆞ라모든婦부女녀ㅣ
女녀ㅣ尊존長댱을만히셔獻헌ᄒᆞ믈衆즁男남네ᄀᆞ티ᄒᆞ되

다만作작디말라여의ᄆᆞᆺᄎᆞ고이에坐좌의就취ᄒᆞ야飮음食
식을드리라모도婦부女녀ㅣ堂당알ᄑᆡ니루러男남尊존
長댱ᄭᅴ獻헌壽슈ᄒᆞ여든男남尊존長댱이답녜ᄒᆞ믈녜대
로ᄒᆞ며衆즁男남이中듕堂당의니루러女녀尊존長댱ᄭᅴ
獻헌壽슈ᄒᆞ여든女녀尊존長댱이답녜ᄒᆞ믈녜대로ᄒᆞ고
이에坐좌의就취ᄒᆞ여든饌찬食식을드리라內내外외執
집事ᄉᆞ者쟈ㅣ各각內내外외尊존長댱ᄭᅴ獻헌壽슈ᄒᆞ
믈녜대로호ᄃᆡ다ᄇᆡ말고드듸여坐좌의인ᄂᆞᆫ者쟈의게나
아가술븟기ᄅᆞᆯᄆᆞᆺᄎᆞ고다술들오믈려뎌이예再재拜
ᄇᆡᄒᆞ고므르거든드듸여米미食식을드리라그린後후이

泛범연히酒쥬醴례ᄅᆞᆯ行ᄒᆡᆼᄒᆞ고ᄉᆞ아ᄉᆞ이祭졔饌찬을뫼라
酒쥬饌찬이不블足죡ᄒᆞ거든다ᄅᆞᆫ술이며다ᄅᆞᆫ饌찬을로
뻐더으라장交罷파ᄒᆞᆯ제主쥬人인이胙조ᄅᆞᆯ받죵의게ᄂᆞᆫ
화도로고主쥬婦부ㅣ胙조ᄅᆞᆯ內ᄂᆡ執집事ᄉᆞ者쟈의게ᄂᆞᆫ
화돌라微미賤쳔ᄒᆞ오ᄃᆡ쥬徧편히미쳐가게ᄒᆞ야그날로셔
다盡진ᄒᆞ게ᄒᆞ고바ᄃᆞᆫ者쟈ㅣ다再ᄌᆡ拜비ᄒᆞ라이에연席
셕을실라

揚양氏시復복이ᄀᆞᆯ오ᄃᆡ司ᄉᆞ馬마溫온公공書셔儀의
에ᄀᆞᆯ오ᄃᆡ禮례에祭졔事ᄉᆞᄅᆞᆯ임의ᄆᆞᆺ츠매兄형弟뎨와
밋賓빈이ᄀᆞᆯᄆᆞ두려서ᄅᆞ獻헌ᄒᆞ며酬슈ᄒᆞ야爵쟉을수

업시호미이시니써그接접會회홈을因인호야히여곰
恩은을交교호며好호를定뎡호고배리만히勸권호거
시라호니이제또호이테를取취홀디니라
凡범祭제는主쥬於어盡진愛이敬경之지誠셩而이已이라
貧빈則즉稱칭家가之지有유無무오疾질則즉量냥筋근力
력而이行행之지니財재力력可가以이及급者쟈는有不當당如
여儀의라니〇므릇祭제는愛이를敬경호고정誠셩을극盡
진히홀매主쥬호디라과난호면지빅이십업스믈맛게홀거
시오병든筋근力력을혜아려行행홀디니財지力력이가
히미출者쟈는조스로當당당이테대로홀디니라

禰고신자
야큰제다

初초祖조

오직繼계始시祖조ᄒᆞᆫ ᄂᆞᆫ宗종이시러곰祭제ᄒᆞᄂᆞ니라
始시祖조祭제를몯ᄌᆞ오ᄃᆡ朱쥬子ᄌᆞㅣ골ᄋᆞ샤ᄃᆡ
ᄂᆞᆫ이업더니라伊이川쳔先션生ᄉᆡᆼ이義의로ᄡᅥ起긔
ᄒᆞ시니내當당初초애祭제ᄒᆞ더니後후에僭ᄎᆞᆷᄒᆞᆫ듯
ᄒᆞᆷ을ᄭᅵ도고이제敢감히祭제티몯ᄒᆞ노라○始시祖
조祭제ᄂᆞᆫ禘톄ᄀᆞᆺ고先션祖조祭제ᄂᆞᆫ祫협이ᄀᆞᆺᄐᆞ니
이제다敢감히祭제티몯ᄒᆞᆯ거시니라
冬동至디에祭제始시祖조라ᄒᆞᆫ○冬동至지예始시祖조로祭
제ᄒᆞ라

程뎡子ᄌᆞㅣᄀᆞᆯᄋᆞ샤ᄃᆡ이ᄂᆞᆫ그쳐엄사ᄅᆞᆷ녜祖조ㅣ라冬동
至지ᄂᆞᆫ一일陽양의비롯ᄂᆞᆫ거신故고로그類류ᄅᆞᆯ象상ᄒᆞ
야祭제ᄒᆞᄂᆞ니라
前젼期긔三삼日일ᄒᆞ야齋재戒계ᄒᆞ라○사ᄅᆞᆷ前젼期긔ᄒᆞ야齋
지戒계ᄒᆞ라
時시祭제ᄯᅢᄀᆞ티ᄒᆞ라
前젼期긔一일日일ᄒᆞ야設셜位위ᄒᆞ라○ᄂᆞᆫ릇前젼明명ᄒᆞ야位
위ᄅᆞᆯ設셜ᄒᆞ라
主쥬人인과모도丈댱夫부ㅣ深심衣의닙고執집事ᄉᆞ者
쟈ᄅᆞᆯ거ᄂᆞ려祠ᄉᆞ堂당을灑쇄掃소ᄒᆞ고器긔具구ᄅᆞᆯ잇가

우ᄂᆞᆫ바리 뎨엿그ᄅᆞ ᄌᆡ라

싀고神신位위ᄅᆞᆯ堂당中듕閤합北븍壁벽下하의設셜ᄒᆞ야屛병風풍을그뒤헤티고食식牀상을그압ᄑᆡ設셜ᄒᆞ라

陳딘器긔ᄒᆞ라○器긔ᄅᆞᆯ陳딘ᄒᆞ라

火화爐로ᄅᆞᆯ堂당中듕의設셜ᄒᆞ고밥지으며술ᄆᆞᆫ긔具구ᄅᆞᆯ東동階계下하의設셜ᄒᆞ고셰슈ᄂᆞᆫ東동의ᄒᆞ고炙젹구을괴구ᄂᆞᆫ그南남의잇고ᄲᅧ무ᄉᆞᄂᆞᆫ以이下하노다時시祭졔디티ᄒᆞ라主쥬婦부와모ᄃᆞᆫ婦부女녀ㅣ背븨子ᄌᆞ닙고執집事ᄉᆞ者쟈ᄅᆞᆯ거ᄂᆞ려祭졔器긔ᄅᆞᆯ싯가싀며가마소ᄐᆞᆯ조케ᄒᆞ고果과楪뎝여ᄉᆞᆺ과盤반세과杅우여ᄉᆞᆺ과小쇼盤반세과盞잔盤반匙시筯뎌各각들과기ᄅᆞᆷ盤반盞잔나과酒쥬

훈옥귀
흐야략

注주와酹뇌酒쥬ᄒᆞᆫ盤반盞잔ᄒᆞᆫ나과受슈胙조ᄒᆞᆯ盤반과
匙시ᄒᆞᆫ나ᄒᆞᆯᄀᆞ초라○按안ᄒᆞ니이本본ᄃᆡ녯祭졔器긔를
ᄡᅳ미合합당커니와이제私ᄉᆞ家가의或혹能능히장만티
몯ᄒᆞᆯ가저헤라아직이제그ᄅᆞᄉᆞᆯᄲᅢ셔簡간便편ᄒᆞ몰조노
라神신位위예蒲포薦쳔을ᄭᆞᆯ고席셕을加가ᄒᆞ되다
션이잇고或혹紫ᄌᆞᄃᆡ褥요를ᄡᅳ되다기릐대자히오너븨
두자반이오屛병風풍은벼개屛병풍制졔도ᄀᆞᆺ게ᄒᆞ야是
족히ᄲᅢ돗세面면의두르게ᄒᆞ고食식牀상은널로四面면
을ᄒᆞ되기릐대자히오너븨석자남족ᄒᆞ고네녀킈[illegible]널로
ᄲᅢ둘러노피ᄒᆞ요자두치만ᄒᆞ귀드차아래널을얄아面면을ᄃᆞᆫ

黑흑漆칠ᄒᆞ라

具구饌찬ᄒᆞ라○饌찬믈을ᄀᆞ초라

신시ᄢᅢ에牲싱을주기되主쥬人인이親친히털과피를버혀ᄒᆞᆫ盤반을ᄒᆞ고머리와념통과肝간과부화를ᄒᆞᆫ盤반을ᄒᆞ고기ᄅᆞᆷ을쑥으로ᄡᅥ섯거ᄒᆞᆫ盤반을ᄒᆞ야다놀로ᄒᆞ고左좌胖반으란ᄡᅳ디말고右우胖반의앏다리로세뎡이밍ᄀᆞᆯ고등솔로세뎡이뎡ᄀᆞᆯ고뎝솔로세오리밍ᄀᆞᆯ고뒤다리로세뎡이밍ᄀᆞᆯ라밋구모갓가온뒤ᄒᆞᆫ무뎌를ᄇᆞ려ᄡᅳ디말디니므룻열두體톄라밥ᄲᆞᆯ이ᄒᆞᆫ杅우ㅣ니ᄒᆞᆫ盤반의노코취蔬소과실果과ㅣ各각여ᄉᆞᆺ가지오脯과醢해ᄒᆞ니ᄒᆞᆫ小쇼盤

반이오고기ᄲᅡᄒᆞ니ᄒᆞᆫ小쇼盤반이라

厥궐明명에夙슉興흥ᄒᆞ야設셜蔬소果과와酒쥬饌찬ᄒᆞ라○그이

ᄐᆞᆫ날일날어蔬소菜ᄎᆡ과와酒쥬饌찬을設셜ᄒᆞ라

主쥬人인이深심衣의닙고執집事ᄉᆞ者쟈ᄅᆞᆯ거ᄂᆞ리고玄

현酒쥬甁병과밋酒쥬甁병을架가우희設셜ᄒᆞ고酒쥬

注주와爵쟉酒쥬ᄒᆞᆯ盤반과盞잔과受슈胙조ᄒᆞᆯ盤반과匙

시各각ᄒᆞ나ᄒᆞᆯ東동階계卓탁子ᄌᆞ우희ᄒᆞ고祝츅版판과

밋기ᄅᆞᆯ盤반을西셔階계卓탁子ᄌᆞ우희ᄒᆞ고수건各각ᄒᆞ

나ᄒᆞᆯ食식牀상北북端단東동西셔의ᄒᆞ되서ᄅᆞ브ᄐᆞ기두자

대ᄂᆞᆫ치만케ᄒᆞ고盤반盞잔各각ᄒᆞ나ᄒᆞᆯ每ᄆᆡ西셔의ᄒᆞ고

실果과ᄂᆞᆫ食식牀상南남端단의잇고菜ᄎᆡ蔬소ᄂᆞᆫ그北븍의
잇고毛모血혈腥셩盤반과ᄉᆡᄒᆞᆫ肝간과고기ᄂᆞᆫ디階계下
하饌찬牀상우희陳딘ᄒᆞ고ᄇᆞᆯ은階계下하의짓ᄂᆞᆫ그릇가
온대ᄃᆞᆷ고열두體톄ᄂᆞᆫ盒ᄂᆞᆫ그릇가온대다마블로ᄲᅥ혀
녀게ᄒᆞ고盤반ᄂᆞᆫ호나과杅우여ᄉᆞᆺ슬饌찬牀상우희두리
質질明명에盛셩服복ᄒᆞ고就췌位위라ᄒᆞᆫ○평明명에盛셩服복
ᄒᆞ고位위에나아가라
時시祭졔례ᄀᆞ티ᄒᆞ라
降강神신ᄒᆞ고參참神신라ᄒᆞᆫ○神신을降강ᄒᆞ고神신의參참ᄒᆞᆫ
라

큰그고ᄒᆞᆼ 대반ᄒᆞᆫ갈 이오ᄒᆞᆫ두 것이아니

主쥬人인이손싯고올라기롬盤반을받ᄌ와堂당中듕합
爐로앏피니루러拾습ᄒ야꿀고디孝효孫손某모ㅣ
수금以이冬동至지예有유事ᄉ于우始시祖조考고始시
祖조妣비ᄒᆞ노니敢감請청尊존靈령은降강居거神신位
위어시든恭공伸신奠뎐獻헌이라ᄒᆞ고드듸여기롬을합
爐로숫블우희티오고업데고니러져가믈러셔셔再지拜
비ᄒᆞ라執집事ᄉ者쟈ㅣ술을열어든主쥬人인ㅣ쥬려뼈
우희酹뇌酒쥬ᄒᆞ고詩시祭제녜ᄀ티ᄒᆞ라
劉유氏시璋쟝이골오ᄃ茅모사盤반을瓷ᄌ긔과遍편于盂
우로ᄡᅳ되니비ᄒᆞᆫ자남고或혹거믄漆칠ᄒᆞᆫ小쇼盤반을

호례라
으로례야

ᄒᆞ라벼뒤그ᄎᆞᆷ믄에둡치남즉게ᄒᆞ야뭇그되ᄂᆞᆫ근기ᄉᆞ로

ᄲᅡ뭇거盤반압히셰오라

進진饌찬라ᄒᆞ○饌찬믈을進진ᄒᆞ라

主쥬人인이올라神신位위前젼의니르러執집事ᄉᆞ者자

ㅣ毛모血혈腥셩肉육을밧ᄌᆞ와ᄡᅥ進진ᄒᆞ여든主쥬人인

이바다치疏소北븍의設셜ᄒᆞ야西셔上샹ᄒᆞ고執집事ᄉᆞ

者자ㅣ니ᄂᆞᆫ고기를내여盤반의노하밧ᄌᆞ와ᄡᅥ進진ᄒᆞ여

든主쥬人인이바다腥셩盤반東동의設셜ᄒᆞ고執집事ᄉᆞ

者자ㅣ杅우둘로ᄡᅥ밥담고杅우둘로肉육湆즙의不블和

학ᄒᆞᆫ者자롤담고ᄯᅩ杅우둘로ᄡᅥ肉육湆즙의누몰로ᄒᆞᆫ者

ᄉᆞ그ᄅᆞᆷ블화
ᄒᆞᆫ고기
ᄒᆞᆫ믈의
노ᄅᆞᆷ셜

네몸여거
니이여
어구ᄒᆞᆫ
외나흐
는거시

쟈를다마받조와進진ᄒᆞ여든主쥬人인이바다設셜ᄒᆞ
뫼밥은盞잔西셔의잇고大대羹깅은盞잔東동의잇고鉶
형羹깅은大대羹깅東동의잇게ᄒᆞ라다ᄂᆞᆫ려位위예도로
오라

初초獻헌라ᄒᆞᆫ○취엄獻헌작ᄒᆞ리
時시祭제ᄯᅢᄀᆞᄅᆞᄒᆞ되다만主쥬人인이이믜업데고날견
三兄형弟데肝간을구어소곰加가ᄒᆞ야小쇼盤반의다마
ᄡᅥ조ᄎᆞ라祝츅詞ᄉᆞ애골오ᄃᆡ維유年년歲셰月월朔삭日
김子ᄌᆞ개孝효孫손姓셩名명은敢감昭쇼告고于우初초
祖조考고初초祖조妣비今금以이仲듕冬동陽양至지之

지始시예追튜惟유報보本본ᄒᆞ、나禮녜不블敢감忘망이
라謹근以이潔결牲싱柔유毛모와粢ᄌᆞ盛셩醴례齊졔로
祗지薦쳔歲셰事ᄉᆞᄒᆞ나尙샹饗향이라ᄒᆞ라

亞아獻헌ᄒᆞ라○버거獻헌爵쟉ᄒᆞ라
時시祭졔녜ᄭᅴ티호뒤다만衆즁婦부ㅣ고기를구어소곰
加가ᄒᆞ야뻬조ᄎᆞ라

終죵獻헌ᄒᆞ라○무조막獻헌爵쟉ᄒᆞ라
時시祭졔과밋웃녜ᄭᅴ티ᄒᆞ라

侑유食식ᄒᆞ며闔합門문ᄒᆞ며啓계門문ᄒᆞ며受슈胙조ᄒᆞ며辭ᄉᆞ神신
ᄒᆞ며徹텰ᄒᆞ며餕쥰ᄒᆞ라○食식을侑유ᄒᆞ며門문을다두며門문을

열며胙조를受슈ᄒᆞ며神신이辭ᄉᆞᄒᆞ며설며餕쥰ᄒᆞ라
다時시祭제예ᄀᆞ티ᄒᆞ라

先션祖조

繼계始시祖조高고祖조ᄒᆞᆫ宗종이시러곰祭제ᄒᆞᄂᆞ디
니繼계始시祖조ᄒᆞᆫ宗종은初초祖조로브터ᄅᆞ라ᄒᆞ
고繼계高고祖조ᄒᆞᆫ宗종은先션祖조로브터ᄅᆞ리ᄒᆞᆫ
라
立닙春츈에祭제先션祖조라ᄒᆞ니○立닙春츈에先션祖조를祭
제ᄒᆞ라
程뎡子ᄌᆞㅣ골ᄋᆞ샤ᄃᆡ初초祖조以이下하와高고祖조

以이上샹의祖조ㅣ라 立닙春츈은 生ᄉᆡᆼ物믈을 ᄒᆞᄂᆞᆫ 처엄
인 故고로 그 類뉴를 象샹ᄒᆞ야 祭졔ᄒᆞᄂᆞ니라
前젼三삼日일ᄒᆞ야 齊지戒계ᄒᆞ라 ○ 시ᄒᆞᆯ 前젼긔ᄒᆞ야 齊지戒계
ᄒᆞ라
始시祖조祭졔ᄒᆞᄂᆞᆫ 녜ᄀᆞ티ᄒᆞ라
前젼一일日일ᄒᆞ야 設셜位위ᄒᆞ고 陳딘器긔ᄒᆞ라 ○ ᄒᆞᄅᆞ 前젼긔ᄒᆞ
야 位위를 設셜ᄒᆞ고 器긔를 陳딘ᄒᆞ라
初초祖조祭졔ᄒᆞᄂᆞᆫ 녜ᄀᆞ티ᄒᆞ오ᄃᆡ 다만 祖조考고神신位위
를 堂당中듕西셔의ᄒᆞ며 祖조妣비神신位위를 堂당中듕
東동의 設셜ᄒᆞ고 蔬소果과楪뎝이 各각열둘히오 大대盤

반이여ᄉᆞᆺ시오小쇼盤반이여ᄉᆞ슬ᄒᆞ라餘여並병同동ᄒᆞᆫ
다
뭇ᄌᆞ오ᄃᆡ祭졔禮례애立립春츈애ᄂᆞᆯ오ᄃᆡ高고祖조禰녜
이上샹을祭졔ᄒᆞ오ᄃᆡ오직二이位위ᄅᆞᆯ設셜ᄒᆞ다ᄒᆞ니만
일ᄀᆞᆷ고ᄉᆞ인이祫합祭졔ᄒᆞ면모로미이位위마다祭셰
ᄒᆞ리잇가朱쥬子ᄌᆞㅣᄀᆞᆯᄋᆞ샤ᄃᆡ本본ᄃᆡ이ᄒᆞᆫ氣긔과ᄋᆞᆫᄃᆡ
라만일祠ᄉᆞ堂당中듕애各각각牌패子ᄌᆞㅣ이신則즉
可가티아니ᄒᆞ니라○諸졔侯후ㅣ四ᄉᆞ時시예祫합졔
이시니畢필竟경이祭졔ᄅᆞᆯ밋디몯ᄒᆞᄂᆞᆫ고ᄃᆡ이셔뵈야ᄒᆞ오
로이ᄭᅱ티ᄒᆞ오미라春츈秋츄애일이大태廟묘애잇다ᄒᆞᆷ

ᄀᆡ두니大태廟묘ᄂᆞᆫ두이모ᄃᆞ祧됴ᄒᆞᆫ신主쥬ㅣ라

그가ᄋᆞᆫ대이십이니라

具구饌찬ᄒᆞᆫ라○饌찬믈을ᄀᆞ초라

初초祖조祭졔ᄒᆞᄂᆞᆫ녜ᄀᆞ티ᄒᆞ되다만털과피를ᄒᆞᆫ盤반을

ᄒᆞ고머리과념통을ᄒᆞᆫ盤반을ᄒᆞ고肝간과부화를ᄒᆞᆫ盤반

을ᄒᆞ고기름과脩슈을ᄒᆞᆫ盤반을ᄒᆞ고ᄡᅡᆫᄒᆞᆫ肝간이누小쇼盤

반이오ᄡᅡᆫᄒᆞᆫ고기네小쇼盤반을ᄒᆞ라餘여並병同동ᄒᆞ다

厥궐明명에夙슉興흥ᄒᆞ야設셜蔬소果과酒쥬饌찬ᄒᆞ라○그이

튼날일닐어蔬소果과와酒쥬饌찬을設셜ᄒᆞ라

初초祖조祭졔ᄒᆞᄂᆞᆫ녜ᄀᆞ티ᄒᆞ되다만每ᄆᆡ位위예수合

각ᄒᆞᆫ나히오盤반盞잔이各각ᄀᆞᆯ히내階계下하饌찬湯탕

우희노ᄒᆞ라餘여並병同동ᄒᆞ다

質질明명에盛셩服복ᄒᆞ고就취位위ᄒᆞ야降강神신ᄒᆞ며參참神신

ᄒᆞ라○平평明명에盛셩服복ᄒᆞ고位위예나아가神신을降강ᄒᆞ

며神신씌參참ᄒᆞ라

始시祖조祭졔ᄒᆞᄂᆞᆫ녜ᄀᆞ티ᄒᆞ되다만삼고詞ᄉᆞ[illegible]始시조

를고텨先션이라ᄒᆞ라餘여並병同동ᄒᆞ다

進진饌찬ᄒᆞ라○饌찬ᄒᆞᆯ믈을進진ᄒᆞ라

初초祖조祭졔ᄒᆞᄂᆞᆫ녜ᄀᆞ티ᄒᆞ되다만몬져祖조考고位위

예나ᄅᆞ러뎡와피모瘞예ᄒᆞ고머리와뎔ᄒᆞᆫ과압다리우희

두모긔와등술세모두와두다리우희ᄒᆞ모뒤를밧ᄌᆞᆸ고버
귀祖조妣비位위예나ᄂᆞ려肝간과부화와알ᄒᆞ리ᄒᆞ모뒤
와념술세모뒤와두다리아래ᄒᆞ모뒤를받ᄌᆞ오라餘여並
병同동ᄒᆞ다
初초獻헌라ᄒᆞ○처엄獻헌쟉ᄒᆞ라
初초祖조祭제ᄒᆞᄂᆞ네ᄀᆞ티호ᄃᆡ다만兩냥位위예獻헌ᄒᆞᆯ
고各각과파업대고닐어當당中듕ᄒᆞ여져근릇섯거든先헌
弟대府과각적구어두小쇼盤반으로베조ᄎᆞ라祝츅詞ᄉᆞ애
初초不블고려先션이라ᄒᆞ고仲듕冬동陽양至지를고려
立닙春츈生ᄉᆡᆼ物믈이라ᄒᆞ라餘여並병同동ᄒᆞ다

亞아獻헌ᄒᆞ며終종獻헌ᄒᆞ며○버거獻헌작ᄒᆞ며ᄆᆞᄎᆞ막獻헌ᄒᆞ
ᄒᆞ라

初초祖조祭졔ᄒᆞᄂᆞᆫ뎨ᄀᆞ뎨호ᄃᆡ다ᄒᆞᆫ炙적肉육各각두小
쇼盤반을조ᄎᆞ라

侑유食식ᄒᆞ며闔합門문ᄒᆞ며啓계門문ᄒᆞ며受슈胙조ᄒᆞ며辭ᄉᆞ神신
ᄒᆞ며徹텰ᄒᆞ며餕쥰ᄒᆞᄂᆞ니라○食식을侑유ᄒᆞ며門문을닫ᄃᆞ며門문을
열며神신의辭ᄉᆞᄒᆞ며徹텰ᄒᆞ며餕쥰ᄒᆞ라
다初초祖조祭졔ᄒᆞᄂᆞᆫ례ᄀᆞᆮ티ᄒᆞ라

禰녜

繼계禰녜ᄒᆞᄂᆞᆫ宗종以이上샹이다시러곰祭졔ᄒᆞᄂᆞ니

예노이ㅣ
ᄂᆞᆫ빈틈오ᄃᆞ
라

오직支지子ᄌᆞᄂᆞᆫ祭졔티몯ᄒᆞᄂᆞ니라

季계秋츄게 祭졔禰녜ᄒᆞ라 ○季계秋츄에禰녜ᄅᆞᆯ祭졔ᄒᆞᆫ라

程뎡子ᄌᆞㅣ 골ᄋᆞ샤ᄃᆡ 季계秋츄ᄂᆞᆫ成셩物믈ᄒᆞᄂᆞᆫ처엄이니또그類뉴ᄅᆞᆯ象샹ᄒᆞ야祭졔ᄒᆞᄂᆞ니라

前젼一일月월ᄒᆞ야下하旬슌에卜복日일ᄒᆞ라 ○ᄒᆞᆫᄃᆞᆯ前젼긔ᄒᆞ야下하旬슌에날을졈卜복ᄒᆞ라

時시祭졔톄ᄀᆞ티ᄒᆞ되오직ᄉᆞᆲ고辭ᄉᆞ애孝효孫손을고텨孝효子ᄌᆞㅣ라ᄒᆞ고또祖조考고妣비ᄅᆞᆯ고텨考고妣비라ᄒᆞ고만일母모ㅣ잇거든다만닐오ᄃᆡ考고ㅣ라ᄒᆞ고[illegible]론龕감실알ᄑᆡ만ᄉᆞᆲ고ᄒᆞ라餘여並병同동ᄒᆞ다

前젼三삼日일야ᄒᆞ齊지戒계ᄒᆞ고前젼一일日일야ᄒᆞ設셜位위의儀의器긔라ᄒᆞ고○사흘前젼긔ᄒᆞ야齊지戒계ᄒᆞ고ᄒᆞᄅᆞ前젼긔ᄒᆞ야位위를設셜ᄒᆞ고器긔를陳딘ᄒᆞ라

時시祭졔네ᄭᅴ티ᄒᆞ되다만正졍寢침에兩냥位위를ᄒᆞᆫ가온ᄃᆡ合합ᄒᆞ여設셜ᄒᆞ야西셔上샹ᄒᆞ라香향案안ᄒᆞᆫ곳이

下하ᄂᆞᆫ並병向향ᄒᆞ다

具구饌찬라ᄒᆞ고○饌찬믈을ᄀᆞ초라

時시祭졔네ᄭᅴ티ᄒᆞ되두분식ᄒᆞ라

厥궐明명에風숙興흥ᄒᆞ야設셜蔬소果과酒쥬饌찬라ᄒᆞ고○그이튼날일닐어蔬소果과와酒쥬饌찬을設셜ᄒᆞ라

時시祭제톄끼티ᄒᆞ라

質질明명에盛셩服복ᄒᆞ고詣예祠ᄉᆞ堂당ᄒᆞ야奉봉神신主쥬ᄒᆞ야
出츌就취正졍寢침ᄒᆞ라○평明명에盛셩服복ᄒᆞ고祠ᄉᆞ堂당
의가神신主쥬를뫼셔나와正졍寢침에나아오라

正졍寢침의셔時시祭제ᄒᆞᄂᆞᆫ톄끼티ᄒᆞ되다만告고詞ᄉᆞ
애골오되孝효子ᄌᆞ某모ㅣ今금以이季계秋츄成셩物을
之지始시에有유事ᄉᆞ于우考고某모官관府부君군妣비
某모封봉某모氏시라ᄒᆞ라

參참神신ᄒᆞ며降강神신ᄒᆞ며進진饌찬ᄒᆞ며初초獻헌ᄒᆞ라○神신에
參참ᄒᆞ며神신을降강ᄒᆞ며饌찬믈을進진ᄒᆞ며처엄獻헌쟉

ᄒᆞ라

時시祭졔예 고티ᄒᆞᄃᆡ 다만 祝츅詞ᄉᆞ애 닐오ᄃᆡ 孝효子ᄌᆞ某모官관某모敢감昭쇼告고于우考고某모官관府부君군妣비某모封봉某모氏시今금以이季계秋츄成셩物믈不블之지始시에感감時시追튜慕모ᄒᆞ니昊호天텬罔망極극이라ᄒᆞ라餘여並병同동ᄒᆞ다

亞아獻헌ᄒᆞ며終죵獻헌ᄒᆞ며侑유食식ᄒᆞ며闔합門문ᄒᆞ며啓계門문ᄒᆞ며受슈胙조ᄒᆞ며辭ᄉᆞ神신ᄒᆞ며納납主쥬ᄒᆞ며徹텰ᄒᆞ며餕쥰ᄒᆞ라(버거獻헌작ᄒᆞ며무축막獻헌작ᄒᆞ며食식을侑유ᄒᆞ며門문을다ᄃᆞ며門문을열며胙조를受슈ᄒᆞ며神신ᄭᅴ辭ᄉᆞᄒᆞ며主쥬

로納납ᄒᆞ여 ᄀᆞᆯ녀 餕쥰ᄒᆞ라

다 時시祭졔 톄ᄀᆞ티 ᄒᆞ라

宗죵子ᄌᆞㅣ 곧ᄋᆞᆫ 사ᄃᆡ 네 집의 뎨 時시祭졔 낫고 冬동至지와 立닙春츈과 季계秋츄ㅅ祭졔 잇더니 後후에 冬동至지 立닙春츈 두 祭졔ᄂᆞᆫ 僭참ᄒᆞ도ᄉᆞᄒᆞ므로 ᄲᅦ라 安안심티 아니ᄒᆞ믈 ᄲᅵᄃᆞ라 드듸여 그치고 季계秋츄애ᄂᆞᆫ 비대로 禰녜예 祭졔호ᄃᆡ 내의 生ᄉᆡᆼ日일로 ᄲᅢ 祭졔ᄒᆞ노니마ᄎᆞᆷ 내 生ᄉᆡᆼ日일이 季계秋츄애 이심은 만나니 九구月월 十십五오日일이니라

忌긔日일

前期一일日일야ᄒᆞᆫ齊지戒계라ᄒᆞᆫ○ᄒᆞᄅᆞ前期긔ᄒᆞ야齊졔戒계ᄒᆞ라

祭졔禰녜ᄒᆞ논뎨ᄀᆞ티ᄒᆞ라

設셜位위라ᄒᆞᆫ○位위를設셜ᄒᆞ라

祭졔禰녜ᄒᆞ논뎨ᄀᆞ티호ᄃᆡ다만ᄒᆞᆫ位위만設셜ᄒᆞ라

陳딘器긔라ᄒᆞᆫ○器긔ᄅᆞᆯ陳딘ᄒᆞ라

祭졔禰녜ᄒᆞ논뎨ᄀᆞ티ᄒᆞ라

具구饌찬라ᄒᆞᆫ○饌찬믈을ᄀᆞᆺ초라

祭졔禰녜ᄒᆞ논饌찬믈ᄀᆞ티호ᄃᆡᄒᆞᆫ품식ᄒᆞ라

厥궐明명에夙슉興흥ᄒᆞ야設셜蔬소果과酒쥬饌찬ᄒᆞᆫ○그이

된 날일ᄏᆞᄅᆞ이 疏소果과와 酒쥬饌찬을 設셜ᄒᆞ라
祭졔禰녜ᄒᆞᄂᆞᆫ 톄ᄀᆞ티ᄒᆞ라
質질明명에 主쥬人인以이下하ㅣ 變변服복ᄒᆞ라 ○ 厥궐明명에
主쥬人인以이下하ㅣ 變변服복ᄒᆞ라
禰녜에ᄂᆞᆫ 主쥬人인兄형弟뎨 黲참紗사幞복頭두와 黲참
布포衫삼과 뵈로 角각帶ᄃᆡ를 ᄯᅴ고 祖조以이上샹이어든
黲참紗사衫삼을ᄒᆞ고 旁방親친이어든 皂조紗사衫삼을
ᄒᆞ며 主쥬婦부ᄂᆞᆫ ᄇᆞᆫ머리예 슈飾식업시ᄒᆞ고 흰 大대衣의
와 淡담黃황帔피를ᄒᆞ고 티나므 사ᄅᆞᆷ은 다 華화盛셩ᄒᆞᆫ 옷
술업비시ᄒᆞ라

몯ᄌᆞ오ᄃᆡ忌긔日일애므슴服복을ᄒᆞ리잇고朱쥬子ᄌᆞㅣ골ᄋᆞ샤ᄃᆡ내오직白ᄇᆡᆨ絹견涼냥衫삼과黲참巾건을着탹ᄒᆞ노라몯ᄌᆞ오ᄃᆡ黲참巾건을므어ᄉᆞ로ᄆᆡᄒᆞ리잇고골ᄋᆞ샤ᄃᆡ紗사와絹견이다可가ᄒᆞ니나ᄂᆞᆫ紗사로ᄆᆡᆼᄒᆞ노라ᄯᅩ黲참巾건의制제도ᄅᆞᆯᄆᆞᄌᆞ온대골ᄋᆞ샤ᄃᆡ帕박複복과서ᄅᆞᄀᆞᄐᆞᄃᆡ네ᄲᅡᆨ드림이이시니當당今금幞복頭두ᄅᆞᆯᄀᆞᄐᆞ니라○楊양氏시復복이ᄀᆞᆯ오ᄃᆡ先션生ᄉᆡᆼ이母모夫부人인忌긔日일애黲참黑흑布포衫삼을닙으시고그巾건이ᄯᅩ그러ᄒᆞᆫ거ᄅᆞᆯ묻ᄌᆞ오ᄃᆡ今금日일服복色ᄉᆡᆨ을엇디ᄒᆞ오미니잇고골ᄋᆞ샤ᄃᆡ엇디君군子ᄌᆞㅣ終

ᄒᆞᆫ身신喪상이잇다홈을드ᄃᆡ아니ᄂᆞ다

諸예祠ᄉᆞ堂당ᄒᆞ야奉봉神신主쥬ᄒᆞ야出츌就츄正뎡寢침ᄒᆞ라○

祠ᄉᆞ堂당의가神신主쥬를뫼셔나와正뎡寢침의나아오라

祭졔禰녜ᄒᆞ·ᄂᆞᆫ녜ᄀᆞ티ᄒᆞ되다만告고辭ᄉᆞ애닐오ᄃᆡ今금

以이某모親친某모官관府부君군遠원諱휘之지辰신에

敢감請쳥神신主쥬ᄒᆞ야出츌就츄正졍寢침ᄒᆞ야恭공伸

신追츄慕모ㅣ라ᄒᆞ라餘여並병同동ᄒᆞ다

參참神신ᄒᆞ며降강神신ᄒᆞ며進진饌찬ᄒᆞ며初초獻헌ᄒᆞ라○神신ᄉᆡ

參참ᄒᆞ며神신을降강ᄒᆞ며饌찬물進진ᄒᆞ며처엄獻헌작ᄒᆞ

라

祭졔禰녜ᄒᆞᄂᆞᆫ 배 ᄀᆞ티 호ᄃᆡ 다만 祝츅辭ᄉᆞ애 ᄂᆞᆯ오ᄃᆡ 歲셰序셔ㅣ 遷쳔易역ᄒᆞ야 諱휘日일이 復부臨림ᄒᆞ니 追튜遠원感감時시예 不블勝승永영慕모ㅣ라 ᄒᆞ라 考고妣비어든 不블勝승永영慕모ᄅᆞᆯ 고텨 昊호天텬罔망極극이라 ᄒᆞ고 旁방親친이어든 ᄂᆞᆯ오ᄃᆡ 諱휘日일이 復부臨림ᄒᆞ니 不블勝승感감愴창이라 ᄒᆞ라 만일 考고妣비어든 祝츅이 ᄆᆞᆺ며 主쥬人인 以이下하ㅣ 哭곡호ᄆᆞᆯ 盡진哀의ᄒᆞ라 餘여이 並병同동ᄒᆞ다

亞아獻헌ᄒᆞ며 終종獻헌ᄒᆞ며 侑유食식ᄒᆞ며 闔합門문ᄒᆞ며 啓계門문ᄒᆞ라 ○ 버거 獻헌酌쟉ᄒᆞ미 ᄆᆞ 不탁 獻헌酌쟉ᄒᆞ며 食식을 侑유ᄒᆞ며

門문을다두며門문을열라
다祭졔禰녜ᄒᆞ논ᄇᆡᄀᆞ티호되다만受슈胙조ᄆᆞᆯ라
辭ᄉᆞ神신ᄒᆞ며納납主쥬ᄒᆞ며徹텰ᄒᆞ라○神신ᄭᅴ辭ᄉᆞᄒᆞ며主쥬ᄅᆞᆯ
納납ᄒᆞ며닐라
다祭졔禰녜ᄒᆞ논ᄇᆡᄀᆞ티호되다만餕쥰ᄒᆞ디ᄆᆞᆯ라
是시日일에不블飮음酒쥬ᄒᆞ며不블食식肉육ᄒᆞ며不블聽텽樂
악ᄒᆞ며黲참巾건素소服복素소帶ᄃᆡ以이居거ᄒᆞ며夕셕寢침于
우外외ᄒᆞ라○이날에술먹디말며고기먹디말며풍뉴듣디말
며黲참巾건이며素소服복이며素소帶ᄃᆡ로ᄇᆡ이시며나죄
밧긔나자라

墓묘祭졔

三삼月월上샹旬슌에擇퇵日일ᄒᆞ야前젼一일月월齊지戒계ᄒᆞ라○三삼月월上샹旬슌에날ᄀᆞᆯᄒᆡ여ᄒᆞ로前젼긔ᄒᆞ야齊지戒계ᄒᆞ라

家가祭졔ᄃᆡᄀᆞ티ᄒᆞ라

具구十십饌찬ᄒᆞ라○饌찬ᄆᆞᆯ을ᄀᆞ초라

墓묘上샹의每미分분식時시祭졔찬品품ᄀᆞ티ᄒᆞ고다시魚어과肉육과各각ᄒᆞᆫ큰盤반을設셜ᄒᆞ야배后후土토의祭졔ᄒᆞ라

厥궐明명에灑쇄掃소ᄒᆞ라○그이튼날灑쇄掃소ᄒᆞ라

主쥬人인이深심衣의닙고執집事ᄉᆞ者쟈ᄅᆞᆯ거ᄂᆞ려墓묘所소의가拜지拜비ᄒᆞ고塋영域역內ᄂᆡ샹와예도ᄐᆡ들러슬허ᄉᆞᆯ피고기ᄅᆞᆯ세박회ᄅᆞᆯᄒᆞ고그플이며가싀잇거든즉제칼히며도치로뻐미며버히며뷔고ᄇᆞ스럿기ᄅᆞᆯ모ᄉᆞ고位위예도로와拜지拜비ᄒᆞ라位墓묘左좌의ᄯᅡ흘닷가배后후土토의祭제ᄒᆞ라

布포席셕ᄒᆞ고陳딘饌찬ᄒᆞ라○돗ᄭᆞᆯ고饌찬믈을陳딘ᄒᆞ라새조호돗그로뻐墓묘前젼의ᄭᆞᆯ고設셜饌찬호ᄆᆞᆯ家가祭제톄ᄀᆞ티ᄒᆞ라

參참神신ᄒᆞ며降강神신ᄒᆞ며初초獻헌ᄒᆞ라○神신미參참ᄒᆞ며神

신을降강ᄒᆞ여취엄獻헌쟉ᄒᆞ라、
家가祭졔에ᄭᅳ티호ᄃᆡ다만祝츅辭ᄉᆞ애닐오ᄃᆡ某모親친、
某모官관府부君군之지墓묘氣긔序셔ㅣ流뉴易역ᄒᆞ야
雨우露로ㅣ旣긔濡유ᄒᆞ니瞻쳠省掃소封봉塋영에不블勝
승感감慕모ㅣ라ᄒᆞ라餘여並병同동ᄒᆞ다
亞아獻헌ᄒᆞ여終죵獻헌ᄒᆞ라○버거獻헌쟉ᄒᆞ며ᄆᆞᄎᆞ막獻헌쟉
ᄒᆞ라
다ᄌᆞ弟뎨며권당이나벋으로배薦쳔ᄒᆞ라
辭ᄉᆞ神신ᄒᆞ고乃내徹텰ᄒᆞ라○神신位위辭ᄉᆞᄒᆞ고설라
遂슈祭졔后후土토ᄒᆞ야布포席셕ᄒᆞ고陳딘饌찬ᄒᆞ라○드듸여后

후土토의祭제ᄒᆞ야돗ᄭᆞᆯ고饌찬믈을陳딘ᄒᆞ라

네盤반을돗南남端단의노코盤반盞잔匙시筯뎌ᄅᆞᆯ그北

븍의設셜ᄒᆞ라餘여並병同동上샹ᄒᆞ다

降강神신ᄒᆞ며參참神신ᄒᆞ며三삼獻헌ᄒᆞ라○神신을降강ᄒᆞ며神

신이參참ᄒᆞ며세번獻헌작ᄒᆞ라

우과ᄀᆞᄐᆞ되다만祝츅辭ᄉᆞ애닐오ᄃᆡ某모官관姓셩名명

은敢감昭쇼告고于우后후土토氏시之지神신某모ㅣ恭

공脩슈歲셰事ᄉᆞ于우某모親친某모官관府부君군之지

墓묘ᄒᆞ니惟유時시保보佑우ᄒᆞ니實실賴뢰神신休휴ㅣ라

敢감以이酒쥬饌찬으로敬경伸신奠뎐獻헌ᄒᆞ노니尙샹

饗향이라ᄒᆞ라
辭ᄉᆞ神신ᄒᆞ고乃내徹텰而이退퇴ᄒᆞ라○神신서辭ᄉᆞᄒᆞ고이에
설고믈러나라
朱쥬子ᄌᆞㅣ골ᄋᆞ샤ᄃᆡ祭제儀의애墓묘祭제와節졀祠
ᄉᆞ로ᄡᅥ可가티아니타ᄒᆞ거니와그러나先션正졍이다
ᄂᆞᆯ오ᄃᆡ墓묘祭제義의理리애害해롭디아니타ᄒᆞ고往
節졀物믈을尙샹ᄒᆞᆫ바ᄅᆞᆯ고人인이잇디아니ᄒᆞᆫ故
고로時시祭제만ᄒᆞ거니와이제사ᄅᆞᆷ은時시節졀애俗
욕을조차燕연飮음ᄒᆞᆷ을各각그物믈로ᄡᅥᄒᆞᄂᆞ니祖
조考고ㅣ生ᄉᆡᆼ存존ᄒᆞ여실제盖개일즉ᄡᅳ던디라이제

*연세대학교 도서관의 소장본에서 영인한 것임.

子ᄌᆞ孫손이이를廢폐티아니ᄒᆞ며셔能능히祖조考고
애葛갈然연ᄒᆞ라○旣긔葬장은모로미가廟묘애告고
호後후에墓묘애告고ᄒᆞ고뵈야호로墓묘를여러
버영葬장ᄒᆞ고영葬장을ᄆᆞᄎᆞ매奠뎐ᄒᆞ고도라와ᄯᅩ가
廟묘애告고ᄒᆞ야哭곡ᄒᆞᆫ後후애畢필ᄒᆞ여사일이뵈야
호로總총은當당ᄒᆞ니라葬장을行ᄒᆡᆼᄒᆞᆯ제ᄂᆞᆫ다시반ᄃᆞ시
신主쥬를ᄆᆡ대야니ᄅᆞ게시어니와祭졔告고ᄒᆞᆯ때예ᄂᆞᆫ
블룩신主쥬를寢침에내ᄂᆞ니라○祭졔祀ᄉᆞᄒᆞᄂᆞᆫ禮
례ᄂᆞᆫᄯᅩᄒᆞᆫ오직本본을依의거ᄒᆞ야ᄒᆞᆯ디니경誠셩과공
敬경밧긔달리힘ᄡᅳᆯ고디잇디아니ᄒᆞ니라○舊구遵번묘두

[illegible]블은 경박ᄒᆞᆫ 말이라

簠보簋궤ㅅ 그ᄅᆞᄉᆞᆫ 곳 녯사ᄅᆞᆷ의 ᄡᅳᄂᆞᆫ 배ᄅᆞᆯ 故고로 當당時시祭제享향애다 ᄡᅳ니 이제ᄂᆞᆫ 燕연器긔로ᄡᅥ 祭제器긔ᄅᆞᆯ 代ᄃᆡᄒᆞ며 常상시 饌찬믈로 俎조肉육을 代ᄃᆡᄒᆞ며 楮뎌錢젼으로 幣폐帛ᄇᆡᆨ을 代ᄃᆡᄒᆞ미 이 ᄯᅩᄒᆞᆫ 사라실 제 ᄡᅳ던 바로ᄡᅥ ᄒᆞ미니 이 닐은 맛당ᄒᆞ믈 조ᄎᆞ미니라 ○일즉ᄡᅥ셔 子조뎨ᄅᆞᆯ 경戒계ᄒᆞ야 닐ᄋᆞ샤ᄃᆡ 요ᄉᆞ이 墓묘祭제애 土토神신ᄭᅴ ᄒᆞᄂᆞᆫ 禮녜ᄅᆞᆯ 보니 오로 滅멸裂렬ᄒᆞ더라 내 甚심히 저허ᄒᆞ노라 임의 先션公공의 신體톄ᄅᆞᆯ 山산林림애 의託탁ᄒᆞᆷ을 爲위ᄒᆞ야 그 主쥬者쟈ᄅᆞᆯ 祀ᄉᆞ[illegible]ᄒᆞᆷ이니 엇디 可가히 이러ᄐᆞᆺ ᄒᆞ리오 今금[illegible]

ᄒᆞᆫ은져시
라ᄂᆞ

ᄑᆡ원군현
종의본호
라

[illegible]으로브터 一일樣양케ᄒᆞ야 菜ᄎᆡ와 果과
와 [illegible]과 茶다湯탕을 各각ᄒᆞᆫ 그ᄅᆞᆺ슬ᄒᆞ
야 [illegible] 親친을 便편안케ᄒᆞ며 神신을 섬기노ᄇᆞᆯ다ᄒᆞ
야 [illegible] 성ᄒᆞ며 강殺새홈이 잇게 말라 ○ 劉뉴氏시
璋쟝이 ᄀᆞᆯ오ᄃᆡ 周쥬元원陽양의 祭졔錄녹애 ᄀᆞᆯ오ᄃᆡ 唐
당 開ᄀᆡ元원 [illegible] 寒한食식애 上상墓모홈을 勅틱許허
ᄒᆞ야 拜ᄇᆡ掃소ᄒᆞ야 [illegible] 기록ᄒᆞ니 만일 拜ᄇᆡ掃소ᄒᆞᆷ이
寒한食식이 아니 則즉 先션期긔ᄒᆞ야 날을 [illegible] 복ᄒᆞ라
[illegible]애 宗종子ᄌᆞㅣ 他타國국에 가고 庶셔子ᄌᆞㅣ
가 廟묘ㅣ 업슴시 孔공子ᄌᆞㅣ 墓묘를ᄇᆞ라 壇단을 ᄆᆡᆼ

참가ᄂᆞᆫ묘
잔을닐옴
미리 -

그라배로배祭제祀ᄉᆞᄒᆞ믈許허ᄒᆞ시니곳이제寒한食
식의上상墓묘ᄒᆞᆷ이義의或혹憑빙依의ᄒᆞᆷ이잇거니와
날을졈卜복디아니ᄒᆞᆯ셥이라이제或혹나그내로벼ᄉᆞᆯ
ᄒᆞ야他타邦방의寓우거ᄒᆞ야이배를미처松송檟가의
拜비掃소티몯ᄒᆞ면則즉寒한食식애집의이셔션효可가
히祭제ᄉᆞ흘디니라○사ᄅᆞᆷ이주근後후에얼굴을原원
野야가온대무더世셰상으로러브리隔격絶졀ᄒᆞ니孝
효子ᄌᆞ의조초ᄉᆞ慕모ᄒᆞᄂᆞᆫᄆᆞᄋᆞᆷ이엇디限한極극이이
시리오처옴티의變변後후이ᄒᆞᄂᆞᆫ고조옴을當당ᄒᆞ야티ᄒᆞ
배늣기믈티으니이맛당히墳분墓묘를省셩謁알ᄒᆞ야

時[illegible]로 [illegible]ᄒᆞᄂᆞ니 [illegible] 되ᄂᆞ니라 이제 祭[illegible]ᄒᆞᆫ 食[illegible]

의 [illegible] 묘ᄒᆞᄂᆞᆫ 祭졔 비록 經경에 ᄀᆞᆺ 운이 업스나

[illegible] 代[illegible] 傳뎐ᄒᆞ야 習[illegible]俗쇽이 이러구희 [illegible]

[illegible]승ᄒᆞ고 [illegible]ᄒᆞ여 오ᄃᆞᆫ 禮례 잇고 아래로 庶셔人

인의 [illegible] 에 ᄂᆞ 상ᄒᆞᄂᆞᆫ 祭졔 이시니 田뎐 野야

諸[illegible] 수 [illegible] 무ᄒᆞ고 皂조 隸례 庸용

[illegible] 의 [illegible] 의 [illegible] 禮[illegible] 을 으믈 엇고

馬마 [illegible] 子孫손의 追[illegible] 養양

을 [illegible] 업ᄂᆞ니 [illegible] 祭祀 [illegible] 의 品품 味미 ᄂᆞᆫ 佳

ᄒᆞᆫ人 [illegible] 의 [illegible] 豐풍 [illegible] 美[illegible]

귀티아니ᄒᆞ고貴귀호미脩슈潔결호매이셔誠셩慤각

욷다極극히ᄒᆞᆯ두룸이라엡ᄉᆞ니딥기몰인누니딥김규

리ᄒᆞᆯ디니祭제祀ᄉᆞᄒᆞᆯ時시애이ᄆᆞ옴이敬경을닐외여

당常샹祖조宗종의게이기면祖조宗종이洋양洋양히

인ᄂᆞᆫ도ᄉᆞᄒᆞ야엇디시러곰내졍誠셩을가ᄌᆞᆨ格격ᄒᆞ며내졔

祀ᄉᆞ를歆흠향티아니ᄒᆞ리오○黃황氏시瑞셔節졀이

골오ᄃᆡ南남軒헌張댱氏시司ᄉᆞ馬마公공과張댱子ᄌᆞ

와程뎡子ᄌᆞ세집글을編편次ᄎᆞᄒᆞ야冠관昏혼喪상祭졔

ᄉᆞ禮례다ᄉᆞᆺ卷권을ᄆᆡᆼ그니家가禮례ᄂᆞᆫ蓋개세집말ᄉᆞᆷ

을參참고ᄒᆞ고古고今금의맛당ᄒᆞᆫ글을斟짐酌작ᄒᆞ야大대

意의 논隱은 然연히 宗종法법으로 배조쥬를사 모디라

可가히 배 講강논 아니티 몯홀거시니라 그러나 禮례書

서의 끔이 儀의禮례經경傳뎐集집解ᄒᆡ 이시니 또호

朱쥬子ᄌᆞ의 輯즙次ᄎᆞᄒᆞ신 배니라

家가禮례諺언解ᄒᆡ卷권之지十십終죵

家禮諺解乃 先君晩年所撰也藏於遺
稿中亂帙久矣恐遂泯沒而未傳爰鋟
于梓以圖不朽凡三閱月而功告成乃陳
疏而
上進之玉堂春坊芸閣泮宮并皆分送而又
為之行文列邑俾各印希盖不敢自私於
一家也世之好禮君子或有取焉則不但
為不肖之幸而已嗚呼篇章宛然如接

手澤句讀了寧畧象 而誨未死餘生感

念興衰亦復何以爲心哉旹

崇禎紀元之五年歲在壬申季夏下澣男通

政大夫守江原道觀察使兼兵馬水軍節

度使巡察使管餉使得淵敎浚再拜謹跋

得淵申參判湜季子

그런則즉쓰디아녀야나요만끈디몯ᄒᆞ니라○이제按안ᄒᆞ노니孔공子ᄌᆞㅣ防방墓묘의封봉ᄒᆞ시몰그노ᄑᆡ넉자ᄒᆞ고ᄒᆞ신故고로取취ᄒᆞ야ᄡᅥ法법을삼고司ᄉᆞ馬마公공의마굴ᄇᆡ각別별이자근碑비를세게ᄒᆞ니라다만돌ᄒᆞᆯ모로미너비ᄒᆞ고자以ᄡᅥ上샹을ᄒᆞ고그두틔三삼分분之지二이에잇게ᄒᆞ고圭규首슈ᄒᆞ고그面면의刻각ᄒᆞᆯ誌지셕두데끈티ᄒᆞ고이에잠간그世셰系계와일홈과字ᄌᆞ와行ᄒᆡᆼ實실을지어그左좌ㅅ녁킈刻각ᄒᆞ야도라後후와右우ㅅ녁희미처周쥬편케ᄒᆞ라婦부人인이어든夫부의葬장호믈기둘위이에세오ᄃᆡ面면이夫부ㅣ므망ᄒᆞᆫ誌지셕두에刻

봉비ᄂᆞᆫ소
네듀ㅣ하

놀됴ᄒᆞ고
뉴뎍이라

곡흥기티ᄒᆞ라

司ᄉᆞ馬마溫온公공이곧오ᄅᆡ古고人인이큰공勳훈과
德덕이이시면鐘죵이며鼎뎡애勒늑銘명ᄒᆞ야宗종廟
묘애藏장ᄒᆞ고그영葬장에곳豐풍碑비ᄅᆞᆯ두어벼棺관
을ᄂᆞ리오더니秦진漢한으로ᄇᆡ오므로비로소文문士
ᄉᆞ命명ᄒᆞ야功공과德덕을기려돌히사기믈任임ᄒᆞᆫ碑
비라니ᄅᆞ고ᄂᆞ려南남朝됴애미쳐ᄂᆞᆫ다시銘명誌지
ᄅᆞᆯ두어墓묘中듕애무드니그사ᄅᆞᆷ으로ᄒᆡ여곰果과연
大대賢현인댄곳名명聞문이뵈가顯현달ᄒᆞ야모파藉
칭稱頌숑ᄒᆞ노배라終종古고토록흘려傳뎐播파ᄒᆞ야可가

녀망은샷
뇨尙샹이
：강뎌공
이각
능ᄒᆞ니논공
ᄌᆞ의조ㅣ
라

ᄒᆡ捨샤欽흠ᄒᆞ딕을ᄒᆞ리니엇디碑비와誌지ᄅᆞᆯ기드려비

로소사ᄅᆞᆷ의아ᄅᆞ미되리오만일그어디ᄃᆡᄅᆞᆯᄒᆞ면비록

공巧교ᄒᆞᆫ말과고요ᄒᆞᆫ글로배구티여粲찬飾식을더어功

공이몸녀望망과ᄀᆞᆺ고德덕이仲듕尼니ᄀᆞᆺ比비ᄒᆞ야도

ᄒᆞᆫ갓譏긔笑쇼ᄅᆞᆯ取취ᄒᆞ리니그뉘즐겨미ᄃᆞ리오碑비

ᄂᆞᆫ오히려墓묘道도애세오니사ᄅᆞᆷ이ᄉᆡ디픔보려니와

誌지ᄂᆞᆫ이에壙광中듕애곰초니ᄌᆞᄉᆞ로여ᄂᆡ내디이니

만보디몯ᄒᆞᄂᆞ니라隋슈文문帝뎨의아ᄃᆞᆯ秦진王왕俊쥰

ᄒᆡ이죽거ᄂᆞᆯ마ᄋᆞᆯ僚료속이碑비세오믈請쳥ᄒᆞᆫ대帝뎨

골ᄋᆞ샤ᄃᆡ일훔을求구코쟈ᄒᆞ면ᄒᆞᆫ卷권史ᄉᆞ긔글이足

뎐셕으방
뻡븐ᄒᆞ야뎐
약ᄒᆞᆫ뎐롤
헤아

계ᄇᆞᆫ그ᄂᆞᆫ보
극ᄒᆞᆷ의
아ᄃᆞ라니
어뎐사ᄅᆞᆷ
시라

족ᄒᆞ니엇디碑비를ᄒᆞ리오ᄒᆞ믄갓사ᄅᆞᆷ을위ᄒᆞ야鐫젼
石셕을삼으리라ᄒᆞ니이實실ᄒᆞᆫ마리라이제임의能능
히免면티못ᄒᆞᆯ딘댄그誌지文문을依의거ᄒᆞ야다만可가
히鄕향里니와世셰家가와官관簿부와始시와終죵
을直딕히ᄡᅥᆯ作ᄌᆞᆨᄅᆞᆷ이라李계札찰의ᄂᆞᆫ墓묘알ᄑᆡ石셕이
이시니世셰俗쇽이稱칭호ᄃᆡ孔공子ᄌᆞ의篆뎐ᄒᆞ신거시라
ᄒᆞ니嗚오呼호ㅣ라有유吳오延연陵능李계子ᄌᆞ之지
墓묘ㅣ라ᄒᆞ시니엇디多다言언호매이신然연後후에
야사ᄅᆞᆷ이그어딘줄알리오이제다만姓셩名명을묘墓
묘알ᄑᆡ사기면사ᄅᆞᆷ이ᄌᆞ스로알리라

反반哭곡

主쥬人인以이下하ㅣ奉봉靈령車거ᄒᆞ야在지途도徐셔行ᄒᆡᆼᄒᆞ야哭곡ᄒᆞ라○主쥬人인以이下하ㅣ靈령車거ᄅᆞᆯ뫼셔길ᄒᆡ이셔날회여行ᄒᆡᆼᄒᆞ야哭곡ᄒᆞ라

그도라오매疑의심ᄃᆞᆺᄒᆞ믄어버이데겨신가為위ᄒᆞ미라

슯프미니르거든哭곡ᄒᆞ라

至지家가ᄒᆞ야哭곡ᄒᆞ라○지븨니르러哭곡ᄒᆞ라

門문을ᄇᆞ라며졔哭곡ᄒᆞ라

祝츅이奉봉神신主쥬ᄒᆞ야入입置티于우靈령座좌ᄒᆞ라○祝츅이神신主쥬ᄅᆞᆯ뫼셔드러와靈령座좌의노ᄒᆞ라

執집事ᄉᆞ者쟈ㅣ몬져靈령座좌ᄅᆞᆯ볏고뒤設셜ᄒᆞ얏거든祝츅이神신主쥬ᄅᆞᆯ뫼서드러와位위예나아가櫝독을닫고魂혼帛ᄇᆡᆨ箱상ᄌᆞ아오로내여神신主쥬뒤헤노흐라

主쥬人인以이下하ㅣ哭곡于우廳텽事ᄉᆞ라ᄒᆞ○主쥬人인以이下하ㅣ廳텽事ᄉᆞ의셔哭곡ᄒᆞ라

主쥬人인以이下하ㅣ門문의미처哭곡ᄒᆞ고드러와西셔階계로브터올라廳텽事ᄉᆞ의셔哭곡ᄒᆞ고婦부人인은몬져드러와堂당의셔哭곡ᄒᆞ라

朱쥬子ᄌᆞㅣᄀᆞᄅᆞ샤ᄃᆡ反반哭곡ᄒᆞ야堂당의오ᄅᆞ믄그作작ᄒᆞ시던바애反반ᄒᆞ미오主쥬婦부ㅣ室실애入입

호믄그養양ᄒᆞ시던바애反반호미라ᄒᆞ니모로미이意
의思ᄉᆞ를알리라곳닐온바그位위를踐쳔ᄒᆞ야그禮녜
를行ᄒᆡᆼᄒᆞ논等등事ᄉᆞ를行ᄒᆡᆼ호믈自不安안호미니뵈
야호로志지를繼계ᄒᆞ며事ᄉᆞ를述술ᄒᆞ논일을보리니
라○楊양氏시復복이골오ᄃᆡ先션生ᄉᆡᆼ의말솜을按안
혼ᄃᆡ蓋개닐온古고者쟈애가廟묘애反반哭곡ᄒᆞ니그
作작ᄒᆞ사던바애反반홈이니닐온親친이禮례를行ᄒᆡᆼ
ᄒᆞ시던바고돌닐오미오그養양ᄒᆞ시던바애反반홈은
親친이饋궤食ᄉᆞᄒᆞ시던바고돌닐오미니다가廟묘애
反반哭곡호믈指지향ᄒᆞ야닐오미라先션生ᄉᆡᆼ家가禮

녜예ᄂᆞᆫ 聽텽事ᄉᆞ애 反반哭곡ᄒᆞ고 婦부人인은 몬져 드러 堂당의셔 哭곡ᄒᆞ라 ᄒᆞ여시니 ᄯᅩ 古고로 더브러 다로者자ᄂᆞᆫ 後후世셰애 廟묘制졔 立닙디 아닛고 祠ᄉᆞ堂당이 조ᄇᆞ니 닐온바 聽텽事ᄉᆞᄂᆞᆫ 이에 祭졔祀ᄉᆞᄒᆞᄂᆞᆫ ᄯᅡ히오 主쥬婦부ㅣ 饋궤食ᄉᆞᄒᆞ믈 ᄯᅩᄒᆞᆫ 이 堂당애 이실시니라

遂슈詣예靈령座좌前젼ᄒᆞ야哭곡ᄒᆞ라 (ㅣ) 드듸여 靈령座좌前젼의 가 哭곡ᄒᆞ라

盡진哀ᄋᆡᄒᆞ고 그치라

有유弔됴者자ㅣ어든 拜ᄇᆡ之지如여初초ᄒᆞ라 ○ 弔됴ᄒᆞᄂᆞᆫ者자ㅣ 잇